BUSINESS ADMINISTRATION CLASSICS 工商管理经典译丛·创业与创新管理系列

INTRODUCTION TO ENTREPRENEURSHIP

创 业 学

（第**9**版）

唐纳德·F·库拉特科（Donald F. Kuratko） 著
薛红志 李 静 译

中国人民大学出版社
·北京·

前　言

　　创业已成为人类发展至今最强劲的经济驱动力！从 20 世纪 90 年代起，创业革命便席卷开来，激发出人们无尽的想象。那些企业王国的建造者：沃尔玛的山姆·沃尔特、联邦快递的弗雷德·史密斯、微软公司的比尔·盖茨、戴尔公司的迈克尔·戴尔、西南航空公司的赫伯·凯勒赫、苹果公司的史蒂夫·乔布斯以及英特尔公司的安迪·格罗夫，他们的创新、冒险、创业热情对经济发展发挥着超乎想象的感召力。今天，我们亲眼目睹像谷歌、亚马逊、Facebook，Twitter 以及 LinkedIn 等创业公司所带来的巨大影响，它们不断推进技术的变革。21 世纪，我们将在环保技术、社会创业、可持续发展以及技术变革等方面遭遇更新、更复杂的挑战与压力，创业驱动力以及未来的企业王国建造者将为这些问题找到最适宜的解决方案。

　　将创意构想合理地商业化是当今全球经济的主要动力。创业成功绝非仅凭运气与资本，而是一个创新、冒险、计划的过程。系统性地学习创业学这门课程时，应首先对其框架进行简要了解，这本教材如同创业本身一样，以一种独具特色的方式组织并介绍了创业理论及相关知识，本书的正文、案例与练习整合了那些探索新兴企业发展的最重要的资料，以结构严谨且引人入胜的方式呈现在读者面前。

结　构

　　《创业学》（第 9 版）按照创业企业启动、计划、成长、发展的顺序系统地对篇章进行安排，正文中的每个部分都涉及具体的创业管理内容。

　　第Ⅰ篇（第 1~4 章）介绍了创业思维以及全球创业浪潮。这一部分对创业者个体特征的描述使大家对创业思维、创业中的阴暗面、影响企业文化的道德因素有了更清晰的认识。从组织的角度我们引出了公司创业这一概念，它是鼓励创新的一种战略。最后是社会创业以及全球化环境的介绍。

　　第Ⅱ篇（第 5~8 章）是对创业启动阶段的论述。这一部分涵盖捕捉创意到机会识别、创新、创造的过程，分析了评估创业机会、启动创业的方法，包括打造全新品牌、收购现有企业、申请特许加盟。这一部分还对创业资金的各种来源进行了分析与介绍。

　　第Ⅲ篇（第 9~12 章）主要介绍创业计划的制定。首先从法律角度介绍了重要的法律问题（知识产权、专利、版权、商标、破产法）以及各种组织形式（独资企业、合伙企业、有限公司）。接着分析了营销对创业企业从筹备、计划到运营（包括社交媒体营销与移动营销）的影响以及创业者所需的财务分析工具。最后介绍了如何制定一份清晰且周详的商业计划书。

第Ⅳ篇（第13～15章）的内容是创业企业的成长、评估以及最终收获。首先阐述了战略规划的重要性、管理创业企业成长所面临的各种问题以及从创业模式到管理模式的转变。接着介绍了创业企业的各种评估过程，以便选择有效的价值评估方法。最后介绍了创业企业可能采取的收获战略。

本书特点

《创业学》（第9版）适用于对创业进行系统性学习与研究。以下这些项目有利于学生与教师更好地利用这本书：

- 开篇引语。每章均由发人深省的"创业思维"作为开篇引语，结合本章内容引发读者的兴趣。
- 本章重点。简要概括本章的学习目标，便于学习时核对是否理解并掌握了这些要点。
- 图表。正文部分包括大量图表，加强理解与拓展知识。
- 小结及回顾与问题讨论。每章结尾部分均附有重点知识的总结。问题讨论是辅助学习的工具，便于检查知识点的掌握情况、对基本概念的深入思考以及确定需要进一步研究的方向。小结及回顾与问题讨论部分有助于学生区分重点，为自学提供方法。
- 体验式练习。每章末尾都提供一些相关的测试，例如帮助学生练习如何编写一份商业计划书、分析资金来源以及自我测试是否属于高成就者。
- 开始创建商业计划书。在第5～12章，根据相关写作提示，读者可以将自己的想法付诸实施，一步步地形成完整的商业计划书。

挑战与创新内容

我们希望通过新版本修订这一机会重新审视之前的研究成果，将内容提炼、完善，使读者以及未来的创业者清晰地理解并掌握创业这门学科。

- 创业实践。介绍了与创业知识相关的创新想法，从寻找目标市场到创业精神的启示，使读者通过了解这些实践来开拓思路，充分理解创业理论。如第6章的"eBay上的创业"、第9章的"专利保护：从实际出发"、第13章的"科技四雄的创新成长"，以及第15章的"收购/转让协议"。
- 创业历程。每章几乎都会出现短篇的创业历程文字，用以介绍创业者在实践中如何处理所遇到的问题及机会。新版中我们增加了一些读者感兴趣的资料，如第2章的"在自己的事业中挥洒激情"和"第101号课程：创业的恐惧"、第3章的"未来工程事业部：宝洁的创业动力"、第4章的"热狗、出狱的囚犯以及社会企业"、第7章的"特许经营信息披露文件"、第10章的"游击营销计划书"，以及第14章的"交易前估值与交易后估值"。

● 全球视角。通过全球性信息使读者了解创业的国际环境。如第 2 章的"全球突破性的创造者"。
● 综合练习。帮助学生将书本上的知识应用到创业相关的实践活动中。
● 新主题、模型以及流程。《创业学》(第 9 版) 涵盖了创业学领域学者提出的最新主题、模型以及流程，包括认知、元认知、创业失败后的悲痛恢复过程、创业者的道德挑战 (第 2 章)；公司创业的新模型以及培训计划 (第 3 章)；可持续创业、共享价值、三重底线思维模式、受益公司、全球创业者、社交网络 (第 4 章)；特许经营信息披露文件 (第 7 章)；步步为营、社交借贷、众筹 (第 8 章)；滑稽模仿及其他新型法律问题 (第 9 章)；社交媒体营销、移动营销以及相应定价策略 (第 10 章)；商业计划书的新提示 (第 12 章)；战略性创业 (第 13 章)；收获问题 (第 15 章)。

补充材料

以下资源可为读者学习《创业学》(第 9 版) 提供所需帮助：

● 指导手册。由博尔州立大学 Michael G. Goldsby 博士提供，内容包括章节重点、讲义重点、问题答案及教学注释。可从 www.cengagebrain.com 下载。

● 试题库。包含每章的是非题及多选题，可从 www.cengagebrain.com 下载 Word 文档。

● ExamView 测试软件。ExamView 是一款简便易用的试题生成软件，其中包含试题库中所有测试题目，教师可对题目增加或修改。测试题可按顺序或随机进行挑选，也可通过网络在线测试。

● PPT 课件。本书为教师及学生配备的 PPT 幻灯片 (由西阿拉巴马大学的 Charlie T. Cook, Jr. 制作)，采取彩色动画的形式，可使学生在感兴趣的同时掌握每章的主要内容，可从 www.cengagebrain.com 下载。

● 创业视频。可通过 CourseMate 网站下载新的创业视频 (DVD 格式)，内容涉及很多创业企业的介绍，如 KlipTech (可持续性建筑材料)，KIND Healthy Snacks, HubSpot, Two men and a Truck。通过这些视频的介绍有助于在课堂上让学生真切感受创业，并从这些专家身上学到更多的知识。

● 小企业与创业资源中心。小企业与创业资源中心 (Small Business and Entrepreneurship Resource Center，SEBRC) 隶属于圣智学习出版公司，是对图书馆及学校进行在线研究的前沿机构，可通过 CourseMate 进行访问，其中包括已发表的近 90 万篇文章，提供主题、企业类型、常见问题等检索方式。还包括数百份商业计划书，以及各州关于创建企业的表格文件。此外还提供最流行的话题以及学生在开创及运营企业中所涉及的相关问题。

● 网站。在动态且综合性的网站 www.cengagebrain.com 上，交互学习中心通过在线测试可使学生对所学知识进行检测。此外，网站还提供下载关键术语的动画卡片以及额外的商业计划书范本等。教师可下载指导手册、试题库以及 PPT 课件。

致　谢

本书在写作、修订、完善中倾注了很多同仁的努力，在这里我想对他们一一表达我的感激之情。首先是与我在一起时间最多的家人，他们是我的最爱，是我最需要感谢的人。同时感谢圣智学习出版公司的全体工作人员，特别是 Michele Rhoades, Jonathan Monahan, Kim Kusernak 以及 Rob Ellington。同时，感谢 Ohlinger Publishing Services 的 Monica Ohlinger 以及 Stephanie Laird。很多专家在原稿的审阅中都提出大量中肯的意见，本书的出版和他们的努力是密不可分的。首先，我想感谢对《创业学》之前所有版本提供过帮助与建议的编辑：纽约州立大学布法罗学院的 SolochidiAhiarah，波特兰大学的 Mary Allender，菲尔莱狄更斯大学的 James Almeida，约翰·霍普金斯大学的 Lawrence Aronhime，佛蒙特大学的 Kenneth M. Becker，马尔斯希尔学院的 Ted Berzinski，匹兹堡州立大学的 Thomas M. Box，康考迪亚大学的 Stephen Braun，休斯敦浸会大学的 Martin Bressler，伯利亚学院的 Debbi Brock，康奈尔大学的 John Callister，因佛山社区学院的 Don Cassidy，密西西比河谷州立大学的 A. A. FarhadChowdhury，密西西比州立大学的 James J. Chrisman，查尔斯顿学院的 John E. Clarkin，马歇尔大学的 Teresa A. Daniel，得克萨斯州立大学圣马科斯分校的 Judy Dietert，西密歇根大学的 Barbara Frazier，孟菲斯大学的 Barry Gilmore，马里兰大学的 Michael Giuliano，马里兰大学帕克分校的 James V. Green，柯特兰社区学院的 Judith Grenkowicz，林菲尔德学院的 Stephanie Haaland，内华达山学院的 Peter Hackbert，塞基诺州立大学的 David M. Hall，华盛顿大学奥林商学院的 Barton Hamilton，雅典州立大学的 Brenda Harper，梅萨州立学院的 Tim Hatten，洛约拉马利蒙特大学的 Daniel R. Hogan，中佛罗里达大学的 Kathie K. Holland，得克萨斯大学埃尔帕索分校的 Frank Hoy，东南路易斯安那大学的 Rusty Juban，生命大学的 Ronald Kath，普渡大学盖莱默分校的 James T. Kilinski，德萨尔斯大学的 Michael Krajsa，斯普林山学院的 Stewart D. Langdon，印第安纳大学—普渡大学恩堡分校的 Karl LaPan，纽约城市大学豪斯托斯社区学院的 Hector Lopez，阿拉巴马大学的 Louis Marino，辛辛那提大学的 Charles H. Matthews，西密苏里州立大学的 Todd Mick，威尔明顿学院的 Angela Mitchell，得克萨斯阿灵顿大学的 David Mosby，北伊利诺伊大学的 Lynn Neeley，萨利文大学的 Charles Nichols，加利福尼亚州立大学奇科分校的 Terry W. Noel，蒙大拿大学理工分校的 John H. Nugent，阿拉巴马州立大学的 Don Okhomina，得克萨斯大学达拉斯分校的 Joseph C. Picken，蒙特法罗大学的 Paul Preston，迪尤肯大学的 J. Harold Ranck，詹姆斯麦迪逊大学的 Christina Roeder，佛罗里达大学的 William J. Rossi，亚利桑那州立大学的 Jonathan Silberman，湖区社区学院的 Cynthia Simerly，密西西比河谷州立大学的 Ladd W. Simms，中田纳西州立大学的 Marsha O. Smith，爱荷华州立大学的 Richard L. Smith，雪城大学的

MarceneSonneborn，加利福尼亚州立大学弗雷斯诺校区的 Timothy Stearns，萨姆休斯敦州立大学的 Charles Stowe，加利福尼亚州立大学圣伯纳迪诺分校的 Michael Stull，博伊西州立大学的 Jeffrey S. Sugheir，亚利桑那大学的 Thomas C. Taveggia，路易斯克拉克州立大学的 Jill Thomas-Jorgenson，布莱尔克利夫大学的 Judy Thompson，乔治·华盛顿大学的 Charles N. Toftoy，天普大学的 Monica Zimmerman Treichel，中康涅狄格州立大学的 Henry T. Ulrich，罗格社区学院的 Randall Wade，克拉克森大学的 Michael Wasserman，丹佛大学的 Joan Winn，西岸社区学院的 Amy Wojciechowski，圣托马斯大学的 Nicholas Young，肯奈半岛学院/阿拉斯加大学的 Raymond Zagorski，以及洛约拉马利蒙特大学的 Anatoly Zhuplev。

在此，对于给予我大力支持的印第安纳大学伯明顿分校凯利商学院的同仁，表示深深的谢意。感谢凯利商学院创业与创新中心的全体成员，以及帮助查找创业实践、创业历程资料的 MBA 学生。特别是创业学 Haeberle 教授、凯利商学院前任副院长 Patricia P. McDougall 以及创业学 Glaubinger 教授 Jeffrey G. Covin 一直以来对我的帮助与鼓励。最后，向尊敬的印第安纳大学伯明顿分校凯利商学院院长 Daniel C. Smith，对于他出色的领导以及热情的支持表达我衷心的感谢。

唐纳德·F·库拉特科博士
凯利商学院
印第安纳大学伯明顿分校

纪念理查德·浩吉特博士（1942—2001）

2001年11月17日，理查德·浩吉特（Richard M. Hodgetts）博士与骨癌抗争三年半后与世长辞。管理学界失去了一位最重要的学者，也是最杰出的教授。

浩吉特博士在俄克拉何马大学取得博士学位，在印第安纳大学学习MBA课程，本科是在纽约大学度过的。他是一位多产的学者，发表了超过125篇论文，涉及创业、战略管理以及全面质量管理，发表的顶级期刊包括 *Academy of Management Journal*，*Academy of Management Executive*，*Organizational Dynamics*，*Business Horizons*，*Personnel*，*Personnel Journal* 以及 *Journal of Small Business Management*。他是 *Journal of Leadership Studies* 的编辑，并为很多编辑部工作。出版专著及合著49部，最新的包括 *International Business*，*International Management*，*Modern Human Relations at Work*，*Measures of Quality and High Performance* 以及与库拉特科博士合著的 *Entrepreneurship*，*A Contemporary Approach*。

浩吉特博士一直是美国管理学会的活跃会员，1991年曾担任管理学会主席、管理历史分会主席以及 *Academy of Management Review* 杂志新时代特刊的编辑，1993—1996年为理事会成员。由于贡献突出，被推举为学会重要委员。

除了对管理学基础知识所作出的巨大贡献，浩吉特博士还是一位真正杰出的教师。在内布拉斯加州立大学执教的10年以及佛罗里达国际大学执教的25年中，他获得了所有的杰出教学奖，包括去世那年所获的MBA优秀教员称号。其他荣誉有：1999年美国管理学会颁发的"杰出教育者"奖；1998年美国管理学会管理历史分会颁发的"John F. Mee管理贡献奖"；1997年FIU颁发的"杰出教授奖"；1996年FIU颁发的"教学改进课程奖"，以及1995年FIU授予的"杰出教学奖"。

浩吉特博士为世界500强企业提供管理咨询服务，包括美国电话电报公司、伊士曼·柯达、通用电气、IBM、摩托罗拉、得州仪器以及沃尔玛等企业。此外，他还在墨西哥、委内瑞拉、秘鲁、智利、牙买加、特立尼达和多巴哥、丹麦、科威特以及美国多所院校举行演讲。

他培养了数以千计的学生，包括本科生、MBA、高层管理者、博士，所编写的教材、远程创新教育资料及课程使世界各地的学子受益匪浅。他是最伟大的教育家！

作为一名学者及教育者，浩吉特博士的杰出职业生涯充分体现了他的诙谐幽默、献身科研、关心学生、热情激昂以及勇往直前的品格。众多学生及企业领导者因他而受益，他的精神将永世长存！

目 录

第Ⅰ篇 理解创业思维 (1)

第1章 创业的巨大影响 (3)
创业者——突破性创新者 (3)
创业者与小企业主的区别 (4)
创业：一种思维模式 (4)
创业的演化 (4)
避免创业理解的误区 (6)
创业的研究方法 (9)
创业革命：一种全球化的现象 (15)
21世纪创业研究的趋势 (20)
核心概念 (21)
小结 (22)
回顾与问题讨论 (22)
体验式练习 (23)
注释 (24)

第2章 创业思维：创业认知与道德责任 (28)
创业思维 (28)
创业认知 (29)
应对失败 (36)
创业历程 (37)
创业中的阴暗面 (38)
创业中的道德问题 (43)
道德困境 (44)
建立具有商业道德的企业战略 (47)
创业者在道德方面的考虑 (50)
创业者的道德领导力 (51)
创业动机 (51)
小结 (52)
回顾与问题讨论 (53)
体验式练习 (53)
注释 (56)

第3章 公司创业 (60)
- 公司内部的创业思维 (60)
- 公司创业理念 (61)
- 公司创业与变革 (63)
- 公司创业战略 (66)
- 公司创业战略的持续 (75)
- 小结 (77)
- 回顾与问题讨论 (78)
- 体验式练习 (78)
- 注释 (79)

第4章 创业的社会视角与全球化环境 (83)
- 社会创业 (83)
- 社会企业与可持续发展 (87)
- 共享价值与三重底线 (89)
- 受益公司：推动可持续发展企业 (90)
- 全球市场环境 (91)
- 小结 (99)
- 回顾与问题讨论 (100)
- 体验式练习 (100)
- 注释 (101)

第Ⅱ篇 创建新企业 (105)

第5章 创新与创造力 (107)
- 机会识别：搜寻新想法 (107)
- 想象力与创造力 (110)
- 创新与创业者 (119)
- 小结 (121)
- 回顾与问题讨论 (122)
- 体验式练习 (122)
- 开始创建商业计划书 (123)
- 注释 (123)

第6章 创业机会的评估 (126)
- 新创企业面临的挑战 (126)
- 选择创建新企业时易犯的错误 (127)
- 新创企业发展的关键因素 (129)
- 新创企业失败的原因 (132)
- 新创企业评估 (135)
- 小结 (138)

回顾与问题讨论……………………………………………………………(139)
　　体验式练习…………………………………………………………………(139)
　　开始创建商业计划书………………………………………………………(140)
　　注释…………………………………………………………………………(141)
　　附录　可行性计划概要……………………………………………………(142)

第7章　启动创业的方法……………………………………………………(147)
　　创建新企业…………………………………………………………………(147)
　　收购现有企业………………………………………………………………(151)
　　特许经营……………………………………………………………………(157)
　　小结…………………………………………………………………………(164)
　　回顾与问题讨论……………………………………………………………(165)
　　体验式练习…………………………………………………………………(165)
　　开始创建商业计划书………………………………………………………(166)
　　注释…………………………………………………………………………(167)

第8章　寻找创业资金………………………………………………………(169)
　　寻找资金……………………………………………………………………(169)
　　债权融资与股权融资………………………………………………………(170)
　　风险投资市场………………………………………………………………(175)
　　非正式风险投资：天使投资………………………………………………(184)
　　小结…………………………………………………………………………(186)
　　回顾与问题讨论……………………………………………………………(187)
　　体验式练习…………………………………………………………………(187)
　　开始创建商业计划书………………………………………………………(188)
　　注释…………………………………………………………………………(188)

第Ⅲ篇　制定创业计划………………………………………………………(193)

第9章　创业企业的法律挑战………………………………………………(195)
　　知识产权保护：专利………………………………………………………(196)
　　知识产权保护：版权………………………………………………………(199)
　　知识产权保护：商标………………………………………………………(201)
　　创业企业的法律结构………………………………………………………(206)
　　合伙企业与有限公司的特殊形式…………………………………………(209)
　　公司形式的思考……………………………………………………………(212)
　　破产…………………………………………………………………………(212)
　　节省法律方面的开支………………………………………………………(214)
　　小结…………………………………………………………………………(215)
　　回顾与问题讨论……………………………………………………………(216)
　　体验式练习…………………………………………………………………(216)

　　　　开始创建商业计划书 ………………………………………………………………… (217)
　　　　注释 ………………………………………………………………………………… (218)

第10章　创业企业的市场营销 ………………………………………………………… (220)
　　　　创业者需了解的新营销概念 ……………………………………………………… (220)
　　　　市场调研 …………………………………………………………………………… (221)
　　　　市场调研的抑制因素 ……………………………………………………………… (225)
　　　　社交媒体营销 ……………………………………………………………………… (226)
　　　　创业者的营销研究策略 …………………………………………………………… (229)
　　　　成功营销的要素 …………………………………………………………………… (230)
　　　　制定营销计划 ……………………………………………………………………… (233)
　　　　定价策略 …………………………………………………………………………… (236)
　　　　小结 ………………………………………………………………………………… (237)
　　　　回顾与问题讨论 …………………………………………………………………… (238)
　　　　体验式练习 ………………………………………………………………………… (239)
　　　　开始创建商业计划书 ……………………………………………………………… (239)
　　　　注释 ………………………………………………………………………………… (240)

第11章　创业企业的财务报表 ………………………………………………………… (242)
　　　　财务信息对创业者的重要性 ……………………………………………………… (242)
　　　　了解重要的财务报表 ……………………………………………………………… (243)
　　　　财务预算 …………………………………………………………………………… (253)
　　　　现金流量预算 ……………………………………………………………………… (257)
　　　　预计财务报表 ……………………………………………………………………… (259)
　　　　资本预算 …………………………………………………………………………… (260)
　　　　盈亏平衡分析 ……………………………………………………………………… (264)
　　　　比率分析 …………………………………………………………………………… (266)
　　　　小结 ………………………………………………………………………………… (268)
　　　　回顾与问题讨论 …………………………………………………………………… (269)
　　　　体验式练习 ………………………………………………………………………… (269)
　　　　开始创建商业计划书 ……………………………………………………………… (270)
　　　　注释 ………………………………………………………………………………… (270)

第12章　准备商业计划书 ……………………………………………………………… (272)
　　　　什么是商业计划书 ………………………………………………………………… (272)
　　　　商业计划书应避免的问题 ………………………………………………………… (273)
　　　　商业计划书的好处 ………………………………………………………………… (274)
　　　　精心设计商业计划书 ……………………………………………………………… (275)
　　　　商业计划书的内容 ………………………………………………………………… (279)
　　　　商业计划书的更新 ………………………………………………………………… (291)
　　　　商业计划书的展示 ………………………………………………………………… (291)

小结 ·· (293)
回顾与问题讨论 ··· (293)
体验式练习 ·· (294)
开始创建商业计划书 ·· (295)
注释 ·· (295)

第Ⅳ篇　创业的战略视角 ·· (297)

第13章　创业企业的战略性成长 ·································· (299)
战略规划与创业企业 ·· (299)
战略规划的本质 ··· (300)
管理创业企业的成长 ·· (305)
在21世纪打造创业企业 ·· (314)
成长阶段企业的独特管理问题 ··································· (316)
在新千年实现创业领导力 ··· (317)
小结 ·· (319)
回顾与问题讨论 ··· (319)
体验式练习 ·· (320)
注释 ·· (320)

第14章　创业企业的价值评估挑战 ······························· (324)
企业价值评估的重要性 ·· (324)
企业收购 ·· (325)
尽职调查 ·· (327)
分析企业 ·· (329)
确定企业价值 ··· (333)
企业价值评估的条款清单 ··· (338)
企业价值评估应考虑的其他因素 ······························· (340)
小结 ·· (340)
回顾与问题讨论 ··· (341)
体验式练习 ·· (341)
注释 ·· (342)

第15章　创业企业的最终收获 ······································ (343)
收获企业：着眼于未来 ·· (343)
管理传承战略 ··· (344)
影响传承的主要因素 ·· (345)
传承战略的制定 ··· (351)
退出战略：套现事件 ·· (353)
公司的完全出售 ··· (357)
小结 ·· (358)

　　　　回顾与问题讨论 …………………………………………………………………（359）
　　　　体验式练习 ………………………………………………………………………（359）
　　　　注释 ………………………………………………………………………………（360）

术语表 ……………………………………………………………………………………（363）

第 I 篇
理解创业思维

- 创业的巨大影响
- 创业思维：创业认知与道德责任
- 公司创业
- 创业的社会视角与全球化环境

第1章

创业的巨大影响

创业思维

你所听到的关于创业的说法大部分都是错误的。创业不是魔术，一点都不神秘，也和基因无关。创业是一门学科，就像其他任何学科一样，可以通过学习来掌握。

——彼得·德鲁克，《创新与企业家精神》

本章重点

1. 回顾创业的发展历程
2. 探究并揭示对创业的理解误区
3. 定义并探究创业思想的几种主流流派
4. 研究创业基于过程的方法
5. 给出创业的综合概念
6. 介绍目前正在发生的创业革命
7. 举例分析当前的创业环境

创业者——突破性创新者

在那些普通人看来充斥着混乱、矛盾和迷惘的地方，创业者却可以从中找到机会。创业者是市场变革的强力催化剂，我们通常把他们比作挑战新纪录的奥林匹克运动员、经历痛苦且漫长的里程的长跑者、不断平衡不同音色与节奏最终汇成不朽篇章的交响乐团指挥家、不断突破速度和胆量的精英飞行员。不管创业者投身何种领域，他们都是当今市场中当之无愧的英雄。他们以前所未有的速度开创企业，创造新的工作岗位。这种坚持不懈的努力使得全球经济充满勃勃生机。自主创业正在成为全球经济发展的支柱，创业激情正推动着商业进步，创业者正不断挑战未知、创造未来。

引用一句话来概括创业者，那就是："任何想体验充满各种不确定性和模糊性的幽暗峡谷的人都可能成为创业者；任何想跨越成功巅峰的人都可以成为创业者。但我想提醒大家的是，只有经历了前者才能实现后者"。[1]

创业者与小企业主的区别

创业者和小企业主这两个词常交替使用。尽管两者在某些情况下意义相同，但区分它们还是很重要的。小企业是独立拥有并自主运营的，在它们所处行业中不占主导地位，一般情况下并不从事创新实践活动。它们可能永远也不会壮大，所有者更喜欢以稳定甚至保守的方式运作他们的业务。换句话说，他们追求较为固定的销售额、利润及发展模式。由于小企业包括那些被购买的既有企业以及特许经营企业，因此小企业主可视为企业的管理者。

而创业企业的目标则是追求创新、盈利与成长。因此，它们的特点是采取创新型战略行动来实现持续增长。创业者与他们的投资者目标是一致的，都是追求快速增长与即期收益。如果预期有较大的资本收益，他们甚至会将企业出售。因此，创业者与小企业主对于企业发展有着截然不同的观点。

在本书中，我们主要探讨创业者以及创业的高效发展，包括既有组织中的创业。其中一些内容可同时适用于小企业主及创业者，但是请记住：我们的讨论重点是与创业者有关的创新与成长的问题。

创业：一种思维模式

创业不仅仅指商业活动的创新，虽然这是非常重要的方面，但并未涵盖其全部内容。寻找商业机会，承担风险，坚持不懈地把创新想法变为现实，这些都蕴涵于创业的整个过程中。我们将在第2章对此进行详细介绍。创业思维可以在个人身上培养，创业存在于推动创新想法的组织内部及外部、营利性或非营利组织、商业或非商业活动中。因此，创业是一个整体概念，以创新的方式遍布各创业企业中，就是这种思想颠覆了各个国家各个领域所固有的商业模式。显然，当今世界都在提倡创业与创新精神，这使得商业活动与过去完全不同。创业已经深深扎根于经济之中，创业思维是其主导力量。

创业的演化

创业者（entrepreneur）一词的英文来自法文 entreprendre，后者的意思是"担当"。创业者是指那些组织、管理并承担企业风险的人。从近年来创业者所做的事情来看，非常有必要对这一定义进行扩展。今天，创业者是指开展下述活动的创新者或开拓者：识别并把握机会；把这些机会转变为可操作/可市场化的商业计划；通过时间、努力、金钱或技能来创造价值；承担由此所带来的竞争风险；努力获得上述活动的回报。[2]

创业者引领着商业变革,他们是独立思考者,敢于标新立异。创业研究文献显示,在创业者迥异的性格特征中也有很多相似之处,主要包括个人进取心、资源整合能力、管理技能、渴望自治以及愿意承担风险。其他特征还包括事业雄心、竞争意识、目标导向、自信、机会主义、敏锐的直觉、从实际出发、在失败中学习以及善用人际关系的能力。[3]

尽管目前仍没有对创业的统一定义,也没有对今天人们提到的创业者达成某种共识,但对这一主题的研究正越来越深入,我们可以通过回顾创业史证实这一点。

当今世界正处在新一轮的商业经济发展浪潮之中,是创业加剧了这一切。其实创业活动的社会影响力和经济影响力早在2 000年前就已存在,是创业精神驱使了人类取得众多辉煌的成就。

人类的进步——从洞穴到大学——多种方式均可说明。但几乎所有这些理论的核心都是"引领变革者",是他的力量一直在推动并实现物质文明的不断进步。今天我们意识到,人类历史中引领变革者其实就是创业者,而且将来也一定会是。[4]

对创业者的识别可追溯到18世纪的法国,当时的经济学家理查德·坎蒂隆(Richard Cantillon)把经济中的风险承担活动与创业者联系起来。与此同时,英国工业革命爆发,创业者在承担风险与资源转换方面都起了不可忽视的作用。[5]

创业与经济之间密不可分的联系长期以来都是公认的。实际上,到20世纪50年代,创业的主要定义及解释均来自经济学家。比如刚刚提到的坎蒂隆(Richard Cantillon, 1725)、法国经济学家让·巴蒂斯特·萨伊(Jean Baptiste Say, 1803)、20世纪的经济学家约瑟夫·熊彼特(Joseph Schumpeter, 1934)都发表过关于创业及其对经济影响的文章。[6]从那时起,学者们不断地试图描述或定义创业这一概念。以下是一些例子:

● 创业……所做的事与那些常规商业活动不同,其本质上是一种属于更广范畴的领导力现象。[7]

● 至少在所有非专制社会,特别是社会的非经济层面上,创业在社会与各营利性机构之间搭建了一座桥梁,这些营利性机构通过其经济禀赋来最大限度地满足其经济欲望。[8]

● 关于创业这种行为,人们已达成的共识包括:(1)主动出击;(2)组织或重组社会经济机制,将资源与环境转化为实际收益;(3)接受失败的风险。[9]

在回顾了创业的演变历程及其不同定义之后,罗伯特·C·龙斯戴特(Robert C. Ronstadt)总结如下:

> 创业是个不断创造财富的动态过程。创业者通过承担权益、时间和职业承诺等风险来为产品及服务提供价值,以此创造财富。这些产品和服务本身可能是新的、独一无二的,也可能不是,但是它们的价值肯定是创业者通过获取和分配必要技术和资源来赋予的。[10]

作为讨论分析的主题,创业于18世纪被经济学家提出,到19世纪还一直为他们津津乐道。到了20世纪,创业一词成为自由企业(free enterprise)以及资本主义(capitalism)的代名词或近义词。同时,创业者被视为引领变革者,他们为企业提出创造性的新想法,帮助企业成长和营利。

不管他们采取何种具体活动,21世纪的创业者都被认为是自由企业的英雄人物。

他们中很多人曾通过变革与创新将企业做大——从创立到拥有数百万美元资产——有的仅用了十年的时间！他们设计开发创新的产品和服务，同时承担其所带来的风险。现在，很多人将创业视为商业前沿的"先驱行为"。

在认识到 21 世纪创业演变的重要性后，我们得出了一个涵盖创业关键要素的综合概念：

> 创业是一个展望、改变和创造的动态过程，它需要用能量与激情创造新想法和新思路并将其变为现实。其中的关键成本包括：承担时间、权益或职业方面的值得一试的风险；组建高效创业团队的能力；整合必要资源的创造性技能；形成一套商业计划书的基本技能；从别人看来是混沌、矛盾、混乱的地方发现机会的远见。

避免创业理解的误区

多年来，人们对创业的理解存在许多误区——主要还是缺乏对这一主题的研究。正如该领域的很多学者所注意到的，创业研究仍处于萌芽状态，因此"神话传说"普遍流传，需要用当代研究成果将其一一击破。

□ 误区 1：创业者是实干家，不是思考者

尽管创业者非常注重行动，但他们也是思考者。事实上，这些条理性非常强的人谨慎地策划着他们的行动计划。当今世界如此强调清晰完整的商业计划书（见第 12 章）也表明"思考的"的创业者与"实干的"创业者同等重要。

□ 误区 2：创业者是天生的，不是后天培养的

一直以来都流行一种说法，那就是：创业者的特质不是通过教授或学习获得的，而是与生俱来的。这些特质包括进取心、主观能动性、自我激励、愿意承担风险、逻辑分析能力以及人际关系技能。如今，创业作为一门学科的出现正在帮助人们消除之前的误解。和其他所有学科一样，创业同样包括模型、流程以及案例研究等，是可以通过学习和研究来掌握的知识。

□ 误区 3：创业者都是发明家

创业者都是发明家这种说法是由于人们对创业的误解以及狭隘视野导致的。尽管有许多发明家成为创业者，但是大多数创业者在进行着各种各样富有创造性的行为。[11]比如雷·克罗克（Ray Kroc）并没有发明连锁快餐，然而他的创新理念使麦当劳成为世界上最大的快餐企业。当前，对创业的理解不仅要涵盖发明创造，还要对各种形式的创新行为进行全面的认识。

误区 4：创业者学业无成，且与社会格格不入

确实，有很多曾经辍学或是辞职后成功创建自己公司的创业者。因此，人们认为创业者是不学无术或者与社会格格不入的一类人。其实，这类创业者只占创业者总体的很小一部分，无法体现创业者的整体面貌。回顾历史，其实之前的教育界及社会机构并不承认创业者，他们认为创业者与林林总总的商业世界不相匹配。例如，商科教育主要研究公司所从事的各项活动。如今，不管在社会、经济还是学术领域，创业者都被视为英雄，他们不再被排斥，而是被当作资深的行动楷模。

误区 5：创业者必须符合某些标准

很多书籍和文章都列出了成功创业者所具有的一些特质。这些特质既没有得到证实，也不很完整，只是基于某些成功人士的个案及调查发现而得出的。现在我们意识到，其实很难去界定具备哪些特质的创业者才是符合"标准"的。每个创业者都处在各自的环境与企业中，因此环境、企业与人之间的交互作用产生出很多不同的结果。美国大学所做的这方面的研究将使我们更为准确地理解成功创业者的特质。比起这样一份特定的标准，我们将在第 2 章介绍的创业思维更加合乎情理。

误区 6：所有创业者都需要资金

毫无疑问，资金优势可降低风险，而且很多企业的失败都是缺乏适度融资所导致。然而，资金并不是企业失败的唯一原因。企业缺乏适度融资往往会暴露出无效管理、财务知识缺乏、投资有限、缺乏商业计划书等方面的问题。有很多成功企业在开始设立的时候就解决了资金问题，对于它们来说，资金成为资源，而不是将要实现的目标。

误区 7：创业者都要凭运气

占据"天时地利"，是一种优势，但同样，"机会总是留给那些有准备的人"。做好各种准备的创业者抓住了有利时机，通常被人们认为是拥有了好的运气。事实上，最简单不过的做法是对各种可能遇到的情况想出应对方案，做好准备，将它们转化为成功。所以，好运实际上是精心的准备、坚定的决心、坚持不懈的希望、综合的知识以及创造力等共同作用的结果。

误区 8：创业者行事无条理

越来越多的人把创业者视为爱冒险的人，他们常常莽撞行事，事后才提出一堆问题。一些人甚至认为他们是无组织性、没有条理的，总是把事情留给别人去纠正。然而事实却是创业者有条不紊地实行着他们的商业计划书，而且思路敏捷。所以说，创业者是有条理的一类人，他们往往都拥有自己的行事体系，也许非常细致，也许简明扼要，用来保证各项事务如期运转且区分轻重缓急。也许不相干的人看到他们的这套

体系会觉得奇怪，不过它们是非常有效的。

☐ 误区9：大多数的创业行动会遭遇失败

大多数创业者在成功之前总是会经历很多次挫折，他们坚信："如果第一次你没有成功，那就尝试，尝试，再尝试！"通常挫折与失败能够使那些愿意学习的创业者吸取很多教训并且帮助他们在未来获得成功。**走廊法则**（corridor principle）指出，每一次的创业都会孕育新的意想不到的机会。3M公司发明易事贴（Post-it Notes）所使用的胶水，低于其原本打算生产的黏度，为了不把这批胶水扔掉，公司为它们找到了一种新用途，最终开发出价值百万美元的产品。

近年来创业失败的统计数据一直被错误地理解。研究学者布鲁斯·A·基希霍夫（Bruce A. Kirchhoff）发表文章明确指出，"高失败率"被普遍接受实际上是误导性的。1993年，基希霍夫跟踪了814 000家创立于1977年的企业，发现其中一半以上仍在保持经营，业主有最初的创始人，也有新股东。此外，28%的企业自愿关闭，仅有18%的企业因巨额债务而属于真正意义上的失败者。[12]

☐ 误区10：创业者是大冒险家

风险在创业过程中是一个重要因素，这一点我们将在第2章详细介绍。大家对创业者所面临风险的认识其实是有偏差的，表面看来创业者将"赌注"压在偶然的概率上，事实上，这种冒险是经过仔细推敲的，或者说属于适度风险。成功的创业者通过精密的计划及筹备降低风险，从而更好地掌控企业，实现预期目标。

罗列出以上十种对创业理解的误区，是为了今天可以更好地思考创业这一主题，避开这些误区则为我们批判性地研究当代创业理论以及创业发展奠定了基础。

创业实践

创业误区

迈克尔·E·格伯（Michael E. Gerber）在《创业误区：企业无法运营的原因及对策》（*The E-Myth：Why Most Businesses Don't Work and What to Do About It*）一书中细致分析了现代小型企业中不同角色的差异：

● 创立者创建企业但可能并不实际参与运营。他们预见性地赋予企业独特且激动人心的发展方向，凭借先见之明，推测未来市场的需求与变化，果断采取行动，最终获得资本收益。

● 管理者是有效的。他们组织员工一起创建并实施管理流程，增强员工的信心，提升员工的工作能力。管理者正是通过计划、执行、不断改善来实现创业者为企业所设定的目标的。

● 技术人员按照既定的流程指标来工作。在最优秀的企业中，技术人员不仅完成具体的事务，而且会对上级进行有效反馈，致力于不断完善企业的管理流程及标准。

理解这些区分是非常重要的，格伯认为很多小企业经营不善，而它们的创始人却非常努力地在工作，也就是说，当今小企业主为一些具体的事务付出了太多的时间与精力，他们应该像创立者那样去创建企业。很多小企业主失败的原因在于他们没有做好创业者该做的事,而仅仅把自己当作技术人员,这样导致其付出与得到严重失衡。最终,如格伯所说,企业纷纷倒闭。

创业误区指的是当今企业主并非真正的创业者,他们仅仅算得上为自己打工的技术人员。解决方案是业主变得像真正的创业者那样去思考和行动:预想一下在没有他们的情况下企业如何运作。换句话说,业主必须开始去做企业,而不是简单地在企业里工作。他们需通过开发、实施与完善管理体系来有效提升企业,关键就是开发他们的"创业观"。

资料来源:Adapted from Michael E. Gerber, *The E-Myth Revisited:Why Most Businesses Don't Work and What to Do About It*(New York:Harper Business, 1995) and personal interview.

创业的研究方法

为了理解创业的本质以及更好地认识其日益突出的重要性,回顾创业理论的发展是非常必要的。近年来创业研究发展迅速,研究方法从实证研究向更加注重情境与过程转变。理论的提升推动着学科的研究不断发展。经过近40年的发展,创业理论日趋完善。我们必须掌握这一发展过程以更好地领会创业这门学科。对理论的学习将为我们今后理解创业过程与实践打下良好的基础。

创业理论具有实证性且逻辑严密,既可用来解释创业问题、预测创业行为(例如通过描述环境因素推断新的商业机会,创建新企业),也可提供正确的指导(即特定情境下所采取的适宜行动)。[13] 在21世纪,我们更加明确地需要逻辑严密且综合性强的创业理论来理解这一新兴领域。

在研究当代创业的过程中,一个概念反复出现,那就是创业是跨学科的。在接下来的部分,将介绍不同的研究方法以帮助我们了解这一领域。[14]

□ 创业思想流派

不同思想流派分别从宏观视角或微观视角将创业划分为一组具体的活动,揭示创业的本质。在宏观视角与微观视角中,我们将分别介绍三种共六大思想流派(见图1—1)。这并不代表创业领域的所有观点,随着将来创业理论的统一或延展,不会仅限于这六种学说。但不管将来理论如何发展,熟知这些概念将避免管理学说中的语义混淆。[15]

宏观视角	环境学说 金融/资本学说 取代学说
微观视角	创业者特质学说 创业机会学说 战略规划学说

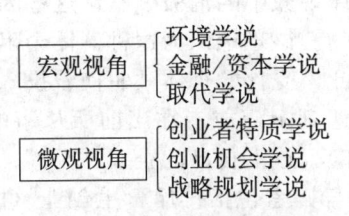

图1—1 六种创业思想学说

宏观视角

宏观视角的创业（macro view of enterpreneurship）概括了众多与创业企业成功或失败相关的因素。这些因素包括创业者无法控制的外部过程，表现出较强的**外部控制点**（external locus of control）的思想。

宏观视角的创业学说包括三个分支：（1）**环境学说**（enviromental school of thought），（2）**金融/资本学说**（financial/capital school of thought），（3）**取代学说**（displacement school of thought）。其中，环境学说应用最广泛。

环境学说

环境学说研究影响潜在创业者生活方式的外部因素，这些因素对于塑造创业意愿起着积极或消极的作用。它的关注点是机构、价值观以及道德观念，它们共同构成了影响创业者成长的社会政治环境。[16] 举例来说，如果一个中层经理拥有提出新想法、创新工作流程的自由和支持，那么工作环境将起到促使他追求创业型职业生涯的作用。另一个影响创业者发展的因素是他们所处的社交圈子，朋友和亲属会影响他们设定的创业目标。

金融/资本学说

金融/资本学说基于资本寻求过程，认为吸引种子资本及发展资本是创业的重点和核心所在。一些文献专门研究这一过程，而其他文献仅将其作为创业过程的一部分。[17] 任何情况下，融资过程对于创业企业的发展都是至关重要的，在创业者的商业计划书写作指南中也会详细叙述这个环节，一些创业研讨会也一直将重点放在创业企业资金的运用过程上。这一学说从财务管理视角分析整个创业项目，从表1—1可以看出，财务决策伴随着企业发展的各个阶段。

表1—1　财务分析重点

创业阶段	需考虑的财务方面因素	财务决策
初创期或收购期	原始资本 风险资本来源	进入还是放弃
运营期	现金管理 投资 财务分析与评估	维持现状、扩大规模还是缩减规模
衰退期或转手期	利润 公司并购 转手问题	出售、收回还是终止运营

取代学说

取代学说研究群体现象中的消极因素，这些因素让人在群体中感觉不适，或者说其作用是"可取代"的。该理论认为这种群体会阻碍个人进步，或者消除影响其进步的某些重要因素。因此，受挫的个体被驱使着投入自己的事业，以追求成功。学者们已经发现，当一些人遇到阻碍或者在当前所从事的活动中不被重任，为了与不幸对抗，他们甘愿追逐风险，创立自己的企业。[18]

1. **政治取代**：诱导因素包括排斥自主创业（国际环境下）的政治制度以及对特殊行业的政策限制。
2. **文化取代**：在少数族裔群体中体现出的民族、宗教、种族、性别歧视等问题阻碍他们进入专业领域发展，这种经历促使普通公司职员向创业者转变。美国政府的统计数据显示，过去十年中这种少数族裔企业增长了近50万家，占全美公司数量的10%。[19]

3. 经济取代：关注经济增长放缓甚至衰退的影响。失业、通货紧缩或者仅仅"不景气"都可能促使个人创业，正如它能影响企业壮大和规模缩小一样。[20]

上述情况表明影响创业发展的外部力量。按照取代学说，文化认知、政治与公共政策知识、经济灌输对创业知识的学习都是有帮助的，对经济与政治掌握得越全面，对创业理解也会更透彻。

微观视角

微观视角的创业（micro view of entrepreneurship）考察影响创业的具体因素，属于**内部控制点**（internal locus of control）的一部分。按照这种视角，潜在创业者能够控制与调整每个影响因素所带来的后果。尽管某些学者对此视角有着不同的定义及划分方法，在这里我们将主要论述创业者特质学说、创业机会学说以及战略规划学说。与由外及内地关注创业外部因素的宏观视角不同，微观视角由内及外地强调创业自身的特征。下面第一个学说是大家普遍接受的。

创业者特质学说

许多研究人员对于成功创业者的共性特质非常感兴趣。[21]**创业者特质学说**（entrepreneurial trait school of thought）就致力于展现成功人士所表现出的相似特质，认为对其进行复制模仿将会增加成功的概率。例如，成就、创造力、决心、技术知识是成功创业者经常具备的四种因素。家庭成长与教育背景也同样受到关注。也有一些研究人员不同意强调创业者的教育背景，认为它抑制了创业者的创新能力与挑战能力。[22]然而另一些学者则表示不断增加的新课程及教育改革被证实是更有利于创业的。[23]家庭成长因素关注的是创业者家庭中氛围的熏陶与家人的支持。创业者特质学说相信：生命周期早期阶段所建立的某种特质将最终导致创业者成功。（在第2章中，我们将对此进行深入探讨。）

创业机会学说

创业机会学说（venture opportunity school of thought）着重对创业过程中展现出的机会进行研究。从创业者的原始设想、商业概念的形成到抓住有利时机来实现，是这一学说所强调的。创新能力及市场意识也被视为同等重要的。此外，根据该学说，在合适的时机，针对合适的利基市场实施合适的创新想法是创业成功的关键。[24]

由这一学说引申出的思想是之前曾经提到的走廊法则，即意想不到的新机会可能将创业者引入截然不同的领域。当机会闪现时，创业者的识别与执行能力非常重要。走廊法则提示我们，充分做好准备迎接机会的到来相当于抓住了运气。创业机会学说的支持者坚信多样化的知识储备可以提高他们识别创业机会的能力。

战略规划学说

乔治·斯坦纳（George Steiner）说过："战略规划是与整个管理框架密不可分的，是管理进程中不可分割的部分。"[25]创业理论中的**战略规划学说**（strategic formulation school of thought）强调的是成功创业中商业规划的过程。[26]

一种方法将战略规划看做一系列独特要素的平衡应用。[27]独特的市场、独特的人才、独特的产品、独特的资源均可被识别、使用以及形成有效的新商业模式。战略适应性的多学科特性在以下要素中明显体现：

- **独特的市场**：**高山战略**与**山峡战略**（mountain gap strategies）着重区分出的细分市场与中间市场。
- **独特的人才**：**大厨战略**（great chef strategies）强调创业企业所需的具有特殊技能与天赋的个体。
- **独特的产品**：**更优配件战略**（better widget strategies）强调在新市场或现有市场中的创新。
- **独特的资源**：**水井战略**（water well strategies）强调长期积累或治理特殊资源（土地、劳动力、资金、原材料）的能力。

毫无疑问，战略规划学说包含综合管理能力，需要应用多学科知识。[28]

创业学说小结

尽管创业学科知识与研究仍处于新兴阶段，但是将这些思想学说收集汇总起来还是很有必要的。我们可以对这些理论学说加以分析并将其视为创业理论的基础。然而正如管理学曾使用丛林学说作为其理论根基一样，创业学也将在其成长发展阶段出现众多理论学说。

创业实践

关注不断浮现的创业机会

从以下几方面我们列举出了未来几年的创业趋势，人们一直以来都非常关注这些方面，每一领域始终在不断变化。

移动设备

移动商务——包括大量移动电子商务在内的移动网络已拥有 7 300 万用户。这个数字意味着：当你销售产品时，不管是以在线还是实体店铺的方式，无线网站都是必需的。81%的智能手机用户在家通过手机查询各种信息，80%的商铺是通过手机访问的，这些用户中68%在通过手机检索后亲自去拜访企业或进一步访问它们的网站，半数以上用户实际产生了消费。预计到2015年，网上购物将带来 2 790 亿美元的收入。

无线应用程序——随着成千上万的移动设备，如 iPhone 和 iPad 的使用，开发应用程序成为移动市场的另一商机。据预测，2015年，开发者将获得80亿美元的收入。大多数情况下，这些用于智能手机以及台式电脑的应用程序是由创业者开发出来的。

游戏化——游戏化这一概念是在2007年首次出现的，被证明可以抵抗经济衰退。研究推测到2014年70%的全球领先企业将拥有至少一个游戏化的应用程序。游戏化的目的是通过增加顾客参与进一步影响其行为，同时，在非游戏领域内融入游戏的元素以激励创新。一些学者认为游戏化对我们的影响将与 Facebook，eBay 以及亚马逊一样。不管是从越来越多参与的顾客的角度来看，还是从创新性众包以及提升员工绩效的角度来看，游戏化的机会都是巨大的。

食品与饮料

白酒、红酒与啤酒——人们倾向于少喝酒，喝品质较好的饮料，因此对于高端白酒、红酒以及精心酿造的啤酒来说是一大商机。

功能性饮料——30岁以下的消费者正在把饮料视为所需营养品，这些饮料同时还能为他们补充能量。不可低估人们对纯天然产品的偏爱程度。

特需食品——有机食品已经是曾经的热门了，顾客选购时关注的是无过敏原、无麸质以及低升糖指数的食品。有两个概念需要关注：美食酒馆（gastro-pubs，提供高品质菜肴的店铺）以及高档冰冻甜品（特级冰淇淋、酸奶等）。

健康

生物医疗技术——该领域需要丰富的科学知识、大量的资本以及由此带来的高风险容忍度。其商业机会或影响是显著的，重点应关注投入的时间以及资本状况。

保健人员的配备——由于从事保健领域的工作人员数量不足，因此为拥有募集能力以及深入了解社区医疗需求的创业者留有很大空间。诀窍在于将医疗保健与商业管理进行巧妙融合。

高级服务及产品——虽然"婴儿潮"一代逐渐步入老龄化，但是对相关服务及产品的需求毫无下降趋势。护理人员意识到这些需求是可以市场化的，所以为此开发相应解决方案便水到渠成。家庭医疗保健与老年健身中心（提供健身设备及健康知识）正为人们所津津乐道，并且仍将持续为大众所接受。

儿童

儿童与青少年——7 500 万儿童与青少年是一个拥有每年超过 400 亿美元购买力的群体。2007 年美国婴儿出生率创下新高。美国拥有最大的玩具市场（其他国家都在购买美国的玩具），而经过认证的环保玩具已形成趋势。8~14 岁的青少年已具有一定的消费能力，他们每年将 2 000 美元用于衣服、电子产品、食品、电脑游戏、摆设等。

大学规划顾问——即将升入大学的学生及家长在申请学校时会希望得到相关信息与指导，甚至希望得到学费方面的咨询。

高中运动员——700 多万名高中体育生正在形成一个很大的市场。从提供产品、组织到服务，让人们很难忽视其中蕴涵的商机。为他们提供专业训练及丰富的在线教育课程将一直受欢迎。

环保

环保服装——由环保工艺及材料制成的服装，其需求将持续增长。有机棉依然热销，竹纤维或大豆纤维材料开始受到人们的青睐。

绿色商业服务——创业者意识到可持续性产品及服务将对企业产生积极影响，从循环利用到环保供应商，很多企业正在试图寻找体现社会责任感的一切途径。

太阳能产品——快速增长的太阳能市场，机会比比皆是，其产品及服务会帮助企业和消费者利用这一能源。

饰品

高档饰品——饰品是身份和地位的象征——特别是太阳镜和手提包。人们正在寻找高端时尚的每一个元素，因此，应设定准确的目标市场，提升产品的品质。

精致皮鞋——人们对皮鞋既追求时尚的外形，又必须穿着舒适，在时尚领域这也属于快速增长的部分。做好这个市场的关键在于：找到属于你的利基市场，为目标客户提供设计独特、制作精良的产品。

美容方面——经济萧条期间，一些小的美容产品反而卖得很好，例如 2011 年唇膏的销量激增，指甲油销量 2008 年中期增长了 65%。这说明 2011 年美容行业整体发展良好，同时为 2012 年打下了基础。引领潮流的美容美发学校成为 2012 年快速增长的行业。美国美发协会（National Association of Barber Boards of America）的数据显示，近两年理发店的数量增加了约 10%，显然有人在专门培训这些新理发师。令人新奇的是，男性成为美容行业利润的主要来源。全球男性美容产品销售额将由 2009 年的 197 亿美元上升至 2014 年的 280 亿美元，预计 2014 年所有美容产品中男性的消费量将突破 850 亿美元。

服务

理财规划——很多人都对理财规划师抱有很大的期望。每一代人都会经历其命运转折的突发事件，因此需要理财方面的中肯建议。不管是高管人士退休、年轻人置办房屋或者准备孕育下一代，还是20世纪60年代末到70年代中期出生的"失落的一代"（Gen-Xers）为子女大学教育储蓄基金，他们都需要理财规划方面的指导，这些都将导致该行业每年显著增长，且一直持续至2016年。

富裕人群的资产管理——一个人拥有的资产越多，管理这些资产所耗费的时间也就越多，特别是房地产方面。他们期望员工都受过良好培训，所以这方面的创业者将致力于招聘适合的具有相关经验的员工来满足客户的期望。

招聘执行企业——寻找且聘用最合适的人才一直是各类组织所面临的挑战。提供这一服务的企业将寻找到大量客户，尤其面向某一特定行业。

资料来源：Adapted from "Business Trends for 2012," *Entrepreneur* (December 2011); "Tech Trends in 2012: What's Hot, What's Not," *E-Commerce Times*; and other various Internet sites. Accessed December 28, 2011.

☐ 创业过程方法

另一种考察创业活动的方式是过程方法。当前很多方法及模型都试图构建创业过程及其涉及的多种因素，在这里我们主要介绍两种传统的过程方法。[29]

第一种是整合方法，由迈克尔·H·莫里斯（Michael H. Morris）、帕梅拉·S·刘易斯（Pamela S. Lewis）、唐纳德·L·塞克斯顿（Donald L. Sexton）提出。[30]他们的模型整合了影响创业活动的理论和实践概念。第二种是基于复杂系统的动态方法，提出者是乔纳森·利维（Jonathan Levie）和本雅明·B·利希滕斯坦（Benyamin B. Lichtenstein）。这两种方法把创业涉及的多种因素整合在创业过程中，是本书重点强调的内容。

整合方法

莫里斯、刘易斯以及塞克斯顿提出了一个整合性的创业过程[31]，如图1—2所示。该模型围绕创业过程的投入与产出展开，识别出了有助于该过程的五大关键因素。首先是环境机会因素，如人口变化、新技术开发或现有管制政策的修订等。第二个因素是创业者，他形成商业概念并创建新企业。创业者通过提出独特的商业构想来把握住机会（比如，一种满足特定顾客需要的创造性方法）。实施这些商业概念通常需要特定的组织情境，可以是独立经营的家族企业或连锁企业，也可以是大公司内部的独立事业单位。最后，还需要各种资源来保证持续经营。这些关键因素在创业过程的各个发展阶段被整合。换句话说，过程方法为组织更好地运用各项投入提供了一个逻辑框架。

图1—2中的产出部分包含创业所得。正如我们将在下一章详细讨论的，创业是一个变量。因此，创业过程会导致多种结果，甚至产生与创业本身完全不相关的事件。基于不同的"创业强度"，最终的产出可能包含一个或多个新企业、价值创造、新产品、新流程、新技术、利润、工作岗位以及经济增长等。而且，结果有可能会是失败，所以还包括相应的资金、心理以及社会成本。

该模型不仅有助于我们全方位理解创业的本质，还可应用于不同层面。例如，它

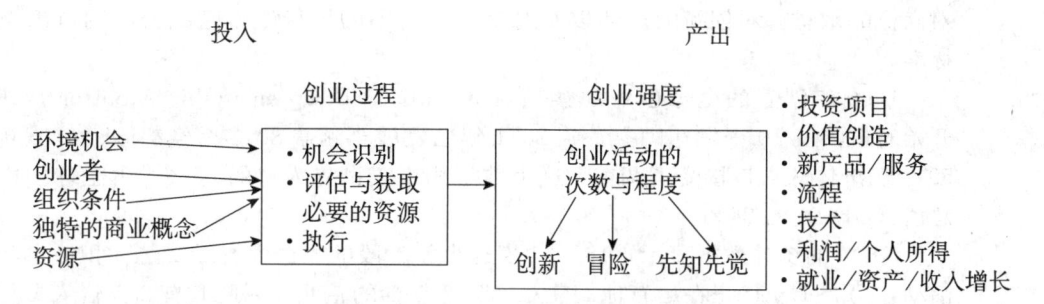

图1—2 创业投入与产出的整合模型

资料来源：Michael H. Morris, Pamela S. Lewis, and Donald L. Sexton, "Reconceptualizing Entrepreneurship: An Input-Output Perspective," Reprinted with permission from *SAM Advanced Management Journal* 59, no. 1 (Winter 1994): 21-31.

不仅描述了个体独立创业企业，也涉及大公司内某一部门、事业部或战略事业单位的创业活动。

动态方法

由乔纳森·利维和本雅明·B·利希滕斯坦两位学者提出的**动态模型**（dynamic states model）描述了依托所处环境而生存的企业。动态代表的是关系与系统的有机结合，它将机会转变为目标顾客价值，通过产出的新资源来维持这种动态关系。该模型是过程导向的，所强调的过程包括个体、组织以及环境因素。公司所选择的用来创造价值的战略是由其商业模式决定的，而这种商业模式本身又源于企业所展现的主导逻辑。动态模型所包含的因素如图1—3所示。这个模型更适用于创业者，因为小型新创企业在做出连续性变革上拥有更多的灵活性。因此，新创企业可能更容易创造自己与环境的高度依赖，使得创业者能够根据他们的当前和未来需要做好市场规划。[32]

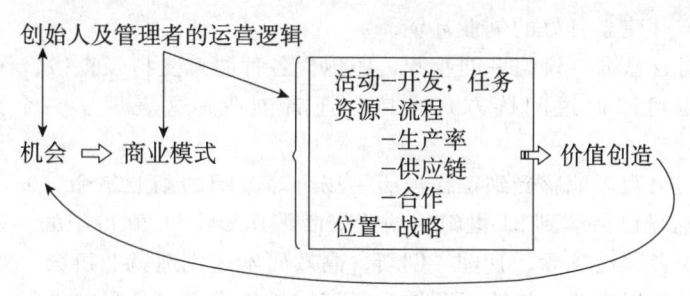

图1—3 动态模型

资料来源：Jonathan Levie & Benjamin B. Lichtenstein, (2010). "A Terminal Assessment of Stages Theory: Introducing a Dynamic States Approach to Entrepreneurship," *Entrepreneurship Theory and Practice*, 34, no. 2 (2010): 332. Reproduced with permission of John Wiley & Sons Ltd.

创业革命：一种全球化的现象

创业是对事业及成就执著追求的一种象征，创业者是当今辉煌业绩的先驱。他们对商机的敏感、对创新的迫切以及对商业计划书的执行能力已成为评测自由企业的标准。

1999年创立的全球创业观察项目（Global Entrepreneurship Monitor，GEM），开始时仅涉及10个发达国家，到2011年已发展至涵盖80多个经济体。2010年来自59个经济体的人口接受了调查，这个数字相当于世界人口的52%，占全球国内生产总值（GDP）的84%。

GEM的统计数据显示，18～64岁这个年龄段的人群中有1.1亿在积极参与创业活动，另有1.4亿正在运营他们建立不到3年半的企业，因此共有2.5亿人参与创业活动。此外，约6 300万人将在5年内招聘5名以上员工，其中2 700万人预期招聘20名以上。这说明了创业对全球就业增长的贡献。[33]

世界经济论坛（WEF）的《全球竞争力报告》根据人均GDP以及初级产品占出口份额的情况，把经济体分为三个阶段：要素驱动型、效率驱动型和创新驱动型。GEM在研究中采用了这种划分标准。要素驱动阶段主要是自给型农业和资源型企业占主导，它非常依赖劳动力和自然资源的投入。在效率驱动阶段，经济获得了进一步发展，伴随着工业化和对规模经济的日益依赖，资本密集型的大型企业更占优势。而进入创新驱动阶段后，知识密集型企业占据主导，服务产业进一步扩张。

GEM的研究报告带来的启示包括：

● 创业对经济的影响不仅体现在创业者的数量上，质量也非常重要，比如成长、创新和国际化。

● 创业既需要活跃性，又需要稳定性。活跃性体现在企业的"新陈代谢"上，稳定性体现在提供给新企业最好的机会以便检验和发挥它们的潜力上。

● 一个社会的创业活动应该兼收并蓄，涵盖不同类型的创业者，包括女性和低龄人群。

● 创业激励政策应该考虑经济发展水平。在基础完善的市场，可致力于促进效率的提高，并建立良好的创业环境。

● 创业思维不只关乎创业者，还包含各种愿意支持及提供合作的利益相关者。非创业者也可以通过间接方式支持创业者创业。这表现了一个社会对创业的广泛包容。[34]

我们很明显地感受到正在经历一场全球范围的**创业革命**（entrepreneurial revolution），这场已持续到21世纪的创业革命，其影响与20世纪的工业革命同样重要。

创业者通过领导、管理、创新、高效研发、创造就业机会、竞争、提高生产效率以及构筑新兴产业，持续不断地为经济增长作出不可估量的贡献。

为了掌握创业的本质，应从两个视角来思考创业企业的运营环境：第一个视角根据具体数字来说明小企业在美国经济中的重要作用；第二个视角通过考察创业研究及教育的趋势来反思创业在学术发展中的重要性。

美国创业企业的巨大影响

过去的20年见证了美国不断涌现的创业活动，很多数据都可以证实这一点。例如，美国小企业管理局（U. S. Small Business Administration）的统计报告显示，过去10年中，每年有将近60万家新企业注册。尽管很多企业属于以前就存在的独资企业或合资企业，但这种趋势仍然可以表明创业活动的普遍程度，不管采取的形式是新创、并购还是发展。特别是刚进入新千年的第二个 10 年，全美企业数量就激增至 2 700 多万家，并且该数字仍保持每年 2% 的增长。下面我们再来看看支持这一现象的历史数据。

保守来说，每年新设立的企业数量超过 600 000 家，它们会在设立之初雇用新员工，另有 100 万家新企业，它们只是为解决自我的就业问题，这部分企业的数量每年也在增加。在美国，每年平均 300 个成年人中就会有 1 位雇用新员工的企业家。由于新企业至少需要 2 名业主或管理者，所以每年 150 名成人中就会有 1 名参与创业。实际上这个比例可能会高达 1/12。

从结果来看，美国保持着稳定的新企业创建能力。在 600 万家拥有雇员的各种规模的企业之中，每年新增 600 000~800 000 家，相当于年增 14%~16%。[35]

在"经济大萧条"时期（也称漫长的经济衰退期），开始创业的美国人比过去 20 年的任何时候都要多。经济不景气、高失业率迫使更多人成立他们自己的公司，其中大部分并不雇用其他人，仅靠自身来运营。

一项可反映新企业创建情况的领先指标——考夫曼创业活动指数 1996—2010[36]（Kauffman Index of Entrepreneurial Activity, 1996—2010）显示，2010 年每月有 0.34% 的美国成年人创立企业，即出现 565 000 家新企业，这代表了过去 15 年来的最高创业水平。

美国小企业管理局的报告称，截至 2011 年小企业数量已达到 2 750 万家，其中近 600 万家属用工企业，它们对美国私企职位的贡献率为 49.6%。小企业数量占美国企业总数的 99.7%，且女性及少数族裔企业增多。少数族裔企业的数量为 580 万家，在过去 5 年增长了 45.6%。女性创办的企业总数为 780 万家，过去 5 年内增长了 20.1%。[37]

年龄方面，15% 的创业者不到 35 岁。想自己做老板的中老年人也在增多，例如 55~64 岁的创业比率从 2000 年的 16.4% 升至 2010 年的 22.2%，这一趋势显示出"婴儿潮"一代中更多人在寻求"生活方式型创业"，或者生命中的第二次职业生涯。[38]

创业者仍将对经济低迷做出回应，他们将以不同方式促进经济增长。这些创业者占领并扩大现有市场，同时增加竞争强度，提高经济效益。他们还将通过创新型产品开辟全新市场，对于其他企业来说，新市场充满勃勃商机，能进一步刺激经济增长。14% 的创业者声称他们的产品没有直接竞争对手，这足以说明由他们开辟的新市场是真实存在的。

下面列出了一些在美国出现惊人的创业活动的原因：
- 美国在文化上提倡承担风险和寻求商机。
- 美国人对于潜在经济机会比较敏感，同时对于失败的恐惧相对较低。
- 美国的创业教育处于领先水平，包括本科阶段及研究生阶段。
- 美国聚集了大量具有专业知识、科技水平、管理技能的人才，他们保持着最高的创业率。

综上所述，每项研究不断揭示了创业者拓展现有市场以及开辟新领域的独特能力。因此，不管对于个人、企业还是整个国家来说，创业都是非常重要的。[39]

瞪羚企业的影响

新兴的小企业为美国经济提供了大量工作岗位（在全球范围也一样）。绝大多数创造工作岗位的新企业都属于高速成长型。美国 Cognetics 公司的戴维·伯奇（David Birch）将这种企业命名为瞪羚（gazelles）。[40] 按照他的定义，每一家瞪羚企业在创建 5 年间，每年销售增长不低于 20%，启动资金不低于 10 万美元。

瞪羚大概是对经济增长来说最重要的发现。尽管过去 10 年中一些大型企业不断缩小规模，瞪羚企业仍创造了 500 万个就业机会，就业职位净增长高达 420 万个。最新统计数据显示，瞪羚企业（目前数量约为 358 000 家，占所有运营企业的 4%）创造了 1 070 万个就业岗位，与此同时，整个美国新增就业岗位数则为 1 110 万个。

最新的全球调查数据也体现出类似的情况。例如，世界经济论坛分析了 2000—2009 年 Inc. 杂志评选的"美国快速增长私营企业 500 强"以及英国通过利润、利润增长率和创立时间评选出的快速增长百强企业、英国科技百强企业，此外还查阅了 13 个国家的高科技企业名单，这些国家包括美国、加拿大、英国、德国、法国、瑞典、挪威、以色列、中国、印度、日本、澳大利亚和新西兰。

在美国 500 强企业中，排名前 1% 企业的利润增长占总体的 20.5%（接近 1/20 法则）。排名前 10% 企业的利润增长占总体的 56%。英国快速增长百强企业中，相应的比例分别是 20.8% 和 55.2%。英国科技百强企业中，少数精英更是引人瞩目，这两个比率分别是 31.4% 和 60.3%。[41]

另一份美国的研究报告《高速成长企业与美国经济前景》显示，每一年业绩最好的前 1% 企业对就业的贡献率将近 40%。按此划分，快速成长的瞪羚企业（创建 3～5 年）占所有企业总数不到 1%，而每年却提供新的就业岗位约 10%。在排名前 1% 的企业中，平均每家企业每年增加 88 个新岗位！而所有企业中平均每家企业每年提供的新岗位数仅为 2～3 个。[42] 这更加说明瞪羚企业卓越的业绩及贡献在整个经济中发挥着强有力的作用。[43] 表 1—2 列出了关于瞪羚企业的一些错误说法。

表 1—2　　　　　　　　　　关于瞪羚企业的一些错误说法

成为瞪羚企业是所有创业者的目标。 创建一家瞪羚企业不管在财务方面还是专业领域都是大有裨益的，然而并非所有创业者都能适应运营一家瞪羚企业所必需的高压环境。企业越成功，其管理行为的要求越严格。一旦成为世界关注的焦点，保持瞪羚企业般高速成长既要坚韧的意志，又应保持在极度压力下的沉着与镇定。
瞪羚企业获得了风险投资。 风险投资公司（VC）非常看重瞪羚企业，然而很多企业从未获得过风险投资基金，即使在经济繁荣时期，接受风险投资的瞪羚企业也不超过 40 万家，还不到其所有投资企业的 2%。
瞪羚企业从不畏缩。 从定义上看，瞪羚企业属于高增长的财富创造企业，不像一些公司，它们创立之初便几乎没有收入，没有发展计划。很多企业从一开始就可称为瞪羚企业，也有些企业最终才发展为瞪羚企业。瞪羚企业中有 20% 已运营 30 年之久。
瞪羚企业都是高科技公司。 从定义上看——每一家瞪羚企业启动资金不低于 10 万美元，且应保持 5 年以上年销售增长率超过 20%，瞪羚企业涵盖了所有行业。"瞪羚企业都是高科技公司"这一错误说法，主要源于高科技公司的较高边际收益。其实，瞪羚企业普遍存在于低技术行业，如人们都知道的百思买（Best Buy）和星巴克（Starbucks）。
瞪羚企业都是国际化公司。 瞪羚企业对经营的地域范围并无限制。虽然有些瞪羚企业在全球范围内运营，但这一点并不是必需的。过早地对海外市场进行扩张可能导致失败，当然也可能促使其成功。除了有风险，每年国际贸易还会为所有经济活动贡献 8 000 亿美元的收益。不过没有细致周密的商业计划书，实施国际化将导致企业破产。

瞪羚企业与创新

瞪羚企业是创新的领导者,主要表现为:
- 涉及362个行业的55%的创新活动以及全部革命性创新活动的95%都是由新兴小企业带来的。
- 瞪羚企业的人均产品创新数量是大型公司的2倍。
- 新兴小企业单位销售额的专利含量高于大型公司。

瞪羚企业与成长

以下这些成长数据体现出目前瞪羚企业的作用:
- 根据美国小企业管理局的数据,过去10年里,新创企业数量每年将近60万家。
- 在美国近2 700万家企业中(基于美国国内收入署(IRS)税收利润数据),仅有17 000家算得上大型企业。
- 在过去的12年间,企业综合增长率为3.9%。
- 每年约14%的企业从失业保险名单所登记的企业中退出,另有16%新的后续企业——通过管理变革——增加进去。这表明名单所列企业中,每5年就有一半消失或重组!
- 统计学家预测,到2015年,美国企业总数将达到3 500万家,和2010年的2 750万家相比有显著增加。

瞪羚企业与生存

有多少瞪羚企业能够一直存活下去?答案很简单:"没有一家"。这些企业迟早都会衰退及消亡。所以,更相关的问题其实是:在特定时期内,有多少企业消亡?在这个时期的开始阶段,企业年龄与消亡的相关程度如何?

传言说85%的企业在第一年就遭遇失败(有的传言说是前两年),这明显是不对的。戴维·伯奇从麻省理工学院毕业后创立了自己的Cognetics公司。据他探明,这种传言的来源是一份完美精确的研究说"所有企业中85%会失败",然而,这个研究结论被演绎为"85%的小型创业企业在第一年内会失败"。

不管传言如何,更加准确的数据就是:受创立后经济环境的影响,在所有新创企业中约有一半存活了5~7年。

□ 创业企业的后续问题

培育并促进创业活动已经成为经济衰退、低迷以及各种疑难问题的解决方案,而且将来仍将继续采取这一做法。这是经过探索获得的最强大经济力量,其成功包括以下三个方面:

第一,在21世纪初期,一些成熟产业的大型公司采取内部创业的方法,通过调整、裁员、重组及改造,重新焕发勃勃生机,销售额及利润率大幅提高。例如,通用电气公司通过裁员40%,将销售额从原来的不足200亿美元增至近800亿美元,提升了3倍。很多企业通过将内部业务外包来提升企业"核心竞争力",最终实现了既定目标。

第二，随着这股大企业的变革潮流，新创企业逐步发展壮大。25年前，纽柯钢铁公司（Nucor Steel）还是一家拥有几百名雇员的小型工厂，它自主开发了一项名为薄板坯连铸（thin-slab casting）的新技术，这为它赢得了巨大的成功，成为拥有59 000名员工、销售额34亿美元、净收入达2.74亿美元的钢铁企业。在过去的10年间，那些最近20年内创立的新企业已累计创造数百万个就业岗位，其中包括许多知名企业，比如Facebook，Twitter，谷歌，BlackBerry和YouTube。

第三，新成立的创业企业中，其业主还包括女性、少数族裔以及移民人口。如此多的创业企业涉及各个行业、各个地域。同样，它们也为经济作出了突出贡献，每家企业仅通过雇用1~2名雇员，短短几年内就创造了大量新的就业岗位。

总之，创业企业对美国经济发挥着两大不可估量的作用，其一，它们是经济再生过程中不可或缺的一部分，遍布于整个市场经济，并界定了市场经济。同时，创业企业在引领创新、倡导技术变革以及提高生产效率方面扮演着至关重要的角色。简言之，它们关乎变革与竞争，因为市场结构因此而改变。美国经济是动态、有机的实体，总处于变化的过程中。同时，创业还是对未来的不断探索，而非简单地对历史的延续。

其二，创业企业是人们融入美国主流社会的根本机制。小企业让人们（包括女性、少数族裔、移民）得以实现心中的美国梦。经济增长、机会平等、追求上进一直都是美国优势的源泉。在这个变革进程中，创业通过将高科技与民众活动紧密联系发挥出极其重要且不可或缺的作用。[44]

创业导致全球就业市场出现净增长。本书的全部内容将带领大家探索以下问题：为什么未来的全球经济取决于创业能力的发展？

21世纪创业研究的趋势

在我们继续对创业进行研究时，重要的是认识到21世纪创业领域的科研及教育进展。目前有关创业者及新企业创建的研究主题可归纳如下：

1. **创业融资**：20世纪90年代，包括风险投资、天使投资及其他新型融资技术空前强势出现，且在21世纪仍将继续助推创业浪潮。[45]
2. **公司创业**：近几年，公司创业（即在大型组织内部进行的创业活动）以及对创业文化的需求备受关注。[46]
3. **社会创业**：社会创业在新一代创业者身上体现出前所未有的力量。[47]
4. **创业认知**：创业认知（考察多种类型创业者以及他们成功的方法）引发了一场对整个创业过程中心理层面的探讨。[48]
5. **女性创业和少数族裔创业**：女性及少数族裔创业者大量涌现，这在历史上是从未发生过的。他们似乎面临着与其他创业者不一样的障碍与困难。[49]
6. **全球创业动向**：根据近几年全世界对创业的兴趣激增的判断，全球创业活动一直在增长。[50]
7. **家族企业**：家族企业开始成为研究的重点，家族企业的创始人在社会及经济方面的贡献占据较大比例，较多地表现在创造就业岗位、引领创新以及促进经济复苏等方面。[51]

8. 创业教育：创业教育成为全世界商学院及理工院校中最热门的课程，教授创业学或类似课程的学校从30年前的24所增加到目前的3 000多所。[52]

创业前沿

创业教育最好的商学院

根据近5年来的不同排名情况，我们列出了世界公认的创业教育最好的商学院：

研究生教育：	本科教育：
印第安纳大学伯明顿分校	印第安纳大学伯明顿分校
斯坦福大学	宾夕法尼亚大学
哈佛大学	南加州大学
麻省理工学院	亚利桑那大学
加州大学伯克利分校	百森商学院
百森商学院	

核心概念

在总结对创业本质的论述之前，我们需正确理解以下三个核心概念：创业、创业者以及创业管理。

☐ 创业

创业（entrepreneurship）是憧憬、改变、创造的一个动态过程，需要投入精力及热情去创新并把新想法、新方案转变为现实。创新和创立新企业过程的实现主要基于四个维度——个人、组织、环境、过程，并得到政府、教育界及相关机构的协作与支持。在识别把握机会时需考虑不同宏观及微观视角下的创业学说理论，这样有利于将机会转化为当前经济下切实可行且具有竞争能力的市场化概念。

☐ 创业者

正如本章所述，创业者是识别并把握机会的创新者或开拓者，他们把机会转化为可操作/可市场化的商业计划，通过时间、努力、金钱或技能来创造价值，同时承担实施所带来的竞争风险。创业者通过坚持不懈地探寻、仔细且全面地规划、合理准确地决策实施他们的创业，进而推动经济的转变。这群特别乐观与坚定的创业者创新性地开发新资源，或者利用现有资源产生新的效益，创造出大量财富。

☐ 创业管理

本书的主题就是**创业管理**（entrepreneurial management），其概念表述如下：

不管创业者是大型企业还是白手起家的个体，创业原则都是普遍适用的。不管是在商业企业还是与商业无关的社会服务机构创业，不管在政府部门还是非政府组织创业，这种原则都是没有什么区别的。创业管理的原则与方法几乎完全一致，就连影响因素、创新类型以及创新的背景也一样。每个创业项目中，不难找到创业管理这门学科所涵盖的内容[53]，这门新兴学科所包含的技术与原则将推动21世纪创业经济的发展。

小结

本章首先回顾了创业的发展进程，为进一步学习不断发展变化的创业学打下了基础。通过研究创业的不同定义，本章向大家展示出创业在不同历史时期的表现形式。此外，10种创业理解误区也将有利于大家理解创业领域最新的研究动态。当前对创业的探索正在拓宽我们的视野，使我们更好地掌握其内容。

我们介绍了创业研究的两种不同方法——创业思想流派方法及创业过程方法，其中创业思想流派方法列出了六种不同学说，创业过程方法中的整合方法与动态方法又使我们了解了当代创业管理的内部过程。

接着，本章较全面地展现了美国以及全世界正在发生的创业革命，并以重要的相关统计数据支撑了我们的创业经济。此外我们还介绍了瞪羚企业及其影响。瞪羚企业指的是这样的企业：创立5年以上，每年销售增长不低于20%，启动资金不低于10万美元。

在结尾部分本章给出了三个核心概念——创业、创业者、创业管理的定义。

回顾与问题讨论

1. 简述创业这一术语的演变。
2. 请举出与创业有关的十大误区并分别予以澄清。
3. 宏观视角的创业是什么？
4. 哪些创业学说使用了宏观视角的创业？
5. 微观视角的创业是什么？
6. 哪些创业学说使用了微观视角的创业？
7. 取代的三种具体类型是什么？
8. 在战略规划学说中，涉及独特要素的四种战略是什么？请分别给出解释。
9. 什么是创业过程方法？描述其动态方法。
10. 试述创业企业在整个经济中所发挥的主导作用。
11. 经济中的新就业岗位是如何创造出来的？
12. 给出瞪羚企业的定义并讨论其重要性。

体验式练习

测测你对成功创业者的理解

阅读以下十个陈述,看自己是否"赞同"。完全赞同得10分,完全不赞同得1分。如果倾向于赞同,则根据赞同的程度给6~9分,反之给2~5分。

1. 成功的创业者通常是讲求方法且善于分析的人,他们周密规划出想要做的事,然后采取行动。

2. 最成功的创业者拥有与生俱来的独特品质,例如高成就驱动力、好胜心,这些特质在创业过程中发挥着重要作用。

3. 成功创业所需的能力可以通过学习和实践掌握。

4. 最成功的创业者都开发出了独特的产品或服务。

5. 成功的创业者很少接受正规教育。

6. 很多成功的创业者都承认辍学是他们做过的最正确的事。

7. 正因为成功的创业者都有一套特立独行的做事方法,所以他们很难与其他人交往,显得与大家格格不入。

8. 研究表明,尽管创业前掌握充足的资金非常重要,但是拥有管理才能以及合理的商业计划书更为关键。

9. 成功创业其实更多是充分的准备与合理的设想,而非单凭运气行事。

10. 很多人第一次创业就非常成功,这激励他们继续做下去,然而随着企业发展壮大,失败也随之到来。

将你的得分按照以下方式填入得分表中:(1)将第1,3,8,9题的得分直接填入表中;(2)将第2,4,5,6,7,10题的得分用11减去后填入表中。例如第1题得8分,则在第1栏的第1题处填8;而第2题得7分,则在第2题处填4。最后两栏相加算出总分。

得分表

直接填入分数	用11减去分数后填入	
_____ 1	_____ 2	
_____ 3	_____ 4	
_____ 8	_____ 5	_____ 总分
_____ 9	_____ 6	
	_____ 7	
	_____ 10	

说明:这个练习测量的是你在多大程度上相信创业的误区。得分越低,说明你越相信那些误区;得分越高,说明你越不相信那些误区。第1,3,8,9题是正确的陈述;第2,4,5,6,7,10题是不正确的陈述。下面是你的分数对应的解释:

80~100:很好;你知道创业的事实。

61~79:好,但是你仍然相信一些误区。

41~60:还可以;你需要回顾本章关于创业的误区那部分内容。

0~40:差;你需要重读本章关于创业误区的材料,并研究这些结论。

注释

1. Jeffry A. Timmons and Stephen Spinelli, *New Venture Creation*, 7th ed. (New York: McGraw-Hill/Irwin, 2007), 3.

2. For a compilation of definitions, see Robert C. Ronstadt, *Entrepreneurship* (Dover, MA: Lord Publishing, 1984), 28; Howard H. Stevenson and David E. Gumpert, "The Heart of Entrepreneurship," *Harvard Business Review* (March/April 1985): 85–94; and J. Barton Cunningham and Joe Lischeron, "Defining Entrepreneurship," *Journal of Small Business Management* (January 1991): 45–61.

3. See Calvin A. Kent, Donald L. Sexton, and Karl H. Vesper, *Encyclopedia of Entrepreneurship* (Englewood Cliffs, NJ: Prentice Hall, 1982); Ray V. Montagno and Donald F. Kuratko, "Perception of Entrepreneurial Success Characteristics," *American Journal of Small Business* (Winter 1986): 25–32; Thomas M. Begley and David P. Boyd, "Psychological Characteristics Associated with Performance in Entrepreneurial Firms and Smaller Businesses," *Journal of Business Venturing* (Winter 1987): 79–91; and Donald F. Kuratko, "Entrepreneurship," *International Encyclopedia of Business and Management* 2nd ed. (London: Routledge Publishers, 2002), 168–76.

4. Kent, Sexton, and Vesper, *Encyclopedia of Entrepreneurship* xxix.

5. Israel M. Kirzner, *Perception, Opportunity, and Profit: Studies in the Theory of Entrepreneurship* (Chicago: University of Chicago Press, 1979), 38–39.

6. See Ronstadt, *Entrepreneurship* 9–12.

7. Joseph Schumpeter, "Change and the Entrepreneur," in *Essays of J. A. Schumpeter* ed. Richard V. Clemence (Reading, MA: Addison-Wesley, 1951), 255.

8. Arthur Cole, *Business Enterprise in Its Social Setting* (Cambridge, MA: Harvard University Press, 1959), 27–28.

9. Albert Shapero, *Entrepreneurship and Economic Development* Project ISEED, Ltd. (Milwaukee, WI: Center for Venture Management, 1975), 187.

10. Ronstadt, *Entrepreneurship*, 28.

11. John B. Miner, Norman R. Smith, and Jeffrey S. Bracker, "Defining the Inventor-Entrepreneur in the Context of Established Typologies," *Journal of Business Venturing* (March 1992): 103–13.

12. "A Surprising Finding on New-Business Mortality Rates," *Business Week* (June 14, 1993): 22.

13. Ivan Bull and Gary E. Willard, "Towards a Theory of Entrepreneurship," *Journal of Business Venturing* (May 1993): 183–95; Ian C. MacMillan and Jerome A. Katz, "Idiosyncratic Milieus of Entrepreneurship Research: The Need for Comprehensive Theories," *Journal of Business Venturing* (January 1992): 1–8; Scott Shane and S. Venkataraman, "The Promise of Entrepreneurship as a Field of Research," *Academy of Management Review* (January 2000): 217–26; Phillip H. Phan, "Entrepreneurship Theory: Possibilities and Future Directions," *Journal of Business Venturing* 19, no. 5 (September 2004): 617–20; and Brian L. Connelly, R. Duane Ireland, Christopher R. Reutzel, and Joseph E. Coombs, "The Power and Effects of Entrepreneurship Research," *Entrepreneurship Theory and Practice* 34, no. 1 (2010): 131–49.

14. William B. Gartner, "What Are We Talking About When We Talk About Entrepreneurship?" *Journal of Business Venturing* (January 1990): 15–28; see also Lanny Herron, Harry J. Sapienza, and Deborah Smith Cook, "Entrepreneurship Theory from an Interdisciplinary Perspective," *Entrepreneurship Theory and Practice* (Spring 1992): 5–12; Saras D. Sarasvathy, "The Questions We Ask and the Questions We Care About: Reformulating Some Problems in Entrepreneurship Research," *Journal of Business Venturing* 19, no. 5 (September 2004): 707–17; Benyamin B. Lichtenstein, Nancy M. Carter, Kevin J. Dooley, and William B. Gartner, "Complexity Dynamics of Nascent Entrepreneurship," *Journal of Business Venturing* 22, no. 2 (2007): 236–61; and Peter W. Moroz and Kevin Hindle, "Entrepreneurship as a Process: Toward Harmonizing Multiple Perspectives," *Entrepreneurship Theory and Practice* 36, no. 4 (2012): 781–818.

15. See Harold Koontz, "The Management Theory Jungle Revisited," *Academy of Management Review* (April 1980): 175–87; Richard M. Hodgetts and Donald F. Kuratko, "The Management Theory Jungle—Quo Vadis?" *Southern Management Association Proceedings* (November 1983): 280–83; J. Barton Cunningham and Joe Lischeron, "Defining Entrepreneurship," *Journal of Small Business*

Management (January 1991): 45–61; Ian C. MacMillan and Jerome A. Katz, "Idiosyncratic Milieus of Entrepreneurship Research: The Need for Comprehensive Theories," *Journal of Business Venturing* (January 1992): 1–8; Murray B. Low, "The Adolescence of Entrepreneurship Research: Specification of Purpose," *Entrepreneurship Theory and Practice* 25, no. 4 (2001): 17–25; and Johan Wiklund, Per Davidsson, David B. Audretsch, and Charlie Karlsson, "The Future of Entrepreneurship Research," *Entrepreneurship Theory and Practice* 35, no. 1 (2011): 1–9.

16. See Andrew H. Van de Ven, "The Development of an Infrastructure for Entrepreneurship," *Journal of Business Venturing* (May 1993): 211–30; Jeffrey G. York and S. Venkataraman, "The Entrepreneur-Environment Nexus: Uncertainty, Innovation, and Allocation," *Journal of Business Venturing* 25, no. 5 (2010): 449–63; and Linda Edelman and Helena Yli-Renko, "The Impact of Environment and Entrepreneurial Perceptions on Venture Creation Efforts: Bridging the Discovery and Creation Views of Entrepreneurship," *Entrepreneurship Theory and Practice* 34, no. 5 (2010): 833–56.

17. See David J. Brophy and Joel M. Shulman, "A Finance Perspective on Entrepreneurship Research," *Entrepreneurship Theory and Practice* (Spring 1992): 61–71; and Truls Erikson, "Entrepreneurial Capital: The Emerging Venture's Most Important Asset and Competitive Advantage," *Journal of Business Venturing* 17, no. 3 (2002): 275–90.

18. Ronstadt, *Entrepreneurship*; and Daniel V. Holland and Dean A. Shepherd, "Deciding to Persist: Adversity, Values, and Entrepreneurs' Decision Policies," *Entrepreneurship Theory and Practice* (in press).

19. Small Business Administration, *The State of Small Business: 1997: A Report of the President* (Washington, DC: Government Printing Office, 1997); Matthew C. Sonfield, "Re-Defining Minority Businesses: Challenges and Opportunities," *Journal of Developmental Entrepreneurship* 6, no. 3 (2001): 269–76; and Lois M. Shelton, "Fighting an Uphill Battle: Expansion Barriers, Intra-Industry Social Stratification, and Minority Firm Growth," *Entrepreneurship Theory and Practice* 34, no. 2 (2010): 379–98.

20. Sara Carter, "The Rewards of Entrepreneurship: Exploring the Incomes, Wealth, and Economic Well-Being of Entrepreneurial Households," *Entrepreneurship Theory and Practice* 35, no. 1 (2011): 39–55.

21. Kelly G. Shaver and Linda R. Scott, "Person, Process, Choice: The Psychology of New Venture Creation," *Entrepreneurship Theory and Practice* (Winter 1991): 23–45; Ronald K. Mitchell, Lowell Busenitz, Theresa Lant, Patricia P. McDougall, Eric A. Morse, and J. Brock Smith, "The Distinctive and Inclusive Domain of Entrepreneurial Cognition Research," *Entrepreneurship Theory and Practice* 28, no. 6 (Winter 2004): 505–18; and Ha Hoang, Javier Gimeno, "Becoming a Founder: How Founder Role Identity Affects Entrepreneurial Transitions and Persistence in Founding," *Journal of Business Venturing* 25, no. 1 (2010): 41–53; and J. Robert Mitchell, Dean A. Shepherd, "To Thine Own Self Be True: Images of Self, Images of Opportunity, and Entrepreneurial Action," *Journal of Business Venturing* 25, no. 1 (2010): 138–54.

22. See Magnus Aronsson, "Education Matters—But Does Entrepreneurship Education? An Interview with David Birch," *Academy of Management Learning & Education* 3, no. 3 (2004): 289–92.

23. See Jerry A. Katz, "The Chronology and Intellectual Trajectory of American Entrepreneurship Education," *Journal of Business Venturing* 18, no. 2 (2003): 283–300; Donald F. Kuratko, "The Emergence of Entrepreneurship Education: Development, Trends, and Challenges," *Entrepreneurship Theory and Practice* 29, no. 5 (2005): 577–98; and Dean A. Shepherd, "Educating Entrepreneurship Students About Emotion and Learning from Failure," *Academy of Management Learning & Education* 3, no. 3 (2004): 274–87.

24. Dimo Dimov, "Grappling With the Unbearable Elusiveness of Entrepreneurial Opportunities," *Entrepreneurship Theory and Practice* 35, no. 1 (2011): 57–81; Jintong Tang, K. Michele (Micki) Kacmar, and Lowell Busenitz, "Entrepreneurial Alertness in the Pursuit of New Opportunities," *Journal of Business Venturing* 27, no. 1 (2012): 77–94; and Michael M. Gielnik, Hannes Zacher, and Michael Frese, "Focus on Opportunities as a Mediator of the Relationship between Business Owner's Age and Venture Growth," *Journal of Business Venturing* 27, no. 1 (2012): 127–42.

25. George A. Steiner, *Strategic Planning* (New York: Free Press, 1979), 3.

26. See Marjorie A. Lyles, Inga S. Baird, J. Burdeane Orris, and Donald F. Kuratko, "Formalized Planning in Small Business: Increasing Strategic Choices," *Journal of Small Business Management* (April 1993): 38–50; R. Duane Ireland, Michael A. Hitt, S. Michael Camp, and Donald L. Sexton, "Integrating Entrepreneurship and Strategic Management Actions to Create Firm Wealth," *Academy of Management Executive* 15, no. 1 (2001): 49–63; and Dimo Dimov, "Nascent Entrepreneurs and Venture Emergence: Opportunity Confidence, Human Capital, and Early Planning," *Journal of Management Studies* 48, no. 6 (2011): 1123–53.

27. Ronstadt, *Entrepreneurship* 112–15.

28. Michael A. Hitt, R. Duane Ireland, S. Michael Camp, and Donald L. Sexton, "Strategic Entrepreneurship: Entrepreneurial Strategies for Wealth Creation," special issue, *Strategic Management Journal* 22, no. 6

(2001): 479–92.

29. See the special issue, dealing with models, of *Entrepreneurship: Theory and Practice* 17, no. 2 (1993); see also James J. Chrisman, Alan Bauerschmidt, and Charles W. Hofer, "The Determinants of New Venture Performance: An Extended Model," *Entrepreneurship Theory and Practice* (Fall 1998): 5–30.

30. Michael H. Morris, Pamela S. Lewis, and Donald L. Sexton, "Reconceptualizing Entrepreneurship: An Input-Output Perspective," *Advanced Management Journal* 59, no. 1 (Winter 1994): 21–31.

31. Morris, Lewis, and Sexton, "Reconceptualizing Entrepreneurship."

32. Jonathan Levie and Benjamin B. Lichtenstein, "A Terminal Assessment of Stages Theory: Introducing a Dynamic States Approach to Entrepreneurship," *Entrepreneurship Theory and Practice* 34, no. 2 (2010): 317–50.

33. Donna Kelley, Niels Bosma, and José Ernesto Amorós, *Global Entrepreneurship Monitor 2010 Global Report* (Wellesley, MA: Babson College, 2010).

34. Ibid.

35. Paul D. Reynolds, Michael Hay, and S. Michael Camp, *Global Entrepreneurship Monitor* (Kansas City, MO: Kauffman Center for Entrepreneurial Leadership, 1999); and Maria Minniti and William D. Bygrave, *Global Entrepreneurship Monitor* (Kansas City, MO: Kauffman Center for Entrepreneurial Leadership, 2004); and Erkko Autio, *Global Report on High Growth Entrepreneurship* (Wellesley MA: Babson College and London, UK: London Business School, 2007).

36. Robert W. Fairlie, *Kauffman Index of Entrepreneurial Activity, 1996–2010* (Kansas City, MO: Ewing Marion Kauffman Foundation, 2011).

37. *Small Business Profile* (Washington DC: U.S. Small Business Administration, Office of Advocacy, 2011)

38. Ibid.; and Robert W. Fairlie, *Kauffman Index of Entrepreneurial Activity, 1996–2010* (Kansas City, MO: Ewing Marion Kauffman Foundation, 2011).

39. Maria Minniti and William D. Bygrave, *Global Entrepreneurship Monitor* (Kansas City, MO: Kauffman Center for Entrepreneurial Leadership, 2004); and Erkko Autio, *Global Report on High Growth Entrepreneurship* (Wellesley MA: Babson College and London, UK: London Business School, 2007).

40. David Birch's research firm, Cognetics, Inc., traces the employment and sales records of some 14 million companies with a Dun & Bradstreet file.

41. *Global Entrepreneurship and the Successful Growth Strategies of Early-Stage Companies: A World Economic Forum Report* (New York: World Economic Forum USA Inc., 2011); see also Gideon D. Markman and William B. Gartner, "Is Extraordinary Growth Profitable? A Study of *Inc. 500* High-Growth Companies," *Entrepreneurship Theory and Practice* (September 2002: Vol. 27, No. 1): 65–75.

42. Dane Stangler, *High-Growth Firms and the Future of the American Economy* (Ewing Marion Kauffman Foundation, March 2010).

43. David Birch, Jan Gundersen, Anne Haggerty, and William Parsons, *Corporate Demographics* (Cambridge, MA: Cognetics, Inc., 1999).

44. "The New American Revolution: The Role and Impact of Small Firms" (Washington, DC: U.S. Small Business Administration, Office of Economic Research, 1998); and William J. Dennis, Jr., and Lloyd W. Fernald, Jr., "The Chances of Financial Success (and Loss) from Small Business Ownership," *Entrepreneurship Theory and Practice* 26, no. 1 (2000): 75–83.

45. Dean A. Shepherd and Andrew Zacharakis, "Speed to Initial Public Offering of VC-Backed Companies," *Entrepreneurship Theory and Practice* 25, no. 3 (2001): 59–69; Dean A. Shepherd and Andrew Zacharakis, "Venture Capitalists' Expertise: A Call for Research into Decision Aids and Cognitive Feedback," *Journal of Business Venturing* 17, no. 1 (2002): 1–20; Lowell W. Busenitz, James O. Fiet, and Douglas D. Moesel, "Reconsidering the Venture Capitalists' 'Value Added' Proposition: An Interorganizational Learning Perspective," *Journal of Business Venturing* 19, no. 6 (2004): 787–807; and Dimo Dimov, Dean A. Shepherd, and Kathleen M. Sutcliffe, "Requisite Expertise, Firm Reputation, and Status in Venture Capital Investment Allocation Decisions," *Journal of Business Venturing* 22, no. 4 (2007): 481–502.

46. Donald F. Kuratko, R. Duane Ireland, and Jeffrey S. Hornsby, "Improving Firm Performance Through Entrepreneurial Actions: Acordia's Corporate Entrepreneurship Strategy," *Academy of Management Executive* 15, no. 4 (2001): 60–71; Donald F. Kuratko, Jeffrey S. Hornsby, and Michael G. Goldsby, "Sustaining Corporate Entrepreneurship: A Proposed Model of Perceived Implementation/Outcome Comparisons at the Organizational and Individual Levels," *International Journal of Entrepreneurship and Innovation* 5, no. 2 (2004): 77–89; Michael H. Morris, Donald F. Kuratko, and Jeffrey G. Covin, *Corporate Entrepreneurship and Innovation*, 3rd ed. (Mason, OH: Cengage/South-Western, 2011); and R. Duane Ireland, Jeffrey G. Covin, and Donald F. Kuratko, "Conceptualizing Corporate Entrepreneurship Strategy," *Entrepreneurship Theory and Practice* 33, no. 1 (2009): 19–46.

47. Ana Maria Peredo and Murdith McLean, "Social Entrepreneurship: A Critical Review of the Concept,"

Journal of World Business 41 (2006): 56–65; James Austin, Howard Stevenson, and Jane Wei-Skillern, "Social and Commercial Entrepreneurship: Same, Different, or Both?" *Entrepreneurship Theory and Practice* 30, no. 1 (2006): 1–22; Thomas J. Dean and Jeffery S. McMullen, "Toward a Theory of Sustainable Entrepreneurship: Reducing Environmental Degradation Through Entrepreneurial Action," *Journal of Business Venturing* 22, no. 1 (2007): 50–76; Desirée F. Pacheco, Thomas J. Dean, David S. Payne, "Escaping the Green Prison: Entrepreneurship and the Creation of Opportunities for Sustainable Development," *Journal of Business Venturing* 25, no. 5 (2010): 464–80; Bradley D. Parrish, "Sustainability-driven Entrepreneurship: Principles of Organization Design," *Journal of Business Venturing* 25, no. 5 (2010): 510–23; and Dean A. Shepherd and Holger Patzelt, "The New Field of Sustainable Entrepreneurship: Studying Entrepreneurial Action Linking" What Is to Be Sustained" with "What Is to Be Developed," *Entrepreneurship Theory and Practice* 35, no. 1 (2011): 137–63.

48. Jill Kickul and Lisa K. Gundry, "Prospecting for Strategic Advantage: The Proactive Entrepreneurial Personality and Small Firm Innovation," *Journal of Small Business Management* 40, no. 2 (2002): 85–97; Robert A. Baron, "The Role of Affect in the Entrepreneurial Process," *Academy of Management Review* 33, no. 2 (2008): 328–40; and Robert A. Baron, Keith M. Hmieleski, Rebecca A. Henry, "Entrepreneurs' Dispositional Positive Affect: The Potential Benefits – and Potential Costs – of Being "Up,"" *Journal of Business Venturing* 27, no. 3 (2012): 310–24.

49. Lisa K. Gundry and Harold P. Welsch, "The Ambitious Entrepreneur: High Growth Strategies of Women-Owned Enterprises," *Journal of Business Venturing* 16, no. 5 (2001): 453–70; Anne de Bruin, Candida G. Brush, and Friederike Welter, "Towards Building Cumulative Knowledge on Women's Entrepreneurship," *Entrepreneurship Theory and Practice* 30, no. 5 (2006): 585–94; Dawn R. DeTienne and Gaylen N. Chandler, "The Role of Gender in Opportunity Identification," *Entrepreneurship Theory and Practice* 31, no. 3 (2007): 365–86; Francis J. Greene, Liang Han, and Susan Marlow, "Like Mother, Like Daughter? Analyzing Maternal Influences Upon Women's Entrepreneurial Propensity," *Entrepreneurship Theory and Practice* (in press); Susan Marlow and Maura McAdam, "Analyzing the Influence of Gender Upon High-Technology Venturing Within the Context of Business Incubation," *Entrepreneurship Theory and Practice* 36, no. 4 (2012): 655–76; *and* Alicia M. Robb, John Watson, "Gender Differences in Firm Performance: Evidence from New ventures in the United States," *Journal of Business Venturing* 27, no. 5 (2012): 544–58.

50. Shaker A. Zahra, James Hayton, Jeremy Marcel, and Hugh O'Neill, "Fostering Entrepreneurship During International Expansion: Managing Key Challenges," *European Management Journal* 19, no. 4 (2001): 359–69; Erkko Autio, Gerard George and Oliver Alexy, "International Entrepreneurship and Capability Development—Qualitative Evidence and Future Research Direction," *Entrepreneurship Theory and Practice* 35, no. 1 (2011):11–37; Nicole E. Coviello, Patricia P. McDougall, Benjamin M. Oviatt, "The Emergence, Advance and Future of International Entrepreneurship Research — An Introduction to the Special Forum," *Journal of Business Venturing* 26, no. 6 (2011): 625–31; and Marian V. Jones, Nicole Coviello, and Yee Kwan Tang, "International Entrepreneurship Research (1989–2009): A Domain Ontology and Thematic Analysis," *Journal of Business Venturing* 26, no. 6 (2011): 632–59.

51. Nancy Upton, Elisabeth J. Teal, and Joe T. Felan, "Strategic and Business Planning Practices of Fast-Growing Family Firms," *Journal of Small Business Management* 39, no. 4 (2001): 60–72; Zhenyu Wu, Jess H. Chua, and James J. Chrisman, "Effects of Family Ownership and Management on Small Business Equity Financing," *Journal of Business Venturing* 22, no. 6 (2007): 875–95; Michael H. Morris, Jeffrey A. Allen, Donald F. Kuratko, and David Brannon, "Experiencing Family Business Creation: Differences Between Founders, Nonfamily Managers, and Founders of Nonfamily Firms," *Entrepreneurship Theory and Practice* 34, no. 6 (2010): 1057–84; and James J. Chrisman, Jess H. Chua, and Lloyd P. Steier, "Resilience of Family Firms: An Introduction," *Entrepreneurship Theory and Practice* 35, no. 6 (2011): 1107–19.

52. Alberta Charney and Gary D. Libecap, "Impact of Entrepreneurship Education," *Insights: A Kauffman Research Series* (Kansas City, MO: Kauffman Center for Entrepreneurial Leadership, 2000); Donald F. Kuratko, "The Emergence of Entrepreneurship Education: Development, Trends, Challenges," *Entrepreneurship Theory and Practice* 29, no. 3 (2005): 577–98; Jerry A. Katz, "The Chronology and Intellectual Trajectory of American Entrepreneurship Education," *Journal of Business Venturing* 18, no. 2 (2003): 283–300; and Heidi M. Neck and Patricia G. Greene, "Entrepreneurship Education: Known Worlds and New Frontiers," *Journal of Small Business Management* 49, no. 1 (2011): 55–70.

53. Peter F. Drucker, *Innovation and Entrepreneurship* (New York: Harper & Row, 1985), 143; see also Howard H. Stevenson and J. Carlos Jarillo, "A Paradigm of Entrepreneurship: Entrepreneurial Management," *Strategic Management Journal* (Summer 1990): 17–27.

第 2 章

创业思维：创业认知与道德责任

创业思维

我们了解资产负债表、损益表以及现金流量表；我们知晓如何制定营销战略、销售策略以及掌握所需技术；我们学习了很多管理理论且认真实践，然而感觉在创业的核心中仍蕴涵着某种神秘莫测的精华部分。说它神秘是因为我们看不到也摸不到，但能真实地感知到它的存在。虽然无法通过探寻、开发或者采购来直接获得，但人们仍可以捕捉到它。它是无形的，我们看不到，但它所带来的结果是实实在在的，可以量化。它具有看似普通却非凡的威力，具有野火般迅速蔓延的感染力，可以说服一切怀疑与不确定。这个神秘的核心，就是激情！

——瑞·斯密罗（Ray Smilor）博士，《大胆的幻想家》

本章重点

1. 描述创业思维与创业认知
2. 归纳并探讨成功创业者所具有的共同特质
3. 讨论创业中的阴暗面
4. 描述并区分创业者面临的不同风险，分析他们压力的来源，给出化解压力的方法
5. 探讨创业者遭遇的道德困境
6. 研究不断变化环境中的道德概念
7. 建立具有商业道德及道德领导力的企业战略
8. 探究创业动机

创业思维

X 一代，或者叫未知的一代，常感觉自己被社会遗忘，却成为了创业的一代，即 E 一代，他们是工业革命以来最具创业精神的一代人。数以万计不到 35 岁的年轻人

跃跃欲试，想要创办自己的企业。在新加入的创业者行列中，有 1/3 不到 30 岁，很多 18~30 岁的年轻人都曾在商学院学习过创业课程。很多高校在创业学科投入了更多的资源，年轻创业者的成功故事日益增多。[1]

每个人都可以选择以创业开始自己的事业，但人们并不完全了解这种选择的动机是什么。在上一章我们介绍过，研究者正致力于理解创业背后的驱动因素，然而并没有得出是哪一件事、哪种性格或特征使他们走上创业这条道路。[2]

通过本书我们主要学习创业这门学科。这一章我们首先从心理层面来观察创业者，内容包括：成功创业者普遍具有的特质、创业中的阴暗面以及创业者所面临的道德问题。这样，我们将会对**创业思维**（entrepreneurial mind-set）所呈现出的**创业行为**（entrepreneurial behavior）有比较全面的认识与理解。尽管这种说法不是十分严谨，但通过思维这一视角可以使我们更有兴趣地来研究每个人的创业潜能。[3]下面我们先通过创业者的认知来了解创业思维。

创业认知

在科学领域，**认知**（cognition）是一系列心理过程，包括引起注意、形成记忆、语言表达、解决问题、做出决策。这个词源于拉丁文 cognoscere，意思是了解、形成概念以及识别，反映了信息处理、知识运用以及自我转变的一种能力。认知是指心理作用、心理过程以及人们正常的心理状态。**社会认知理论**（social cognition theory）将这一概念引入创业学，即在特定条件下人们的心理认知以不断优化效率的方式进行组织。人们逐渐意识到，认知心理学的概念非常有利于解释与创业有关的现象，而且在研究文献中越来越多的学者将其应用于创业实践的分析。

罗纳德·K·米契尔（Ronald K. Mitchell）、洛威尔·布森尼兹（Lowell Busenitz）、特里萨·兰特（Theresa Lant）、帕特里夏·P·麦克杜格尔（Patricia P. McDougall）、艾瑞克·A·莫尔斯（Eric A. Morse）以及 J·布洛克·史密斯（J. Brock Smith），以上这些学者将**创业认知**（entrepreneurial cognition）定义为：人们对机会、创业与发展壮大进行评估、判断、决策的知识结构体系。[4]也就是说，创业认知可以用来理解创业者如何简化思维模式，在原本毫不相关的信息中找出联系，从而帮助他们识别机会、开发新产品和服务、整合必要资源创建并发展企业。确切地说，创业认知帮助我们了解创业者如何进行思考，从而获知他们采取行动的真正原因。

☐ 元认知视角

随着人们越来越重视对创业认知的研究，一种新思维将创业思想基础与**认知适应性**（cognitive adaptability）结合在一起。认知适应性是指在充满变化且不确定的任务环境中，对认知灵活地进行自我调整的能力。想取得理想的创业结果，灵活调整认知的能力是非常重要的。

一组研究人员设计了创业思维的**元认知模型**（metacognitive model），它将**创业动机**（entrepreneurial motivation）所取得的结果与创业环境整合起来，以便在创业环境下将元认知策略应用于各种信息的处理过程。[5]

创业者为了取得成功，在准备会见重要的风险投资家时需阐述出较为合理的创业理由。创业者在对多种备选战略进行评估的时候必须明确：对于创业他们是如何思考的。这一思考过程就是元认知。元认知决定最终的结果（也就是企业最终所采取的战略），最终决定创业者如何设定其创业目标。所以说，元认知不是去获悉创业者如何挑选战略（认知），而是理解创业者如何清晰地设定创业目标，以及为实现目标所采取行动的原因与手段这一更高层的认知过程（元认知是对认知的认知）。

创业认知已是当今具有重要意义的一项研究，但未来仍需通过进一步的检验，确定其对创业领域所作出的贡献。例如，许多专著都认为创业者的想法与众不同且有别于现有的管理者，但是并不清楚创业者的"认知差异"是源于创业前所遭遇的不同寻常的环境和事件，还是源于其创业经历本身；是任务及环境因为他们的付出而给予特定的思维方式作为奖励，还是因为环境激发了这种特定的思维。这涉及创业实践的概念，我们将在后面进行探讨。[6]

□ 谁可以成为创业者？

必胜客创始人之一弗兰克·卡尼（Frank Carney）曾把创业者形容为美国企业的基石，是经济自我更新的动力——通常我们形容他们是新企业的风险承担者，他们乐观、勤奋、坚定，从自我奋斗中获得巨大的满足。创办一家新的企业不能单凭一个想法，而是需要一个独一无二的创业者，将合理的决策付诸实施，争取成功同时承担相应的风险。

在强烈的责任心和坚定意志的推动下，创业者努力地工作。他们是乐观主义者，半杯水在他们看来是半满，而不是半空的。他们为人正直、向往竞争中的不断超越、从**失败**（failure）中学习、充满自信，认为自己决定着企业的成败。[7]

一直以来，创业的高失败率证实了创业的艰难，主要原因在于缺乏经验以及管理不善。究竟促使创业成功的因素有哪些？他们运用了创业管理中的所有方法吗？我们将在本章中探索这些问题。

□ 创业者的共同特征

回顾有关创业者特征的文献我们可以了解到，大多数创业者的特征是可以进行归纳及概括的。霍华德·H·史蒂文森（Howard H. Stevenson）和戴维·E·甘普特（David E. Gumpert）对诸如想象力、灵活性、勇于承担风险等创业者特征进行了概括。[8]威廉·B·加特纳（William B. Gartner）发现了不同学者对创业者特征研究的差异化。[9]约翰·霍纳迪（John Hornaday）查阅了各种研究资料并罗列出42种创业者特征（见表2—1）。

表2—1	创业者的42种特征
1. 自信	4. 足智多谋
2. 有毅力，坚定	5. 有一定的风险承受能力
3. 精力充沛，勤奋	6. 有魄力和领导力

7. 乐观	25. 有合作精神
8. 渴望成功	26. 利润导向
9. 知识丰富，了解产品、市场、设备、技术	27. 能够从失败中吸取教训
10. 有创造力	28. 有权力感
11. 有影响力	29. 性格开朗
12. 善于与人相处	30. 自我主义
13. 积极主动	31. 有勇气
14. 灵活	32. 有想象力
15. 聪明	33. 有洞察力
16. 目标明确	34. 对于不确定的忍受能力强
17. 勇于迎接挑战	35. 有进取心，争强好胜
18. 独立	36. 懂得享受
19. 乐于接受批评和建议	37. 讲求效果
20. 争分夺秒，讲求效率	38. 全力以赴
21. 决策果断	39. 信任员工
22. 有责任心	40. 敏感
23. 有远见	41. 诚实，正直
24. 准确，认真	42. 成熟，周全

资料来源：John A. Hornaday, "Research about Living Entrepreneurs," in *Encyclopedia of Entrepreneurship*, ed. Calvin Kent, Donald Sexton, and Karl Vesper (Englewood Cliffs, NJ: Prentice Hall, 1982), 26-27, Adapted by permission of Prentice Hall, Englewood Cliffs, NJ.

创业者决定了创业，这是创业学一个最简单的理论。即 $E=f(e)$，也就是说创业 E 是创业者 e 的函数，创业者造就了创业。因此了解创业者的特征将有助于我们更好地学习创业这门学科。一位学者是这样描述创业者的：

>那些即将开始创业的人们如同徜徉在梦想的海洋，他们将驶向属于自己的一片陆地——在那里规划、打造，最后把梦想变为现实。作为一个创业者，你应该在脑海中看到你的那片陆地，更重要的是，你已踏上自己的旅程不断向它靠近，只要充分利用各种资源，所有的梦想家终会成为创业者。[10]

创业者的自我控制、目标设定及规划、风险承担、创新能力、洞察现实、利用反馈、制定决策、处理人际关系、独立能力等技能相互作用。此外，很多人认为成功的创业者是从不惧怕失败的。

我们在前面提到，对创业者认知的研究还将继续深入[11]，新的特征将不断增加进来，下面我们会着重分析其中最常提到的一些，这些特征虽不完整，却能使我们对创业思维有进一步的了解。

决心与毅力

所有特征中，只有拥有必胜的信念才能使创业者克服所有的困难与挫折。顽强的决心、百分百的投入会使他们穿越常人止步的险滩。同时，也能够弥补自身的不足。

通常在创立高风险企业时，他们会准备一份融资计划，使风险投资家从多方面考察他们的决心与毅力以及是否全心投入。比如是否愿意抵押自己的房屋、缩减开支、牺牲与家人共度的时光甚至降低生活水准。

追求成功

创业者的行为是发自内心的，在别人看来，他们的内心有种强大的欲望去竞争，去不断超越自己的标准，去追逐并实现一个又一个充满挑战的目标。这种对成功的渴求，在创业研究资料中已有完备的记载——20世纪五六十年代，戴维·麦克莱兰（David McClelland）在对动机的探索性研究中首次提到了这一点。[12] 高成就的追求者往往能够承担一般的风险，他们考察所处环境，思考如何增加胜算的机会，采取相应的行动。因此，对于一般商界人士来说，当做好充分准备时，高风险的决策便已经转化为适中的一般风险了。

机会导向

成功且不断进步的创业者善于把握机会，而不是资源、组织结构或战略。以机会为导向的创业者深知机会无时不在，他们抓住了最初的机遇，并做出了具有重要影响的决策。他们寻求机遇时目标明确，难度较高却可实现的也无妨，因此可以集中自己的精力有选择性地去寻找机会，排除与目标不相符的。以目标为导向还可以帮助他们安排轻重缓急，同时为绩效提供评价的依据。

持续不断地解决问题

创业者并非总为困境所迫。实际上，他们的自信和乐观似乎转变成一种信念——没有什么是无法解决的，只不过多花点儿时间罢了。这并不是说，在勇敢地攻克影响企业正常运营的困难和阻碍时，他们是盲目的或是有勇无谋的。如果认为过于简单或是难以解决，创业者通常会很快放弃，因为简单的问题会使人生厌，难以解决的问题则会延误时间。就算创业者有着异乎寻常的毅力，他们仍然实事求是地思考哪些事情可以做到，而哪些不能，同时他们还知道从哪里可以获得帮助，用来解决那些既困难又无法避免的问题。

寻求反馈

卓越的创业者也是高效率的学习者。和大多数人不同的是，他们非常希望了解自己的成绩以及如何改进和提高。为了做出这些判断，他们积极寻求反馈并加以利用，反馈可以帮助他们从失误与挫折中吸取教训。

全球视角

全球突破性的创造者

过去几十年里，我们亲眼目睹了一些伟大的创造者，他们不仅追求个人的成就、事业的成功，而且用思想改变了整个世界。下面介绍几位最令人瞩目的创造者。

史蒂夫·乔布斯，苹果公司

作为苹果公司创始人之一，史蒂夫·乔布斯担任该公司董事局主席兼首席执行官，他被世界公认为具有超凡魅力的个人计算机革命的先驱人物。1976年,他在车库开创了自己的企业。到2011年,苹果公司已经发展为拥有5万名员工、年销售额超过650亿美元的全球企业。苹果公司是全球市值最大的上市公司,也是全球营业额及利润最大的科技公司。史蒂夫·乔布斯于2011年逝世,年仅56岁。

比尔·盖茨,微软公司

比尔·盖茨是个人计算机史上最著名的创业企业家。微软公司是世界上最强的提供软件、服务及解决方案的公司,其Office系列产品几乎占据了整个办公软件市场。他曾担任公司的首席软件设计师。2011年,微软以85亿美元收购了Skype通信公司。微软公司的年收益额超过360亿美元,拥有55 000多名员工,遍及85个国家和地区。

拉里·佩奇与谢尔盖·布林,谷歌公司

1998年,他们共同创立了谷歌公司。今天,谷歌已成为世界上利润最高、最具创新精神的企业之一。它不断进行业务扩张,从电子地图到移动电话,涉及多种业务。据估计,谷歌公司的数据业务在全球已拥有100万台服务器,每天处理超过10亿次搜索请求、约24PB的用户数据,年销售额300亿美元。

奥普拉·温弗瑞,哈普娱乐集团

奥普拉·温弗瑞是历史上第一位拥有并制作自己脱口秀的女主持人。她主持的电视谈话节目《奥普拉脱口秀》(从1986至2011年,连续16年全美播出)使她变得家喻户晓,该节目在全美此类节目中收视率最高。她是20世纪最富有的非裔美国人,也是美国历史上最伟大的黑人慈善家。不少专家认为,奥普拉·温弗瑞是最具影响力的女性之一。

山姆·沃尔顿,沃尔玛公司

山姆·沃尔顿于1962年创立沃尔玛,他的经营哲学是倾其毕生的职业生涯为客户提供丰富且低价的商品。今天,沃尔玛已成为全球排名第18位的上市公司,收入超过4 000亿美元,拥有约60万名员工。8 500家沃尔玛商铺遍及15个国家,下设55个品牌。在个人成就方面,山姆·沃尔顿早在1985—1988年便已出现在美国财富榜中。

戈登·摩尔,英特尔公司

戈登·摩尔是英特尔公司的创始人之一。这家创立于1968年的公司是世界最大的半导体芯片制造商。2011年,公司市值达1 224.1亿美元。他在1965年提出了众所周知的"摩尔定律",即计算机芯片上晶体管的数量每两年翻一番,这一定律已成为芯片行业的指导原则。

保罗·奥法里,金考快印公司

保罗·奥法里创立了金考快印公司(Kinko's),由于他卷曲的头发经常被人嘲笑,因此便以Kinko这个绰号为公司取名。2004年2月,金考公司被联邦速递以24亿美元的价格收购,成为其办公及打印中心。目前,金考公司已遍及世界各地,成为年营业额数百万美元的提供多种服务的打印公司。

自控能力

成功的创业者相信自己的力量。他们不认为企业的成败由宿命、运气或类似因素所致,相反,他们相信成就和暂时的挫折都在自己的控制之中,他们自己可以决定事情的结果。这种自我控制的特征与追求高成就、勇于承担责任以及高度自信是一致的。

容忍不确定性

刚刚起步的创业者身处充满变化的不确定环境中,这种模糊以及压力影响着企业的方方面面。挫折与惊喜不可避免,甚至缺少组织、结构和秩序也算是他们的一种生活方式。创业者频繁遭遇各种挫折与变化后,就慢慢开始适应这种不确定性。成功的创业者往往更喜欢这种不断变化的环境,甚至会因为不确定性的存在而感到兴奋。职业的稳定和退休对于他们是毫无意义的。

承担可预计的风险

成功的创业者不是赌徒,他们合理地预测并理智地承担风险。决定开始创业,是他们反复评估、深思熟虑的结果。他们总是尽可能地让每件事都能如其所愿地发展,避免不必要的风险。因此他们会考虑同其他人共同承担财务和商业风险,如劝说合伙人及投资者进行投资、要求债权人提供优惠政策以及说服供货商赊购商品等。

精力旺盛

巨大的工作量和压力要求创业者具有过人的精力。他们通过精心控制饮食、定期锻炼、适当休息放松来逐步提高自己的身体素质。

创造与创新能力

创造力曾被认为是一种天生的能力。通过把美国的创造力和创新水平与那些同样经验丰富但相对缺乏创造力和创新的国家相比,就会发现这种能力并非先天所赐。不断发展的思想学派相信创新是可以通过学习而掌握的(详见第5章)。创业者与全体员工一起产生集体创造力,从而设计出独特的产品与服务。

远见

创业者清楚地知道自己的方向,他们甚至可以看到公司未来的样子。例如,苹果公司的史蒂夫·乔布斯梦想生产出从小学生到商界人士都能使用的微型计算机,它不仅是一台机械化的设备,还将是人们生活中学习和交流必不可少的组成部分。这一远见卓识使得苹果公司成为微机行业的佼佼者。然而,并非所有创业者都具有这种预见性眼光,大多数情况下随着他们对公司的现状及未来发展越来越了解,这种清晰的愿景才逐步建立起来。

创业激情

创业者普遍具有创业激情。研究学者梅丽莎·S·卡登(Melissa S. Cardon)的研究方向是创业者所具有的创业激情。[13]她发现这种由创业者自身所散发的情感有助于我们理解他们为何情绪激烈、如何积极调动自身及公司的能量与干劲。此外,创业激情与普通情感不同,它十分强烈,人们形容它是一股点燃我们最强劲情感的力量;或者说它的剧烈程度好比因巨大的兴趣而深深地投入其中;或者说它是一种可以使创业者取得辉煌业绩的巨大能量。所以说,创业激情是创业思维的基础组成部分。

组建团队

追求独立和自治的想法与组建一支强大的创业队伍并不冲突。成功的创业者几乎

第 2 章　创业思维：创业认知与道德责任　**35**

都拥有高素质、勇于进取的团队来协助他们发展并壮大企业。实际上，尽管创业者对企业的未来有非常清晰的认识，他们仍需要工作人员来处理日常的公司事务。[14]

创业实践

连续成功给创业者带来的好处

"如果第一次你没有成功，尝试，尝试，再尝试。""在哪里跌倒，就从哪里爬起来。""那些杀不死你的东西只会让你变得更强壮。"这些格言随便哪一句都可以用在创业者身上，似乎正是他们一贯的积极乐观给大家留下这样的感觉。总是着眼于机会以及积极的改变是众多创业者的共同特征。他们总是执著地探究偏差产生的原因以及避免偏差、处理危机的方法。

有经验的创业者对一些规则的理解比初次创业者要深刻得多。例如，他们会仔细分析行业信息，确保在自己的领域保持领先且掌握先进的技术手段。他们将问题当作改进甚至是开拓新业务的机会。因此，我们能够找到他们，向他们学习。更重要的是，他们在创业过程中，目标始终是清晰的，同时随着公司的发展，其目标也会随之不断提高。可以说，是经验和坚持帮助他们一跃而成功。

哈佛商学院的一项研究表明，成功的创业者再次创业的成功概率将高于那些首次创业或者创业失败的人。虽然这不算是意料之外的结果，但第一次提出了"优良业绩的连贯性将有益于创业者"这一说法是非常有意义的。研究显示，有成功经验的创业者再次创业的成功概率是34%，而曾经失败的创业者是23%，毫无经验的首次创业者是22%。这项研究告诉我们：创业的成功经验会带给创业者更大的成功！

我们还应认识到业绩的连贯性中某些因素源于成功孕育成功这一说法。也就是说，因为抓住良好时机而取得成功的创业者，也将会在下一次创业中维持佳绩。20 世纪 90 年代末期互联网创业潮，或者 2012 年基于 iPhone 手机的应用程序开发潮等时机对于在这些领域做出业绩的创业者来说将有可能获得更大的成功。不管怎样，他们之前所获得的成功对于下一次创业尝试都将是有利的经验性因素。

这项研究让人们形成这样一种思路，即为那些没有经验的创业者找到一位有成功经验的搭档。在经济停滞期投资者会尽量避免较大的风险，因此他们会考虑创业团队所具有的经验。创业的连续成功可能是当前最大的一笔财富！

资料来源：Adapted from：Lesson #1；"Persistence is the single most important thing for success" Evan Carmichael Blog on Famous Entrepreneurs；http：//www.evancarmichael.com/ Famous-Entrepreneurs/4955/Lesson-1-Persistence-is-the-single-most-important-thing-for-success. Html；Sarah Jane Gilbert，"The Success of Persistent Entrepreneurs" HBS Newsletter，February，2009 http：//hbswk.hbs.edu/item/5941.html；and Persistence：The only way for the entrepreneurs；Future StartUp April 14，2012，http：//futurestartup.com/2012/04/14/persistence-the-only-way-for-the-entrepreneurs/（accessed June 6，2012）.

创业历程

在自己的事业中挥洒激情

人们向往激情，所以强调为你自己的事业所倾注的激情可以更好地得到人们的关注。通过你所展示出的自信以及产品或服务传达给客户的价值,人们将会被你的激情感染,同你保持更为密切的业务关系。你的客户不会信赖那些连自己都不相信的人,所以拿出你的自信来,向他们介绍你和你的产品或服务。请遵循下面的步骤:

1. 真实表达你的兴奋之情。不要虚假地迎合客户,让顾客满意、不给他们留下不好的印象其实是有难度的。人们更倾向于从他们信任的企业购买商品,这有利于这些企业的创业者建立信心。创业需要巨大的激情和精力;与潜在客户交谈时不要害怕将它们流露出来。如果他们对你感兴趣,那么以后做起生意来会更为融洽。

2. 从拒绝中学习。你可以使某个人在所有时刻都满意,也可以在某一时刻让所有人都满意,却不能做到让所有人在所有的时刻都满意。当你努力赢得客户时请记住这个真理。懂得合理的拒绝是每个成功的创业者终将掌握的一种能力:从失败中学到的总是比从成功中多。当人们不接受你的观点时,换一种说法或者试着再去寻找另一批客户。即使最好的想法也会有人反对,所以应善于倾听反馈意见,不管它们是积极的还是消极的,同时想想更好的措辞,再尝试一次。

3. 展示个人的成功。不要隐藏你曾取得的成就。创业是项艰苦的工作,因此如果你的付出取得了回报,就应该让大家知道。人们会认为自己正在跟随一位胜利者,所以把你曾取得的业绩公之于众,大家将会对你更加认可。同时,过去的经验和教训意义重大,与大家分享过去的经历以及从中学到的东西将证明你有足够的智慧来学习和成长,这样你就不会犯两次同样的错误。

4. 同情他人。同情客户可以让他们知道你已了解他们的处境,更重要的是你愿意去帮助他们。不管与你交谈的是首席执行官还是他的助手,你对他们的关心都将有助于建立融洽的关系。一旦他们与你交谈时感到轻松,就愿意同你交流与分享,而那些信息可能会对你有所帮助,甚至你会发现行业中顾客的新需求。希望通过创新且为企业提供定制化的产品以满足他们的需求,这样做相当于告诉他们:这笔业务对你有多么重要。

通过采取这些步骤,不仅展示出了你的激情,而且使大家对你的做事能力有了一定的了解。不要羞于谈论你之前取得的良好成绩,也不要害怕向大家介绍你的产品和服务。如果大家认可并相信你,他们就会相信你的产品、你的公司,继而才有可能成为你的一个客户。让你的激情释放出光彩吧!

资料来源:Adapted from Romanus Wolter, "Let It Shine," *Entrepreneur* (February 2008):130-31.

应对失败

创业者善于从失败中吸取教训,因此,他们对失败有一定的容忍度。反复尝试、经历挫折和沮丧是无数成功者所必经的学习过程。应该牢记的是创业企业在不确定的商业环境下,在寻求创新独特商机的过程中,挫折在所难免,也由此它们得以存在和发展。虽然可以通过失败来学习,但这并不是自动或同时获得的。因失败而带来的痛苦情绪有时将阻挠人们的学习进程。在我们宣扬失败的重要意义,以及在跌倒时马上爬起来的学习精神时,往往忽略了悲伤、痛苦情绪所带来的不良影响。悲伤与痛苦通常是人们在失去某种重要东西时所产生的消极的行为、心理以及症状。

□ 悲痛恢复过程

一般的**悲痛恢复**（grief recovery）过程包括审视自己所失去的东西并找出失去的理由。找到了这个貌似合理的失败理由之后，人们将能够逐渐解除与之相关的情感纽带。然而，实证研究发现，这种"失去自我定位"往往会加剧消极情绪。[15]当创业者关注失败本身，他们的想法从导致失败的事件转移到失败所带来的悲痛情绪，也就是说，当持续不断地沉浸于失败之中时，消极的想法和回忆会越来越突出，甚至导致焦灼、抑郁，在痛苦中无法自拔。[16]

一种"恢复自我定位"的方法是一方面将自己的思想从失败事件中转移出来；另一方面积极主动地思考压力产生的间接原因。转移注意力可使人摆脱消极情绪，主动思考压力产生的间接原因会削弱创业失败所带来的直接压力。然而，不大可能每次都能轻易摆脱消极情绪，抑制情绪将引发身体或心理问题，而且被压抑的情绪有可能会在不恰当的时机再次出现。[17]

研究学者迪安·A·谢菲尔德（Dean A Shepherd）[18]针对创业失败提出了恢复悲痛的双进程模型，假如创业者处于失去自我定位与重新恢复的震荡期，这种方法可使他们从创业失败的打击中加速恢复。创业者从失去定位与重新定位中同时受益，且使损失降至最低。在震荡中，他们可以从失败中学到更多。

卓有成效的创业者切合实际地看待困难与失败。倘若他们可以顺利地应付失败所产生的任何悲痛情绪，那么他们将不会变得失望、沮丧、抑郁。当处于艰难时期时，他们仍会继续寻找机会。所以，创业者坚信从早期失败中的所学才是后来事业得以成功的基础。

创业历程

在第 1 章中我们曾提到，文献中普遍认为创业者仅仅创立企业。尽管这个说法是正确的，但是它忽略了整个创业管理的过程以及创业者创建企业过程中的大量事实。学者迈克尔·H·莫里斯、唐纳德·F·库拉特科（Donald F. Kuratko）以及米内特·辛德胡特（Minet Schindehutte）认为，任何一家企业并非简单地由创业者生成，就像一幅能够体现艺术家创作时的感受及痛苦的画作一样。创业者不是事先就存在的，当他们为企业注入新奇、怪异与经验时才得以体现出来。创业是一次生动的历程，随着活动逐步展开，最后才打造出真正的创业者。实际上，一家企业真正形成的时候，会同时产生三种相互作用的事件：机会的浮现、企业的诞生、创业者的凸显。它们中任何一项都不是事先确定好、固定不变的，而是相互决定、相互制约的。[19] 21 世纪创业管理研究中，关于创业者的这种观点变得越来越突出。

这种关于创业者的实证观点抓住了初期以及当前创业管理的本质。它使我们从过去静态的简要概括式的研究方法逐步向变化的、更多考虑公共环境发展转变，将所涉及的众多角色与事件都包括进来。它包容了创业进程中的大量活动，这些活动由不同创业者以不同的方式进行。[20]这种观点认为当人们面对各种各样、需全盘考虑的一系列重大活动、事件及变化时，创业将超出正常情感、冲动、生理反应的思考进程。这种观点与当前对创业行动的情境研究是一致的。[21] 当然，我们也应重视创业者心理所隐含的阴暗面。

创业中的阴暗面

大量文献都在宣扬创业的回报、成功以及伟大成就。但是**创业中的阴暗面**（dark side of entrepreneurship）是同时存在的，其根源从成功创业者的旺盛精力中依稀可辨。在研究这种创业者特征的双重性时，曼弗雷德·F·R·凯茨·德·弗里斯（Manfred F. R. Kets de Vries）认识到这种负面因素的存在会困扰创业者，并且可能影响他们的行为。[22] 每一种个性特征都有其积极的作用，但同时了解它们存在不利的一面对创业者也是非常重要的。

☐ 创业者所面临的风险

创建或者收购一家新企业都会涉及**风险**（risk）。创业者要求的回报越高，风险就越大。这是他们非常仔细地进行风险评估的原因。

为了尽量清楚地描述出创业者所从事的风险性活动，研究人员根据创业时的财务风险承受能力对创业的风格进行了划分[23]，如图2—1所示。在这个模型中，纵轴代表财务风险，横轴代表利润动机（赚钱及获利的欲望），以此划分创业活动。追求盈利是追求利润最大化；追求行动则指的是进行创业相关的活动，如独立或者创业活动本身。赞同这一理论的人认为创业者在风险和利润之间的取向变化不定。这种划分强调应从经济理论的角度来研究创业者的风格或者非理性的创业动机。

	个人财务风险水平	
	低	高
利润动机水平 低	避开风险 付诸行动	接受风险 付诸行动
利润动机水平 高	避开风险 追求盈利	接受风险 追求盈利

图 2—1 创业风格分类

资料来源：Thomas Monroy and Robert Folger, "A Typology of Entrepreneurial Styles: Beyond Economic Rationality," *Journal of Private Enterprise* 9, no. 2 (1993): 71.

"如果创业风格存在多样化，那么并不是每个创业者都在寻求风险最小而利润最大。组织成员不同，组织的结构也不尽相同。"[24] 所以，并非所有创业者都是为了利润,财务风险水平也不能完全用盈利机会来衡量。创业风险远比经济中的风险回报理论复杂得多。

值得注意的是,"什么样的人都可以成功地创新和创业,他们确实做了一些其他人没有做到的事情。实际上他们都甘愿为自己的理想而承担风险。他们有能力应对职业生涯中的各种不确定因素,大部分人愿将自己与所创立的事业紧紧相连。当不受约束的自我可能不利于企业时,他们将寻找一个更为合适的人选。"[25]

创业者面临各种风险,这些风险可以分为四种基本类型:(1)财务风险;(2)职业风险;(3)家庭与社交风险;(4)心理风险。[26]

财务风险

大多数新企业的创立者将自己的积蓄或资产的较大比例作为投入,这将导致**财务风险**(financial risk)。这些投入的积蓄或资产极有可能全部损失,甚至创业者还有可能被要求承担超出其个人净资产的连带责任,从而导致彻底破产。很多人是不愿冒着失去积蓄、房产、财产以及工资的风险来创业的。

职业风险

创业者在开始时会不断地问自己:一旦创业失败,自己能否再找到新工作?能否再回到原来的岗位?拥有稳定职位与较高薪金福利的高管们主要考虑的是他们的**职业风险**(career risk)。

家庭与社交风险

创业需要人们投入大量的精力和时间,其中蕴涵着**家庭与社交风险**(family and social risk)。为了创业,他们无法尽到其他的责任,从而影响与周围人的关系。已婚的特别是有孩子的创业者,他们的家庭成员将不能时常享受到完整的家庭生活,甚至可能带来无法弥补的感情创伤。此外,因为经常缺席聚会,他们可能会失去所有的好朋友。

心理风险

心理风险(psychic risk)可能是影响创业者幸福的最大风险。失去的资金可以再次赢回,房屋可以重新修建,配偶、孩子、朋友可以慢慢适应,财务上遭受巨大损失却可能使创业者从此一蹶不振,至少不能马上恢复原来的状况,精神上的打击对他们来说才是致命的。

□ 压力与创业者

创业的目标大部分都是追求独立、财富以及工作的满足感。研究创业者的文献表明,那些实现目标的创业者通常也为之付出了很多。[27]接受调查的创业者大多患有颈椎病、消化不良、失眠或者头痛。然而为了达到自己的目标,这些创业者愿意承受压力,取得的回报也在补偿其付出的代价。

什么是创业压力?

一般来说,**压力**(stress)源自个人期望与现有能力之间的差距,以及期望与个性之间的差距。如果一个人没有做到他应该做的,便会感觉有压力。当工作要求及个人期望超出创业者的能力范围时,就可能经受压力。一位学者指出,创业角色以及所处环境可能导致压力。创办和管理一家企业需要承受相当大的风险,比如前面提到过的财务、职业、家庭与社交以及心理风险。此外,创业者需要不断与外界沟通,如客户、供应商、监管部门、律师、会计师等,这些可能都会带来压力。

由于资源缺乏,创业者必须同时担任多种角色,例如销售员、招聘者、发言人以及谈判者,超负荷地工作导致失误在所难免,他们又将为此付出代价。创办并且运作一家企业需要投入大量的时间与精力,时常以牺牲家庭和社交活动作为代价。最终,创业者只好单枪匹马或是与仅剩的几名员工一起奋斗,也因此缺少了大公司管理者所能得到的团队支持。[28]

除了角色与环境因素,创业者的人格也是产生压力的原因。那些A型人格的人时常表现出缺乏耐心、要求苛刻以及精神过度紧张。他们被大量工作包围,为各种业务忙得不可开交。A型人格的典型特征主要有:

● 具有长期且极强的时间紧迫感。例如发生交通堵塞时,A型人格的人尤其显得愤懑与不耐烦。

● 接手多项任务,且都临近最后期限。A型人格的人往往喜欢这种被工作淹没的感觉。

● 忽略生活,只顾工作。他们为了工作而生活,而不是为了生活而工作。

● 倾向于揽下全部责任,常常感觉"只有我才能处理好这件事"。

● 讲话充满激情、语速快。烦躁时易大发雷霆。

关于心理压力的研究文献普遍认为A型人格的人与心脑血管疾病有一定的联系,且压力是导致心脏疾病的主要因素。[29]

因此为更好地了解压力的产生,创业者应关注自己的人格、角色以及工作环境的变化,这些都将影响他们的创业成败。[30]

压力的来源

戴维·P·博伊德(David P. Boyd)和戴维·E·冈伯特(David E. Gumpert)两位学者总结出造成创业压力的四个原因:孤独、沉迷于工作、人际问题、成就的需要。[31]

孤独

虽然创业者每天在与各种各样的人打交道——员工、客户、会计、律师,但是真正可以倾诉的人很少。超长的工作时间使他们难以从家人及朋友那里获得安慰与劝告。他们还很少参与社交活动,除非对自己的公司有益。这种隔绝催生了孤独感。

沉迷于工作

具有讽刺意味的是当事业成功的创业者挣足了钱,有能力享乐时却抽不出时间外出旅游,给自己安排一个钓鱼、滑雪的假期,因为他们的公司离不开他们。很多创业者献身于所创建的公司,他们沉迷于公司事务,几乎没有时间参加公益活动、消遣以及继续深造。

人际问题

创业者的工作要依赖于合作者、员工、客户、银行人士及其他专家,在与这些人交往的过程中常会经历受挫、失望甚至恼怒。成功的创业者趋向于追求完美,他们知道怎样才能把事情完成。为了调动员工的积极性以使他们符合绩效标准,他们会花费大把时间。矛盾冲突常导致合伙人纷纷离去。

成就的需要

成就会使创业者得到满足。博伊德与冈伯特的研究发现，在许多成就与尚未实现的目标之间仅一线之隔，创业者通常期望的太多。很多人就算工作做得再好也不满意。他们也许意识到了这种膨胀的野心即将带来的危险（比如威胁他们的健康），然而仍旧无法遏制地去追求。他们似乎认为一旦停止或慢下脚步，竞争者便会追赶上来，那么他们苦心经营的一切将功亏一篑。

应对压力

压力并不是一无是处，这点很重要。当压力过大且无法缓解时，身心将受到严重影响。若将压力控制在合理范围内，它是可以帮助我们提高效率改善业绩的。

博伊德和冈伯特两位学者在研究创业者压力来源方面贡献突出，因为他们提出了备受关注的减压方法——这些措施对于创业者来说既可以促进事业发展，又可以改善其生活品质。[32]冥想、生物反馈疗法、肌肉放松以及常规锻炼等传统减压方法可以帮助人们缓解压力，但是两位学者建议创业者可采用另一个重要的方法，它便是找出压力产生的原因。找到这些原因后创业者便可以采取行动应对压力，行动步骤为：(1)意识到压力的存在；(2)形成应对策略；(3)探寻潜在的个人需求。

下面列出了创业者应对压力的六种方法。

建立人际网络

经营企业产生孤独感，排解的方式之一是与其他企业家一起分享自己的经历，倾听他人的成功与失败有助于缓解自身的压力。

彻底放松

很多创业者一致认为，可以使自己完全从工作中摆脱出来的最好方式便是给自己一个假期。倘若几天或几周的假期无法实现，那么短暂的休息还是容易实现的，这段放松的时间可以用来自我调整，缓解压力。

与员工交流

创业者与员工保持着密切的关系，很容易了解他们的想法。比如全公司集体出游、灵活的工作时间、借钱给员工以使他们在发工资前渡过难关等，这些在大公司难以实现的灵活沟通方式，在创业企业是比较容易实现的。在这种情况下，员工往往比大公司的那些人更有效率，也会感觉压力不那么大。

在工作之外寻求满足感

想让创业者不去一味地追求业绩是不太可能的，他们已经将自己融入企业，但是他们需要偶尔地从企业事务中脱离，而对生活投入更多的激情，让生活更加丰富多彩一些。

授权

形成对压力的正确处理方法是需要创业者投入时间的，为了有这部分时间，创业者必须懂得授权。通常授权难以实现的原因是他们认为自己必须时时刻刻、事无巨细地处理各项工作。创业者要想缓解压力，必须进行适当的授权。

加强锻炼

迈克尔·G·戈尔兹比（Michael G. Goldsby）、唐纳德·F·库拉特科以及詹姆斯·W·毕晓普（James W. Bishop）考察了体育锻炼与创业者实现个人与事业目标之间的关系。[33]他们对366名创业者进行了研究，发现体育锻炼的频率无论是与企业的销售额，还是同创业者的个人目标都存在一定的关系。研究中，他们考察了两项运动——跑步和举重——与销量、外部收益以及内部收益的联系。结果表明跑步与这三项产出是正相关的，而举重只与内外部收益正相关，这揭示出在缓解压力方面体育锻炼的价值。

□ 创业者的自我主义

除了要经历风险与压力，创业者还将受到自我膨胀所带来的负面效应的影响。也就是说，那些有助于成功的特质往往会使他们走向另一个极端。我们来看看可能会对创业者产生不利影响的四种特质。[34]

极强的控制欲

创业者对于企业以及他们自己的命运有着极强的控制欲，这种内在的控制欲难以抑制地使他们想要控制一切。过度的自主和控制会使他们只愿在按自己意愿安排的环境下工作，这严重影响创业团队的沟通与合作。创业者将其他人的控制欲视为一种威胁、一种对意愿的侵犯，因此，可促成创业成功的特质也包含不好的一面。

缺乏信任

为及时了解竞争对手、客户以及政府监管的情况，创业者始终关注周围的环境，他们试图赶在别人之前预知信息、采取行动。这种不轻易信任的状态导致他们对琐碎细节的关注，失去对事实的完整把握，偏离理性与逻辑，从而采用错误的方案。由此可见，缺乏信任也具有两面性。

极强的成功欲

创业者的自我主义与成功的欲望分不开，今天很多创业者认为自己处于生存的边缘，即使在逆境中，他们内心仍不断涌动着对成功的渴望。他们以挑战者的姿态，通过出人意料的行为否定所有微不足道的感受。他们追求成功，为成功而感到骄傲。也许这样就埋下了危险的伏笔。如果创业者通过为自己树碑立传来证明成功，比如修建雄伟的办公大楼、规模壮观的工厂或者豪华的办公室，这时危险便产生了。因为他们个人的成就感可能已经超出企业本身，意识不到这一点的话，对成功的追求将会背道而驰。

不切实际的乐观

创业者身上那股永远乐观的精神（即使处于艰难时期）是走向成功的关键因素。洋溢在他们身上的极高的激情通过乐观的方式表现出来，这种乐观即使在不顺利阶段也能博得别人的信任。当然，若走向极端，乐观将使企业陷入不切实际的幻想中，产生一种自欺欺人的状态。在这种状态下，创业者无视发展趋势、客观事实、分析报告，盲目地相信一切终将会好起来。这将使他们丧失把握现实的能力。

以上举例既不代表所有创业者都会出现这些问题，也并不是每一种特质都会走向其极端的一面。不管怎样，所有创业者都应意识到这些创业中的阴暗面是真实存在的。

创业历程

第 101 号课程：创业的恐惧

每个创业者所经历的恐惧各不相同，个中滋味、个中酸楚只有他们自己最能体会。恐惧感会一直伴随在整个创业过程之中，由此形成一种对创业者的培训课程：编号 101，名为创业的恐惧。这门课程非常独特：自由选修、无须通过资格认证、学时不确定。创业恐惧不可预知，无法逃避，不可能事先做好准备。大多数创业者不愿承认他们曾经历这样的恐惧，这是一个埋藏很深的秘密，因为大家都不去谈论它，所以很多创业者认为只有他们自己独自经受这一困境。

来自佛罗里达州杰克逊维尔市的威尔逊·哈雷尔（Wilson Harrell）认为，创业恐惧和单纯的恐惧有很大不同，单纯的恐惧可能是偶然的、意料之外的，持续时间短，好像差点被汽车撞到时的瞬间惊恐。而创业者所遭受的恐惧是自己造成的，是将之置身一个隔绝的境地，无法安睡，噩梦不断地吞噬着他们的身心。

是什么造成了这种恐惧？不是财富，因为任何创业者都认为财富是对所取得成就的一种奖励，财富的损失只是所承担风险的一部分，对失败的恐惧才是最根本的原因。创业者不愿碌碌无为，不愿还未留下印记便被世人逐渐淡忘。至今人们仍不能确定引起这种复杂的恐惧的真正原因。

当哈雷尔开始做食品代理生意，将产品卖到欧洲的军事基地时，恐惧便出现了。他被指定为卡夫食品公司的代理，销售业绩不断提高，因此便辞掉了自己原来的工作。这时，由于他做得如此轻松，以至于卡夫的管理团队认为他们公司自己的销售人员也可以做得更好，且成本更低。那么哈雷尔该怎么办呢？失去了卡夫公司的业务意味着即将面临破产的困境，于是他背水一战，提议如果卡夫公司继续选择由他做代理，由他继续维持德国的生意，他将帮助卡夫公司进行全球食品行业的拓展。在哈雷尔经历了 30 个日日夜夜难以形容的惊恐煎熬后，卡夫公司终于做出决定，继续与哈雷尔合作，以哈雷尔的公司作为自己的代理商。

既然要经受如此恐惧，为什么还要选择创业呢？因为结果充满诱惑。尽管会因恐惧而经受身心的痛苦，但与创业者成功的那一刻相比，所有这一切都是值得的。那种与恐惧相伴的激动是专门为他们而准备的，是他们的精神食粮。像乘坐过山车一样，开始时缓慢地爬上斜坡，这时所做的决定会让人感觉一次比一次更兴奋，然而当你到达顶点短促停歇后，惊骇、可怕的预感加速而来，直到你失去所有的控制力。当你从惊叫转为神志不清时，恐惧也就结束了。开始时你被恐惧包围，突然过山车到终点，恐惧消失，极度的兴奋留在每个体验者的心中。那么创业者接下来将做什么？他们会去再买一张票。

那么创业成功的关键因素是什么？威尔逊·哈雷尔认为是战胜恐惧的能力，是那些与恐惧相伴的孤独创业者把生命与活力带到了另一个混沌而又平淡的世界。

资料来源：Adapted from Wilson Harrell, "Entrepreneurial Terror," *Inc.* (February 1987)：74-76.

创业中的道德问题

当今，商业道德十分重要，大家都明白这一点。经济丑闻、诈骗以及企业高管各种管理不善的问题不断出现,引起人们的关注。[35]

道德伦理不是一个新的话题,早在苏格拉底、柏拉图和亚里士多德时代便已成为哲学思想的主要内容。道德一词起源于希腊文字ethos,意为人们的习惯或行为模式。几百年来,如何判别行为的正误,此类道德问题一直困扰着哲学家。例如,一位企业经理弗农·R·洛克斯(Vernon R. Loucks, Jr.)曾经写道:"大约在公元前560年……希腊思想家夏隆(Chilon)提出了他的观点:一个商人宁可损失财富也不能谋取非利,原因在于财富的损失只是暂时的,而因不诚实而带来的伤害却是永远的……且很快将显现出来。"[36]

今天的创业者正面临许多道德方面的决策,特别是在新创企业初期阶段。正如阿德里安·卡德伯里爵士(Sir Adrian Cadbury)所说,道德问题是没有一个简单且通用的模式的,我们必须从自身的行为中挑选出最合适的,选择的结果形成了我们的价值观。[37]

在接下来的部分,我们先介绍一下创业者所遇到的道德困境。我们希望心怀远大抱负的创业者能够认识到正直诚信的行为对于创立成功企业的深远影响。

道德困境

广义上说,**道德**(ethics)以一种"可接受的"方式提供了一套基本的行为标准或参照。具体来讲,道德为大家呈现出一套行为标准,用以判别好坏对错,此外还包含道德责任与义务。[38]为道德下定义的难点不在于如何描述概念本身,而是如何指导我们的行为。这种定义是一种静态的描述,反映社会对某种普遍规律的认同。社会环境是时刻处于变化之中的,因此这样一套静止的一致认同的道德标准是不存在的。[39]实际上,企业决策在道德层面上的冲突是不断的,这非常普遍。

冲突的原因多种多样。首先,企业需处理内外部多元利益群体关系,如股东、客户、管理者、公众、政府、员工、个人利益集团、联盟、同行等。其次,整个社会经历着剧烈的变革,价值观、道德观、社会规范在过去的几十年飞速进化中被颠覆。快速变革环境下的道德概念应基于这种变化进程,而非静止不变的规则。为理解这一进程,图2—2提供了一个概念框架。一位道德学家这样说道:"在变化的环境中判断好坏对错'审时度势'是非常必要的,我们应该形成一种道德问题处理机制,而不是简单依靠一套固定的行为标准。"[40]

按照合法与合乎道德,图2—2以四个象限来论证古老的道德困境。从最理想的合法且合乎道德区域(象限Ⅰ)到不合法且无道德区域(象限Ⅳ),可以看出道德问题处理机制过程中的连续性变化,法律虽然为社会提供了行为标准,却没能为道德提供准确的答案。

对于创业者来说,法律与道德的两难选择是至关重要的。在创建自己企业的道路上他们究竟能走多远?幸存下来的企业给了创业者强大的鼓舞,虽然法律界定了合法行为(尽管法律不断需要解释说明),但并没有从道德角度来考虑。

☐ 道德合理化

一位学者认为经理在判定争议行为时会考虑以下四种情况,是否**合理化**(ration-

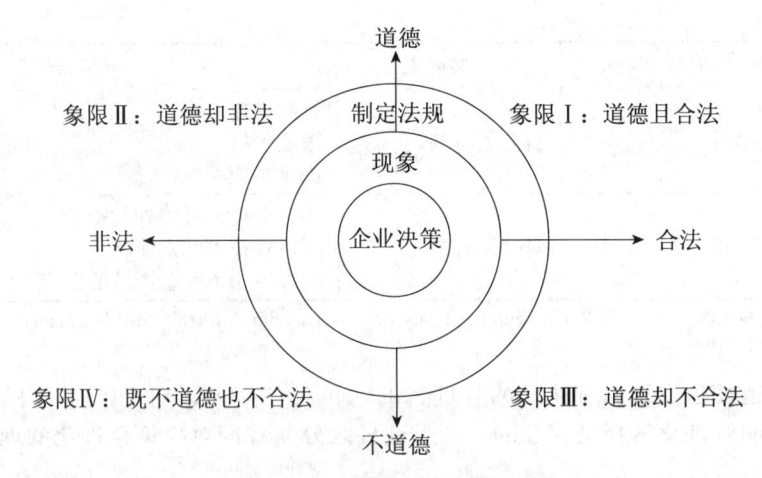

```
                        道德
                         ↑
   象限Ⅱ：道德却非法  ┌─制定法规─┐  象限Ⅰ：道德且合法
                  │   现象    │
                  │ ┌─────┐ │
      非法 ←─────┼─┤企业决策├─┼─────→ 合法
                  │ └─────┘ │
                  │          │
                  └──────────┘
   象限Ⅳ：既不道德也不合法       象限Ⅲ：道德却不合法
                         ↓
                        不道德
```

图 2—2 不同决策的概念框架

资料来源：Verne E. Henderson, "The Ethical Side of Enterprise," *Sloan Management Review* (Spring 1982): 42.

alizations）只是其中之一。这四种情况是：（1）并不是"真的"违法或无道德；（2）符合个人或企业的最大利益；（3）永远不会被揭发；（4）只要对企业有利，那么企业就会宽恕这种行为。[41]

从当前很多企业发生的事件来看，这些合理化解释似乎是非常现实的。但是在合法方面可能存在较大争议，这是因为商界（与社会）在很大程度上依赖法律来判断不同境遇下的行为，法律会在法规框架内对各种情况予以说明。遗憾的是，这一框架并不总是涉及道德伦理，这样就把问题留给了我们每个人，这便是道德困境出现的真正理由。

审视任何企业决策合理化情况时，争议行为所代表的想法成为人们的一种担心。一项研究对各种道德争议行为进行了区分（表 2—2 概括了各类行为的显著特征）[42]，道德争议行为不是"对企业造成伤害"，就是"有助于企业"。此外，不同行为的管理角色存在差异。**角色分离**（nonrole）行为是指人们背离了其管理角色，做出对企业不利的行为，如财务作假和挪用公款。**角色失败**（role failure）行为也会对企业造成损害，但它是因为没能胜任自己的职位造成的，如夸大业绩以及对财务作假行为听之任之等。**角色扭曲**（role distortion）与**角色武断**（role assertion）行为也被合理地认为"有助于企业"。不论是管理者还是创业者，通常以公司长远利益作为借口，做出如行贿、限制价格、操纵供应商、不及时从市场中撤回危险商品等行为。角色扭曲仅仅是个人认为他们的行为将为企业创造丰厚利益，实际上与其角色定位不符。角色武断是指超出个人职责范围，错误地相信他们正在帮助企业。

表 2—2　　　　　　　　　　　　道德争议行为分类

类型	直接后果	举例
角色分离	对公司不利	费用账户作假 挪用公款 盗用公共物资
角色失败	对公司不利	敷衍的业绩评估 不反对费用账户作假 过分表扬业绩不佳者

续前表

类型	直接后果	举例
角色扭曲	对公司有利	行贿受贿 限定价格 操纵供应商
角色武断	对公司有利	不合伦理地做境外投资 利用核技术开发能源 继续使用不安全产品的生产线

资料来源：James A. Waters and Frederick Bird, "Attending to Ethics in Management," *Journal of Business Ethics* 5 (1989): 494.

道德争议行为所涉及的管理者的四种角色，无论对企业"有利"还是"不利"，都说明合理化解释是存在的。通过这种区分使我们对决策合理化的理解更为清晰。

☐ 道德问题

道德行为可能会超越法律的边界。[43]制定法律的专家指出，道德虽不等同于法律，但可以将它们看做部分重叠的两个圆（见图2—3）。道德标准与法律规定重叠的区域则代表既合理又合法。然而不重叠的大部分区域表明：在道德（伦理）与法律之间存在大量的分歧。[44]

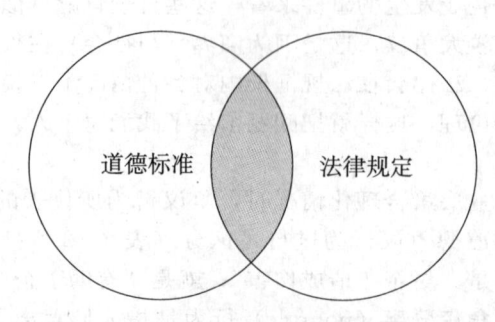

图2—3 道德标准与法律规定的重叠关系

伦理学专家拉鲁·霍斯默（LaRue T. Hosmer）就法律规定与道德判断的关系得出了以下三个结论：第一，如前面所提到的，法律规定中的一些条款与社会道德标准有时是一致的，但并不是所有的条款都能完全涵盖道德标准。有些规定则与道德标准无关（如靠右行驶），有些法律在道德上是不公平的（如20世纪六七十年代美国的种族隔离法），还有一些道德标准是没有法律作支撑的（如撒谎）。第二，法律规定往往列出负面的行为（如哪些行为是禁止的），而道德标准所起的作用是积极的（鼓励人们应该做什么）。第三，通常在社会认可的道德标准形成之后，相关的法律规定才正式出台。[45]

此外，即使人们认为法律应作为社会共同的道德判断标准，但当人们认为法律代表道德时，一些问题不可避免地产生了。无论是我们对问题本身认识不够全面，对价值观及法律进行了错误的陈述，还是拥有一套不够精确严谨的司法系统，法律所涉及的范围都难以涵盖所有伦理道德标准。因此，法律和道德问题仍将继续困扰创业者。

众所周知，在商界确实存在违背道德的行为。原因如下：（1）贪婪的欲望；（2）在家与在工作中品行不一；（3）缺乏基本的道德意识；（4）侥幸心理（底线思维);(5) 依赖其他社会机构去推行与加强道德规范。不论何种原因,作出合乎道德情理的决策都是对所有创业者的挑战。[46]

决策的复杂性

每天,创业者在各种商业决策中面临极大的挑战。其中很多决策异常复杂,且涉及道德问题。原因如下:

第一,涉及道德层面的决策会产生深远影响,甚至公司以外的人都可以察觉到。比如,决定生产低价却不安全的产品就会影响到员工以及最终消费者。

第二,涉及伦理道德问题的商业决策存在多种选择,而不仅仅是"做"与"不做"两种,在众多选择中又可能包含一些相对次要的决策。在上述生产不安全的产品的例子中,创业者是可以选择相对价廉却安全的产品的。

第三,涉及道德的商业决策常会产生多种结果,影响社会福利、成本、财务收入及支出。

第四,绝大多数商业决策对于即将产生的道德影响是不确定的。即使一个决策看起来合情合理,我们也无法确切地知道会产生什么实际结果,换句话说,没有道德风险的决策是不存在的。

第五,绝大多数商业决策都带有个人色彩。创业者很难将他们自己与决策及其潜在的结果完全隔离。企业成功、财务机会、新产品开发等领域都会受涉及道德问题的决策的影响。创业者很难作出一个纯粹且客观的理性决策。[47]

创业者创立企业做决策时需要考虑以上这五种原因,由此也说明在做每一项决策时需要掌握尽可能多的信息。一位伦理学专家认为了解企业活动的特征后对决策所产生的结果会更有预见性,他指出:"创业者应了解商业的普遍发展趋势——是有规律可循的——然后预测到可能出现的危机,采取明智合理的行为,这一点对我们非常重要。"[48]

建立具有商业道德的企业战略

开放的公司体系成就了创业者,也充斥着各种矛盾与冲突。因此创业者应着眼于建立具有商业道德的企业发展战略。

道德行为准则

行为准则(code of conduct)是道德实践或规范的一种表述,是企业始终贯彻执行的原则。在这些行为准则中,有与行业相关的,也有与公司行为相关的,其内容涉及广泛,包括不当使用公司资产、利益冲突、在平等就业中利用内幕消息、伪造材料与数据以及垄断经营等。最新调查得出了两个重要的结论:第一,在行业中行为准则更为广泛,管理机构不应仅仅把合乎伦理道德的做法挂在嘴上,还应形成文字,印成手册,发给每个人阅读并遵守。第二,同以往的公司行为准则相比,较新的规则对整个社会及法律的发展更有意义,所包含的内容更加广泛,也更易于管理程序的执行。[49]

然而，最重要的问题仍有待解决：我们日常的管理遵循高标准的道德准则了吗？很多管理者的答案是"是的"。为什么？主要因为这样对企业有利。一位高层管理者认为，不管是单独还是合作中的不道德行为，在开放的市场与自由贸易中都会带来有害影响，它关系到能否在开放的公司体系中生存的问题。不道德的企业行为违背供需法则，不以传统的产品质量、服务及价格来竞争而另寻捷径。自由开放的市场被人为操纵的市场代替，产品及服务的持续改进不再成为追求的目标。[50]

此外，另一个原因是通过改善道德氛围，企业终将赢得公众的信任。在人们普遍质疑企业道德诚信且认为商人会想方设法逃脱应得惩罚的今天，这意味着企业形象的转变。从当前的发展趋势来看，商界正致力于实现这一目标——严格遵循高标准的道德准则，时间将会向我们证明其是否有助于企业发展。[51]

马克·吐温曾经说过："坚持做正确的事情，会让一些人叹服，也会让更多人震惊。"这同样会激励人们去做正确的事。实际上，若没有一个高管作优秀榜样，企业内部的道德问题（以及为此所付出的代价）是无法避免的。

☐ 合乎道德的责任感

建立具有商业道德与社会责任的企业战略对创业者来说绝非易事。目前对于企业伦理道德还没有一种理想的解决方案。创业者需要分析自己企业的道德意识、道德规范的进程以及相应的组织结构，最后在企业内部致力于将合乎道德的目标制度化。[52] 只要记住上述几点，创业者终将建立具有商业道德与社会责任的企业战略。其中应包含三个主要因素：道德意识、道德规范的流程与结构以及制度化。

● 道德意识。提高道德意识是创业者的责任，因为他们的远见决定了企业的未来。道德相关决策的制定与实施主要由创业者来决定。企业内部广泛交流意见与方法、建立公司道德行为准则、通过创业者自身设立榜样，这些做法都能提高整个企业的道德意识。例如，当一位大公司的首席执行官发现某一部门书籍保管不合理时，便召集20名相关工作人员向社会捐款8 500美元，以此作为警示[53]，这样的行为产生了积极的结果，也为企业道德建设定下了基调。

● 道德规范的流程与结构。道德规范的流程与结构包括工作流程、职位描述（行为准则）以及明确的道德目标。应该让所有核心工作成员阅读公司明确的道德目标，宣誓保证愿意遵守公司的政策。

● 制度化。制度化是需要认真权衡的一个环节，它将创业者提出的道德目标与企业经济目标相结合。有时候创业者不得不修改那些过于严格且违背当前道德规范的制度或运营方式，这也在考验创业者的道德观与价值观。对过程及反馈结果的不断检查对于将道德责任感制度化是非常重要的。[54]

创业实践

避免重蹈安然的覆辙

安然公司（Enron）、泰科公司（Tyco）、安达信会计师事务所（Arthur Andersen）以及计算机协会（Computer Associates）在经济繁荣时期做出了很多违背道德的行为。为什么？回顾过去，企业鼎盛时期常伴有经营不当以及决策失误事件，当企业认为可以"随心所欲"、市场扩张带来丰厚利润、股价高升时，经济也就到达危险的顶端，繁荣景象模糊了是非界限。

与当今道德感缺失相提并论的是20世纪20年代的欣欣向荣以及1929年的股市崩溃。在这一时期，伊瓦尔·克罗伊格（Ivar Kreuger）在人们眼中变得臭名昭著。他创办起国际性的火柴贸易集团，并通过借债给国外政府获得境外火柴贸易的垄断，而这笔钱是通过股票市场获得的周转贷款，后来，一份审计报告揭露竟然有2.5亿美元资产是根本不存在的。所有这些事件最终导致成立美国证券交易委员会（SEC）。

今天，导致财务重大失误不断增加的原因在于日趋繁杂的金融工具不断利用财务中的"灰色"地带。下面列出的是公司需要额外向投资者提供的五项信息，以保证财务上没有欺骗行为出现。

1. 将隐藏的负债还原至资产负债表。安然问题之所以暴露出来，就是因为人们发现了其资产负债表外的几十亿美元债务，这些债务被秘密地隐藏在"专门机构"或是那些在公众面前掩盖损失或债务的机构组织（SPE）。SPE虽是合法的，但近30年一直存有争议。目前有规定：如果一位投资者愿意捐出3%的资产，SPE条目就可以不列入资产负债表。

2. 标出具体事项。任何一笔低于收入或资产5%或10%的条目通常视为对整体业绩影响微乎其微，可以不在财务报表中体现。目前，证券交易委员会及财务会计标准委员会在原有定量因素的评估上增加了定性因素。

3. 列出风险及数字假设。对未来的"预测"决定了公司的业务收入，从预测产品线的未来需求到因各种风险因素的打折比率，投资者需要知道这些假设。

4. 营收标准化。对于经营收入预算表中应包含或除去的内容，标准普尔指数已有明确的建议。目前还没有统一规定具体哪些需要在制定预算表时增加至净利润中，哪些可以减去。

5. 辅助计算自由现金流量。分析师利用以前的结果计算自由现金流量，因此投资者只能靠猜测哪些信息应该被用到。

资料来源：Heesum Wee, "The Dirt a Bull Market Leaves Behind," *Business Week Online*, June 13, 2002, http://www.businessweek.com/bwdaily/dnflash/jun2002/nf20020613_1338.htm（accessed April 10, 2008）; and Nanette Byrnes, "Commentary: Five Ways to Avoid More Enrons," *Business Week Online*, February 18, 2002, http://www.businessweek.com/magazine/content/02_07/b3770056.htm（accessed April 10, 2008）.

创业历程

道德战略的形成

形成具有责任感及商业道德的组织氛围需要不断的努力，并且投入相应的时间与资源。对于一家已具备商业道德及责任感的机构来说，行为准则、道德楷模、培训方案、每年的道德审查不一定是必要的。正式的道德规范系统具有促进和支持作用，组织机构的诚信依赖公司价值观与其运营系统的整合。

以下是创业者建立道德战略时需谨记的重要因素：

● 创业者的价值观与承诺需合理且清晰地传达，应该反映企业的责任以及全体成员共同的愿望。各级员工必须严格遵守，自如地进行探讨，对在实践中的重要性有具体的认识。

- 创业者自身必须尽职尽责、守信用，愿意将自己赞同的价值观付诸实施，而不是仅体现在口头上。他们愿意不断审视自己的决策，领导的一致性是关键。出现道德利益冲突时，创业者必须做出艰难的选择。
- 所拥护的价值观必须贯穿至企业核心工作中：规划上的创新、资源的分配、信息的交流以及员工的晋升与进修。
- 公司制度与结构需支持并加强这种价值观。例如，信息系统应提供及时准确的信息。上下级保证其制约与平衡的报告关系，有助于提高客观的判断力。
- 公司全体员工应具备做出合理决策的知识与技能，道德思维与意识是每位员工都应具备的。

资料来源：Adapted from Lynn Sharp Paine, "Managing for Organizational Integrity," *Harvard Business Review* (March/April 1994): 106-17.

创业者在道德方面的考虑

文献中常把以不愿安于现状的管理者或员工身份出现的创业者视为即将引领公司开拓新市场的梦想家。因此，在克服外部困难实现其目标之后，他们往往会借助其聪明才智铤而走险地打破现有规则。唐纳德·F·库拉特科与迈克尔·G·戈尔兹比设计出一个框架便于管理者与公司在创业进程中避免不道德行为的发生（见图2—4）。[55] 两位专家列举了在条件匮乏的环境中努力保持创业精神的一些中层管理者会遇到的各种难题、可能产生的不道德结果，给出了建议及培训方案以免陷入困境。

企业面对的障碍	内部体系问题			领导问题		
	体系	结构	制度与流程	战略方向	人员	文化
管理上的难题	绩效奖励机制有误	沟通渠道受限	超长且复杂的批准周期	没有前瞻性	狭隘的偏见	价值观不清晰
		责任不明确	所需材料过于宽泛	缺乏高层管理者的认同	个人领地保护	不匹配
			不切实际的绩效指标	无领导楷模		与管理者的价值观冲突
无道德的后果	追名逐利野心			无道德的典型		
解决方案	创业行为的评估		+	创业精神培训计划		

图2—4 创业的道德挑战

资料来源：Donald F. Kuratko and Michael G. Goldsby, "Corporate Entrepreneurs or Rogue Middle Managers? A Framework for Ethical Corporate Entrepreneurship," *Journal of Business Ethics* 55 (2004): 18.

组织难题可分为两大类：内部体系问题与领导问题。创新活动的障碍包括体系、结构、制度与流程、文化、战略方向以及人员。这些管理难题时有发生，专家建议：（1）使企业具备灵活性与创造力，让员工主动参与，增强风险承受能力；（2）解决中层管理者难题，调动其积极性，避免不道德的行为；（3）在最新的创业计划中应增加道德与价值观层面的培训内容以便工作更好地执行。其实，就算都支持创业，仍有一些管理者认为道德风险可能对企业构成威胁，因为组织中的每一个人并非都在做正确的事情。因此，道德培训可以确保每位员工获悉高管的预期与愿景。一套较为完整的适合公司创业的培训计划将更有利于组织及每位成员实现预期目标，避免道德危机的出现。

创业者的道德领导力

道德问题给创业者带来了巨大的挑战，创业者自身的价值体系是创建符合道德规范的企业的关键。[56]在重大决策中创业者有机会表现他们的诚实、正直与高尚的道德，他们的行为是员工学习的榜样。

在小企业中，创业者在道德方面的影响力要超过大企业，他们的领导力不会被多层级的管理分散及削弱。在企业中，员工有机会经常接触他们，进行观察和了解，因此，在所有商业决策中创业者都可以建立较高的道德标准。

一项研究发现，创业者的价值体系对于商业决策中关乎道德的考量是非常重要的。此项研究暗示，在创业者努力创建的道德环境下员工及其他成员将会顺利地工作。资料显示，当创业者就道德行为准则设计一套特殊政策时，他们的员工在日常行政决策中会有清晰的理解。小企业主同样需要强调行政决策的流程，而且他们需要花些时间制定员工道德行为标准或规范。虽然这些行为准则不可能涵盖所有情况，但有助于确定企业寻求发展还是追求盈利最大化的方向问题。最后，如果创业者能根据行为道德认真地建立清晰的奖惩制度，且能正常实施，那么不道德的行为便得以解决。[57]

一个有趣的观点逐渐开始呈现：随着女性创业者数量增加，企业开始注重道德关怀。它比传统刚性道德更具柔性。[58]女权主义哲学关注生活各个方面有益关系的培养，或者就像米尔顿·梅洛夫（Milton Mayeroff）所说，"关心一个人，最重要的意义在于帮助他成长且实现自我。"[59]遵守法律并不能帮助我们建立稳固的人际关系，而根据女权主义者的说法，考虑他人的喜好并保持友好关系则可以形成更为真诚的道德氛围。

其实，创业道德问题常常很难去界定、规范和履行，因为它涉及每个人的价值观、道德观，但初创企业时必须重视道德问题。正如一位作家所写："公司在日常生活以及未来所发挥的重要作用需要我们密切地关注和全心地付出。"[60]

总之，创业者必须意识到其个人的正直诚信及道德标准对于员工的道德行为起着决定性作用，他们的价值观将渗透至整个企业，形成企业的价值观。这种独特优势使创业者担负起道德领导的责任。[61]

创业动机

研究人们为什么创业以及他们与其他非创业者（或创业不成功的人）的差异，可以帮助我们理解创业动机以及与后期创业行为的联系。兰尼·赫伦（Lanny Herron）和哈利·J·沙匹扎（Harry J. Sapienza）指出："动机在创业中起了重要的作用，没有涉及这一点的组织理论是不全面的。"[62]还有一位学者在创业者及其成就动机的评论中这样说道:"我们有必要认真研究创业中创业者个人发挥的作用,包括心理特征。毕竟他们是创业过程中最活跃的因素。"[63]

虽然对于创业者的心理特征研究并没有一致的结果,但分析心理因素在创业过程中所起的作用仍非常重要。[64]实际上,想要建立和持续经营一家新企业的愿望是与创业动机有直接关系的。[65]

一项研究分析了创业者是否愿意持续经营企业,认为其满足感是十分重要的。特定的目标、态度、背景决定着创业者的最终满意程度。[66]此外也有另一种研究方法用来分析创业的激发过程。

创业是多种因素如个性特征、所处环境、相关的商业环境、个人目标、可行的商业计划书相互作用的结果。[67]创业者会将个人预期与可能实现的结果进行对比,同时也考量创业行为与预期结果之间的关系。[68]

根据这种研究方法,创业者的期望最终将与实际或预计的业绩作比较,根据比较结果决定下一步的创业活动。当业绩实现或超出预期时,创业活动将延续并深入,创业者有动力继续从事创业。至于是继续留在当前企业还是另外创建新企业则取决于创业者的目标。当业绩没有达到预期时,创业动机减弱,相应地也会影响是否继续创业的决定,以及之后的战略制定、实施和公司的管理等方面。[69]

还有一种关于创业动机的研究是关于创业者如何创业以及为什么要创业的。**创业持久化**(entrepreneurial persistence)是指创业者愿意不断利用机会来创业,不管会带来何种不好的结果,也不为其他诱惑所动。[70]丹尼尔·V·霍兰(Daniel V. Holland)和迪安·A·谢菲尔德两位学者发现,能否做出坚持创业的决定受其个性影响,也是对所处困境所做出的反应。研究表明,即使坚持不懈地创业,创业者所采取的策略也存在差异,这取决于所经历困境的程度以及个人所持的价值观。

小结

为了从个人角度解释创业思维,本章首先介绍了创业认知以及元认知的概念,以此分析创业者如何把握机会,做出相应决策。不少研究均证实了成功创业者所具备的个性及特征,着重分析了决心与毅力、追求成功、机会导向、自控能力、容忍不确定性、承担可预计的风险、精力旺盛、创造与创新能力、远见卓识以及具有超凡激情等特征。

然后我们介绍了创业失败与悲痛恢复过程,创业历程的描述可以使我们了解创业者、企业及创业过程之间的联系。接着我们讨论了创业中的阴暗面,它包括创业者所面临的风险、压力,以及创业者自身的特质。创业者能把握住独特的机会将个人影响施加于他们的企业,因此道德领导力也是他们所面临的挑战。

道德标准是一系列规范的行为准则,包括道德责任和义务。由于很难界定道德这一概念,动态地进行考量要比将其视为不变的法则更有帮助。创业者面临许多道德上的决策,尤其是在创业的初期。

当创业者在道德边缘做决策时,他们通常能为自己找到合理的解释。这些合理化解释可能会"对企业造成损害"或者"有助于企业",道德争议行为涉及管理者的四种角色:角色分离、角色失败、角色扭曲以及角色武断。为建立具有商业道德的企业战略,一些创业者制定了行为准则。行为准则是道德实践或规范的一种表述,是企业始终贯彻执行的原则。当今企业中这些准则越来越普遍存在,而且具有更重要的意义。尽管关于道德始终没有清晰的概念,新世纪它仍将继续是创业者所关注的主要话题。

本章还对创业动机进行了讨论,一项研究分析出心理因素在创业过程中的作用,揭示出创业者的预期与结果对于他们创立以及维持企业的重要影响。最后,我们引入了最新的关于创业持久化的研究,以使大家了解创业思想的变化。

回顾与问题讨论

1. 什么是"创业认知",它如何影响创业者的思维?"元认知"的作用是什么?
2. 创业者对不确定性具有一定的容忍度,他们承担一定的风险,同时散发出创业激情。这些特征对于潜在创业者意味着什么?
3. 大多数成功的创业者都在职业生涯中遭遇过失败,这种说法是否正确?
4. 创业者如何应对失败?创业过程中"悲痛"扮演何种角色?
5. 创业具有"阴暗面",这句话意味着什么?请详细阐述。
6. 创业者面临的四种风险是什么?请分别予以描述。
7. 创业者产生压力的四种原因是什么?它们应如何一一进行缓解?
8. 请描述与创业者的自我主义有关的几个因素。
9. 道德的评判应更多地基于变化的因素,而非静止不变的规则。如何理解这句话?你是否同意?请阐述理由。
10. 一家小型制药公司经美国食品和药物管理局(FDA)的批准,得以销售降低胆固醇的药品。虽然这一产品已临床测验五年,管理人员仍认为服用后会产生严重的副作用,因此已打印标识出来。如果公司将这一FDA批准的药品向市场推广,你怎样从商业道德和法律的视角来评价这种行为?请参考图2—2。
11. 当公司出现道德问题时,管理者将它们合理化解释为"对企业造成损害"和"有助于企业",请解释管理者在此过程中所扮演的四种不同角色。请给出完整答案。
12. 为什么复杂的决策常使创业者考虑道德层面?
13. 卡尔·怀廷(Car Whiting)认为创业者应在企业内部重视道德问题,可在他自己的公司却不知从何做起,因为整个道德范畴对他来说是不清晰的,对此你有何建议?他应该从何处着手?应该做些什么?你的建议请尽量实际些。
14. 创业动机的概念是什么?它是如何描述的?
15. 请解释创业持久性,如何进行考察?

体验式练习

你是一个高成就感的人吗?

成功创业者的一个最重要的特征是追求高成就。以下十个问题能测试你的预期成就。请将答案记在一旁,全部完成后可对照查看相应测试结果。

1. 大学的一位导师请你选择出给学生评分的方案：(a) 学习课程资料，参加考试，然后评出分数；(b) 通过掷骰子的方式，掷出奇数得 A，偶数则得 B；(c) 上课时需展现自己，提交一个短篇学期论文，评分为 C。你会选择哪种方式？

2. 如何评价自己承担风险的程度？(a) 高；(b) 中等；(c) 低。

3. 你手上已经有很多事情还未完成，这时老板又交代了新任务，你将如何与老板沟通？(a) 我的工作太多了，没办法再做其他事情；(b) 好的，我很愿意上手，把它交给我吧；(c) 我先看看工作安排，明天再答复您是否有时间做其他工作。

4. 你最希望成为谁？(a) 乔布斯，苹果公司创始人；(b) 比尔·盖茨，微软公司创始人；(c) 马克·扎克伯格，Facebook 创始人。

5. 请挑选你最喜欢玩的游戏：(a) 地产大亨（Monopoly）游戏；(b) 宾果填字（bingo）游戏；(c) 轮盘赌（roulette）游戏。

6. 你决定积极锻炼，以下哪种方式最吸引你？(a) 加入邻里锻炼团队；(b) 自己运动；(c) 加入当地健身俱乐部。

7. 你最喜欢和哪些人玩扑克？(a) 朋友；(b) 喜欢赌博的人；(c) 挑战你的人。

8. 你最希望成为哪类人？(a) 破案刑侦人员；(b) 成功的政治家；(c) 拥有自己游艇的百万富翁。

9. 晚上你比较喜欢做什么？(a) 拜访朋友；(b) 钻研自己的爱好；(c) 看电视。

10. 哪种职业最吸引你？(a) 计算机销售人员；(b) 会计师；(c) 刑事辩护律师。

评分：将你的答案对照下面的评分表，圈出相应分数（例如，第一题你的答案是 c，则在第一行圈出 2 分），然后将三列分数相加得出总分。

	a	b	c
1.	10	0	2
2.	2	10	2
3.	6	2	10
4.	7	10	5
5.	10	0	0
6.	2	10	6
7.	4	2	10
8.	10	7	4
9.	4	10	4
10.	10	5	10

___ + ___ + ___ = ___

高成就感　　　76～100
中等成就感　　50～75
低成就感低于　50

说明：

1. 高成就感的人愿意为行动负责，他们不喜欢依靠运气。答案 c 意味着用来复习考试的时间可以学习其他课程。

2. 高成就感的人在重要决策时一般承担中等风险。

3. 高成就感的人通常在采取行动前先研究一下所处环境。

4. 乔布斯属于高成就感，他的兴趣在于通过设计来改变世界；盖茨属于极高成就感的人，目前兴趣集中在社会问题；扎克伯格希望世界实现互联，而不是简单地获得个人成就。

5. 地产大亨游戏可以让高成就者发挥他们的技能；宾果填字游戏及轮盘赌游戏则依靠运气。

6. 高成就者通常自己解决问题，次优答案是加入健身俱乐部，虽然拥有较少个人自由但可从教练处得到建议与指导。

7. 高成就者喜欢挑战者而非高风险。如果你因牌技很好而选择c，可自行将此题分数由2分改为10分。

8. 高成就者目标明确，刑侦破案人员对他们最有吸引力。政治家的兴趣在于拥有权力，而百万富翁只是简单地享受生活。

9. 高成就者喜欢做有建设性的事情，这有助于提升自己，因此个人兴趣爱好是他们的首选。

10. 计算机销售人员和刑事辩护律师比会计师拥有更高成就需要。

体验式练习

判断题

大多数创业活动合法且合乎道德，当然也有不合乎道德或者不合法的时候。以下四种分别涉及道德与法律的行为特征，请为每一事件（a到h）标识出相应特征，将特征编号填写在事件旁（每一类对应两个事件）。

1. 道德且合法
2. 不道德却合法
3. 道德却非法
4. 既不道德也不合法

a) _____ 将价值5万美元的礼物送给外交大臣，用以确保顺利同该国签订一份商业合同（这在该国属惯例），之后将款项作为免税项目冲销。

b) _____ 知道1%的轮胎出现生产缺陷，却仍将它们销往各地，同时向因过损报废的轮胎支付里程费用。

c) _____ 生产一种新型燃料添加剂使汽车行驶里程增加10%。

d) _____ 创业者向城市委员会委员支付10万美金，请他投票支持自己拥有本地有线电视特许经营权。

e) _____ 在报纸刊登消息，误导说州长（在政治上与该报纸对立）有意挪用教育基金来为自己宣传，从而获得本州教师联合会在竞选中的支持。

f) _____ 从股票经纪人获取内幕消息，净赚200多万美元。

g) _____ 研制出一种可预防骨癌的疫苗，且已通过美国食品与药物管理局的审核。

h) _____ 正在生产且销售一种可缓解心脏病的药物，然而政府所要求的在上市销售前需提交的书面报告，至今仍未准备齐全。

答案： a.3；b.2；c.1；d.4；e.2；f.4；g.1；h.3。

注释

1. Bruce Tulgan, "Generation X: The Future Is Now," *Entrepreneur of the Year Magazine* (Fall 1999): 42; and Brian Dumaine and Elaine Pofeldt, "Best Colleges for Aspiring Entrepreneurs," *Fortune Small Business* (September 2007) 61–75.

2. See, for example, William D. Bygrave and Charles W. Hofer, "Theorizing about Entrepreneurship," *Entrepreneurship Theory and Practice* (Winter 1991): 12–22; Ivan Bull and Gary E. Willard, "Towards a Theory of Entrepreneurship," *Journal of Business Venturing* 8 (May 1993): 183–96; William B. Gartner, "Is There an Elephant in Entrepreneurship? Blind Assumptions in Theory Development," *Entrepreneurship Theory and Practice* 25, no. 4 (2001): 27–39; and Jeffery S. McMullen and Dean A. Shepherd, "Entrepreneurial Action and the Role of Uncertainty in the Theory of the Entrepreneur," *Academy of Management Review* 31, no. 1 (2006): 132–52.

3. See Robert A. Baron, "Cognitive Mechanisms in Entrepreneurship: Why and When Entrepreneurs Think Differently Than Other People," *Journal of Business Venturing* (April 1998): 275–94; and Norris F. Krueger, "What Lies Beneath: The Experiential Essence of Entrepreneurial Thinking," *Entrepreneurship Theory and Practice* 31, no. 1 (2007): 123–38.

4. Ronald K. Mitchell, Lowell Busenitz, Theresa Lant, Patricia P. McDougall, Eric A. Morse, and J. Brock Smith, "Toward a Theory of Entrepreneurial Cognition: Rethinking the People Side of Entrepreneurship Research," *Entrepreneurship Theory and Practice* (2002) 27(2): 93–105.

5. J. Michael Haynie, Dean A. Shepherd, Elaine Mosakowski, and P. Christopher Earley, "A Situated Metacognitive Model of the Entrepreneurial Mindset," *Journal of Business Venturing* (2010), 25(2): 217–29; and J. Michael Haynie, Dean A. Shepherd, and Holger Patzelt, "Cognitive Adaptability and an Entrepreneurial Task: The Role of Metacognitive Ability and Feedback," *Entrepreneurship Theory and Practice* 36, no. 2 (2012): 237–65..

6. Denis A. Grégoire, Andrew C. Corbett, and Jeffery S. McMullen, "The Cognitive Perspective in Entrepreneurship: An Agenda for Future Research," *Journal of Management Studies*, 48, no. 6 (2011):1443–77; and Chia-Huei Wu, Sharon K. Parker, and Jeroen P. J. de Jong, "Need for Cognition as an Antecedent of Individual Innovation Behavior," *Journal of Management* (in press).

7. Melissa S. Cardon, Charlene Zietsma, Patrick Saparito, Brett P. Matherne, and Carolyn Davis, "A Tale of Passion, New Insights into Entrepreneurship from a Parenthood Metaphor," *Journal of Business Venturing* 20, no. 1 (January 2005): 23–45.

8. Howard H. Stevenson and David E. Gumpert, "The Heart of Entrepreneurship," *Harvard Business Review* (March/April 1985): 85–94.

9. See William B. Gartner, "Some Suggestions for Research on Entrepreneurial Traits and Characteristics," *Entrepreneurship Theory and Practice* (Fall 1989): 27–38.

10. Lloyd E. Shefsky, *Entrepreneurs Are Made Not Born* (New York: McGraw-Hill, Inc., 1994).

11. Robert A. Baron, "The Cognitive Perspective: A Valuable Tool for Answering Entrepreneurship's Basic 'Why' Questions," *Journal of Business Venturing* 19, no. 2 (March 2004): 221–39; Robert A. Baron and Thomas B. Ward, "Expanding Entrepreneurial Cognition's Toolbox: Potential Contributions from the Field of Cognitive Science," *Entrepreneurship Theory and Practice* 28, no. 6 (Winter 2004): 553–74; Robert M. Gemmell, Richard J. Boland, and David A. Kolb, "The Socio-Cognitive Dynamics of Entrepreneurial Ideation," *Entrepreneurship Theory and Practice* (in press).

12. David C. McClelland, *The Achieving Society* (New York: Van Nostrand, 1961); and "Business Drive and National Achievement," *Harvard Business Review* (July/August 1962): 99–112.

13. Melissa S. Cardon, Joakim Wincent, Jagdip Singh, and Mateja Drnovsek, "The Nature and Experience of Entrepreneurial Passion," *Academy of Management Review* (2009), 34(3): 511–32; and "Is passion contagious? The transference of entrepreneurial emotion to employees," Melissa S. Cardon, *Human Resource Management Review* (2008), 18(2): 77–86.

14. For some articles on entrepreneurial characteristics, see Rita Gunther McGrath, Ian C. MacMillan, and Sari Scheinberg, "Elitists, Risk Takers, and Rugged Individualists? An Exploratory Analysis of Cultural Differences between Entrepreneurs and Non-Entrepreneurs," *Journal of Business Venturing*

(March 1992): 115–36; Jill Kickul and Lisa K. Gundry, "Prospecting for Strategic Advantage: The Proactive Entrepreneurial Personality and Small Firm Innovation," *Journal of Small Business Management* 40, no. 2 (2002): 85–97; Moren Levesque and Maria Minniti, "The Effect of Aging in the Dynamics of New Venture Creation," *Journal of Business Venturing* 21, no. 2 (2006): 177–94; and Keith H. Brigham, Julio O. DeCastro, and Dean A. Shepherd, "A Person-Organization Fit Model of Owners-Managers' Cognitive Style and Organization Demands," *Entrepreneurship Theory and Practice* 31, no. 1 (2007): 29–51.

15. C. B. Wortman and R. C. Silver (1987). "Coping with Irrevocable Loss." In G. R. Van de Bos and B. K. Bryant (eds.), *Cataclysms, Crises and Catastrophes: Psychology in Action*: 189–235. Washington D.C.: American Psychological Association.

16. S. Nolen-Hoeksema, A. McBride, and J. Larson (1997), "Rumination and Psychological Distress among Bereaved Partners," *Journal of Personality and Social Psychology* 72, 855–62.

17. J. Archer (1999). *The Nature of Grief: The Evolution and Psychology of Reactions to Loss*. New York: Routledge.

18. Dean A. Shepherd (2003), "Learning from Business Failure: Propositions About the Grief Recovery Process for the Self-Employed," *Academy of Management Review* 28, 318–29; and Dean A. Shepherd (2009). *Lemons to Lemonade: Squeezing Every Last Drop of Success Out of Your Mistakes*. Wharton School Publishing: Philadelphia: PA.

19. Michael H. Morris, Donald F. Kuratko, and Minet Schindehutte, "Framing Entrepreneurial Experience," *Entrepreneurship Theory and Practice* 36 no. 1 (2012): 11–40.

20. Diamanto Politis, "The Process of Entrepreneurial Learning: A Conceptual Framework," *Entrepreneurship Theory and Practice* 29, no. 4 (2005): 399–424.

21. Per Davidsson, "A General Theory of Entrepreneurship: The Individual-Opportunity Nexus," *International Small Business Journal* 22, no. 2 (2004): 206–19; and Henrik Berglund, "Entrepreneurship and Phenomenology: Researching Entrepreneurship as Lived Experience," in *Handbook of Qualitative Research Methods in Entrepreneurship*, ed. John Ulhoi and Helle Neergaard (London: Edward Elgar, 2007), 75–96.

22. Manfred F. R. Kets de Vries, "The Dark Side of Entrepreneurship," *Harvard Business Review* (November/December 1985): 160–67; see also Shaker A. Zahra, R. Isil Yavuz, and Deniz Ucbascaran, "How Much Do You Trust Me? The Dark Side of Relational Trust in New Business Creation in Established Companies," *Entrepreneurship Theory and Practice* 30, no. 2 (2006): 541–59.

23. Thomas Monroy and Robert Folger, "A Typology of Entrepreneurial Styles: Beyond Economic Rationality," *Journal of Private Enterprise* 9, no. 2 (1993): 64–79.

24. Ibid., 75–76.

25. Michael O'Neal, "Just What Is an Entrepreneur?" special enterprise issue, *Business Week* (1993): 104–12.

26. Patrick R. Liles, *New Business Ventures and the Entrepreneur* (Homewood, IL: Irwin, 1974), 14–15; see also Jay J. Janney and Gregory G. Dess, "The Risk Concept for Entrepreneurs Reconsidered: New Challenges to the Conventional Wisdom," *Journal of Business Venturing* 21, no. 3 (2006): 385–400.

27. Adebowale Akande, "Coping with Entrepreneurial Stress," *Leadership & Organization Development Journal* 13, no. 2 (1992): 27–32; and E. Holly Buttner, "Entrepreneurial Stress: Is It Hazardous to Your Health?" *Journal of Managerial Issues* (Summer 1992): 223–40.

28. Buttner, "Entrepreneurial Stress"; see also M. Afzalur Rabin, "Stress, Strain, and Their Moderators: An Empirical Comparison of Entrepreneurs and Managers," *Journal of Small Business Management* (January 1996): 46–58.

29. See K. A. Mathews and S. C. Haynes, "Type A Behavior Pattern and Coronary Disease Risk," *American Journal of Epistemology* 123 (1986): 923–60.

30. Akande, "Coping with Entrepreneurial Stress."

31. David P. Boyd and David E. Gumpert, "Coping with Entrepreneurial Stress," *Harvard Business Review* (March/April 1983): 46–56.

32. Boyd and Gumpert, "Coping with Entrepreneurial Stress."

33. Michael G. Goldsby, Donald F. Kuratko, and James W. Bishop, "Entrepreneurship and Fitness: An Examination of Rigorous Exercise and Goal Attainment among Small Business Owners," *Journal of Small Business Management* 43, no. 1 (January 2005): 78–92; see also Moren Levesque and Maria Minniti, "The Effect of Aging on Entrepreneurial Behavior," *Journal of Business Venturing* 21, no. 2 (2006): 177–94.

34. Kets de Vries, "The Dark Side of Entrepreneurship."

35. Bruce Horovitz, "Scandals Shake Public Trust," *USA Today*, July 16, 2002, 1A–2A; John A. Byrne,

Michael Arndt, Wendy Zellner, and Mike McNamee, "Restoring Trust in Corporate America: Business Must Lead the Way to Reform," *Business Week,* June 24, 2002, 31–39; and Amey Stone, "Putting Teeth in Corporate Ethics," *Business Week,* February 19, 2004. http://www.businessweek.com/bwdaily/dnflash/feb2004/nf20040219_5613_db035.htm, accessed on May 23, 2008.

36. Vernon R. Loucks, Jr., "A CEO Looks at Ethics," *Business Horizons* (March/April 1987): 2.

37. Sir Adrian Cadbury, "Ethical Managers Make Their Own Rules," *Harvard Business Review* (September/October 1987): 64.

38. Verne E. Henderson, "The Ethical Side of Enterprise," *Sloan Management Review* (Spring 1982): 38.

39. Richard Evans, "Business Ethics and Changes in Society," *Journal of Business Ethics* 10 (1991): 871–76; and Goran Svensson and Greg Wood, "A Model of Business Ethics," *Journal of Business Ethics,* 77 (2008): 303–23.

40. Henderson, "The Ethical Side," 40.

41. Saul W. Gellerman, "Why Good Managers Make Bad Ethical Choices," *Harvard Business Review* (July/August 1986): 85.

42. James A. Waters and Frederick Bird, "Attending to Ethics in Management," *Journal of Business Ethics* 5 (1989): 493–97.

43. Christopher D. Stone, *Where the Law Ends: The Social Control of Corporate Behavior* (New York: Harper & Row, 1975).

44. Al H. Ringlab, Roger E. Meiners, and Frances L. Edwards, *Managing in the Legal Environment,* 3rd ed. (St. Paul, MN: West, 1996), 12–14; see also Roger LeRoy Miller and Frank B. Cross, *The Legal Environment Today: Business in Its Ethical, Regulatory, E-Commerce, and Global Setting,* 7th ed. (Mason, OH: South-Western/Cengage, 2013).

45. LaRue T. Hosmer, *The Ethics of Management,* 2nd ed. (Homewood, IL: Richard D. Irwin, 1991), 81–83.

46. Susan J. Harrington, "What Corporate America Is Teaching about Ethics," *Academy of Management Executive* (February 1991): 21–30.

47. LaRue T. Hosmer, *The Ethics of Management* (Homewood, IL: Richard D. Irwin, 1987), 13–15.

48. Wade L. Robison, "Management and Ethical Decision-Making," *Journal of Business Ethics* (Spring 1984): 287.

49. For more on this topic, see Donald R. Cressey and Charles A. Moore, "Managerial Values and Corporate Codes of Conduct," *California Management Review* (Summer 1983): 121–27; Steven Weller, "The Effectiveness of Corporate Codes of Ethics," *Journal of Business Ethics* (July 1988): 389–95; and Diane E. Kirrane, "Managing Values: A Systematic Approach to Business Ethics," *Training & Development Journal* (November 1990): 53–60.

50. Reported in Darrell J. Fashing, "A Case of Corporate and Management Ethics," *California Management Review* (Spring 1981): 84.

51. Amitai Etzioni, "Do Good Ethics Ensure Good Profits?" *Business and Society Review* (Summer 1989): 4–10; L. J. Brooks, "Corporate Ethical Performance: Trends, Forecasts, and Outlooks," *Journal of Business Ethics* 8 (1989): 31–38; Harrington, "What Corporate America Is Teaching about Ethics"; and Simcha B. Werner, "The Movement for Reforming American Business Ethics: A Twenty Year Perspective," *Journal of Business Ethics* 11 (1992): 61–70.

52. Patrick E. Murphy, "Creating Ethical Corporate Structures," *Sloan Management Review* (Winter 1989): 81–87.

53. Joseph A. Raelin, "The Professional as the Executive's Ethical Aide-de-Camp," *The Academy of Management Executive* (August 1987): 176.

54. Ibid., 177.

55. Donald F. Kuratko and Michael G. Goldsby, "Corporate Entrepreneurs or Rogue Middle Managers? A Framework for Ethical Corporate Entrepreneurship," *Journal of Business Ethics* 55 (2004): 13–30.

56. Elisabeth J. Teal and Archie B. Carroll, "Moral Reasoning Skills: Are Entrepreneurs Different?" *Journal of Business Ethics* (March 1999): 229–40; and Dinah Payne and Brenda E. Joyner, "Successful U.S. Entrepreneurs: Identifying Ethical Decision–Making and Social Responsibility Behaviors," *Journal of Business Ethics* 65 (2006): 203–17.

57. Donald F. Kuratko, Michael G. Goldsby, and Jeffrey S. Hornsby, "The Ethical Perspectives of Entrepreneurs: An Examination of Stakeholder Salience," *Journal of Applied Management and Entrepreneurship* 9, no. 4 (October 2004): 19–42.

58. Nel Noddings, *Caring: A Feminine Approach to Ethics and Moral Education* (Berkeley: University of California Press, 1984).

59. Milton Mayeroff, *On Caring* (New York: Harper & Row, 1971), 1.

60. Henderson, "The Ethical Side," 46.

61. Justin G. Longenecker, Joseph A. McKinney, and Carlos W. Moore, "Do Smaller Firms Have Higher Ethics?" *Business and Society Review* (Fall 1989): 19–21; Paul J. Serwinek, "Demographic and Related Differences in Ethical Views among Small Businesses," *Journal of Business Ethics* (July 1992): 555–66; Donald F. Kuratko, "The Ethical Challenge for Entrepreneurs," *Entrepreneurship, Innovation,*

and Change (December 1995): 291–94; and Donald F. Kuratko, Michael G. Goldsby, and Jeffrey S. Hornsby, "The Ethical Perspectives of Entrepreneurs: An Examination of Stakeholder Salience," *Journal of Applied Management and Entrepreneurship* 9, no. 4 (October 2004): 19–42.

62. Lanny Herron and Harry J. Sapienza, "The Entrepreneur and the Initiation of New Venture Launch Activities," *Entrepreneurship Theory and Practice* (Fall 1992): 49–55.

63. Bradley R. Johnson, "Toward a Multidimensional Model of Entrepreneurship: The Case of Achievement Motivation and the Entrepreneur," *Entrepreneurship Theory and Practice* (Spring 1990): 39–54; see also Wayne H. Stewart and Philip L. Roth, "A Meta-Analysis of Achievement Motivation Differences between Entrepreneurs and Managers," *Journal of Small Business Management* (October 2007) 45(4): 401–21.

64. See Kelly G. Shaver and Linda R. Scott, "Person, Process, Choice: The Psychology of New Venture Creation," *Entrepreneurship Theory and Practice* (Winter 1991): 23–45.

65. Don E. Bradley and James A. Roberts, "Self-Employment and Job Satisfaction: Investigating and Role of Self-Efficacy, Depression, and Seniority," *Journal of Small Business Management* 42, no. 1 (January 2004): 37–58; see also J. Robert Baum, and Edwin A. Locke, "The Relationship of Entrepreneurial Traits, Skill, and Motivation to Subsequent Venture Growth," *Journal of Applied Psychology* 89, no. 4 (2004): 587–98.

66. Arnold C. Cooper and Kendall W. Artz, "Determinants of Satisfaction for Entrepreneurs," *Journal of Business Venturing* (November 1995): 439–58.

67. Douglas W. Naffziger, Jeffrey S. Hornsby, and Donald F. Kuratko, "A Proposed Research Model of Entrepreneurial Motivation," *Entrepreneurship Theory and Practice* (Spring 1994): 29–42.

68. A. Rebecca Reuber and Eileen Fischer, "Understanding the Consequences of Founders' Experience," *Journal of Small Business Management* (February 1999): 30–45.

69. Donald F. Kuratko, Jeffrey S. Hornsby, and Douglas W. Naffziger, "An Examination of Owner's Goals in Sustaining Entrepreneurship," *Journal of Small Business Management* (January 1997): 24–33.

70. Daniel V. Holland and Dean A. Shepherd, "Deciding to Persist: Adversity, Values, and Entrepreneurs' Decision Policies," *Entrepreneurship Theory and Practice* (in press).

第3章

公司创业

> **创业思维**
>
> 没有什么比引入新事物、新秩序更难以推动，更难以实施，更难以预测其成功与否，因为所有旧秩序的受益者都将与你为敌，即使那些可能会适应新事物的人也表现得不是很热心。
>
> ——马基雅维利（machiavelli），《君主论》

本章重点

1. 公司创业思维
2. 阐述公司创业的必要性
3. 定义公司创业
4. 分析公司创业所遇到的障碍
5. 提出企业重述价值观涉及的主要方面
6. 介绍公司创业战略构成的基本要素
7. 分析培养公司创业管理者的方法
8. 阐述公司创业的互动过程

公司内部的创业思维

经济全球化正在使世界各地的组织和产业经历一场深刻且根本性的变革。对企业来说，必须重新审视自己的目标，运筹帷幄，高效率地执行以满足各大股东的利益。为了迅速应对内外部环境发生的重大变化，许多公司从根本上重新构建了自己的运营管理模式，从而完全改变了原有经营范围、企业文化，甚至竞争策略。[1]

进入21世纪，企业战略的重心更多转移到创新这一方向。近30年来，随着**创业型经济**（entrepreneurial economy）的发展，人们越来越重视创业思维的开发。[2] 著名管理学家彼得·德鲁克总结出创业所带来的四种影响：第一，知识与技术的快速发展催生了一批高科技创业公司；第二，双职工家庭、继续教育、老龄化等趋势有助于创业；第三，风险资本市场有效促进了创业企业的发展；第四，行业内已开始学习如何管理创业。[3]

作为美国商业的主要力量，创业也同样在公司内部激发出相关创新活动。早期研究者认为创业与官僚体制是相互排斥、无法共存的[4]，然而大量学者正在对出现在公司内部的创业活动进行探究。[5]3M公司、美国电话电报公司、通用电气公司、宝洁公司以及雅培公司等很多企业都进行了非常成功的内部创业。[6]大量商业评论将正在发生的新一轮"公司革命"归因于将创业思维注入庞大的官僚体系的结果。[7]所灌输的即是**公司创业**（corporate entrepreneurship）[8]、**企业创新**[9]或者**内部创业**（intrapreneurship）[10]。为什么公司创业如此盛行？一个原因就是企业现有员工及管理者的创造力。史蒂文·勃兰特（Steven Brandt）是这样描述的：

> 其实挑战是很直接的，美国必须提升其创造力。要做到这一点，企业需要激发员工的创新潜能。创意源于每一个人，人们具有创造力，当全心投入企业中聚集能力做事的时候，这种创造力才被有效利用。[11]

产品、流程、管理模式、组织结构的不断创新，以及在全球化市场中保持竞争力，都是21世纪提升公司业绩的主要因素。在当前全球化环境中，高管们普遍认为创新是企业加速变革的最重要途径。公司创业是创新的过程，能帮助企业更好地进行市场竞争。高明的战略家正从传统的产品及服务业务创新转向流程、价值链、商业模式以及管理方面的创新。显然，在竞争环境下对于任何规模的公司，创业意识与行动都是必不可少的。[12]

公司创业理念

成功进行公司创业的企业会赋予员工一定的自主权，鼓励他们实现自己的想法。创业想法是能够培养的[13]，当高层管理者不赞同这一观点时，便不利于创新。没有精心组织的活动也很难实施创业。只有当员工的创造潜能被激发出来时，创新理念才会显现出来。以下是使公司具有创造力的五项关键举措：

1. 对创新设定清晰的目标。员工和管理层只有都认可目标，才能按照步骤去实现创新。
2. 建立一套反馈与正向强化机制。潜在的创新者应该知晓将会获得的认可及奖励。
3. 强调责任感。充满自信、值得信赖、富有责任心是创新活动成功的关键因素。
4. 对创意进行奖励。奖励机制需要保障和鼓励大胆创新，促使其最终获得成功。
5. 对失败不予惩罚。每个人都能够从失败中学习，不应对惩罚感到任何恐惧。

企业会形成一套自己的创新规则，回答以下问题将有助于我们思考这一过程：

● 企业是否鼓励创业？员工的创新想法是否会得到公司的认可？一些公司死板地规定员工要提出创新计划，而实际上创意是自己浮现出来的。

● 企业是否为创业人员提供相关支持与举措？公司创业的过程涉及人员的重新配置，也就是将创业人员从正在运作的业务或产品中抽调出来。通常，后来替换的人员不如原有项目人员。
- 员工能否以自己的方式工作？是否需要经常停下来解释他们的行为并请示意见？一些企业设定了复杂的多重批准机制，以致实施者与决策者总是无法达成一致。
- 企业是否提供非正式的快速通道尝试新想法？创新人员需要各种资源进行尝试及开发，有的公司允许员工自由支配一定的时间用于项目开发，同时提供一定的资金。有的公司将资源牢牢控制，没给创新以及突发事件留有余地，其结果当然是毫无创新而言。
- 对于那些不起眼甚至还在试验阶段的创新人员，企业是否具备有效管理的方法与措施？当下企业偏重于那些经过了调研且周密规划过的项目，以期获得成功。事实上，这种可能性是不存在的，更好的做法是进行多次尝试，不必对每个项目过于小心，前期准备也不用太过繁杂。
- 是否鼓励冒险，能否容忍失误？创新不可能没有风险与失误，成功的创业通常开始时总是不够顺利，且出现过失误。
- 员工是对创新感兴趣，还是更在乎自己的位置？由于创新的想法常常突破现有组织模式，过于在乎自己目前的位置会阻碍创新。
- 企业内部环境如何支持组建完整且自治的创业团队？充满责任感的小型创业团队可以顺利解决创业的大部分基本问题，但是一些公司依然坚持原有的组织形式。[14]

营造公司内部创新氛围的另一种方式是实施相关举措，表3—1所列内容可为企业提供可行的指导。

表3—1　　　　　　　　　　营造创新型环境的原则

1. 鼓励采取行动。
2. 尽可能地利用非正式会议。
3. 对失败有一定的容忍度，善于从中学习，吸取经验。
4. 始终坚持将创新想法与实践相结合。
5. 对创新进行奖励。
6. 合理规划企业布局，倡导非正式交流。
7. 对那些聪明且**不合常规**（bootlegging）的想法持欢迎态度，不管它们产生于工作时间还是工作外的时间。
8. 划分员工，以小组方式从事今后的项目。
9. 鼓励全体工作人员尽量不受僵化的制度以及繁文缛节的影响。
10. 对创新的工作人员给予奖励与晋升。

遵循以上原则，就可以在企业中创建一种促进并支持潜在创业的良好环境，形成有助于创新活动的公司价值观体系。

企业要想重塑价值观，加速创业进程，必须调整原有管理模式，包括团队文化、管理技术以及管理者与员工的价值观等方面。不断提高生产效率已不再是唯一的挑战，应建立具有全新价值观的企业文化。[15]官僚主义者、集权者必须学着与设计师、创新人员打交道，甚至做出一定的妥协。然而说来简单，实践中还会遇到各种问题需要我们认真对待。以下方法可帮助重新思考如何营造内部创业环境：（1）尽快识别出潜在的创新者；（2）领导层鼓励创新项目；（3）在战略活动中制定创新目标；（4）在实践中提升创业思维；（5）培育创新者与公司的协作关系。[16]

不断完善企业内部创业的想法，好处如下：第一，所形成的创业氛围有利于开发新产品、新服务，帮助企业壮大与发展。第二，形成团队，使公司保持竞争力。第三，在此环境下有助于企业成功，同时激励并吸引最优秀的人才。

公司创业与变革

公司创业，或称公司变革，近年来日益受到广泛关注，然而却只有少数人真正理解这一概念。大多数学者认为公司创业指的是以创新为目的，由企业批准且投入资源的创业活动。[17]其实，公司创业的核心在于激发组织内部的创业精神，营造创新氛围。

□ 公司创业的概念

过去30年，学者们对公司创业/公司创新的概念不断完善，其中一位学者认为公司创业含义广泛，包括新颖创意或行为的产生、发展与实施。创新可以是新产品、新服务、新的管理机制、新计划、新项目等。[18]因此，公司创业的核心是创建并提高其创新能力。

研究学者谢克·A·扎赫拉（Shaker A. Zahra）认为，"公司创业是通过正式或非正式活动在企业内部开发新产品、新流程以及新市场等，这些活动可以在整个企业、事业部、业务部门、项目小组进行，目标都是提高企业竞争地位与业绩水平。"[19]威廉·D·古斯（William D. Guth）和艾瑞·金斯伯格（Ari Ginsberg）指出，公司创业围绕两个主要方面：在现有组织中建立新业务以及通过调整战略实现组织转型。[20]

迈克尔·H·莫里斯、唐纳德·F·库拉特科以及杰弗里·G·卡文（Jeffrey G. Covin）引入公司新业务开发与战略创业概念来研究公司创业。**公司新业务开发**（corporate venturing）这种方式使企业增加新业务（或投资新业务的比例），通常有三种模式：内部新事业开发、合作型新事业开发以及外部新事业开发。**战略创业**（strategic entrepreneurship）是企业为获得竞争优势所采取的大规模的重要变革。战略创业有可能带来新业务，分别在公司战略、产品方案、目标市场、内部组织（结构、流程、能力）以及商业模式五个方面实现创新。[21]两种方式的具体内容如图3—1所示。

```
                        公司创业
                           │
          ┌────────────────┴────────────────┐
    公司新业务开发                      战略创业
    ·内部新事业开发                   ·战略更新
    ·合作型新事业开发                 ·持续再生
    ·外部新事业开发                   ·市场领域重新定位
                                      ·组织复兴
                                      ·商业模式重构
```

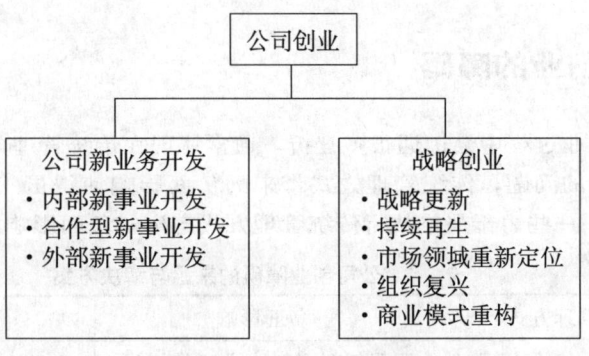

图 3—1 公司创业的范畴

资料来源：Michael H. Morris, Donald F. Kuratko, and Jeffrey G. Covin, *Corporate Entrepreneurship & Innovation*, 2nd ed. © 2008 South-Western, a part of Cengage Learning, Inc. Reproduced by permission. www.cengage.com/permissions.

在全面分析创业的基础上，本书将公司创业定义为：个人（或群体）与现有组织结合成立新组织或促使现有组织重建及创新的过程。根据这一定义，战略更新（企业主要战略或结构变化）、创新（向市场推广新产品）、公司新业务开发（努力在公司建立新的业务单元）都是公司创业过程中合理的重要组成部分。[22]

随着这一领域的发展，公司创业的战略研究也在不断向前推进。研究学者R·杜安·艾尔兰德（R. Duane Ireland）、杰弗里·G·卡文与唐纳德·F·库拉特科将公司创业战略定义为：“为了实现公司愿景，在企业内部通过创业活动有目的、持续性地为企业注入活力，利用创业机会重新规划经营方针。"[23]

公司创业的必要性

许多企业已意识到公司创业的必要性，一些主流媒体期刊如《商业周刊》、《财富》、《美国新闻与世界报道》倡导将创业思想注入大型企业机构中。实际上在很多热门管理书籍中，大量篇幅用于讨论公司创业。[24] 显然，商业公司、咨询顾问、专家们都意识到了公司创业这一必然趋势。

强大竞争对手不断涌现、传统管理手段失效、内部高端人才自行创业、国际化竞争、大公司裁员以及全面提升绩效等难题的出现，使得人们对公司创业的需要越来越强烈。[25]

这些难题中，排在首位的当属商界中普遍存在的竞争问题。当今高科技经济下涌现出大量竞争者，数量超出以往任何时候。与几十年前相比，变化、创新、改革已十分普遍，因此企业若不想被市场淘汰只能进行创新。

优秀人才辞职创业的比例在逐步上升，这主要由两方面原因导致。首先，创业不论是地位还是发展前景都有所提高，对年轻人或经验丰富的员工更具吸引力。其次，近年来，风险投资已发展成为一个巨大的产业，同以往相比可资助更多新创企业。天使投资（我们将在第8章详细介绍）的发展也为创业融资提供了良好的机会。良好的投资市场已帮助众多创业者实现了他们的想法。因此，创新型人才愿意离开大公司去开创自己的事业。

结果，企业只能寻求公司创业这一途径，而不能任其发展停滞、人才流失甚至衰败。新的"公司革命"正在呼唤那些企业内部的创业者。

公司创业的障碍

公司创业过程中会遭遇很多挫折，通常体现在传统管理方式无法推动创新上。这并非管理者的问题，传统管理方式带来的负面影响使得员工无法从事创新活动。表3—2列举了一些由于严格执行传统管理方式产生的负面影响以及改进的建议。

表3—2　　　　　　　　　　　公司创业障碍的来源与解决方案

传统管理方式	负面影响	推荐的建议
推行标准化流程以避免出错	阻碍创新型解决方案的提出，资金使用不当	仅制定基本原则
将资源用于提高效率和投资回报	丧失竞争力，降低市场开拓能力	转移管理重心（如市场份额）

续前表

传统管理方式	负面影响	推荐的建议
根据计划实施控制	事实被忽略，假设取代事实	调整计划将新情况反映出来
制定长期计划	目标不切实际，失败代价高	制定切合实际的目标，设置关键事件予以评估
职能化管理	创业者失败或公司失败	加强创业管理，提高多方面的技能
通过基础业务规避风险	错失良机	循序渐进，增强实力
不惜一切代价保护主营业务	当主营业务受到威胁时公司面临倒闭的危险	合理确定主营业务，承担适当风险
依靠经验做决策	错误的竞争及市场决策	利用学习型战略，验证假设
薪酬固定，不灵活	缺乏积极性，效率低下	平衡风险与回报，采用相应奖励机制
晋升与大家相处融洽的员工	创新人才流失	接收掌舵者与实干家

资料来源：Reprinted by permission of the publisher from Hollister B. Sykes and Zenas Block, "Corporate Venturing Obstacles: Sources and Solutions," *Journal of Business Venturing* (Winter 1989): 161. Copyright © 1989 by Elsevier Science Publishing Co., Inc.

了解这些障碍对于开展公司创业是很关键的，其他更有针对性的措施应在解决障碍的基础上实施。为了获得支持同时激发创新，管理者应克服障碍，寻求适当的管理方式。[26]

此外，管理者还需借鉴成功创业公司的管理经验。创新领域的专家詹姆斯·布莱恩·奎因（James Brian Quinn）发现成功创业的大公司具有如下特征：

- 氛围与愿景。公司对创新氛围有清晰的认识，并能共同营造这种氛围。
- 市场导向。将愿景与市场紧密结合。
- 组织结构精简扁平化。大部分创新型公司采用扁平化组织以及小型项目团队模式。
- 方法多样化。富于创新的管理者综合考虑多个相关项目。
- 交互式学习。创新环境下通过**交互式学习**（interactive learning）研究新创意要比传统模式更为便捷。
- 臭鼬工厂。**臭鼬工厂**（Skunk Works）指工作之余以小组形式开发创意，每项新业务启用不受传统管理束缚的团队模式，这种模式避免了官僚作风，更加人性化，能灵活有效地使团队成员发挥创造力，保持个性与忠诚。[27]

创业历程

未来工程事业部：宝洁的创业动力

宝洁公司是众所周知的大型消费品公司，旗下有300多个品牌，年销售收入达800亿美元，在全球80多个国家拥有13万名员工。这样的规模下，宝洁仍坚持公司创业，每年研发投入近20亿美元，在消费者研究上投入4亿美元，在100多个国家进行2万多次研究。为什么宝洁如此重视内部创新？公司首席执行官麦睿博（Bob McDonald)认为,促销活动的策划可以使企业平稳度过一个季度,而创新则可支撑企业未来几十年的发展。

多年的投资与实践使宝洁意识到公司创业最好通过分散的创新事业部来运作。在这种结构中,高层管理者仅对创新过程的重要事件进行管理,其他任务则由创新事业部的成员竭尽全力完成,以尽快将创新推向市场。

迄今为止,宝洁创建的一个最成功的创新事业部叫做未来工程(FutureWorks)。这是在宝洁集团内部设立的创新业务部门,由公司创新基金会(CIF)统筹管理。该事业部在创新、培育、转换全新商业模式、增加新品类、创新服务体验、利用颠覆式创新等方面进行创造性结合。未来工程事业部灵活且多样化地与宝洁领导团队及其战略目标紧密联系。

利用开放式创新可为公司搜罗外部创意与解决方案,因此未来工程事业部下设联系与发展部门负责与外部有效沟通。事业部的任务是寻找合作伙伴,挖掘出外部环境中的潜在创新。过去可利用多年的创新技术在当前最多只能维持18个月。通过与外部伙伴合作,宝洁不断将自己的战略核心单元拓展到新渠道、新领域,包括特许经营、保健、信息服务、突破性技术以及新兴市场。

未来工程事业部最擅长的便是塑造新品牌(如佳洁士、金霸王、汰渍、帮宝适、宜敏纸巾、吉列以及品客薯片等)以及新的商业模式,如已投入运营的 Mr. Clean 连锁洗车店、汰渍干洗店等。降低成本、提高效率、具有速度优势、促进产业发展的方式都是可行的。最后,利用基于各种信息之上的新创意,服务于消费者及零售商,为他们提供特有的资料。

此外,宝洁还设立公司创新基金为公司创业提供财务支持,进行破坏性创新以及设立新业务单元(佳洁士深层美白牙贴的开发便是由此项基金赞助的)。

副总裁兼首席创新官内森·施特鲁斯(Nathan Estruth)称宝洁的团队以及文化中充满了新奇,对工作谦逊且激情澎湃,不断探寻未知,勇于发起挑战。未来工程事业部的价值在于将新业务以最优模式、更高效率实现,不断刷新宝洁的业绩。宝洁公司正在以创新突破的方式打造自己的未来工程。

资料来源:Adapted from numerous sources including: P&G website for FutureWorks, http://futureworks.pg.com, accessed Feb. 1, 2012; Burce Brown & Scott D. Anthony, "How P&G Tripled its Innovation Success Rate," *Harvard Business Review*, June 2011; and personal visit to FutureWorks with interview with Nathan Estruth, July 2011.

公司创业战略

如前所述,公司创业战略是"为了实现公司愿景,在企业内部通过创业活动有目的、持续性地为企业注入活力,利用创业机会重新规划经营"。公司创业战略都应该是延续性的、完整的,只是在程度上有所不同。

图3—2是研究学者杰弗里·G·卡文、R·杜安·艾尔兰德以及唐纳德·F·库拉特科设计的模型,它向我们展示了公司创业战略如何通过三个方面体现出来:创业战略愿景、专业创业组织结构、跨组织的创业过程与活动。[28]模型还涉及以下具体因素:(1)成员的创业认知;(2)引发创业活动的外部环境因素;(3)高管层的公司创

业战略愿景；（4）促进创业的组织机构；（5）创业活动影响到的创业过程；（6）创业带来的结果。

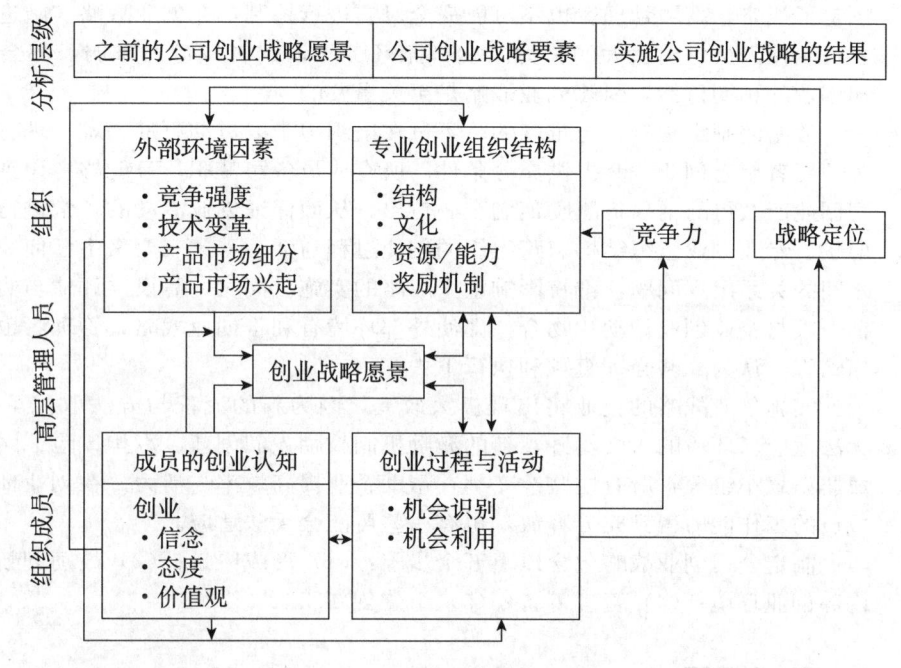

图3—2　公司创业战略整合模型

资料来源：R. Duane Ireland, Jeffrey G. Covin, and Donald F. Kuratko, "Conceptualizing Corporate Entrepreneurship Strategy," *Entrepreneurship Theory and Practice* 33, no. 1 (2009): 24.

从模型中我们可以看出，创业认知以及外部环境因素是启动公司创业战略的原动力，分析结果则有助于做出决策：是继续执行战略、调整战略，还是进行根本性变革。战略通过三要素体现：创业战略愿景、专业创业组织结构、跨组织的创业过程与活动。当企业想要获取某种资源时可以通过自主选择迅速实现，而公司创业战略却无法这样简单形成，它不仅包括一个决策、一项活动，或者某一事件。战略的形成需要领导者将创业战略愿景与公司创业活动结合起来，此外还需要合理的组织结构来支持。创业战略通过打破现有束缚、聚焦创业潜能使公司持续改进，此外创业活动应保持连贯性和规律性，企业必须鼓励这样的创新行为。很多公司在战略形成前便开始着手规划创业活动的方式，其实这只是创业程度不同而已。保持连贯性应避免呆板与混乱、抑制或无法识别真正的创新。查尔斯·巴富乐（Charles Baden-Fuller）与亨克·傅博达（Henk Volberda）认为：

在复杂企业中，持续更新意味着不断解决问题，同时又不断出现问题。这种说法存在误导。大量变革会导致混乱、丧失文化凝聚力，甚至组织衰败。暂时性的混乱是可以克服的，若长此以往必然使企业走向衰亡。[29]

凯瑟琳·艾森哈特（Kathleen Eisenhardt）、肖娜·布朗（Shona Brown）以及海蒂·尼克（Heidi Neck）在他们的研究"创业边缘的竞争"中发现，拥有创业战略的企业不断进行创新。这些企业最后关头会在开发现有创业机会与寻找未来机会中做出明智抉择。它们的战略以及组织结构虽然不太清晰，却能智慧地识别出潜在的威胁，从而避免衰亡。[30]

因此，公司创业战略必须深深扎根于企业中。高层管理者也逐渐意识到，应依照竞争格局设定创业的相关规定。忽略哪怕最细微的部分都可能导致失败。况且，即使制定了战略，高层管理者也不可能完全对它进行控制，在创业战略实施进程中，需要各级工作人员付出巨大的努力。[31]内部某环节失误或者执行力减弱，都会影响整个公司创业的预期目标，因此创业战略是至关重要的。

战略的制定是有一定难度的，不过在组织中予以贯彻更加困难。现有外部环境可为领导者制定创业战略提供充分条件。所有成员各司其职，且能够意识到自身以及公司创业所获得的结果将激励他们全心付出，从而保证创业活动的正常进行。创业战略愿景、专业创业组织结构、跨组织的创业过程与活动，这三要素中任何一个或者它们之间的关系出现问题，都将影响整个战略的实施。同时，需设立评估与奖励机制，保证个人与企业创业行动相吻合。即使外部环境有利于创业战略，管理者也不应抱有任何幻想，认为战略会一直顺利执行下去。

实施创业战略的企业将出现极大改变，因为新的流程与方法取代了传统模式。[32]无法适应新环境的人会离开，新的激励机制鼓励人们创新、承担风险、团队合作、组成非正式小组等，所有这些改变都在帮助企业提高效率与活力。在创业环境下，一些成员的工作能力得到充分释放，也有一些可能会无法适应。

制定公司创业战略包含以下五个步骤：（1）形成愿景；（2）鼓励创新；（3）构建内部创业环境；（4）管理筹备；（5）组建创新团队。

□ 形成愿景

制定公司创业战略首先应形成共同创业愿景，这同样也是领导层想实现的目标[33]，需由他们清晰准确地加以传达，具体的目标则由管理者以及员工共同制定。公司创业依靠内部员工的创造能力，大家必须了解并认同这一愿景。共同的愿景是战略成功的关键（见图3—3），员工需要明确创业战略以及如何完成战略所规定的详细目标。研究学者罗莎贝斯·莫斯·坎特（Rosabeth Moss Kanter）归纳了公司创业的三个主要目标以及相应的过程，如表3—3所示。

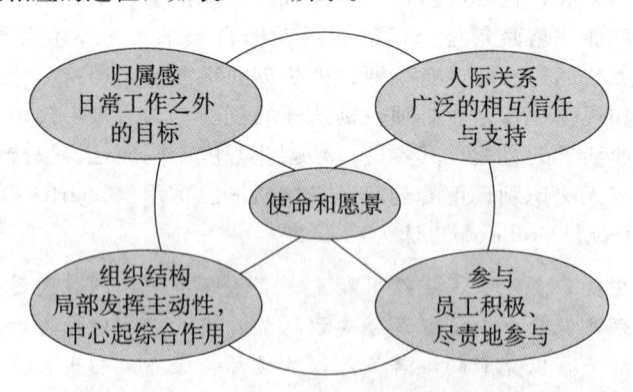

图3—3 共同的愿景

资料来源：Jon Arild Johannessen, "A Systematic Approach to the Problem of Rooting a Vision in the Basic Components of an Organization," *Entrepreneurship, Innovation, and Change* (March 1994): 47. Reprinted with permission from Plenum Publishing Corporation.

表 3—3　　　　　　　　　　　　　公司创业的目标与过程

目标	过程
确保目前的体系、结构、活动不会制约创新的灵活性与时效性	减少不必要的官僚制度，鼓励跨部门、跨职能的沟通
为公司创业提供激励与便利	启动内部"风险资金"灵活对项目进行预算（也称内部资金，专门用于公司创业活动）；允许项目自由支配时间（不合常规的时间）
不同业务间相互协作，在新业务组合中发现机会	鼓励公司之间、部门之间联合创业项目。支持员工相互探讨，使用头脑风暴构思新创意

资料来源：Adapted by permission of the publisher from Rosabeth Moss Kanter, "Supporting Innovation and Venture Development in Established Companies," *Journal of Business Venturing*（Winter 1985）：56-59. Copyright © 1985 by Elsevier Science Publishing Co., Inc.

☐ 鼓励创新

第 5 章我们将谈到，创新是创业者的工具。企业必须认识并开展创新，将其列为战略中的关键要素。很多学者都在研究创新对于企业的重要性。[34]

一些学者认为创新既无序又缺乏计划性[35]，也有学者认为创新是一门系统性很强的学科。[36]两种观点都可能是正确的，这取决于创新的本质。一种理解方式将创新分为突破性创新和渐进性创新。[37]

突破性创新（radical innovation）是取得根本性突破，如虚拟社交网络、智能手机、云存储、在线约会、绿色科技等。这些创新经过试验与决策，虽然不一定通过管理环节，但经历了识别与培养阶段。

渐进性创新（incremental innovation）是指对一项产品或服务进行系统的更新，从而不断进行市场扩张。例如微波炉爆米花、包装用聚苯乙烯（取代原来的聚苯乙烯泡沫塑料）、冰冻酸奶等。通常渐进性创新发生在突破性创新之后。组织结构、营销、财务、规范的公司体系有助于渐进性创新。据说在一家公司，员工可以进行 1 000 次渐进性创新，每次提高 1%，却很少遇到效率提升 10 倍的突破性创新。

以上两种创新都需要远见与支持（见表 3—4）。此外，他们都需要**斗士**（champion）——具有远见并有能力和大家分享的人。[38]最后，两种创新都需要企业高层管理人员激发和培养员工的创新和开展公司创业，这称为**高层管理支持**（top management support）。[39]

表 3—4　　　　　　　　　　　开发突破性创新与渐进性创新

突破性创新	渐进性创新
遇到困难与挑战激励创新	设置子目标及完成期限
必要时取消资金与时间限制	通过竞争压力激励创新
开展技术培训，直接面向顾客	开展技术培训，直接面向顾客
提倡技术共享与头脑风暴	重要管理人员与全体营销人员每周召开例会
人文关怀——建立相互信任关系	更多的授权
重视外部评价	为规定时间内完成目标设置明确的奖励
给予灵活便捷的资金用于把握机会	
给予创新项目自主权和资金	

资料来源：Adapted from Harry S. Dent, Jr., "Growth through New Product Development," *Small Business Reports*（November 1990）：36.

支持创新不仅要容忍失败的发生,还要从失败中吸取教训。例如 3M 公司创始人之一弗朗西斯·G·奥克（Francis G. Oakie）曾有一个用砂纸取代刀片的想法,他认为可以在脸上用砂纸剃须而不是锋利的刀片。发现想法行不通后,创意宣告失败。但他并没有放弃,直到成功开发出可用于汽车行业的防水砂纸。

从此 3M 的经营理念诞生了：创新是个数字游戏,创意越多,成功的机会就越多。也就是说,创新不能畏惧失败。这种理念使 3M 公司受益良多,抗静电录像带、透明牙托、膝盖手术用的人造韧带、施工标志用的重型反射护墙板、众所周知的即时贴等都是 3M 公司开发出的伟大创新产品。该公司目前已拥有 6 万种产品。[40]

今天,3M 公司实施一系列支持创新的制度鼓励员工开发新创意,主要做法包括：

- 不轻易否定任何一个项目。如果某个新想法在 3M 公司内找不到合适的部门开发,该员工可利用 15% 的工作时间去验证其是否值得投入生产。对于需要启动资金的员工,每年会有多达 90 个创业种子基金（genesis grants）为他们提供 5 万美元的财务支持。
- 容忍失败。鼓励大量试验,承担相应风险,只有这样才能创造出过硬的产品。3M 公司的目标是部门销售额的 25% 必须由 5 年内的新产品贡献,有时会提高到 30%。
- 保持小型部门规模。部门管理者必须知道每位员工的名字,当部门人员队伍过于庞大、销售额达到 2.5 亿~3 亿美元时,部门将被再次划分。
- 激励斗士。当 3M 公司的员工拥有一个新创意时,他们可以自己招募团队去开发,薪酬和晋升将与这一新产品的开发进展联系在一起。斗士有机会领导自己的产品团队或部门。
- 紧密联系顾客。研发人员、营销人员以及管理者将走访顾客,定期邀请他们为产品创意提供意见。
- 资源共享。开发成果属于 3M 公司的每位员工。[41]

☐ 构建内部创业环境

企业找到创新动力时,高层管理者最重要的一项任务是增加投入以营造创新环境,这非常有助于创新与创业行动的开展。在此条件下,每位员工都有机会施展自己的才能,以便大有作为。工作人员首先会对环境做简单评估,然后主动发挥出创业潜能。内部创业的条件会影响开展创新活动的感知成本、风险收益、对现有行为的冲击、在不成熟想法上的投入情况、被否定时的坚持程度以及忍受不确定性及压力的程度。因此,当所有员工的潜能均被激发和重视时,有把握的创新才会出现,并为大家所共享。管理的挑战在于将工作区域转变为内部友好型创新的场所。

接下来便是制定创新战略,激发员工成为公司开拓者。他们是创新的主体,企业应提供有力的支持,推动信息共享,创造有利环境使创新人才发挥出所有潜能。[42]工作人员对创新环境的感知与认可非常关键,管理层的参与对员工以及创新项目都是非常重要的。

管理者应分析企业所营造的内部创业氛围、以何种方式支持创业以及管理者对此如何感知。总结企业创新进展时,需明确组织结构、控制系统、人力资源管理系统以及企业文化等方面对创业的决定性作用,考察这些因素是否有利于公司成功创业。

企业可使用**公司创业评估工具**（corporate entrepreneurship assessment instrument，CEAI）对创业环境进行分析。它由唐纳德·F·库拉特科和杰弗里·S·霍恩斯比（Jeffrey S. Hornsby）两位学者开发，利用心理测试的方法评价内部创业环境的关键因素。[43]通过对CEAI反馈的统计分析，他们得出五个关键影响因素。每一项我们都进行了详细的阐述，可在管理过程中加以控制。

管理支持

激励员工创新，使他们认同创新是工作职责的一部分。管理支持包括迅速采纳员工的创意、认可创意人才、支持实验中的项目以及提供启动资金等。

自治/工作自主

员工有一定自主权，可自行决定采用何种方式提高效率。在工作流程方面应给予他们适当的决策权，创新失败时应避免遭受指责。

奖励/强化

奖励与强化有助于提高员工参与创新的积极性。企业应根据绩效、难度、责任等因素提供相应奖励，让其他员工一起分享该项创新。

可支配的时间

创新需要时间的投入，企业应安排适当的工作量，为员工完成工作留有余地，对于长期项目提倡合作精神。

组织边界

组织边界不管是否真实存在，都妨碍人们看待问题的视角。企业应鼓励员工以开阔的思维去思考，同时避免采取标准化的工作流程、简单的岗位职责描述、僵化的绩效考核指标进行管理。[44]

CEAI统计结果表明了企业实施公司创业战略时应注意的环境因素[45]，这些因素以及之前提到的研究成果是营造创业环境的基础和重要途径。

利用CEAI可帮助企业通过调整五种内在因素改善创业环境，将工作重点集中在那些不符合要求的因素上，从而促进创新，最终实现创业成功。借助这项工具我们可以进一步分析创业成功的可能性，这对企业是非常有利的。CEAI的要素是我们设计与开发的核心部分。此外，CEAI还可作为企业评估指标来考察创业与创新方面的培训需求。培训需求的确定可以为提升管理者技能、应对挑战做好准备，从而更好地为创业提供有力支持。

维杰·萨思（Vijay Sathe）提出，即将开展内部创业的企业必须关注几个方面：首先是鼓励但不强制要求进行创业活动，可通过奖金及表扬的方式，而非通过制度及严苛的程序加以限制。与传统相比，这其实是更加有力的内部控制以及引导的方式。

其次是善用合理的人力资源管理。管理者在职时间越长，对所属行业以及所在部门了解得越多。针对很多公司的管理层轮岗制度，萨思认为应当"有选择性地轮岗"，在相关部门间进行。这样便于他们积累足够的知识开发新业务。

再次是对创业应持续投入，等待合适机会的出现。失败总是不可避免的，应从中吸取教训，因此持之以恒是公司创业的关键。

最后是相信员工，而不是分析数据。尽管理性的分析对于评估项目非常重要，但这只是辅助方式，只能为决策提供参考。这样可以帮助创新者纠正错误、验证自己的想法、形成自己的主观判断。[46]

此外，关于创业的奖励方式，学者们众说纷纭。[47]有些人认为让创新者直接负责新业务的开发是对他最好的奖励，也有些人认为应留给创新者更多的时间来开创下一个项目，还有人提议设立专项资金，也称**内部资金**（intracapital），以便投资研发新项目。

通过以上的环境因素分析，我们不难看出创业的实施与成功都会造成企业组织结构的变革，包括人员结构、公司目标、现有需求等。总之，鼓励创新就是要减少控制、调整传统官僚结构（见表3—5）。

表3—5　　　　　　　　　　　　公司内部创新者的自我要求

1. 每日辛勤工作，具有创新意愿。
2. 避开限制创新的官僚制度。
3. 不局限在自己的工作职责范围内——做有助于自己创新的工作。
4. 组建有激情的创业团队。
5. 利用业余时间"地下"创新，直到公开提交企业那一刻。
6. 寻找一位信任你和你的创意，且会资助你创新的领导。
7. 犯错误时应寻求原谅。
8. 为实现创新目标，寻找现实可行的方法。
9. 与团队成员共享荣誉。
10. 通过完备的商业计划书展示自己的远见。

当组织对创新行为进行肯定、广泛宣扬以及普遍接受时，管理者与各级员工最有可能开展创业活动。他们根据所感知到的企业资源、机会、困难对创业进行评估。所处环境有利于创业时，管理者将不断捍卫、建设友好型创业环境。

□ 控制与自治

公司创业依靠的是创新型人才，因此应营造出一种环境使他们把握有利机会专心创业，冲破现有资源的束缚。请记住：缺乏合理的控制机制，创新活动将混乱无章。虽然出现可能获利的商机，却不会使企业获得满意的创业效果。[48]因此应根据实际情况，有效利用控制机制合理调整创新影响因素，引导创业行为。[49]

许多专家强调取消对创业行为的约束，让员工自由地发挥创业潜能，从过分关注机会转向兴趣与创新，这离不开企业的鼓励、引导以及适当的限制与否定。要知道并非所有创业行为都对企业有利。公司创业领域的一些观点认为至少这些行为的初衷是正确的，这其实是一种危险的误导。唐纳德·F·库拉特科和迈克尔·G·戈尔兹比发现，鼓励公司内部创新常会导致效率降低及员工的欺骗行为。[50]因此根据组织情况进行权衡，设计开发有助于内部创新的组织系统是至关重要的。高层管理者的任务绝非简单建立起一个环境，其真正目标应有利于创新，而非设计开发一套辅助性的促进与控制机制，这样公司内部的创新潜能才会被激发出来，不断实现突破。

一定程度的控制与提倡创新并不对立。企业控制与创业成功无法共存，这样的观点是不成熟的。管理者应认识到创新也是经得起推敲、接受监督的过程。创业成功需要有创新驱动力的管理者深刻理解其内涵并细致周到地营造适宜的环境。可利用的方法、流程及知识有很多，创业成功并不是因为打破规则及流程，而是合理地对其进行利用，意识到这一点是非常明智的。[51]

☐ 为失败做好准备

在失败中学习是创业企业的一项原则。然而对于个人来说，应对失败却不那么简单。迪安·A·谢菲尔德、杰弗里·G·卡文以及唐纳德·F·库拉特科在著作中论述了管理因项目失败导致的悲痛情绪的重要性。悲痛是因重大损失产生的消极情绪，可在行为、心理以及生理上造成严重影响。因此在创业过程中处理好这种情绪尤为关键。通常投入的精力越多，失败时遭受悲痛的程度越深。

企业的日常工作及规定可能会影响项目失败后悲痛的恢复。企业的信息交流系统可帮助排解负面情绪、从失败项目中吸取教训并得到激励。创新的失败也在考验企业管理系统以及管理者应对失败的技能，为创新单元提供相应支持既可以帮助他们走出悲痛，又能让他们更好地管理自我。

☐ 管理筹备

高层领导者应使员工深入理解创新的流程。即使内部工作环境支持创新活动，高层管理者也应考虑创业行为是否被全体员工理解并认同。对于那些即将启动的创业行动，关键决策的制定者必须阐释其意义与方向。

是否了解与支持内部创新流程不是由机会决定的，经验表明领导者需要进行规划，使人们获得对创业的认知，理解创业行动的价值。这是成功创业的基础。

规划筹备的方式通常是在工作环境下进行创业培训。这里我们并不详细介绍具体的培训内容，仅列出简要框架以说明培训的大体思路。良好的培训可唤起公司创业意识，公司创业培训计划包括六部分[52]，每一部分都包含如何使员工结合自己的工作开拓创新。

1. 创业历程。充满激情地回顾创业历程，通过介绍30年来整个世界发生的创业革命，使参与者意识到正在面临的挑战，以及组织创新的必要性。

2. 创新思维。传统企业缺乏创新思维，首先介绍人们的错误理解，分析抑制创新的因素，在归纳创新方式后，管理者可通过小游戏来鼓励大家进行创造性思考。

3. 创意催化过程。管理者提出几个可能开发的创新项目，然后针对企业情况进行分析，如不利的组织结构、激励机制等方面，最后决定投入所需资源开发哪些创新项目。

4. 创造性思维的阻力与动力。对创业行为可能遇到的最普遍障碍进行回顾和讨论，通过几项练习为大家应对创业阻力提供思路。此外可以通过视频案例介绍成功者如何解决内部创业所遇到的困难。

5. 创新团队。通过回顾创新，提出创新团队的概念。创始人基于当时的创业想法创建管理团队发展至今，这本身就是个很好的案例。同时还应保持团队活力。

6. 创新行动计划。介绍内部创新行动的有利条件及可能遇到的障碍，然后团队可以开始着手制定行动计划，包括设定目标、实现途径以及评估方式等。

这种安排应持续进行。随着外部环境中创新机会的出现，内部工作环境应随之变化，而且新员工的加盟更加有利于创新活动吸纳新成员，共同实现内部创新。从这种意义上说，想要成功实现公司创业必须首先进行创新性的改变，从而适应企业外部与内部的环境变化。

☐ 组建创新团队

创新团队和他们的创新潜力被视为21世纪生产力的新突破，人们都认同这一点。创业企业将这场变化定义为一次"变革"或"革新"。这种新型工作团队是企业新战略的产物，通常创新团队都具有自主发展、自主管理、追求高效的特征。[53]

通过分析创业企业的发展，罗伯特·里奇（Robert Reich）发现，思考创业不仅仅是企业创始人或高层管理者的职责，整个公司都应具备创业思维，大家应不断进行尝试与开发，集思广益寻找新方法。里奇将**集体创业**（collective entrepreneurship）定义为：

> 集体创业是将成员的个人技能整合在一起，凭借整合后的能力进行创新，其结果通常会超越个体创新的总和。经过一段时间，随着成员不断解决各种问题，他们会从中相互学习。他们学会如何协助他人出色地完成工作、每个人在项目中如何分工以及如何借鉴其他人的优势。每个成员通过细节的不断完善使整个项目加快速度和顺利完成。这些小规模团队的发展会带动整个企业，最终推动企业向前发展。[54]

在里奇的集体创业理论中，创新团队使个人才能得到充分施展。

创新团队（innovation team，I-Team）由两名以上成员组成，共同行使团队拥有权。[55]团队是半自治型的，拥有单独的预算，一位领导者根据董事会的意见自主决策。这位领导者也称为"创新斗士"或者"公司创业者"。创新团队独立于其他部门，特别是日常运营部门。这样会避免团队陷入阻碍创新的事务中。如果创新成功，公司将一视同仁地对待新产品与其他产品，将前者整合进更大的部门。[56]

许多情况下，创新团队在大公司中以小公司的模式运作，集中精力进行创新设计（如组织结构与流程方面）。信诺公司（Signode）便是一个很好的创新团队的成功案例。

创业实践

一个永恒的教训：信诺公司的创新团队

罗伯特·F·赫廷格（Robert F. Hettinger）是信诺公司一位新业务管理者，微笑着讲述了公司开发主管杰克·坎贝尔（Jack Campbell）提出的战略。"他坚信，"赫廷格说，"为了找到青蛙王子，你不得不去吻许多青蛙。大部分未开发的创意都不会受到青睐——你必须把它们打造成有价值的创意，这才是成功的开始。"

信诺公司是一家年创造7.5亿美元产值的制造商，生产塑料及钢带用于包装设备。公司希望策划新的发展方向，争取在1990年年产值升至10亿美元。为了达到目标，信诺公司在1983年开始制定扩张战略：开发企业新的业务支撑点。公司组建了一支创新团队，在公司擅长的业务领域寻找核心业务以外的市场。

在启动第一支创新团队之前，信诺公司高层管理人员确定了公司的全球业务能力和可能开发新产品线的领域：储运；包装；用于非包装的固定、连接塑料，以及产品鉴定和控制系统。创新团队预计每个新的机会在5年内都会收入5 000万美元。此外，每一项新业务也要依赖信诺公司的现有优势：行业客户基础和市场营销专家；销售系统和服务实力；坚强的技术后盾；钢铁和塑料的加工技术；机器设备和设计能力；生产力和配送诀窍等。

行业的标准做法是仅进行企业对企业的销售，信诺公司也不愿直接面向零售商或顾客。公司必须具备新业务需要的基础技术，而且还要有很大的把握获取主要的市场份额。同时，新业务的初始投资至少要3 000万美元。

基于以上考虑，信诺公司开始成立创新团队，进行公司创业。挑选第一批团队成员花了三个月的时间。最初的六个团队具有三个共同的特点：拥有很强的风险承担能力、创造力以及处理不确定问题的能力。所有成员都具有全面的知识技能，并且都是自愿参加的。他们把全部精力都投入到全新的客户产品包装业务上。团队成员具有各种工作背景，包括工程设计、市场营销、销售以及产品研发。他们在距离公司总部5英里的地方租下办公室。"把他们放到公司外面去是为了营造创业环境。"赫廷格回忆道。

第一支创新团队建议公司生产盛放冰冻食品的塑料盘子，在普通的炉子或微波炉里都能使用。他们写了一份完整的商业计划书，预计这种商品在5年内可能创收5 000万美元以上。

信诺公司在1983年10月至1986年4月期间共成立了六个创新团队。所有自愿参加团队的人员都经过了严格的选拔过程。其中有些人员是从运营部门借调出来的，在完成了团队的工作后，他们可以回到原来的部门工作，也可以在新成立的业务部门任职，还可以选择开发其他新的创意。

在赫廷格看来，创新团队重新燃起了员工的热情，提升了整个公司的士气。无一例外，创新团队的成员都对公司作出了更大贡献。最重要的是，对那些愿意去创造自己的未来而不是坐享其成的人来说，这种组建创新团队的方式已成为一种成功的战略。

资料来源：Mark Frohman and Perry Pascarella, "Achieving Purpose-Driven Innovation," *Industry Week*（March 19 1990）：20-26；and personal interview, 2005.

尽管企业的创新战略各有不同，但都遵循相似的模式以创新、灵活的管理方法积极寻求改变。

公司创业战略的持续

在公司创业成为董事会上高管们畅谈的普遍话题，管理者跃跃欲试、成功企业创业案例带给他们激动的同时，潜在的危险也显露出来。他们被创意想法深深吸引，却并没有真正懂得创新的真正价值，这才是企业为建立持续竞争优势进行战略变革的原因所在。

研究认为，各级管理者的战略角色对企业成功都是非常重要的。不论高层、中层还是一线管理者，他们只是各自的职责分工不同。高层管理者负责各项管理活动的批准、认可、引领。[57]唐纳德·F·库拉特科、R·杜安·艾尔兰德、杰弗里·G·卡文以及杰弗里·S·霍恩斯比认为中层管理者负责认同、提炼、把握创业机会，获取并合理配置资源。一线管理者通过实践为员工分配职责并做出相应调整，统一进行调度与管理。

公司创业战略具有层次性，应在不同层次将创业活动进行整合。

高层管理者通过与其他层级呼应，在创建新事业部或者对现有部门进行改革方面作出决策。企业根据所面临的机会与威胁进行创业，更加有效地与外部环境呼应。中层管理者应针对创业机会提出建议并阐述理由，是利用创业机会开展新业务还是提升现有业务的竞争力，中层管理者应对此提出建议并做出解释。而一线管理者应发挥他们的实践作用来推动创新。先前研究还着重强调了每个层级的管理者在创业行动中萌生的新创意，特别是一线管理者和中层管理者。因此，所有管理者应联合起来一起投入到公司创业中。[58]

持续性开展公司创业既要求个体成员坚持不懈地开展创新活动，也要求行政管理者对创业活动有积极认知，两者交互才能推动企业的发展。图3—4说明了企业及个人对创业的感知及实际结果对持续创业的重要作用。[59]

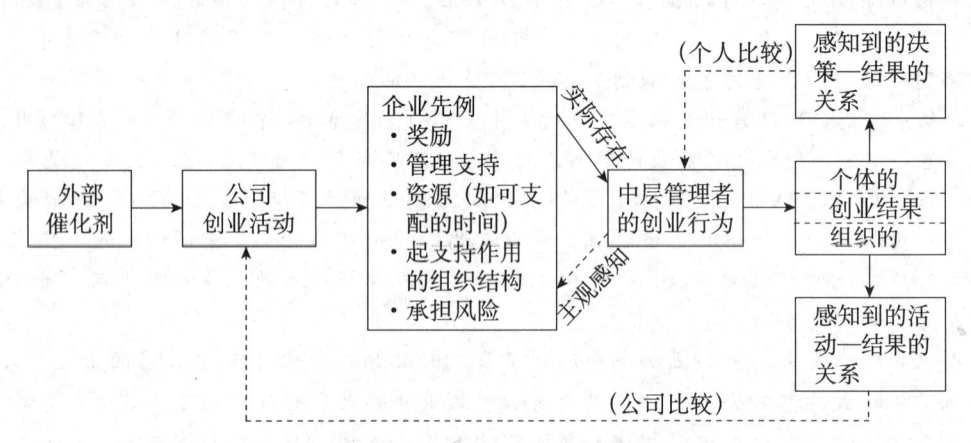

图3—4 持续性公司创业模型

资料来源：Donald F. Kuratko, Jeffrey S. Hornsby, and Michael G. Goldsby, "Sustaining Corporate Entrepreneurship: Modeling Perceived Implementation and Outcome Comparisons at Organizational and Individual Levels," *International Journal of Entrepreneurship and Innovation* 5, no. 2 (May 2004): 79.

模型的第一部分以战略及创业研究为理论基础，第二部分是个人及公司基于创业结果的比较，既有感知到的也有实际发生的，比较的结果影响了企业创新活动的继续进行。

首先是契机的出现（导致发生改变的内外部因素），引发对于战略调整或变革的需要，企业由此开展创业活动。战略方向的调整也激励着个人的创新行为。企业实际状况影响持续创新活动，同时不断推进企业在高层管理者支持、自治制度、奖励机制、资源以及灵活的组织边界等方面进行调整。个人及企业分别将创业活动的结果与之前的期望进行对比，他们对结果的感知是类似的。若企业对比较结果感到满意则创业活动继续进行，个人也如此。因此，绩效结果的满意度可作为一个反馈机制，以便制定下一步的战略决策，即战略持续还是战略调整。创业所带来的结果必须使成员满意，因为他们是战略变革的主体。不管是个体行为变化在先还是企业战略变化在先，模型显示两者都对成功变革发挥着一定的作用。

创业历程

公司内部的创业者

人们重视公司创业是因为其所追求的新创意有利于企业的所有成员，一些年轻的管理者在传统的企业框架中，正以创业者的姿态创造性地解决问题。

马修·祖比勒（Matthew Zubiller）是麦克森制药公司（McKesson Corporation）的战略家，在公司创业尚未流行的环境下便开创了高科技保健业务。利用企业保健信息技术，祖比勒开发了高级诊断管理系统，向医生提供高科技工具用于遗传检测。在大公司官僚体制下，他不得不克服很多管理上的困难，例如像"这不在我们的预算之内"或者"那个创意有点荒唐"等回绝。为了获得公司支持，他创建了高层管理者的影子董事会（shadow board），为创新项目提供意见，并提供500万美元资金做支持。祖比勒努力的最终结果便是成为该公司的副总裁。

克瑞·里德（Kori Reed）是康尼格拉食品公司（ConAgra）的公关经理、饥饿儿童方面的专家。里德认为若开发针对饥饿儿童的产品，公司将因此受益。她通过自己的知识和兴趣发现了一个机会，由于在食品生产公司工作，她了解到大量食品过剩的事实，同时获悉大量饥饿且营养不良的儿童的存在，这三者之间的不协调等待她来解决。因此，她带着公司领导走进咨询委员会，使摆脱饥饿成为公司营销的基础。里德说服高层管理者：自己有能力做公司的副总裁，最后她如愿以偿。

帕姆·罗格斯·克莱恩（Pam Rogers Klyn）是惠而浦公司的产品经理，致力于成本控制。她没有采取成立专项团队负责成本管理的做法，而是在整个公司内部提倡节约，呼吁大家从节省用电等小事做起，并将成本目标与年终分红挂钩。设计并实施这一想法时，她与首席执行官多次沟通，使他对自己充分信任。结果，惠而浦北美事业部一年就节约超过8.5亿美元。

这些人的显著共同点在于他们都得到了高层管理者的认可与参与。每个案例中，他们都挑选到目标一致的合作伙伴，共同为取得的进展而激动。成功的公司创业需要高层管理者的支持，这有助于在内部开展创新业务。企业存在的官僚主义需要斗士发起变革，得到认可与支持对于任何创新想法来说都是最重要的，斗士在创新项目中可起到良好的推动作用。公司创业需要主动型员工，他们善于把握机会，具有很强的成就驱动意识。

资料来源：Adapted from Joann S. Lublin, "Finding Their Way to the Fast Track," *Wall Street Journal*, Jan 19, 2012; and Donald F. Kuratko, Michael G. Goldsby, and Jeffrey S. Hornsby, *Innovation Acceleration: Transforming Organizational Thinking*, Upper Saddle River, NJ: Pearson/Prentice Hall, 2012.

小结

公司创业是创造财富的新过程，大部分企业都意识到创新的必要性，这是因为：(1) 强大的竞争对手不断涌现；(2) 传统管理手段失效；(3) 内部高端人才辞职创业等。

为了营造适宜的公司创业环境，企业应：(1) 对创新设定清晰的目标；(2) 建立反馈与正向强化机制；(3) 强调责任感；(4) 对创意进行奖励；(5) 对失败不予惩罚。此外，企业开展公司创业应从多方面入手，第一步应了解公司创业的障碍，这通常来自传统管理方法带来的负面影响。第二步是借鉴成功创业企业在氛围与愿景、方法多样化、交互式学习等方面的有利做法。

公司创业战略要求开发愿景且鼓励创新。创新分为突破性创新与渐进性创新两种类型。

为促进创新的开发，企业应重视管理支持、时间、资源、奖励等关键因素。因此，对公司创业活动的投入和支持是至关重要的。

创新团队属于半自治性质的单元，运用集体的力量开发新创意，也指自主管理团队或高效团队。创新团队不同于其他工作团队，其目的在于促进创新的发展。

本章最后通过分析创业活动中管理者的作用探讨了公司创业的过程以及持续性公司创业的概念。

回顾与问题讨论

1. 请用自己的话描述公司创业。
2. 近年来更多企业开展公司创业，请列出其中的两个原因。
3. 为营造创业环境，企业必须克服的障碍有哪些？
4. 詹姆斯·布莱恩·奎因发现的成功创业的大公司具有哪些特征？
5. 当前许多企业正致力于重塑价值观、鼓励创新，你认为可通过哪些步骤？请说出至少三个并逐一解释。
6. 创新的五项有利原则是什么？
7. 不断完善公司创业想法的三个优点是什么？
8. 管理者制定公司创业战略时考虑的四个关键要素是什么？
9. 突破性创新与渐进性创新有何区别？
10. 营造创业环境时应注意哪五个因素？
11. 为什么创新团队是企业创新战略的重要组成部分？
12. 管理者在公司创业中所起的作用是什么？请详细说明。
13. 请描述持续性公司创业包含的内容。

体验式练习

开发公司创业

公司创业的方法有很多种，下面列举了其中一些，请依次标明是否有助于公司创业。

____ 1. 营造创新氛围。
____ 2. 设定清晰的目标。
____ 3. 提供绩效反馈。
____ 4. 进行正面强化。
____ 5. 鼓励规范化的活动。
____ 6. 建立严密的官僚体制，严格遵守。
____ 7. 不怕失败。
____ 8. 鼓励行动。
____ 9. 充分使用正规会议。

_____ 10. 允许"不合常规"的创意。
_____ 11. 奖励成功的员工。
_____ 12. 开除犯错误的员工,警告其他人。
_____ 13. 充分使用非正式会议。
_____ 14. 鼓励企业内部交流。
_____ 15. 反对跨部门的项目联合与创业。
_____ 16. 鼓励头脑风暴。
_____ 17. 鼓励适度的风险承担。
_____ 18. 鼓励团队协作。
_____ 19. 鼓励员工不要惧怕失败。
_____ 20. 鼓励员工追求成功,即使做的是不道德的事情。

答案:1. 是;2. 否;3. 是;4. 是;5. 否;6. 否;7. 是;8. 是;9. 否;10. 是;11. 是;12. 否;13. 是;14. 是;15. 否;16. 是;17. 否;18. 是;19. 是;20. 否。

注释

1. Shaker A. Zahra, Donald F. Kuratko, and Daniel F. Jennings, "Entrepreneurship and the Acquisition of Dynamic Organizational Capabilities," *Entrepreneurship Theory and Practice* (Spring 1999): 5–10.

2. Peter F. Drucker, "Our Entrepreneurial Economy," *Harvard Business Review* (January/February 1984): 59–64.

3. Ibid., 60–61.

4. See, for example, C. Wesley Morse, "The Delusion of Intrapreneurship," *Long Range Planning* 19 (1986): 92–95; W. Jack Duncan et al., "Intrapreneurship and the Reinvention of the Corporation," *Business Horizons* (May/June 1988): 16–21; and Neal Thornberry, "Corporate Entrepreneurship: Antidote or Oxymoron?" *European Management Journal* 19, no. 5 (2001): 526–33.

5. Donald F. Kuratko, R. Duane Ireland, and Jeffrey S. Hornsby, "Improving Firm Performance Through Entrepreneurial Actions: Acordia's Corporate Entrepreneurship Strategy," *Academy of Management Executive* 15, no. 4 (2001): 60–71; Jeffrey G. Covin and Morgan P. Miles, "Strategic Use of Corporate Venturing," *Entrepreneurship Theory and Practice* 31, no. 2 (2007): 183–207; and Matthew R. Marvel, Abbie Griffin, John Hebda, and Bruce Vojak, "Examining the Technical Corporate Entrepreneurs' Motivation: Voices from the Field," *Entrepreneurship Theory and Practice* 31, no. 5 (2007): 753–68.

6. For example, see Michael H. Morris and J. Don Trotter, "Institutionalizing Entrepreneurship in a Large Company: A Case Study at AT&T," *Industrial Marketing Management* 19 (1990): 131–34; Brian McWilliams, "Strength from Within—How Today's Companies Nurture Entrepreneurs," *Enterprise* (April 1993): 43–44; Donald F. Kuratko, Michael D. Houk, and Richard M. Hodgetts, "Acordia, Inc. Leadership Through the Transformation of Growing Small," *Journal of Leadership Studies* (Spring 1998): 152–64; and Michael H. Morris, Donald F. Kuratko, and Jeffrey G. Covin, *Corporate Entrepreneurship and Innovation*, 3rd ed. (Mason, OH: Cengage/South-Western, 2011).

7. See, for example, Zenas Block and Ian C. MacMillan, *Corporate Venturing* (Boston: Harvard Business School Press, 1993); Thomas D. Kuczmarski, *Innovation* (Chicago: NTC Publishing, 1996); Gary Hamel, *Leading the Revolution* (Boston: Harvard Business School Press, 2000); and Keith McFarland, *The Breakthrough Company* (New York: Crown, 2008).

8. Shaker A. Zahra, Daniel F. Jennings, and Donald F. Kuratko, "The Antecedents and Consequences of Firm-Level Entrepreneurship: The State of the Field," *Entrepreneurship Theory and Practice* 24, no. 2 (1999): 45–65; Donald F. Kuratko, "Corporate Entrepreneurship", in *Foundations and Trends in Entrepreneurship* (Boston: Now Publishers, 2007); and Michael H. Morris, Donald F. Kuratko, and Jeffrey G. Covin, *Corporate Entrepreneurship and*

Innovation, 3rd ed. (Mason, OH: Cengage/South-Western, 2011).

9. Donald F. Kuratko, Michael G. Goldsby, and Jeffrey S. Hornsby, *Innovation Acceleration: Transforming Organizational Thinking* (Upper Saddle River, NJ: Pearson/Prentice Hall, 2012).

10. Gifford Pinchot III, *Intrapreneuring* (New York: Harper & Row, 1985).

11. Steven C. Brandt, *Entrepreneuring in Established Companies* (Homewood, IL: Dow Jones-Irwin, 1986), 54.

12. Bruce R. Barringer and Alan C. Bluedorn, "Corporate Entrepreneurship and Strategic Management," *Strategic Management Journal* 20 (1999): 421–44; see also Jeffrey G. Covin and Morgan P. Miles, "Corporate Entrepreneurship and the Pursuit of Competitive Advantage," *Entrepreneurship Theory and Practice* (March 1999): 47–64; and Joanna Barsh, Marla M. Capozzi, and Jonathan Davidson, "Leadership & Innovation," *The McKinsey Quarterly* 1 (2008): 37–47.

13. Dennis P. Slevin and Jeffrey G. Covin, "Juggling Entrepreneurial Style and Organizational Structure: How to Get Your Act Together," *Sloan Management Review* (Winter 1990): 43–53; and Gregory G. Dess, G. T. Lumpkin, and Jeffrey E. McGee, "Linking Corporate Entrepreneurship to Strategy, Structure, and Process: Suggested Research Directions," *Entrepreneurship Theory and Practice* 23, no. 3 (1999): 85–102.

14. Adapted from: Pinchot III, *Intrapreneuring*, 198–99.

15. Robert Simons, "How Risky Is Your Company?" *Harvard Business Review* (May/June 1999): 85–94.

16. Deborah Dougherty, "Managing Your Core Incompetencies for Corporate Venturing," *Entrepreneurship Theory and Practice* (Spring 1995): 113–35.

17. See R. Duane Ireland, Michael A. Hitt, S. Michael Camp, and Donald L. Sexton, "Integrating Entrepreneurship and Strategic Actions to Create Firm Wealth," *Academy of Management Executive* 15, no. 1 (2001): 49–63; Robert A. Burgelman and L. Valikangas, "Managing Internal Corporate Venturing Cycles," *MIT Sloan Management Review* 45, no. 4 (2004): 47–55; and Donald F. Kuratko, "Corporate Entrepreneurship," in *Foundations and Trends in Entrepreneurship* (Boston: Now Publishers, 2007).

18. Fariborz Damanpour, "Organizational Innovation: A Meta-analysis of Determinant and Moderators," *Academy of Management Journal* 34 (1991): 355–90.

19. Shaker A. Zahra, "Predictors and Financial Outcomes of Corporate Entrepreneurship: An Exploratory Study," *Journal of Business Venturing* 6 (1991): 259–86.

20. William D. Guth and Ari Ginsberg, "Corporate Entrepreneurship," Special Issue, *Strategic Management Journal* 11 (1990): 5–15.

21. Michael H. Morris, Donald F. Kuratko, and Jeffrey G. Covin, *Corporate Entrepreneurship and Innovation*, 3rd ed. (Mason, OH: Cengage/South-Western), 2011.

22. Pramodita Sharma and James J. Chrisman, "Toward a Reconciliation of the Definitional Issues in the Field of Corporate Entrepreneurship," *Entrepreneurship Theory and Practice* (Spring 1999): 11–28.

23. R. Duane Ireland, Donald F. Kuratko, and Jeffrey G. Covin, "Antecedents, Elements, and Consequences of Corporate Entrepreneurship," *Best Paper Proceedings: National Academy of Management* (August 2003), CD-ROM: L1–L6; and R. Duane Ireland, Jeffrey G. Covin, and Donald F. Kuratko, "Conceptualizing Corporate Entrepreneurship Strategy," *Entrepreneurship Theory and Practice* 33, no. 1 (2009): 19–46.

24. Tom Peters, *Liberation Management* (New York: Alfred A. Knopf, 1992); Tom Peters, *The Circle of Innovation* (New York: Alfred A. Knopf, 1997); and Tom Peters, *Re-Imagine! Business Excellence in a Disruptive Age* (New York: DK Ltd., 2003).

25. Amanda Bennett, *The Death of the Organization Man* (New York: Simon & Schuster, 1990); Donald F. Kuratko, "Developing Entrepreneurship within Organizations Is Today's Challenge," *Entrepreneurship, Innovation, and Change* (June 1995): 99–104; and Morgan P. Miles and Jeffrey G. Covin, "Exploring the Practice of Corporate Venturing: Some Common Forms and Their Organizational Implications," *Entrepreneurship Theory and Practice* 26, no. 3 (2002): 21–40.

26. Hollister B. Sykes and Zenas Block, "Corporate Venturing Obstacles: Sources and Solutions," *Journal of Business Venturing* (Winter 1989): 159–67; Ian C. MacMillan, Zenas Block, and P. M. Subba Narasimha, "Corporate Venturing: Alternatives, Obstacles Encountered, and Experience Effects," *Journal of Business Venturing* (Spring 1986): 177–91; Ari Ginsberg and Michael Hay, "Confronting the Challenges of Corporate Entrepreneurship: Guidelines for Venture Managers," *European Management Journal* 12 (1994): 382–89; G. T. Lumpkin and Gregory G. Dess, "Linking Two Dimensions of Entrepreneurial Orientation to Firm Performance: The Moderating Role of Environment and Industry Life Cycle," *Journal of Business Venturing* 16, no. 5 (2001): 429–52; and Marina G. Biniari, "The Emotional Embeddedness of Corporate Entrepreneurship: The Case of Envy," *Entrepreneurship Theory and Practice* 36, no. 1 (2012): 141–70.

27. James Brian Quinn, "Managing Innovation: Controlled Chaos," *Harvard Business Review* (May/June 1985): 73–84; see also James Brian Quinn, Jordan J. Baruch, and Karen Anne Zien, *Innovation Explosion* (New York: The Free Press, 1997).

28. R. Duane Ireland, Donald F. Kuratko, and Jeffrey G. Covin, "Antecedents, Elements, and Consequences of Corporate Entrepreneurship," *Best Paper Proceedings: Academy of Management* (August 2003), CD-ROM: L1–L6; and R. Duane Ireland, Jeffrey G. Covin, and Donald F. Kuratko, "Conceptualizing Corporate Entrepreneurship Strategy," *Entrepreneurship Theory and Practice* 33, no. 1 (2009): 19–46.

29. Charles Baden-Fuller and Henk W. Volberda, "Strategic Renewal: How Large Complex Organizations Prepare for the Future, *International Studies of Management & Organization* 27, no. 2 (1997): 95–120.

30. Kathleen M. Eisenhardt, Shona L. Brown, and Heidi M. Neck, "Competing on the Entrepreneurial Edge," in *Entrepreneurship as Strategy*, ed. G. D. Meyer and K. A. Heppard (Thousand Oaks, CA: Sage Publications, 2000): 49–62.

31. See Donald F. Kuratko, R. Duane Ireland, Jeffrey G. Covin, and Jeffrey S. Hornsby, "A Model of Middle-Level Managers Corporate Entrepreneurial Behavior," *Entrepreneurship Theory and Practice* 29, no. 6 (2005): 699–716; Andrew C. Corbett and Keith M. Hmieleski, "The Conflicting Cognitions of Corporate Entrepreneurs," *Entrepreneurship Theory and Practice* 31, no. 1 (2007): 103–21; and Jeffrey S. Hornsby, Donald F. Kuratko, Dean A. Shepherd, and Jennifer P. Bott, "Managers' Corporate Entrepreneurial Actions: Examining Perception and Position," *Journal of Business Venturing* 24 (3): 236–47.

32. See Gregory G. Dess, G. T. Lumpkin, and Jeffrey E. McGee, "Linking Corporate Entrepreneurship to Strategy, Structure, and Process: Suggested Research Directions," *Entrepreneurship Theory and Practice* (March 1999): 85–102; and Shu-Jou Lin, Ji-Ren Lee, "Configuring a corporate venturing portfolio to create growth value: Within-portfolio diversity and strategic linkage," *Journal of Business Venturing* 26, no. 4 (2011): 489–503.

33. James C. Collins and Jerry I. Porras, "Building Your Company's Vision," *Harvard Business Review* (September/October 1996): 65–77.

34. See, for example, Dean M. Schroeder, "A Dynamic Perspective on the Impact of Process Innovation upon Competitive Strategies," *Strategic Management Journal* 2 (1990): 25–41; and C. Marlene Fiol, "Thought Worlds Colliding: The Role of Contradiction in Corporate Innovation Processes," *Entrepreneurship Theory and Practice* (Spring 1995): 71–90.

35. Thomas J. Peters, *Thriving on Chaos* (New York: Harper & Row, 1987).

36. Peter F. Drucker, "The Discipline of Innovation," *Harvard Business Review* (May/June 1985): 67–72; and Donald F. Kuratko, Michael G. Goldsby, and Jeffrey S. Hornsby, *Innovation Acceleration: Transforming Organizational Thinking* (Upper Saddle River, NJ: Pearson/Prentice Hall, 2012).

37. Harry S. Dent, Jr., "Reinventing Corporate Innovation," *Small Business Reports* (June 1990): 31–42; see also: Donald F. Kuratko, Michael G. Goldsby, and Jeffrey S. Hornsby, *Innovation Acceleration: Transforming Organizational Thinking* (Upper Saddle River, NJ: Pearson/Prentice Hall, 2012).

38. Jane M. Howell and Christopher A. Higgins, "Champions of Change: Identifying, Understanding, and Supporting Champions of Technology Innovations," *Organizational Dynamics* (Summer 1990): 40–55; and Patricia G. Greene, Candida G. Brush, and Myra M. Hart, "The Corporate Venture Champion: A Resource-based Approach to Role and Process," *Entrepreneurship Theory and Practice* (March 1999): 103–22.

39. John A. Pearce II, Tracy Robertson Kramer, and D. Keith Robbins, "Effects of Managers' Entrepreneurial Behavior on Subordinates," *Journal of Business Venturing* 12 (1997): 147–60.

40. See Russell Mitchell, "Masters of Innovation," *Business Week* (April 1989): 58–63; *3M Annual Report*, 1995; and Rosabeth M. Kanter, John Kao, and Fred Wiersema, *Innovation: Breakthrough Ideas at 3M, DuPont, Pfizer, and Rubbermaid GE* (New York: HarperCollins, 1997).

41. Eric Von Hipple, Stefan Thomke, and Mary Sonnack, "Creating Breakthroughs at 3M," *Harvard Business Review* (September/October 1999): 47–57.

42. David Krackhardt, "Entrepreneurial Opportunities in an Entrepreneurial Firm: A Structural Approach," *Entrepreneurship Theory and Practice* (Spring 1995): 53–70; and Morgan P. Miles and Jeffrey G. Covin, "Exploring the Practice of Corporate Venturing: Some Common Forms and Their Organizational Implications," *Entrepreneurship Theory and Practice* 26, no. 3 (2002): 21–40.

43. Donald F. Kuratko, Ray V. Montagno, and Jeffrey S. Hornsby, "Developing an Entrepreneurial Assessment Instrument for an Effective Corporate Entrepreneurial Environment," *Strategic Management Journal* 11 (1990): 49–58; and Jeffrey S. Hornsby, Donald F. Kuratko, and Shaker A. Zahra, "Middle Managers'

Perception of the Internal Environment for Corporate Entrepreneurship: Assessing a Measurement Scale," *Journal of Business Venturing* 17 (2002): 253–73.

44. Jeffrey S. Hornsby, Donald F. Kuratko, Dean A. Shepherd, and Jennifer P. Bott, "Managers' Corporate Entrepreneurial Actions: Examining Perception and Position," *Journal of Business Venturing* 24 (3): 236–47.

45. Jeffrey S. Hornsby, Daniel T. Holt, and Donald F. Kuratko, "The Dynamic Nature of Corporate Entrepreneurship Constructs: Assessing the CEAI," *National Academy of Management Best Paper Proceedings*, August 2008. CD ROM; and Jeffrey S. Hornsby, Donald F. Kuratko, Daniel T. Holt, and William J. Wales, "Assessing a Measurement of Organizational Preparedness for Corporate Entrepreneurship," *Journal of Product Innovation Management* (forthcoming).

46. Vijay Sathe, "From Surface to Deep Corporate Entrepreneurship," *Human Resource Management* (Winter 1988): 389–411.

47. Rosabeth M. Kanter, *Innovative Reward Systems for the Changing Workplace* (New York: McGraw-Hill, 1994); see also Drew Gannon, "How to Reward Great Ideas," *Inc.* July 19, 2011.

48. G. Getz and E. G. Tuttle, "A Comprehensive Approach to Corporate Venturing," *Handbook of Business Strategy* 2, no. 1, 277–79.

49. John C. Goodale, Donald F. Kuratko, Jeffrey S. Hornsby, and Jeffrey G. Covin, "Operations Management and Corporate Entrepreneurship: The Moderating Effect of Operations Control on the Antecedents of Corporate Entrepreneurial Activity in Relation to Innovation Performance," *Journal of Operations Management* 29, no. 2 (2011): 116–27.

50. Donald F. Kuratko and Michael G. Goldsby, "Corporate Entrepreneurs or Rogue Middle Managers? A Framework for Ethical Corporate Entrepreneurship," *Journal of Business Ethics* 55 (1) (2004): 13–30.

51. Dean A. Shepherd, Jeffrey G. Covin, and Donald F. Kuratko, "Project Failure from Corporate Entrepreneurship: Managing the Grief Process," *Journal of Business Venturing* 24 (6): 588–600; see also Dean A. Shepherd, "Learning from Business Failure: Propositions about the Grief Recovery Process for the Self-Employed," *Academy of Management Review* 28 (2003): 318–29.

52. Donald F. Kuratko and Jeffrey S. Hornsby, "Developing Entrepreneurial Leadership in Contemporary Organizations," *Journal of Management Systems* 8 (1997): 17–24.

53. Chris Lee, "Beyond Teamwork," *Training* (June 1990): 25–32; Michael F. Wolff, "Building Teams— What Works," *Research Technology Management* (November/December 1989): 9–10; and Deborah H. Francis and William R. Sandberg, "Friendship within Entrepreneurial Teams and Its Association with Team and Venture Performance," *Entrepreneurship Theory and Practice* 25, no. 2 (2002): 5–25.

54. Robert B. Reich, "The Team as Hero," *Harvard Business Review* (May/June 1987): 81.

55. Judith B. Kamm and Aaron J. Nurick, "The Stages of Team Venture Formulation: A Decision-Making Model," *Entrepreneurship Theory and Practice* (Winter 1993): 17–27; and Michael A. Hitt, Robert D. Nixon, Robert E. Hoskisson, and Rahul Kochhar, "Corporate Entrepreneurship and Cross-functional Fertilization: Activation, Process, and Disintegration of a New Product Design Team," *Entrepreneurship Theory and Practice* 23 (1999): 145–68.

56. R. Duane Ireland, Donald F. Kuratko, and Michael H. Morris, "A Health Audit for Corporate Entrepreneurship: Innovation at All Levels," *Journal of Business Strategy* 27, no. 1 (2006): 10–17; and R. Duane Ireland, Donald F. Kuratko, and Michael H. Morris, "A Health Audit for Corporate Entrepreneurship: Innovation at All Levels," *Journal of Business Strategy* 27, no. 2 (2006): 21–30.

57. Steven W. Floyd and P. J. Lane, "Strategizing Throughout the Organization: Managing Role Conflict in Strategic Renewal," *Academy of Management Review* 25 (2000): 154–77.

58. Donald F. Kuratko, R. Duane Ireland, Jeffrey G. Covin, and Jeffrey S. Hornsby, "A Model of Middle-Level Managers Corporate Entrepreneurial Behavior," *Entrepreneurship Theory and Practice* 29, no. 6 (2005): 699–716; see also Ethel Brundin, Holger Pazelt, and Dean A. Shepherd, "Managers' Emotional Displays and Employees' Willingness to Act Entrepreneurially," *Journal of Business Venturing* 23, no. 2 (2008): 221–43; Stewart Thornhill and Raphael Amit, "A Dynamic Perspective of Internal Fit in Corporate Venturing," *Journal of Business Venturing* 16, no. 1 (2001): 25–50; and Charlotte R. Ren and Chao Guo, "Middle Managers' Strategic Role in the Corporate Entrepreneurial Process: Attention-Based Effects," *Journal of Management* 37, no. 6 (2011): 1586–1610.

59. Donald F. Kuratko, Jeffrey S. Hornsby, and Michael G. Goldsby, "Sustaining Corporate Entrepreneurship: Modeling Perceived Implementation and Outcome Comparisons at Organizational and Individual Levels," *International Journal of Entrepreneurship and Innovation* 5, no. 2 (May 2004): 77–89.

第 4 章

创业的社会视角与全球化环境

创业思维

任何一代都不具备这样可以创建全球性企业甚至超越任何人的机会。这是机遇，更是一种责任。

——比尔·克林顿，美国第 42 任总统

本章重点

1. 介绍社会创业活动
2. 阐述社会创业者的特征
3. 深入探讨共享价值的概念
4. 分析社会企业面临的挑战
5. 介绍社会创业者的全球性机会与挑战
6. 介绍全球市场的最新发展
7. 阐述国际化发展的途径
8. 分析创业者进入国际市场的关键步骤

社会创业

社会创业（social entrepreneurship）是创业的一种形式，非营利机构、政府、事业单位、私营联合企业等组织致力于通过创造、风险承担、大规模变革来解决社会问题。社会创业是将非营利机会以商业模式运作，明确且获得所需资源，最终实现既定目标的过程。[1] 近年来，较为普遍的社会创业主要有：

- 2006 年，支教美国（Teach For America）项目创始人文迪·库柏（Wendy Kopp）、城市之年（City Year）项目创始人米歇尔·布朗（Michael Brown）和阿兰·坎特（Alan Khazei）入选《美国新闻与世界报道》25 位最佳领袖。
- 穆罕默德·尤努斯（Muhammad Yunus）与他所创建的格莱珉银行（Grameen

Bank）共同获得诺贝尔和平奖。
- OneWorld 健康公司的维多利亚·黑尔（Victoria Hale）以及益科技公司（Benetech）的吉姆·弗鲁克特曼（Jim Fructerman）获得麦克阿瑟基金会颁发的天才奖。他们称自己为社会创业者。
- 2005 年，美国 PBS 电视台（Public Broadcasting Service）与 Skoll 基金会共同摄制播出了一部电视短片《新英雄》（The New Heroes），讲述了来自世界各地的 14 位社会创业家。之后它们还进行了一个为期三年的资助项目，鼓励电影制片人、纪录片制片人以及记者继续推动社会创业，扩大影响。此外，Skoll 基金会的网站上展示了很多杰出领袖的视频，以及社会创业世界论坛年会的链接。[2]
- 每年商界、政府以及国家领导人都汇聚一堂，致力于推动全球发展的世界经济论坛，在过去的 10 年里曾举办一次社会创业者峰会。在施瓦布基金会（Schwab Foundation）的资助下，论坛召集社会创业者作为特殊利益群体的一部分，将社会创业摆在与其他九大利益群体同等重要的位置上，如全球增长型企业、国际传媒、劳动领导者等。[3]
- 由比尔·德瑞坦（Bill Drayton）于 1980 年创办的爱创家协会（Ashoka），引领着社会的深度变革。自 1981 年在印度选出第一位爱创家伙伴以来，至今在全球五大洲 60 多个国家已推举 2 000 多名社会创业者加入该协会；同时，爱创家协会还联合商界创业者、政策制定者、投资者、学者以及记者等，共同确保社会创业者以及他们的创新不断启迪当地新一代的决策制定者，推进积极的社会变革。[4]
- 马克·艾比恩（Mark Albion）博士发表了《比金钱更重要的事——每个 MBA 应回答的问题》，并于 2010 年与马瑞姆·布特拉（Mrim Boutla）博士一起创建了 More Than Money 联合会，共同寻找企业社会责任、商业价值、非营利方面的发展机会，More Than Money 联合会开设了为期 6 周的课程，凝聚着两位学者的研究精华——艾比恩的 30 多年 MBA 与商业价值研究以及布特拉的战略性职业辅导帮助构建有责任的事业人生。[5]

社会创业的定义有很多种。[6]梅尔（Johanna Mair）和马蒂（Ignasi Marti）的研究被众多学者与实践者认可，他们认为，"社会创业是通过多方面地整合资源以挖掘机会，促进社会变革或满足社会需要，从而创造社会价值的过程。社会创业提供新产品和服务以及创建新组织。更重要的是，不管是在新组织还是在现有组织内，都可以从事社会创业活动。和在营利性企业创业一样，社会创业可以创建新的业务单元，也可以对流程等方面进行创新。"[7]社会创业被视为社会持续发展的动力，为此，布兰特兰德（G. H. Brundtland）简洁地将它定义为"满足当前需要同时不损害将来的资源与能力"。[8]

社会创业者

社会创业者是指创建与引领组织从事社会创业的个人或小型群体，有时也指公共创业者以及社会改革家。专家亚瑟·C·布鲁克斯（Arthur C. Brooks）列出了社会创业者的行为特征：
- 致力于创造持久社会价值（超越个人价值）；
- 不断追求社会价值；
- 持续创新与学习；

- 突破资源限制，采取行动；
- 高度责任感。[9]

许多文章都介绍过社会创业这一概念。例如，近年来，《纽约时报》、《经济学人》、《福布斯》、《哈佛商业评论》等都刊登过关于社会创业的事迹。[10]

随着政策制定者、新闻工作者、学者以及社会各界人士对社会创业的迅速认知，世界面临巨大挑战。社会创业的快速发展以及对全球社会难题攻克的预期是每一位社会创业者都要考虑的。

通过采取行之有效的方法，领导者能够把握适当的机会进行社会创业，由此找到当前社会问题变革性的、经济上可持续的解决方案。《斯坦福社会创新评论》不久前刊登的一篇文章写道："我们认为社会创业对社会发展是至关重要的，就像创业对于经济发展那样，值得我们更加认真地关注它"。[11]

爱创家协会创始人比尔·德瑞坦公开评论称："社会创业者并不仅仅满足于授之以鱼和授之以渔，直到他们引发一场渔业革命时才肯罢手。"[12]同其他创业者一样，社会创业者是创新型思考者，不断进行创造，开发新技术、原材料、分销渠道，提供新产品或新服务等。创新想法可以是新发明或是在现有基础上进行创新。[13]

社会创业者引领创新，通过改变既有模式，找出社会问题的深层原因，满怀雄心地发动大规模、系统性变革，他们广泛宣传新想法，直到说服大家接纳为止。[14]社会创业可以是全国性的、世界性的，也可以仅在本地进行，当然其作用并不会被削弱。通常来说，社会创业者将创造性实践、相关社会领域专业知识以及最新研究相结合去实现他们的目标。对他们来说，创新绝非一时之行，而是终其一生所追求的。

社会企业

随着社会创业的迅速发展，社会企业与非社会企业的界限逐渐模糊，由于导致其产生的社会原因不尽相同，且有时带有个人色彩，因此很难明确加以辨别。[15]

人们普遍认为社会创业者以及他们的企业受社会目标驱动，即通过各种方式最终使社会受益。他们追求**社会价值**（social value），合理分配财富与福利。但是在目标设定及效果方面仍存在不同（详见创业实践部分）。

研究学者乔治·迪斯（J. Gregory Dees）认为社会性目标而非创造财富，才是最重要的评判标准。财富仅仅是社会创业者获得的结果之一，他们追求的是实现各种社会价值。[16]

许多评论认为社会企业应是世界上的非营利组织。例如，一篇文章讨论过社会创业的收入是否重要，学者们异口同声地说"不重要"，他们认为社会创业是在寻找新途径，创造并实现社会价值。[17]事实上，社会创业者发现新方法来减轻贫困、开发新水源、提供健康方案，没有从他们的受益者那里获取任何回报。

营利性企业也为社会创业作出了重要的贡献。你是否注意到冰淇淋生产企业Ben & Jerry's或者《福布斯》所列出的30位社会创业者[18]，营利性创业者也在依靠自己及企业的力量为社会创造价值，社会目标正一一实现。

社会创业应持续进行，一些极端的案例显示，有些社会创业者将开发的社会收益独享，也有一些创业者是受盈利目标驱动，从事社会创业。我们必须承认：社会创业仍存在一些问题。[19]

创业实践

益科技公司：可持续性的社会创新案例

20 年前，盲人若想不通过盲文而阅读书面文章，只有依靠别人的帮助。除此之外最可能利用的设备便是文字阅读机，其体积有如洗衣机般巨大，价格昂贵。对于每天阅读报纸或查阅邮件来说，这似乎不太现实且价格上无法承受。虽然生产一台价格适宜、携带方便的设备，从技术上是可以实现的，但是其潜在客户群体——盲人以及他们的老板——过于狭小，难以收回投资，结果是技术投资者并不情愿冒险开发出这样一个产品。

益科技公司在这样一个低利润市场从事此项技术的开发，主要以实现社会价值为目标，并没有过多关注投资回报率。创始人吉姆·弗鲁克特曼说，"过去的 18 年，是计算机行业高速发展的阶段，运算速度加快、使用性能更好、价格降低、体积减小、更加轻便且更为实用。我们思考的便是如何利用这些高效能、低成本的平台为残障人士提供有利工具。"公司的第一个产品 Arkenstone 阅读机利用扫描仪使用的光学字符识别技术（OCR），可在个人电脑上扫描并读出文字内容。售价不到 2 000 美元的 Arkenstone 阅读器迅速拓展了之前预期的客户市场。除了盲人以及他们的雇用方，学习障碍以及政府残障服务部门——如美国退伍军人事务部（U. S. Department of Veterans Affairs）也开始购买这种设备。超出预期且扩张的客户群每年产生数百万美元的收益，最终导致阅读机的畅销以及 Arkenstone 品牌成为残障产品的营利性批发商。目前，该阅读机已更新技术四次，保持行业领先水平。

Arkenstone 阅读机的案例告诉我们从低利润市场进入，最终成功开发新市场，使之盈利。将阅读机销售给营利性批发商，可保证市场充足，使组织更好地开发其他创造社会价值的技术解决方案，而并非局限于高盈利的项目。

益科技公司通过尝试，成功开发出解决方案，帮助政府克服了社会难题。这款价格适中的阅读机，最初阶段以低于成本价进行测试，最终结果却创造出一个全新且盈利的市场，帮助成千上万的美国人实现顺畅阅读的梦想，这在之前是万万不能的。

资料来源：Adapted from U. S. Small Business Administration, "The Small Business Economy: A Report to the President" (Washington, DC: U. S. Government Printing Office, 2007); and Christian Seelos and Johanna Mair, "Social Entrepreneurship: Creating New Business Models to Serve the Poor," *Business Horizons* 48 (2005): 241–46.

创业历程

热狗、出狱的囚犯以及社会企业

解决社会问题可通过多种方式，当创业本身即将造成新的社会问题时，人们称之为挑战底线。

在伊利诺伊州的芝加哥，一个热狗店有个新奇的设想：雇用释囚，因为他们需要通过工作来重新适应社会。店名叫做重刑犯弗兰克斯（Felony Franks），目标是在提供美味食物的同时帮助罪犯重新融入社会。创业者詹姆斯·安德鲁（James Andrews）试图通过为他们提供工作来缓解无家可归的社会问题。

这听起来是应用了创业原则来解决社会问题，然而小店生意很不好，邻居们反对安德鲁先生以及这一聪明的想法。他们认为释因的利用为邻里带来了真正的新问题。70多人在镇民大会上表达自己的不满情绪。甚至一些人认为这项业务使他们多年来努力营造的和谐邻里环境受到严重影响，如药店为了实现销售量而不去制止非法犯罪活动。更重要的是，人们觉得该热狗店不像其他雇用释囚的店铺那样保持低调，仅为帮助他们尽快适应社会，而是在利用这些囚犯谋取利润。

安德鲁的投资超过16万美元，虽然他声明没有其他"更深层"的意图，周围的人却认为他将利用一切可能的机会赚取利润。虽然旧金山和新泽西两个城市已有这样成功的先例，这里的人们却仍持反对意见。

2012年，由于经济的缓慢增长以及市场的惨淡，安德鲁被迫关闭店铺。而他创建这样一家企业所表现出的勇气与创新为我们带来更多反思。未来，当创业者触碰底线来获取资本收益时，社会将会是何种态度？

资料来源：Adapted from: Julie Jargon, "Slaw and Order: HotDog Stand in Chicago Triggers a Frank Debate," *Wall Street Journal*, October 13, 2009; and "Owner: Crime-Themed Hot Dog in Chicago Is Slated to Close Citing Slow Business," *Chicago Tribune*, June 3, 2012, http://www.chicagotribune.com/news/local/sns-ap-il-felonyfranks,0,6979309.story? obref＝obnetwork (accessed June 14, 2012).

社会企业与可持续发展

从前面的叙述我们可以看出，21世纪，社会企业将成为创业者广泛讨论的热点内容。[20]尽管社会企业在不同领域中形式不一，其社会责任却始终相同，在表4—1中我们对它们进行了分类，人们仍在不断探讨以下领域中的问题。

表4—1　　　　　　　　　　社会企业的社会责任

环境	污染控制 环境的恢复与保护 自然资源的保护 循环利用
能源	生产运营中的能源保护 致力于提高产品能效 其他节能项目（如企业支持的拼车等）
公平合理的商界活动	女性及少数族裔的雇用与晋升 弱势群体的雇用与晋升（残疾人、退伍军人、释囚、戒瘾者、智障人士以及长期失业人员等） 为少数族裔企业提供支持
人力资源	改善员工健康与安全 培训与开发 弱势员工的再教育 健康咨询服务 职业发展规划服务 为双职工家庭的孩子提供日间看管 健身及压力管理

所在社区	捐助（经济、产品、服务或员工时间） 资助公共卫生项目 支持教育和艺术的发展 支持社区娱乐项目的发展 与社区进行项目合作（循环利用中心，灾害救援，城市修建）
产品	加强产品安全 资助产品安全教育项目 减少潜在的产品污染 提高产品的营养价值 改善产品的包装与标识

资料来源：Richard M. Hodgetts and Donald F. Kuratko, *Management*, 3rd ed. (San Diego, CA: Harcourt Brace Jovanovich, 1991), 670.

可持续创业

迪安·A·谢菲尔德和霍尔格·帕泽尔特（Holger Pazelt）将**可持续创业**（sustainable entrepreneurship）定义为"致力于保护自然、生命及生态群落，利用各种机会促进产品、流程以及服务，包括经济与非经济性两种"。[21]

可持续发展是当今时代最重要的议题，臭氧耗竭、气候变化、生态多样性遭到破坏等都体现了物种即将遭受的不良后果。学者们认为创业行为将有助于保护生态系统、对抗气候变化、减少环境退化与森林砍伐、改善农业技术设施、净化水源以及保护生态多样性。[22]

可持续创业包括：

● **生态创业**（ecopreneurship），为保护自然环境开展的创业活动，涉及地球、生态系统、生态多样性改善等方面。

● 社会创业，为提升社会价值，通过创建新企业或以创新的方式管理现有组织，发现、提炼、利用机会开展的商业活动。

● 企业社会责任，与未来社会利益相关，超出法律对企业的要求，是组织与社会的一种约定。[23]

生态创业

21世纪人们对环境最为关注，保护自然资源的意识推动企业在这一领域发展。正如表4—1所示，环境问题已成为社会企业最大的挑战。绿色资本主义在环保业界逐渐形成新动力，由生态可持续发展向经济可持续发展转变。最近，宣传手册的制作已威胁到自然资源，从土壤到水质再到空气。学者保罗·霍肯（Paul Hawken，《自然资本：发起新一次工业革命》的合著者）与威廉·麦克多诺（William McDonough）认为，"将汉堡包以铜版纸包装、减少排放、每售出一辆汽车便植树两棵等，这些举措都将有利于世界环境保护。"的确，危险并不因为人们的折中与妥协，而在于他们仍怀有幻想，相信只需稍作调整便可带领我们走向美好的生活，那里有"封存完好"的自然世界以及舒适的购物天堂。[24]

书中还向我们展示了创业者建立具有社会责任感的企业时所面临的巨大挑战。在全球上亿家企业中，越来越多的机构重新定义了企业的社会责任，它们不再认可"生意的精髓在于经营"这样的概念。因为国际化加速了信息互动，许多创业者开始意识到他们对世界的责任。想要改善世界环境的创业组织正在启动这一艰巨的任务来解决社会环境问题。

创业者利用新方法在日常工作生活中不断积累，久而久之，良性循环将使世界慢慢变得更好。一位学者使用**生态愿景**（ecovision）这个词来形容创业企业的领导风格。[25] 生态愿景提倡采用一种开放、灵活的组织结构，同时考虑员工、企业、环境的利益，努力满足其需求。

环保活动是自发的、价值导向的，不是仅通过设计便可完成的。未来的可持续发展规划应具有实践性，且能被清晰地表述出来。霍肯和麦克多诺建议采取以下步骤：

1. 减少浪费。探寻生产与再循环的新方法。
2. 增强责任感。激发制造型企业客户的责任感。
3. 根据成本定价。定价体系中考虑"环保费用"，对能源、原材料、服务等征税，共同保护自然环境。
4. 促进产品用途多元化。不断研究可持续更新的产品及其通用性。
5. 环保成本。不一味强调"低价"来削减生产成本，可适当考虑环境成本。
6. 国际环保责任。对开展可持续发展的贸易国实施特别的关税计划。[26]

共享价值与三重底线

一般来说，人们认为企业只是在不断创造并实现自身的价值，它们优化短期财务指标，却忽略了那些导致长期成功的元素，如重要供应商的发展、所在社区的经济难题等。迈克尔·波特（Michael E. Porter）和马克·克莱默（Mark R. Kramer）提出，企业应将商业与社会重新结合，解决方法是实现**共享价值**（shared value），即通过满足社会需求、解决社会问题来创造经济与社会价值。它同时促使公司的成功与社会的进步。共享价值超出社会责任与可持续发展，是商业思维对社会难题认知的一种转变，之前企业不考虑增加的外部成本，如能源浪费、大型事故、教育缺陷等，利用创新解决以上问题的同时能提高效率、扩大市场份额。[27]

三重底线（triple bottom line，TBL）打破传统对企业盈利、投资回报、股东价值的评判标准，对环境效益与社会效益同时加以考虑。TBL 报告通过综合评定投资结果，包括利润、人力资源以及环境方面，实现可持续发展目标。[28] 它以经济效益、环境效益和社会效益这三个维度衡量绩效。下面详细进行介绍。

☐ 三重底线之经济效益

经济效益主要考察收入、支出、税务、发展趋势、雇佣状况以及商业多元化等，例如：

- 个人收入；
- 不充分就业成本；
- 企业规模；

- 岗位增长情况；
- 员工的分配情况；
- 总体发展水平；
- 总产值中的收益情况。

☐ 三重底线之环境效益

环境效益考察对企业发展具有潜在影响的自然因素，包括空气、水、能源、有毒废料及土地等，长期对环境效益进行考察有助于企业发现所从事的商业活动对环境造成的影响，具体包括：
- 危险的化学浓聚物；
- 重点污染物；
- 电能消耗情况；
- 石油燃料消耗情况；
- 固体废料的管理；
- 危险废料的管理；
- 调整土地使用或土地覆盖状况。

☐ 三重底线之社会效益

社会效益考察企业所在地区的教育、社会资源、健康、生活品质等，包括：
- 失业率；
- 中等家庭收入情况；
- 贫困状况；
- 大专学历人口比例；
- 平均通勤时间；
- 暴力犯罪比率；
- 平均寿命。

受益公司：推动可持续发展企业

在美国，一种新的公司形式——**受益公司**（benefit corporation）——已被七个州批准通过，还有七个州也在考虑此项立法。受益公司与传统企业存在以下几点不同：

1. 目的：对社会和环境产生积极的实质性影响。
2. 责任：同时考虑员工、社区及环境的利益。
3. 透明度：每年向公众汇报在社会及环境方面取得的业绩，接受可信且公开的第三方评估。

受益公司与通过认证的 **B 公司**（B corporations）常被混淆使用，它们具有相似的特征，但也存在重要的差别。通过认证的 B 公司是指由 B 实验室这一非营利机构进行认证与审核的企业，受益公司是由州政府进行管理的，具有法律身份且无须进行认证。B公司应在社会及环境总体绩效方面符合较高标准才能通过认证，B实验室提供相关服务和支持。可阅读创业实践部分对低利润有限责任公司的介绍，低利润有限责任也是一种新的受法律保护的公司形式，同样和社会企业有关。我们将在第9章详细讨论这些新的公司形式。

创业实践

低利润有限责任公司：社会企业的新形式

在美国的营利性与非营利投资中，出现了一种新的企业形式——低利润有限责任公司（low-profit, limited liability company，L3C）。它有利于营利性企业对社会公益的投资，常被描述为"具有营利性外壳但拥有非营利的灵魂"。

L3C是新型的有限责任公司（limited liability company，LLC），可吸纳个人投资以及慈善基金促进社会公益事业。与普通的有限责任公司不同的是，L3C具有明确的慈善目的，它将企业盈利放在次要位置。同时与慈善机构不同的是，L3C可以自由向业主及投资者分配税后利润。

L3C的主要优点在于它符合项目相关投资（program-related investment，PRI）的标准，项目相关投资的核心目的是鼓励私立基金会更多地进行项目相关投资。基金会可直接对符合项目相关投资认证的营利性企业进行投资，但是由于营利性企业是否可以通过认证、获得美国国内收入署颁发个别案例裁定（Private Letter Ruling）以确认企业为有效的项目相关投资而耗费的时间及资源都不确定，基金会其实无法进行投资。L3C的运营协议简化了项目相关投资的确认程序，从而吸引大量私人基金更好地为慈善及教育事业服务，在经济发展、医学研究、社会服务机构的运营、博物馆、音乐场所、住宅以及其他活动等方面实现公益目标的同时也获得一定经济收益。

L3C由罗伯特·朗（Robert Lang）开创，他是Mary Elizabeth & Gordon B. Mannweiler基金会首席执行官。2008年，佛蒙特州首先通过了L3C作为合法的组织形式，此后佐治亚、密歇根、蒙大拿以及北卡罗来纳州相继推动此项立法。尽管佛蒙特州是唯一承认其合法性的地区，但由于全国适用性L3C可在其他州或地区使用，因此在50个州均合法。L3C正作为一个标志来告诉世界：它把社会责任摆在比盈利更加优先的位置上，且不断进行完善。由于这一概念很容易掌握，因此人们将更广泛地利用它。

全球市场环境

创业已在全球成为经济主要推动力，特别是在过去10年中，我们亲眼目睹了新一代的全球创业者，他们依靠全球网络获取资源、规划并重新分配。创业的发展促进了全球经济，引领其达到了新的高度。人们预测全球经济的发展步伐及程度仍将持续提升。善于发现机会的新一代创业者知道，要想在全球市场中取得成功需要信心、机智,且具备全球化视角。他们将与社会创业者一起成为未来 10 年的真正引领者。[29]

这一部分我们将探讨那些直接影响创业机会的国际环境新变化,以及走向国际化的几种途径,最后分析进入国际市场可能遇到的威胁与风险。

☐ 全球创业者

全球创业者(global entrepreneurs)思想开放,善于发现机会,通过不同视角的分析得出自己的独到见解。他们能够超越国别差异来看待全球竞争,他们掌握一门核心语言并了解多种语言的特点,能够直面语言学习障碍且知晓由此可能产生的问题。全球创业者具有多种角色,他们在多个国家积累经验,同时牢牢把握机会与不同国家不同文化的人进行互动。

☐ 全球思维

全球思维(global thinking)非常重要,今天的消费者可在全球市场中挑选产品,享受创意与服务。开展国际化必须具备全球思维,在不同的国家制定相应的战略决策。对于创业者来说,最刺激也最有前途的业务拓展便是进入国际市场。每年成千上万的小企业活跃在国际市场中,主要原因包括:第一是贸易壁垒降低,特别是针对主要贸易国;第二是《北美自由贸易协定》以及欧盟的出现。此外,在过去的 10 年中,亚太地区已发展成为创业的温床。[30]

☐ 社交网络

社交网络(diaspora networks)是指具有相同文化与习惯的群组,这不是一个新的概念,在世界上已有几千年的历史,新的全球经济使人们更加便捷地通过社交网络进行交流,也更易建立信任的关系。1990 年至今,全球新移民增长 40%,总量超过 2 亿。

通过数字沟通技术(互联网与网络电话)以及社交媒体网站(Facebook,LinkedIn,Twitter 等),人们比以前任何时候联系得更为密切,同时有利于全球创业者的互动。

请记住:大多数新兴市场中,法律是不够健全的。社交网络使人们的联系更简单,网络间的和谐关系与交流方式使创业者更容易借助它来拓展业务。

社交网络具有三个优点:第一,加速信息传播;第二,网络内信任度高;第三,帮助创业者实现国内甚至跨文化间的合作。

"超级链接"时代使开展国际化业务的创业者能够迅速展开合作,融入其文化。[31]

☐ 全球性组织与协定

当今世界,全球市场扩张加剧,各种组织、统一体、关贸协定也加速了全球经济的发展。这里我们介绍几个最有影响的国际贸易组织。

世界贸易组织

世界贸易组织(World Trade Organization,WTO)成立于 1995 年 1 月 1 日,是

管理世界贸易的庞大组织,负责维护世界经济与贸易秩序。WTO没有取代《关贸总协定》(General Agreement on Tariffs and Trade, GATT),修改后的《关贸总协定》仍是世界贸易体系中的法律支柱之一,更小范围来说是世界投资体系。[32]

WTO总部设在瑞士日内瓦,拥有600多名工作人员,涉及法律、经济、统计、外交等各领域专家,确保各成员顺利进行日常贸易活动,促进贸易谈判成功,有效实施世界贸易政策。WTO预算总额达2.05亿美元,职能包括:实施WTO贸易协定;处理贸易谈判与贸易争端;监督各成员的贸易政策;为发展中国家提供技术支持与培训。

WTO成员已由1995年建立时的76个增加至2012年157个,涉及97%的全球人口,26个国家或地区具有观察员资格,还有很多国家或地区欲申请加入。WTO成员包括所有发达国家以及大部分发展中国家和地区,这些国家和地区贸易总额及投资额占整个世界的90%以上。[33]

《北美自由贸易协定》

《北美自由贸易协定》(North American Free Trade Agreement, NAFTA)是加拿大、墨西哥、美国之间的国际协定,旨在取消三国之间的贸易壁垒。[34]这三个国家构成了世界上最大的自由贸易区,涵盖4.44亿人口,每年实现商品及服务贸易额达170万亿美元。据估计,NAFTA通过削减关税、促进贸易与投资,每年为美国GDP贡献0.5个百分点。NAFTA通过降低贸易成本刺激创业企业的投资与发展,同时取消关税,降低进口成本,降低通货膨胀。

由此,北美的创业者面临新的机会,从三个国家的进出口总量便可清楚地看到NAFTA的重要性。从表4—2中我们可以看出,加拿大和墨西哥在美国贸易中占有非常重要的地位。它们是美国出口最多的两个国家(出口总额超过4 000亿美元),在美国进口国家或地区排名中位列前三(进口总额超过5 000亿美元)。随着NAFTA的发展以及贸易壁垒的降低,三个国家的贸易总量将不断增长。更重要的是,贸易壁垒消失导致竞争加剧,这将促使创业企业提高质量,增强竞争力。同时,这些公司在亚洲、欧洲以及其他国际市场中也将更具竞争力。

表4—2　　　　　　　　　　2011年美国的十大贸易伙伴　　　　　　　单位:百万美元

国家或地区	出口额	进口额	贸易总额
1. 加拿大	248.8	276.5	525.3
2. 中国大陆	91.9	364.9	456.8
3. 墨西哥	163.3	229.7	393.0
4. 日本	60.5	120.3	180.9
5. 德国	48.2	82.7	130.9
6. 英国	48.5	49.8	98.3
7. 韩国	38.8	48.9	87.7
8. 法国	27.0	38.6	65.6
9. 中国台湾	26.0	35.9	61.9
10. 巴西	35.4	29.3	59.3

资料来源:U. S. Census Bureau, Washington DC, 2011.

对创业者来说重要的是进口与出口的增加,高效公司能够比竞争者开发出更优质且更低廉的商品，取消关税或配额将有助于把它们的产品销往国外。与此同时，这三个国家的创业者发现自己因所在地区的法律保护而避免了竞争。例如 NAFTA 为美国服务业增加了贸易顺差。

美国 GDP 中 40% 依靠服务业，如金融服务、医疗保健等。由于服务的特殊性，因此向较近的邻国实现出口是非常重要的。NAFTA 使美国服务业在加拿大与墨西哥市场的出口额从 1993 年 2 500 万美元增至 2012 年的 1.068 亿美元。NAFTA 几乎在所有服务领域降低关税，同时需要各国政府公布所有规章制度，降低商业的隐性成本。

此外，NAFTA 对专利、版权、工业设计权、贸易隐私权以及其他知识产权大力进行保护。创业者发现在这个市场联盟中获得成功可为其进入欧盟等其他市场打下良好基础。

欧盟

欧盟（European Union，EU）的前身欧洲经济共同体成立于 1957 年，1992 年发展为成熟的经济联盟。欧盟包括 27 个成员国，其职能包括：(1) 取消所有成员国之间的关税；(2) 所有成员国之间商品及服务的自由流通；(3) 对欧盟以外的所有国家采取一致的贸易政策；(4) 统一货币，实现联盟内人员的自由流动；(5) 促进联盟内经济发展；(6) 所有成员国之间金融财政相互协调。[35]

欧盟是美国产品及服务的主要市场之一，也是重要的直接投资伙伴。和北美贸易联盟一样，创业者都想进入该市场获取相应收益。欧盟人口总量已超过 5 亿，占世界人口的 7.3%，2011 年欧盟 GDP 达到 162 420 亿美元，按购买力平价计算占全球 GDP 将近 20%。此外，通过与在美国市场的欧盟成员进行合作可帮助拓展全球业务。研究表明，美国、欧盟以及亚太地区进行了大量国际贸易[36]，这有助于解释创业者为什么希望在欧盟以及相关公司中寻找创业机会。

海外投资

由于全球性机会的不断延伸，创业者更加开放地考虑国际化进程。过去当美国创业者提到"创建全球企业"时完全没有信心，因为这一步迈得太大，风险太高，充斥着大量不确定因素。然而 1983—1990 年，境外投资相比全球产出多增长了 4 倍，比全球贸易多增长了 3 倍。创业者心怀自己的目标充满热情地向全球市场进发，包括中国、印度、亚太地区、拉丁美洲、非洲以及东欧等地。

逐步推进国际化

不论创业者是为了追求纯粹的经济利益还是共享知识与资源，他们都理性地采取行动。他们从最充足的地方获取原材料与资金，在工资成本低廉的地方进行制造与生产，到利润丰厚的市场进行销售。如果每个人完成了分配的任务，那么经济学的比较优势法则将使他们受益。[37]

各国拥有资源的数量及比例不尽相同，由此形成国家的竞争优势。**资源丰裕型国家**（resource-rich countries）包括石油输出国组织（OPEC）国家以及非洲的很多国家；劳动力丰富且发展迅速的发展中国家包括巴西、印度、菲律宾，以及美洲中南部的一些国家。**市场丰裕型国家**（market-rich countries）则指具备较强购买力的欧洲各国、巴西、墨西哥、印度、中国、美国等国家。每个国家都有独特的、其他国家所不具备的资源,因此便形成了相互依存的国际贸易体系。

国际化可被视为不断挑战并改善企业条件与所处环境的持续过程。随着国际化的逐步推进,风险与责任也将增加,同时创业者通过实践也获得了更多的知识与经验。他们对风险的看法以及国际化带来的结果取决于对潜在收益的可行性研究。

如前所述,国际贸易的主要优势在于通过扩大市场促进企业发展,此外还包括利用闲置资源、加速周转避免季节性萧条、获得新的制造技术、学习国际销售知识、了解多国文化、获得增量资本以及商务旅游等。[38]

国际化进程的初期

一些企业从创立之初便迅速开展国际化,被称为"天生国际化"。在发展初期,跨国企业应突破那些较为保守的想法,即只有当企业发展成熟且具有足够智慧时才能实现国际化。奥维特(Ben Oviatt)和麦克道格拉(Patricia P. McDougall)两位学者归纳出成功的全球创业企业所具备的七个特征:(1)从一开始就具备国际视野;(2)国际化实践的管理经验;(3)强大的国际业务网络;(4)先发制人的技术或营销战略;(5)独特的无形资产;(6)产品或服务体系;(7)更好的组织协调性。[39]

☐ 国际化发展的途径

创业者可通过进口、出口、国际联盟与合资企业、外国直接投资、许可证这五种途径[40],积极投身国际市场,每一种都包含各种风险。

进口

进口(importing)是购入及向国内运送国外产品。美国每年都进口大量商品,且进口量不断增加。创业者如何识别其中的机会呢?一种办法是参加各种贸易展销会与博览会,在那里外国企业聚集在一起展示它们的产品及服务。一些展览是国际性的,参展的企业来自不同的国家,因此创业者可从消费者视角进行观摩与思考。另一种办法是查阅贸易出版物,通常会有很多公司在上面做广告以获得潜在客户的认知。

出口

当创业企业决定到国际市场进行销售而非采购时,便成为出口方。**出口**(exporting)是将国内生产的商品运到国外销售。出口对于创业者是很重要的,这意味着扩大市场,可不受本国市场的限制,获得更大的销售领域。根据**学习曲线概念**(learning curve concept),销售增长会导致成本降低,因此获得更大利润(学习曲线说明当产量越来越大时,企业在生产中效率不断提升,从而降低生产成本,企业因此获得更强市场竞争力)。然而,出口通常要等到3~5年才可盈利,即便企业不断提高产量,学习国际商业的复杂性及其有效性也要花费一定的时间。出口日益成为创业企业发展壮大的一种途径。

国际联盟与合资企业

创业者进入国际市场还可通过**国际联盟**(international alliances)的方式,包括三种战略联盟:非正式的国际合作联盟、正式的国际合作联盟(ICA)、国际间合资企业(见表4—3)。

表 4—3　　　　　　　　　　　　　　　国际联盟类型

联盟类型	参与程度	解除的难易程度	法人实体
非正式的国际合作联盟	限制范围与时间	对各方均简便	无
正式的国际合作联盟	较深入地参与；交换知识产权	由于涉及法律义务与承诺，因此较难结束	无
国际间合资企业	深度参与；涉及财务信息、知识产权以及资源的交换	难以解除关系，因为各公司投资额较大且存在法人实体	独立的公司法人

资料来源：Adapted from John B. Cullen and K. Praveen Parboteeah, *Multinational Management: A strategic Approach*, 5th ed. (Mason, OH: Cengage/Southern-Western, 2011), p. 352.

一般来说，非正式联盟是由来自两个或以上国家的企业共同达成的某种协定，不受法律约束。正因为此，大多数创业者只是适当地采取这种方式。正式联盟需要签订正式的合同，明确每一方需履行的职责，通常涉及较大的事件以及知识产权或资源的转移。这种形式在高科技领域较为流行，因为研发成本较高。

合资企业（joint venture）是较为普遍的具有独立法人实体的联盟形式。当两个或更多企业发现合资的好处时，便会创建一个新实体从事生产经营活动。合资企业意味着其资产、利润、风险以及企业所有权为几家企业所共有。[41] 合资企业包括不同的形式，例如在一些国家，公司与国有企业联合形成新的合资公司也是非常普遍的。

合资企业的优势

企业决定参与合资，一是公司能够对当地环境及政府的深入了解；二是参与合资的每家企业能够使用其他公司的资源，有机会弥补自己的不足；三是资本及风险方面要比单独一家企业少承担一些。[42]

此外还涉及国内企业与国外企业战略的相互匹配。一项研究考察了美国国内企业与第三世界企业的战略匹配情况，发现在企业优势、运营优势以及环境优势方面，合资企业要胜于单独任何一家企业。[43]

合资企业的劣势

合资企业的劣势在于难以进行整体控制。[44] 例如，如果其中一家公司决定阻止购买新设备，那么精心设计的相关计划将搁浅。避免此类问题可以采取以下方法：（1）使一方拥有超过50%的表决权，这样可实施有效控制。其实，即使少数一方持反对意见也会带来较大影响，倘若不同意见源于不同国家的企业，后果则较为严重。（2）仅一方负责企业的实际管理。可通过一个全部收购条款加以补充，当合资多方产生不同意见时，一方可买下全部资产。（3）一方能控制投入或产出，可对企业决策拥有绝对控制权，包括投票及所有权。

合资企业对于开展国际业务是非常有利的，它可有效整合各方力量形成竞争优势。[45]

外国直接投资

外国直接投资（direct foreign investment）是指由国内企业控制境外生产企业。它并不意味着企业拥有全部运营主动权，一些情况下由于股票所有权分散，低于50%所有权也可实施有效控制。另一方面，创业者即使拥有100%的股票也无法完全控制企业，因为政府有时会参与决定企业聘用、价格结构以及收入分配方案等，人们通常关心企业控制权。由于分辨直接投资存在一定困难，政府机构已对此术语有了明确的界定，外国直接投资指在外企中拥有10%~25%的表决权。[46]

企业可通过多种方式进行外国直接投资：一是获得境外公司股份，开始时即使拥有较少股份也足以施加运营管理方面的影响；二是获得境外公司大部分股份；三是仅购买境外公司一部分资产；四是直接在国外建立机构。

对于想增加市场份额提升竞争力的创业企业来说，直接投资是较好的实现方式，但并不适用于所有企业。如果该企业拥有独一无二的产品或生产工艺，可尝试考虑许可证这种方式。

许可证

许可证（licensing）是产品的生产商（或公司对某种技术或商标拥有所有权）许可其他团体或个人生产此种产品的证明，从而获得特定的许可证使用费或其他费用等报酬。外国许可证涉及很多约定，包括许可证颁发者为国外获得许可的人提供专利、商标、专业生产技术或服务。因此，创业者不需要花费大笔资金便可进入国际市场。许可证颁发者无须担心日常生产、销售、技术或管理，获许可的人会处理这些事情。

开展国际许可证业务，需了解以下三种类型：

1. 专利。如果创业者决定使用专利的方法，首先应获得有效专利。创业者应向即将开展业务的国家申请专利，尽管这个步骤花销较大，却是非常必要的，可为将来的谈判提供更为有利的条件。随着2011年《专利法案》的实施，美国对专利体系进行了调整，由原来的"先发明"制改为"先申请"制，与国际市场接轨。新体系保护了小型发明者，例如临时发明的低价体系，使专利程序更有效率，为发明者提供更好的境外保护。[47] 目前，一项专利的申请费，包含所有律师费用，已高达数万美元。创业者需多项申请以防御竞争者模仿，特别是在全球市场中。凭经验来说，成功申请国际专利保护需要花费约10万美元。若同时申请10项相关专利用以形成保护屏障需花费100万美元。自我防御增加了国际专利保护的成本。[48]

2. 商标。由于直接翻译存在一定困难，创业者对相同产品申请不同商标是明智的，产品在市场中是否鲜明且容易被消费者识别，是创业者应认真加以考虑的。通常，申请许可的人得到专利权后更喜欢使用自己的商标，特别是发展较好的国外企业。

3. 保密技术。此类许可证通常最难施行，因为需依靠保密合同确保其安全。（许可证颁发者应签署合同来避免许可获得者泄露商业秘密。）在一些国家，政府严格控制保密技术的许可证。通常在许可证获得者免费使用该技术之前，企业仅拥有5年的保密时间。请注意，各国在保密技术方面的规定不尽相同，这个过程比较复杂，创业者需不断开发自己的技术能力确保满足日益变化的国际需要。[49]

若想同大公司竞争并取胜，创业企业必须时刻考虑引进新技术。当企业不具备出口、合资或直接投资进入国际市场的财力时，国际许可证将会是较为可行的扩张方式。[50]

☐ 研究国外市场

在进入陌生的境外市场之前，创业者首先应了解潜在客户特有的文化，关注产品使用方法、人口特征、消费心态、法律与社会准则等概念上的差异。因此需对市场进行调查以获取重要信息。

- 政策法规：与销售产品相关的专利、版权、商标等法规。
- 政治环境：与外贸事务相关的政府与商界或者政治事件与民意之间的关系。

- 基础设施：出口产品的包装、运输、销售渠道是否受当地物流系统影响？如产品运送通过航空、陆运还是海运途径？
- 销售渠道：批发商与零售商均可接受的贸易条款应包含哪些内容？一般情况下佣金及服务代理费如何？关于分销有哪些法律规定？
- 竞争状况：不同的市场国家的竞争者数量各是多少？每个竞争者所在市场份额如何？它们的价格、促销手段、分销模式如何？
- 市场规模：自身产品的市场有多大？是否稳定？每个国家的市场规模是多少？那些国家的市场是处于开放期、扩张期、成熟期还是衰退期？
- 当地消费者与文化：自己的产品是否侵犯当地的文化禁忌？创业企业如何了解各种文化从而获悉自己的产品更适合在哪些国家进行生产和销售？最有效的方式便是国际性的商务旅游，通过亲身经历来掌握第一手材料；另一种有用的方式是接受培训，可通过正规的教育课程以及阅读相关文献。[51]

国际化进程中的威胁与风险

境外市场中存在大量风险，因此需要谨慎考察。疏忽、不确定再加经验缺乏，很容易引发大问题。信息掌握不够全面主要是因为对环境不熟悉。东道国的法律约束往往也导致风险的产生。它们一方面要求扩大出口，同时坚持开发自己本国产品，甚至要求获得一部分管理权并掌握一定技术，很多国家寻求的是技术产业而非农业。此外，东道国可能要求控股或限制创业者所希望的利润。

政治风险（political risks）包括动荡的政局、地域冲突导致的分裂、战争、地方主义、非法侵占、政治观念分歧等。需考察的经济风险包括税法的调整、成本的增加、罢工、原材料价格突然上涨、国民生产总值的循环或剧烈波动等。社会风险包括阶级对立、种族冲突、收入分配不均衡、工会斗争、内战以及暴动等。金融风险包括汇率的变动、利润及资本回流、现金流量的季节性变动等。[52]

境外政府的进口法规直接影响企业的出口情况。各国政府通过法规控制自己的市场，保护国内产业，避免过度竞争。当认为文化影响过度或不适宜的时候，境外政府将采取各种手段加以限制。

许多国家的进口条例是对出口产品的限制壁垒。出口商应注意进口关税且谨慎定价。当东道国对进口商品降低关税时，仍有可能在限制国际贸易，如非关税贸易壁垒。非关税贸易壁垒包括禁止、限制、设定条件、提出特殊要求以增加出口产品的难度，提高成本。

很多创业者不从事国际贸易是因为他们觉得形势过于复杂，不喜欢与官僚政府打交道。同时也认为国际贸易只对那些大型公司是有利可图的，它们拥有更多的资源。此外，国际贸易过于依赖境外市场、外国政府的不稳定将影响国内企业出现各种问题，关税及进口税极大增加了出口成本，先调整本国生产以应对海外畅销，外国文化、风俗、语言等，这些因素都加大了国际贸易的难度。[53]

从事国际贸易可能面临征用、没收、本地同化、别国政府干涉等风险。创业者可利用保险来平衡政治及经济风险。海外私人投资公司（Overseas Private Investment Corporation，OPIC）承保三类风险：汇兑风险保险、国家征用保险以及政治环境保险。

关键问题与资源

国际市场调查对于创业企业在海外市场获得成功是非常必要的。创业者可通过考虑以下三个问题获得所需信息：

1. 为什么企业想进入国际市场？回答此问题有助于企业设定国际化发展目标，从而开展市场调查。例如创业者试图建立并发展海外市场，企业应准确地选择产品最适宜、潜在市场份额最高的地域范围。假如想通过海外市场消化当前的过剩产品，那么企业应选择能够实现迅速购买的市场。总之，企业应为市场调查设定具体的目标。

2. 海外市场的特征及作用是什么？这是一个较为全面的问题，便于识别市场机会，深刻理解特定市场的具体活动。例如，如果企业将潜在市场设定在巴西、非洲和中国，那么下一步应该进行系统评估，收集市场规模、现有竞争状况、各国政府对外贸的态度以及在不同市场采取的具体措施等信息。以此进行收益分析，最终确定进入哪个市场。

3. 应采取的市场战略是什么？创业者应仔细考虑产品、价格、渠道及促销等市场策略。企业向市场提供何种产品？应具备哪些特性？是针对海外市场进行本地化改进还是销售与本国相同的产品？该产品正处于生命周期的哪个阶段？如何定价？根据细分市场如何制定不同的价格？分销渠道的运作情况？应采取的促销手段有哪些？广告、促销活动、个人推销还是综合以上几种？

回答以上问题后，创业企业便可以着手实施其国际化战略。

小结

21世纪，社会创业成为创业者面临的新挑战，体现了企业的社会责任。社会创业的迅速发展对于推进全球社会问题的解决具有深远意义。研究表明，创业者意识到社会企业属于自己应承担的义务，同时小型的企业结构也便于他们施加影响。社会创业者引领创新，他们通过改变既有模式，找出导致社会问题的深层原因，有计划地进行大规模的系统性改革。

随着社会创业的繁荣发展，我们试图给出社会企业的界定标准。因为造成的社会原因不尽相同，且有时带有个人色彩，所以很难加以辨别。在一些极端案例中，有些社会创业者将获得的社会利益独享，甚至是受盈利目标驱动，解决这些问题最好的方法是使社会创业活动持续开展下去。

可持续发展是当今时代最重要的主题，学者们相信创业行为将有助于保护生态环境、对抗气候变化、减少环境退化与森林砍伐、改善农业技术设施、净化水源以及保护生态多样性。可持续创业包括生态创业（环保型创业），致力于自然环境的保护。

本章谈到了共享价值的概念。通过满足社会需求、解决社会问题创造经济及社会价值，将企业成功与社会进步联系在一起。此外我们还介绍了三重底线的思想（经济、社会、环境），有助于企业转型。

对许多创业企业来说，开展国际业务可在盈利的同时使企业发展壮大。NAFTA、欧盟以及WTO等经济组织为全球创业者提供很好的支持。

在这一章里我们分析了创业者追求全球化的原因，并给出了进入国际市场的五种途径：进口、出口、合资企业、外国直接投资以及许可证。对境外市场的考察可使企业尽量避免很多风险与困难。

最后，我们给出了进入国际市场的五个步骤：（1）市场调查；（2）可行性研究；（3）资金保障；（4）准备必要文件；（5）制定并实施计划。

回顾与问题讨论

1. 描述社会创业的新动向。
2. 描述社会创业者的概念。
3. 社会企业的挑战是什么？
4. 描述社会企业的种类。
5. 描述可持续创业。
6. 什么是生态创业？生态愿景的作用是什么？请给出具体的建议，帮助创业者提升环保意识。
7. 解释共享价值与三重底线。
8. 描述几个为创业者提供全球机会的强大的经济组织。
9. 社交网络是什么？为什么对全球创业者来说它非常重要？
10. NAFTA，WTO，欧盟对全球化创业产生了哪些影响？
11. 创业者开展全球化可采取的途径有哪些？
12. 国际联盟的类型有哪些？
13. 合资企业是如何运作的？请列出其优势和劣势。
14. 许可证是如何运作的？其优势和劣势是什么？
15. 创业者进入国际市场应遵循哪五个步骤？

体验式练习

走向国际化

创业者决定开展国际业务时，应采取一系列步骤，如雇用可以帮助他们的人员、与国外合作者签署约定、制定与实施发展计划等。下面是创业者应了解的组织名称及术语，请将相应的解释或定义进行匹配。

A. 社交网络
B. 世界贸易组织
C. 《北美自由贸易协定》
D. 合资企业
E. 许可证
F. 外国直接投资
G. 国际联盟
H. 政治风险
I. 市场调查
J. 海外私人投资公司

1. _____是开展国际化的第一步。

2. ＿＿＿＿是一种商业协议，是产品的生产商许可其他团体或个人生产此种产品，并获得相应使用费等报酬。
3. ＿＿＿＿是指具有相同文化及风俗习惯的群组。
4. ＿＿＿＿是加拿大、墨西哥、美国共同签署的国际协定，旨在消除贸易壁垒。
5. ＿＿＿＿可承保三类风险：汇兑风险保险、国家征用保险以及政治环境保险。
6. ＿＿＿＿境外政府有时会为此提供税收鼓励政策。
7. ＿＿＿＿包括正式的、非正式的和合资企业。
8. ＿＿＿＿是两个或两个以上组织共同拥有一家企业。
9. ＿＿＿＿包括动荡的政局、战争、地方主义、政治观念分歧等。
10. ＿＿＿＿是管理国际贸易体系的庞大组织。

答案：1. I；2. E；3. A；4. C；5. J；6. F；7. G；8. D；9. H；10. B。

注释

1. David Bornstein, *How to Change the World: Social Entrepreneurs and the Power of New Ideas* (Oxford: Oxford University Press, 2004); Johanna Mair and Ignasi Marti, "Social Entrepreneurship Research: A Source of Explanation, Prediction, and Delight," *Journal of World Business* 41 (2006): 36–44; James Austin, Howard Stevenson, and Jane Wei-Skillern, "Social and Commercial Entrepreneurship: Same, Different, or Both?" *Entrepreneurship Theory and Practice* (January 2006): 1–22; Patricia Doyle Corner and Marcus Ho, "How Opportunities Develop in Social Entrepreneurship," *Entrepreneurship Theory and Practice* 34, no. 4 (2010): 635–59; Michael H. Morris, Justin W. Webb, and Rebecca J. Franklin, "Understanding the Manifestation of Entrepreneurial Orientation in the Nonprofit Context," *Entrepreneurship Theory and Practice* 35, no. 5 (2011): 947–71.

2. Skoll Foundation, "PBS Foundation and Skoll Foundation Establish Fund to Produce Unique Programming About Social Entrepreneurship," September 19, 2006, http://www.skollfoundation.org/media/press_releases/internal/092006.asp (accessed April 21, 2008); "The New Heroes," http://www.pbs.org/opb/thenewheroes/whatis/ (accessed January 29, 2012); and http://www.skollfoundation.org (accessed January 29, 2012).

3. Schwab Foundation for Social Entrepreneurship, Social Entrepreneurs' Summit, Davos-Klosters, Switzerland, January 25–29, 2012, http://www.schwabfound.org/sf/Events/WorldEconomicForumEvents/index.htm (accessed January 29, 2012).

4. Moriah Meyskens, Colleen Robb-Post, Jeffrey A. Stamp, Alan L. Carsrud, and Paul D. Reynolds, "Social Ventures from a Resource-Based Perspective: An Exploratory Study Assessing Global Ashoka Fellows," *Entrepreneurship Theory and Practice* 34, no. 4 (2010): 661–80; and http://www.ashoka.org/about (accessed January 29, 2012);

5. See *More Than Money League*, http://morethanmoneycareers.com/about/ (accessed February 1, 2012).

6. Jeremy C. Short, Todd W. Moss, and G. T. Lumpkin, "Research in Social Entrepreneurship: Past Contributions and Future Opportunities," *Strategic Entrepreneurship Journal* 3, no. 2 (2009): 161–94.

7. Johanna Mair and Ignasi Marti, "Social Entrepreneurship Research: A Source of Explanation, Prediction and Delight," *Journal of World Business* 41, no. 1 (2006): 36–44.

8. Gro Harlem Brundtland, *Our Common Future, World Commission on Environment and Development* (Oxford, UK: Oxford University Press, 1987).

9. Arthur C. Brooks, *Social Entrepreneurship: A Modern Approach to Social Value Creation* (Upper Saddle River, NJ: Pearson/Prentice Hall, 2008).

10. Alan Finder, "A Subject for Those Who Want to Make a Difference," *New York Times*, August 17, 2005, education section; Matthew Bishop, "The Rise of the Social Entrepreneur," *Economist*, February 25, 2006, 11–13; "Lessons for Social Entrepreneurs from the Microfinance Crisis," *Harvard Business Review*, April 22, 2011, http://blogs.hbr.org/cs/2011/04/microfinance.html (accessed February 1, 2012);

"Faces of Social Entrepreneurship," *New York Times*, March 9, 2008, http://www.nytimes.com/slideshow/2008/03/09/magazine/0309-FACES_index.html (accessed February 1, 2012); and "Forbes' List of the Top 30 Social Entrepreneurs," *Forbes*, November 30, 2011, http://www.forbes.com/sites/helencoster/2011/11/30/forbes-list-of-the-top-30-social-entrepreneurs/ (accessed February 1, 2012).

11. Roger L. Martin and Sally Osberg, "Social Entrepreneurship: The Case for Definition," *Stanford Social Innovation Review* (Spring 2007): 29–39; see also Christine A. Hemingway, "Personal Values as a Catalyst for Corporate Social Entrepreneurship," *Journal of Business Ethics*, 60 (2005): 233–49; Geoffrey M. Kistruck and Paul W. Beamish, "The Interplay of Form, Structure, and Embeddedness in Social Intrapreneurship," *Entrepreneurship Theory and Practice* 34, no. 4 (2010): 735–61; Susan M. T. Coombes, Michael H. Morris, Jeffrey A. Allen, and Justin W. Webb, "Behavioral Orientations of Non-Profit Boards as a Factor in Entrepreneurial Performance: Does Governance Matter?" *Journal of Management Studies* 48, no. 4 (2011): 829–56.

12. "What Is a Social Entrepreneur?" Ashoka, http://ashoka.org/social_entrepreneur (accessed March 24, 2008).

13. Sarah H. Alvord, David L. Brown, and Christine W. Letts, "Social Entrepreneurship and Societal Transformation: An Exploratory Study," *Journal of Applied Behavioral Science* 40, no. 3 (2004): 260–82; Toyah L. Miller and Curtis L. Wesley II, "Assessing Mission and Resources for Social Change: An Organizational Identity Perspective on Social Venture Capitalists' Decision Criteria," *Entrepreneurship Theory and Practice* 34, no. 4 (2010): 705–33; Geoffrey Desa, "Resource Mobilization in International Social Entrepreneurship: Bricolage as a Mechanism of Institutional Transformation," *Entrepreneurship Theory and Practice* 36, no. 4 (2012): 727–51.

14. Jeffery S. McMullen, "Delineating the Domain of Development Entrepreneurship: A Market-Based Approach to Facilitating Inclusive Economic Growth," *Entrepreneurship Theory and Practice* 35, no. 1 (2011): 185–93.

15. Trish Ruebottom, "The Microstructures of Rhetorical Strategy in Social Entrepreneurship: Building Legitimacy Through Heroes and Villains," *Journal of Business Venturing* (in press).

16. J. Gregory Dees, "Enterprising Nonprofits," *Harvard Business Review* 76, no. 1 (1998): 54–67.

17. B. B. Anderson and J. G. Dees, "Developing Viable Earned Income Strategies," in J. G. Dees, J. Emerson, P. Economy (eds.), *Strategic Tools for Social Entrepreneurs: Enhancing the Performance of Your Enterprising Nonprofit*, John Wiley & Sons, Inc., New York (2002).

18. "Forbes' List of the Top 30 Social Entrepreneurs," *Forbes*, November 30, 2011, http://www.forbes.com/sites/helencoster/2011/11/30/forbes-list-of-the-top-30-social-entrepreneurs (accessed February 1, 2012).

19. Ana Maria Peredo and Murdith McLean, "Social Entrepreneurship: A Critical Review of the Concept," *Journal of World Business* 41, no. 1 (2006): 56–65.

20. Ana Maria Peredo and James J. Chrisman, "Toward a Theory of Community-Based Enterprise," *Academy of Management Review* 31, no. 2 (2006): 309–28; see also, MariaLaura Di Domenico, Helen Haugh, and Paul Tracey, "Social Bricolage: Theorizing Social Value Creation in Social Enterprises," *Entrepreneurship Theory and Practice* 34, no. 4 (2010): 681–703.

21. Dean A. Shepherd and Holger Patzelt, "The New Field of Sustainable Entrepreneurship: Studying Entrepreneurial Action Linking 'What Is to Be Sustained' with 'What Is to Be Developed,'" *Entrepreneurship Theory and Practice* 35, no. 1 (2011): 137–63.

22. Thomas J. Dean and Jeffery S. McMullen, "Toward a Theory of Sustainable Entrepreneurship: Reducing Environmental Degradation through Entrepreneurial Action," *Journal of Business Venturing* 22, no. 1 (2007): 50–76; Desirée F. Pacheco, Thomas J. Dean, and David S. Payne, "Escaping the Green Prison: Entrepreneurship and the Creation of Opportunities for Sustainable Development," *Journal of Business Venturing* 25, no. 5 (2010): 464–80; Kai Hockerts and Rolf Wüstenhagen, "Greening Goliaths Versus Emerging Davids—Theorizing About the Role of Incumbents and New Entrants in Sustainable Entrepreneurship," *Journal of Business Venturing* 25, no. 5 (2010): 481–92; Bradley D. Parrish, "Sustainability-Driven Entrepreneurship: Principles of Organization Design," *Journal of Business Venturing* 25, no. 5 (2010): 510–23.

23. Dean A. Shepherd and Holger Patzelt, "The New Field of Sustainable Entrepreneurship: Studying Entrepreneurial Action Linking 'What Is to Be Sustained' with 'What Is to Be Developed,'" *Entrepreneurship Theory and Practice* 35, no. 1 (2011): 137–63.

24. Paul Hawken and William McDonough, "Seven Steps to Doing Good Business," *Inc.* (November 1993): 79–92.

25. Reginald Shareef, "Ecovision: A Leadership Theory for Innovative Organizations," *Organizational Dynamics* 20 (Summer 1991): 50–63; Thomas J. Dean and Jeffery S. McMullen, "Toward a Theory of Sustainable Entrepreneurship: Reducing Environmental Degradation Through Entrepreneurial Action," *Journal of Business Venturing* 22, no. 1

(2007): 50–76; William R. Meek, Desirée F. Pacheco, and Jeffrey G. York, "The Impact of Social Norms on Entrepreneurial Action: Evidence from the Environmental Entrepreneurship Context," *Journal of Business Venturing* 25, no. 5 (2010): 493–509; and Andreas Kuckertz and Marcus Wagner, "The Influence of Sustainability Orientation on Entrepreneurial Intentions—Investigating the Role of Business Experience," *Journal of Business Venturing* 25, no. 5 (2010): 524–39.

26. Hawken and McDonough, "Seven Steps," 81–88.

27. Michael E. Porter and Mark R. Kramer, "Creating Shared Value," *Harvard Business Review*, http://hbr.org/2011/01/the-big-idea-creating-shared-value, 2011.

28. See Andrew W. Savitz, *The Triple Bottom Line* (San Francisco, CA: Jossy Bass, 2006); Laura Quinn and Jessica Baltes, *Leadership and the Triple Bottom Line* (Center for Creative Leadership, 2007).

29. Rosabeth Moss Kanter, "Managing the Extended Enterprise in a Globally Connected World," *Organizational Dynamics* (Summer 1999): 7–23; Mike W. Peng, "How Entrepreneurs Create Wealth in Transition Economies," *Academy of Management Executive* 15(1) (2001): 95–110; Erkko Autio, Gerard George, and Oliver Alexy, "International Entrepreneurship and Capability Development—Qualitative Evidence and Future Research Direction," *Entrepreneurship Theory and Practice* 35, no. 1 (2011): 11–37.

30. Shaker Zahra, James Hayton, Jeremy Marcel, and Hugh O'Neill, "Fostering Entrepreneurship During International Expansion: Managing Key Challenges," *European Management Journal* 19(4) (2001): 359–69; Sheila M. Puffer, Daniel J. McCarthy, and Max Boisot, "Entrepreneurship in Russia and China: The Impact of Formal Institutional Voids," *Entrepreneurship Theory and Practice* 34, no. 3 (2010): 441–67; and Andrea N. Kiss, Wade M. Danis, and S. Tamer Cavusgil, "International Entrepreneurship Research in Emerging Economies: A Critical Review and Research Agenda," *Journal of Business Venturing* 27, no. 2 (2012): 266–90.

31. Daniel J. Isenberg, "The Global Entrepreneur," *Harvard Business Review*, HBR Blog, December 2008; "The Magic of Diasporas," *The Economist*, November 19, 2011; and "Weaving the World Together," *The Economist*, November 19, 2011.

32. John B. Cullen and K. Praveen Parboteeah, *Multinational Management: A Strategic Approach*, 5th ed. (Mason, OH: Cengage/South-Western, 2011); see also Fred Luthans and Jonathan P. Doh, *International Management: Culture, Strategy, and Behavior*, 8th ed. (Whitby, ON: McGraw Hill-Ryerson, 2012).

33. World Trade Organization website: http://www.wto.org (accessed February 6, 2012).

34. North American Free Trade Agreement, Office of the United States Trade Representative, http://www.ustr.gov/trade-agreements/free-trade-agreements/north-american-free-trade-agreement-nafta (accessed February 6, 2012).

35. Europa: Gateway to the European Union, official website: http://europa.eu/index_en.htm (accessed February 6, 2012); see also Fred Luthans and Jonathan P. Doh, *International Management: Culture, Strategy, and Behavior*, 8th ed. (Whitby, ON: McGraw Hill-Ryerson, 2012).

36. A. Rebecca Reuber and Eileen Fischer, "International Entrepreneurship in Internet-enabled Markets," *Journal of Business Venturing* 26, no. 6 (2011): 660–79; Pekka Stenholm, Zoltan J. Acs, and Robert Wuebker, "Exploring Country-level Institutional Arrangements on the Rate and Type of Entrepreneurial Activity," *Journal of Business Venturing* (in press).

37. John B. Cullen and K. Praveen Parboteeah, *Multinational Management: A Strategic Approach*, 5th ed. (Mason, OH: Cengage/South-Western, 2011); see also Fred Luthans and Jonathan P. Doh, *International Management: Culture, Strategy, and Behavior*, 8th ed. (Whitby, ON: McGraw Hill-Ryerson, 2012).

38. Patrick M. Kreiser, Louis D. Marino, Pat Dickson, and K. Mark Weaver, "Cultural Influences on Entrepreneurial Orientation: The Impact of National Culture on Risk Taking and Proactiveness in SMEs," *Entrepreneurship Theory and Practice* 34, no. 5 (2010): 959–83; and Shameen Prashantham and Charles Dhanaraj, "The Dynamic Influence of Social Capital on the International Growth of New Ventures," *Journal of Management Studies* 47, no. 6 (2010): 967–94.

39. Benjamin M. Oviatt and Patricia P. McDougall, "Global Start-ups," *Inc.*, June 1993: 23; see also: Nicole E. Coviello, Patricia P. McDougall, and Benjamin M. Oviatt, "The Emergence, Advance and Future of International Entrepreneurship Research—An Introduction to the Special Forum," *Journal of Business Venturing* 26, no. 6 (2011): 625–31.

40. Richard M. Hodgetts and Donald F. Kuratko (with Margaret Burlingame and Don Gulbrandsen), *Small Business Management: Essential Tools and Skills for Entrepreneurial Success*, Wiley Pathways Series (Hoboken, NJ: Wiley, 2008).

41. David A. Kirby and Stefan Kaiser, "Joint Ventures as an Internationalisation Strategy for SMEs," *Small Business Economics* 21, no. 3 (2003): 229–42.

42. Deepak K. Datta, Martina Musteen, and Pol Herrmann, "Board Characteristics, Managerial Incentives, and the Choice Between Foreign

Acquisitions and International Joint Ventures," *Journal of Management* 35, no. 4 (2009): 928–53.

43. Derrick E. D'Souza and Patricia P. McDougall, "Third World Joint Venturing: A Strategic Option for the Smaller Firm," *Entrepreneurship Theory and Practice* 13, no. 4 (1989): 20.

44. Jane W. Lu and Dean Xu, "Growth and Survival of International Joint Ventures: An External-Internal Legitimacy Perspective," *Journal of Management* 32, no. 3 (2006): 426–48.

45. Hong Ren, Barbara Gray and Kwangho Kim, "Performance of International Joint Ventures: What Factors Really Make a Difference and How?," *Journal of Management* 35, no. 3 (2009): 805–32.

46. Fred Luthans and Jonathan P. Doh, *International Management: Culture, Strategy, and Behavior*, 8th ed. (Whitby, ON: McGraw Hill-Ryerson, 2012).

47. America Invents Act of 2011, Committee on the Judiciary, website: http://judiciary.house.gov/issues/issues_patentreformact2011.html (accessed February 7, 2012).

48. Michael S. Malone, "The Smother of Invention," *Forbes* (July 24, 2002): 33–40.

49. Anne Parmigiani and Miguel Rivera-Santos, "Clearing a Path Through the Forest: A Meta-Review of Interorganizational Relationships," *Journal of Management* 37, no. 4 (2011): 1108–1136.

50. Gaétan de Rassenfosse, "How SMEs Exploit Their Intellectual Property Assets: Evidence from Survey Data," *Small Business Economics* 39, no. 2 (2012): 437–52.

51. Tomasz Obloj, Krzysztof Obloj, and Michael G. Pratt, "Dominant Logic and Entrepreneurial Firms' Performance in a Transition Economy," *Entrepreneurship Theory and Practice* 34, no. 1 (2010): 151–70; Stephanie A. Fernhaber and Dan Li, "The Impact of Interorganizational Imitation on New Venture International Entry and Performance," *Entrepreneurship Theory and Practice* 34, no. 1 (2010): 1–30; see also: John B. Cullen and K. Praveen Parboteeah, *Multinational Management: A Strategic Approach*, 5th ed. (Mason, OH: Cengage/South-Western, 2011).

52. See Fred Luthans and Jonathan P. Doh, *International Management: Culture, Strategy, and Behavior*, 8th ed. (Whitby, ON: McGraw Hill-Ryerson, 2012).

53. Dirk De Clercq, Harry J. Sapienza, R. Isil Yavuz, and Lianxi Zhou, "Learning and Knowledge in Early Internationalization Research: Past Accomplishments and Future Directions," *Journal of Business Venturing* 27, no. 1 (2012): 143–65; and Seok-Woo Kwon and Pia Arenius, "Nations of Entrepreneurs: A Social Capital Perspective," *Journal of Business Venturing* 25, no. 5 (2010): 315–30.

第 II 篇
创建新企业

- 创新与创造力
- 创业机会的评估
- 启动创业的方法
- 寻找创业资金

第 5 章

创新与创造力

创业思维

天才的时代快结束了，即将来临的将是创新者的时代。

——平查斯·诺伊（Pinchas Noy）

本章重点

1. 研究机会识别的过程
2. 定义并阐述创意的来源
3. 分析创造力的作用以及创造过程：背景知识积累、构思过程、产生创意、评估与实施
4. 了解开发个人创造力的途径：找出事物间的联系、聚焦实用性视角、开动脑筋、消除心理阻碍
5. 了解四种创新类型：发明、拓展、借鉴、整合
6. 给出创新的十项原则并指出对创新的几种误解

机会识别：搜寻新想法

机会识别（opportunity identification）是创业的关键。"创业的核心始终围绕着未来创造产品及服务的各种机会提出多种问题，然后不断去甄别、选择时机、优化方式。机会的识别决定了未来个人及社会的财富。"[1]机会识别的过程是创业研究的主要课题。[2]

本章我们将讲解创新这一过程，这是把握创业机会的关键所在。此外，分析创意来源对于开发新创意是有帮助的，因此首先我们来了解创意的来源。

□ 创意之源

创业者能够辨认出其他人未能察觉到的潜在机会，其实这些机会就在人们所处的

内部及外部环境中。究竟到哪里才能找到灵感？请关注以下几方面。

趋势

趋势是不断变化的，这种变化体现在大多数人的行为及思想中。近距离地观察社会、技术、经济或政府的发展趋势及相关的有价值的见解可形成大量潜在创意来源。
- 社会趋势：人口老龄化、更关注保健与健身、养老问题；
- 技术趋势：移动（电话）技术、电子商务、网络增长；
- 经济趋势：可支配收入提高、双职工家庭、工作压力；
- 政府趋势：新法规、石油价格、恐怖事件。

意外事件

由于意料之外或未做规划导致的成功或失败，常被证明是创新的来源。美国"9·11"恐怖袭击是人们意料之外发生的事件，由此却引发大量创新解决方案，以保障新家园的安全。

创业实践

恐怖主义引发创造力

不要问美国人是如何进行创造的，而要问对于创新美国你能做些什么——这就像一张战争海报上的标语，山姆大叔正用手指向我们。2001年"9·11"恐怖袭击事件发生后仅数天，还在冒烟的五角大楼便寻求美国人民的帮助，希望民众为抗击恐怖主义袭击出谋划策。五角大楼技术支持小组（TSWG）每年都能收到900份关于利用新技术、新创意建设世界最强武装力量的建议书。仅在那一年的10月便收到了12 500份。TSWG的成员来自美国能源部（Energy Department）、联邦调查局（FBI）、中央情报局（CIA）、联邦航空局（Federal Aviation Administration）以及当地警署和消防部门。TSWG每年发布待解决的问题，然后对收到的建议及方案进行评估，最后对挑选出的100～200份建议书深入研究，并为此投入5 000万～1亿美元经费。

赤道科技公司（Equator Technologies）便把自己的产品提供给了TSWG，公司开发了用于摄像机的快速数字信号处理器，还发明了自动行李检测系统，利用数据库存储飞机上所有能够想象到的武器可能摆放的位置图像。实验证明，竖立放置的手枪，在传统行李仪检测上的结果竟然是一把剃须刀。还有一家公司利用探视摄像机及软件识别恐怖分子，将其脸部特征与警署、FBI的资料进行对比。

TSWG的很多项目最终应用于当地消防站、警察局、机场、边境线。还有一些如手持粒子探测器、防爆炸的建筑方案等，成功应用在2002年盐湖城冬奥会以及五角大楼。

当然，TSWG小组也不是一帆风顺的，曾耗费资金开发的接收特殊信号的无线电天线却非常失败，那里私下里流传着一句话："失败了，是因为追求成功未果，还没有失败也许是因为没有尝试所有的可能，要么就是结束得太早。"

资料来源：Adapted from Marc Gunther, "Investment in Africa Starts to Pay Off," *Fortune*, February 18, 2008, http://money.cnn.com/2008/02/13/magazines/fortune/gunther_africa.for-tune/index.htm（accessed March 26, 2008）.

不可协调的矛盾

不可协调的矛盾（incongruities）是由于期望与现实的不一致造成的。例如，当弗雷德·史密斯（Fred Smith）提出次日达快递想法时，被告知"如果有利润的话，美国邮政局早就这么做了。"事实证明史密斯是对的。不可协调的矛盾存在于假设一家新的更快邮件递送服务业务公司不可能不考虑经济因素，在当时递送的时间是 3 天。也因此史密斯创建了联邦快递。

流程的需要

风险资本家将市场中存在的流程需要视为"痛苦"，将创新性解决这些需要视为"止痛药"。当需要改进时，创新的医疗设备、更健康的食物、更有效的药品、节省时间的设备便应运而生。

产业及市场的变化

消费者的态度、科技的发展、产业的发展、设计、市场或行业的边界发生改变，使得整个市场不断变化，引发创业机会。例如在保健行业，住院病人护理方面发生根本性变革会导致家庭保健及预防药物取代住院治疗与门诊。

人口变化

人口数量、年龄、教育水平、职业、地理分布等因素的变化会催生创业机会。例如佛罗里达与亚利桑那州的平均年龄上升（由于大量涌入退休人员）为土地开发、娱乐、保健行业提供了有利时机。

认知变化

人们对一些现象及概念在诠释上发生的转变虽难以理解但意义重大。对健康及健身的认知需求将导致对健康食物与健身器材的全国性需求。人们想要更好地利用自己的时间，这一点已成为旅游业的主要卖点。此外，快捷公寓及旅游俱乐部越来越多地吸引到那些希望在自己年轻且精力充沛时可以游遍世界的人。

基于知识的想法

发明是新思想、新方法、新知识的产物，需要不断测试与修改，因此从发明到市场推广需要很长一段时间。例如智能手机技术不仅包含通话功能，还包括相机、上网、音乐等用途。今天我们所使用的手机经历过无数次创新变革，而该设想可能在 5 年前便提出了。表 5—1 列出了一些创新来源的实例。

表 5—1　　　　　　　　　　　　　　创新来源实例

创新来源	实例
意外事件	意料之外的成功：苹果电脑（微型计算机） 意料之外的悲剧："9·11"恐怖袭击
不可协调的矛盾	次日达快递
流程的需要	无糖产品 不含咖啡因的咖啡 微波炉

续前表

创新来源	实例
产业及市场的变化	医疗保健行业：向家庭保健转变
人口变化	为老年人创办的疗养院或退休中心
认知变化	有氧运动、关注健身
基于知识的想法	智能手机、制药业、机器人

▢ 知识与学习过程

创业者了解创新的来源后，必须利用工作、阅历、教育所掌握的知识，将获得的创意提炼为切实可行的机会。基本的行业、市场、消费者认知、兴趣爱好等知识将帮助创业者把发现的创意转变为潜在的机会。[3]

除应具备相关知识，创业者还要懂得从实践中不断学习。安德鲁·C·科比特（Andrew C. Corbett）指出了信息获取与转换、知识、学习体验的重要性，认知能力将信息转换为被认可的机会。[4]创业者从积累的知识中获取、处理、凝练，这些对于机会识别过程是十分重要的。我们会在下面介绍如何将经验转化成对创业产生深刻见解及方法的想象力与创造力。

想象力与创造力

创业者拥有富于想象力与创造力的思维以及系统的逻辑分析能力。这是创新成功的关键。未来的创业者总在寻找独特的机会满足不同的需求。他们不断询问"如果……将会怎样？"或者"为什么不……"这样便可从商业问题中找到机会。他们具备发现、识别、创造机会的能力，而普通人只看到问题本身。开展创业的首要原则是识别能够解决的问题，满足相应的需求。创业的想象力是指通过不同角度以创造性思维系统性地看待问题。[5]问题是什么？如何影响？成本有多大？能否解决？解决方案能否被市场广泛接受？创业者不停地思考这些问题。

▢ 创造性思维的作用

认识创造性思维的作用对于创新过程是十分重要的。创造力是指通过创意提升效率或效果。[6]

创造性地解决问题包括两个主要方面：过程和人。目标决定过程，对过程的设计是为了找到问题的解决方案；人是解决办法的决定因素。可通过多种方法进行变革。[7]表5—2对适应型和创新型两种方法进行了比较。

表5—2　　　　　　　　　　　创造性解决问题的两种方法

适应型	创新型
运用严谨、精确、有条理的方法	以不寻常的方式完成任务
更关注找到解决方案而不是发现问题	既发现问题又找到解决途径

续前表

适应型	创新型
从当前事务中提炼	基于当前事务有关的假设来提出问题
倾向于以方法为导向	较少关注方法，更在意结果
擅长深入细致地工作	不能忍受常规的工作流程
在意团队凝聚力，提倡合作	较少甚至不需要别人的认可，不在意外界的态度

资料来源：Michael Kirton, "Adaptors and Innovators: A Description and Measure," *Journal of Applied Psychology* (October 1976): 623. Copyright © 1976 by The American Psychological Association.

一项研究表明，利用这种方法对于识别适应型创业者还是创新型创业者是非常有效的[8]，因此转变解决问题的方式有助于提高他们的创新能力。

创造过程的本质

创造是一个开发并提升的过程。[9]每个人都具有创造力，只是程度不同。一些掌握技能或具备运动、艺术天赋的人往往具有较高的创造力。我们可以通过环境教育与熏陶激发出人们的创造力，从而使他们创造性地思考与行动。如果这方面的才能没有得到激发，那么使他们发挥出创造力会相对困难，他们必须学会如何利用创造过程。[10]

只有天才才具备创造力，这种观点是不正确的。[11]甚至大部分人错误地相信创造能力是天生的，或者相信有天赋、高智商的人才才具备创造力与洞察力，其他人是不具备的。真正阻碍创造性思维的是我们在日常交谈中不经意地就把它扼杀了。表5—3列出了10种经常听到的不利于创新的想法，也许人们并非在有意扼杀，但这些消极的言谈阻止了创意的产生。[12]

表 5—3　　　　　　　　　　常见的扼杀创意的言谈

1. "不。"
2. "不可能。"（说话时摇着头，一副事已成定局的样子。）
3. "这是我听过最愚蠢的事。"
4. "对，如果当初……"（提出一个极端或不可能发生的灾难事例。）
5. "我们已经试过了——好多年前。"
6. "我们现在就做得很好啊。"
7. "我们以前从没那样做过。"
8. "快到时间了——没时间考虑那个想法。"
9. "这件事超出预算范围了。"
10. "你从哪想出这么怪异的想法？"

资料来源：Kuratko and Hodgetts, *Entrepreneurship*, 8th ed. © 2009 Cengage Learning.

创造力并不神秘，并非少数人独有的超能力，它以一种截然不同的方式看待世界，通常被认为不合逻辑。创造过程包括找出其他人看不到的事物之间的某种联系（例如使用USB接口快速存储与传输数据，即U盘）。[13]

创造过程（creative process）一般分为四个阶段或步骤。虽然专家们给出的名称不同，但都认同四个阶段的本质与关系[14]，而且每一阶段在创新活动中出现的次序会发生变化。正因为存在混乱不清，才会引发创新的出现。接下来，我们将用最典型的事物发展方式分析创造过程的四个阶段。

第一阶段：背景知识积累

成功的创造首先需要收集汇总信息，通过大量阅读、与专业人士交谈、参加专会议、观摩实体车间等，获取解决问题的相关信息。信息的收集不应局限在同一专业领域，这样可为创业者提供解决问题的不同视角，对新产品、新服务或新企业发展的各个方面具备基本的认知，这一点对创业者来说是很重要的。

通过各种途径创造性地收集背景知识，最有帮助的方法包括：（1）阅读不同领域的资料；（2）加入专业团体或协会；（3）参加专业会议；（4）到从未去过的地方旅游；（5）多与其他人谈论你的想法；（6）阅读相关的杂志、报纸文章；（7）建立专门的书目以备将来查阅；（8）随身携带记事本，记录有用的信息；（9）投入时间满足自己的好奇心。[15]

第二阶段：构思过程

在筹备阶段创新者用潜意识反复思索大量汇总信息，构思过程往往是在进行与任务无关的活动时发生的，甚至是在睡觉的时候。建议者通常告诫那些对自己的问题充满困惑的人："为什么不睡一觉呢？"[16]从问题中跳出，让潜意识来思考，创造力便会自然释放。一些启发思维最有用的方法是：（1）做些常规的体力活（除草、粉刷房屋等）；（2）按时锻炼；（3）做游戏（体育、下棋、猜谜）；（4）睡前思考一下课题或问题；（5）冥想或自我催眠；（6）暂时放下，让精神放松。[17]

第三阶段：产生创意

创造过程的这个阶段是最刺激的，因为创业者寻找的创意或解决办法终于出现了。人们通常错误地将这一阶段理解为创造的全过程。[18]

如同构思过程一样，人们正忙于和创业、调查、研究等无关的事情（例如洗澡、高速驾驶、迅速翻阅报纸）时，全新的、富有创造力的想法诞生了。[19]有时候创意来得出其不意，有时候慢慢变得清晰起来。逐渐地，人们越来越坚信找到了解决问题的方法。由于不知道构思阶段何时结束，也不知道创意何时出现，人们大多无意识地从第二阶段过渡到了第三阶段。

遵循以下方式可加速创意的呈现：（1）幻想自己即将从事的项目；（2）从事你的业余爱好；（3）在舒适的环境下工作（例如在家而不是办公室）；（4）暂时抛开问题；（5）用床边的笔记本记录昨晚或早上的突发奇想；（6）工作中途休息片刻。[20]

第四阶段：评估与实施

这是创造过程难度最大的一个阶段，需要很大的勇气、保持自律，并且坚持不懈。成功的创业者可识别出切实可行的创意，同时具备执行的能力，更重要的是遇到困难绝不放弃。[21]在找到最佳创意前通常会经历几次失败，有时会将原有创意反其道而行之，或者在实施中发现新的更可行的创意。

此外，这一阶段的关键之处在于不断调整想法直到最后成型。上一阶段产生的创意是比较粗糙的，需要进行调整、不断尝试直到最后确定。顺利完成此阶段可：（1）通过适当的锻炼、合理膳食、休息与放松提高身体素质；（2）加强商业规划及商科各方面的学习；（3）与博学之人交流自己的创意；（4）关注自己的直觉和感受；（5）提高销售能力；（6）了解企业法规及实务；（7）寻求建议（从朋友、专家那里）；（8）实施创意想法时把遇到的问题当作挑战。[22]

图5—1描述了创造性思考过程的四个阶段。如果在某一阶段遇到问题，可回到之前阶段再试一次。例如，如果不能找到创意或解决办法（第三阶段），重新回到第

一阶段往往会有帮助。通过查找阅读大量资料,让潜意识重新加工这些数据信息,形成因果关系,规划出可能的几种方案。

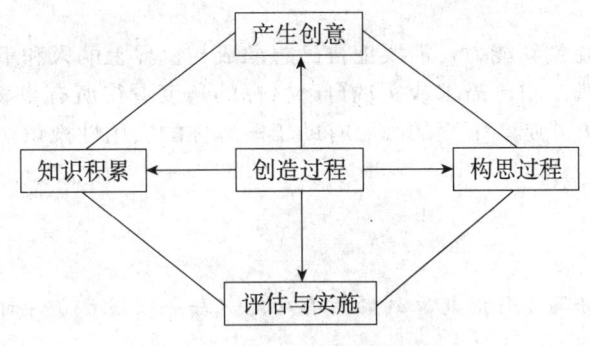

图 5—1 重要的创新思考过程

☐ 开发你的创造力

可以做很多事情来提高自己的创造才能,最有帮助的便是意识到抑制创造力的习惯和心理障碍。[23] 当然对很多方法而言,经常进行创造力锻炼效果将十分明显。下面的介绍有助于发现抑制创造力的思维习惯,帮助建立提升个人创造力的计划。

找出事物间的联系

很多发明与创新就是因为开发者具备了这样的能力——识别出不同事物、过程、构成因素、技术、人员之间的差异。[24] 这方面的例子很多,比如:(1) 把果汁加入饮料做成果汁饮料;(2) 将内燃机技术与车轮相结合产生汽车;(3) 让 330 磅重的橄榄球后卫当跑卫和传球手。

提高创造力,那么在身边的事物及人中间就可以找到不同的联系。应该以联系的眼光去感受他们。你可以将人和事看做与其他的人和事存在互补或**并列关系**(appositional relationship)。简单来说便是,人和事并非孤立地存在,他们之间都是有联系的。拥有创造能力的人凭直觉便意识到这一现象,培养出识别事物间新关系的能力,从而产生新创意、新产品、新服务。[25] 为了开发这种洞察力,需要尝试用一种关联模式去感受,下面的练习将对你有所帮助。

创造力练习

分析并说明以下每组事物如何进行互补:螺母与螺栓、丈夫与妻子、巧克力蛋糕与香草冰淇淋、修理草坪与种植西红柿、花生酱与果冻、运动员与教练、人与水、胜利与失败、电视机与投影仪、管理者与生产工人。

聚焦实用性视角

以关联模式感知有助于培养以**实用性视角**(functional perspective)看待人和事物。具有创造力的人往往从如何满足自己需求、如何帮助自己完成计划的角度去思考。例如，家庭主妇可能随手拿起黄油刀来松紧螺丝，而不太会去寻找专业的螺丝刀；或者麦片生产商添加水果从而形成新产品线，满足对营养有需求的那部分市场。

想要提高创新能力，需要把自己想象成与世界上的人和事存在互补的关系。必须学会以如何满足自己需求或实现自己目标的角度看待所有事物[26]，试着开始打破传统采用全新的方式吧。下面的练习有助于锻炼你的实用性视角。

创造力练习

思考以下各项并写下你能想象到的所有功能（每一项用5分钟时间）：
- 一位自负的员工；
- 一颗大鹅卵石；
- 一根倒下的树干；
- 一把椅子；
- 一个计算机神童；
- 一位执著的雇员；
- 办公室"传言"；
- 一只旧的轮毂罩；
- 一位新来的秘书；
- 一卷空的画纸用遮盖胶带；
- 一个码尺；
- 一个旧衣架；
- 办公室的"吝啬鬼"；
- 本次练习。

开动脑筋

人们从20世纪五六十年代便开始对大脑的左右半球进行研究，创造力、创新能力以及自我提升领域的专家指出了左脑与右脑对于提高技能的重要性。[27]

右脑（right brain）帮助我们类比、想象、综合信息，**左脑**（left brain）则分析、描述、理性地解决问题。虽然它们加工信息的方式不同，分别控制不同的脑部活动和技能（详见表5—4），但它们通过一组叫做胼胝体的神经纤维结合在一起。正是这种结构上的联系和左右脑活动的本质相关，二者在结构和功能上是互补的。[28]

表5—4　　　　　　　　　　左脑与右脑的功能比较

左脑	右脑
语言	非语言类
逻辑分析	综合
抽象	类比

续前表

左脑	右脑
理性	非理性
逻辑性	空间感
线性	直觉
想象力	

资料来源：Tasneem Sayeed, "Left vs. Right Brain: Which Hemisphere Dominates You?" *Hub Pages*, http://tasneemsayeed.hubpages.com/hub/Left_Right_Brain (Accessed February 10, 2012); Kendra Cherry, "Left Brain vs. Right Brain: Understanding the Myth and Reality of Left Brain and Right Brain Dominance," *About.com*, http://psychology.about.com/od/cognitivepsychology/a/left-brain-right-brain.htm (Accessed February 10, 2012).

创造过程包含对于知识积累、评估与实施阶段的逻辑分析能力，在构思与创意产生这两个阶段需要想象、直觉、类比、综合能力。因此，提高创造力需同时运用左脑和右脑的功能。下面的练习便说明了同时利用左脑和右脑解决问题的有效性。

创业实践

流行趋势中的机会

没有使用水晶球，未来派艺术家费斯·波普科恩（Faith Popcorn）便已知晓影响消费者决策的主要趋势。她认为只有准确地判断未来才能获得成功，并希望通过判断潮流趋势确定市场走向，帮助创业者开展他们的业务。波普科恩通过自己的咨询公司 Brain-Reserve 来联络创业者。那么，波普科恩是如何预测未来发展趋势的？据她所言，迄今为止没有预测失败过。

波普科恩认为，作为商人，关于市场趋势的知识是非常宝贵的。她在《新爆米花报告》一书中提出了很多有影响力的市场发展趋势。她所提到的这些趋势并非一时流行，而是彻底地带动了广大消费者，有头脑的创业者将机会视为巨大的利润。《新爆米花报告》一书出版后，每年波普科恩都发布一系列消费者趋势信息，以下是她对21世纪的预测：

● 保护措施——在外部世界的严峻现实中寻求保护。

● 富于幻想的冒险——对全新的、非传统事物的需求。寻求各种方法规避所面临的问题，尝试各种想法。

● 更加表面化——衣服材质更注重情感宣泄。由于工作时间增加、人际关系的复杂，因此设计日趋强调触感。

● 大脑健康——人们将越来越关注心理健康，希望保持思维敏捷、加强锻炼、延缓衰老。

● 第二故乡——由于压力以及关注生活品质，人们希望找到世外桃源，带给他们更多的安全感。此外，就像在20世纪50年代一样，生活安逸时期流行的活动将成为热门。

● 美国的新一代高级外科诊所——出于对当前外科医疗的不满以及医学的快速发展，人们仍对外科手术的风险存有戒心，伴随富于幻想的冒险趋势，人们将愿意到新的外科诊所治疗及整形。

● 无年龄限制——昔日"婴儿潮"时期出生的人已变成六七十岁的老年人，他们需要大量符合他们需求的产品，而如今的市场却无法满足。费斯建议开发一种产品，如字体加大且容易使用的车载电话，可用于豪华车型（如宝马或英菲尼迪）。

● 专家便利——加入互联网可获得各种信息，那么专家可为大家提供更新的应用。波普科恩认为"专家不再仅仅从事科学研究"，人们已对亲身经历失去兴趣，希望多些虚拟体验。

● 移除与恢复——过去我们对于环境中的有害物质，一旦发现便进行消除，而生物学家近来指出其中一些对健康是有益的。因此波普科恩建议温泉养生场所应重新设计加以利用。

● 情绪调整——根据费斯的想法，我们将可以买到调整情绪的创意产品。通过某种生物性加强感应使我们变得更加自信、有吸引力或者更加适应形势。

资料来源：Adapted from "Faith Popcorn's Predictions for 2006," *Arizona Reporter*, http: //managecamp. typepad. com/brand_managecamp_weblog/files/faith_popcorn_2006_predictions. pdf（accessed October 10, 2006）.

创造力练习

假设你对客户投诉处理有很好的办法，可以节约公司时间与精力，但你的主管非常忙，不愿停下来倾听你的想法。

1. 用5分钟写下利用左脑功能（逻辑、分析等）的问题解决方案。
2. 用5分钟写下利用右脑功能（直觉、想象力等）的问题解决方案。
3. 对以上方案进行对比，合并其中两项或更多，形成独特且创新的解决方案。
4. 重复以上步骤解决工作或生活中面临的一个问题。

我们的社会以及教育制度主要针对那些逻辑、分析、推理等左脑技能发达的人进行奖励，而很少关注在实践中使用右脑技能。表5—5给出了几种开发左脑与右脑技能的方法。[29]

表5—5	开发左脑与右脑技能的几种方法
左脑技能	右脑技能
1. 按步骤规划你的工作和生活 2. 阅读各时期哲学、法律和逻辑方面的书籍 3. 对所有活动设定时间表 4. 利用计算机程序进行辅助 5. 对于将来的事物及状况深入想象，将细节视觉化 6. 练习画肖像、漫画、风景	1. 交谈或写作中使用明喻或暗喻来描述人和事 2. 不工作时把手表摘下，抛开时间的概念 3. 搁置你对想法、新认知、电影、电视节目等的最初判断 4. 记下你的预感、感觉、直觉，统计它们的准确率

消除心理阻碍

很多心理习惯阻碍了创造性思维。据估算，成年人仅利用了2%～10%的创造力。[30]人们往往迅速地对新的事物、人及想法做出判断，由于对变化的不适应而产生对新鲜想法的消极抵制。这些常见的心理习惯包括不定思维、寻求安全、墨守成规、概率思维。这些习惯或称**僵化思维**（mudding mind-sets）都会影响创造性的思考模式，应用不同的思考模式才能提升创造性思维。[31]

● **不定思维**（either/or thinking）。当今世界飞速变化，生活充满着大量不确定因素，人们在努力寻求稳定的同时常陷入困境之中。而具有创造力的人学着接受工与生活中的合理的不确定性。实际上，一些人正是在这样一个不确定的环境中成功发挥创造力，找到了乐趣所在。[32]

● **寻求安全**（security hunting）。人们试图做出准确的判断，采取正确的行动。正由于此，他们依靠平均、传统、概率理论来使风险最小化，这些做法是比较妥当的，但创新者必须承担一定的风险[33]，这些风险有时会导致他们失败。他们意识到这也是必然经历的一个环节，并从错误中学习，争取更大的创新成功。我们都知道爱迪生失败了无数次才找到正确的原材料发明出白炽灯泡。

● **墨守成规**（stereotyping）。虽然以平均数与固有模式常被认为不切实际，但是具有讽刺意味的是，在现实中确实有数据支持人们依靠它们来做决定。例如家庭主妇一般来说都是女性、平均 38 岁、5 英尺 4 英寸高、体重 120 磅、有两个小孩、一份兼职工作、14.5 年教育经历。当然若想找到一个人完全符合以上描述，概率非常小。也就是说，越是抽象、模式化，就越脱离现实。根据固有思维模式及平均法预测行为将导致对现实的扭曲。更重要的是，依赖这些抽象的不切实际的思维习惯会限制人们对真实事物以及发展趋势的感知。专家爱德华·德波诺（Edward deBono）认为需要调整思维提高创造力，新的思维模式才能有所创新。[34]

● **概率思维**（probability thinking）。人们努力寻求安全感的同时，往往依靠概率思维作出决定。过度依赖这一习惯，会对现实造成错误判断，阻止承担适当的风险，也就阻碍了创新。

专家认为概率理论的预测能力随事件重复次数增加而提高，如果人们希望得出多次掷骰子后得到数字 3 的概率，那么应用概率理论是有帮助的。但如果掷一次骰子希望获得 4，则概率理论没有太多价值可言。

创新中，人们追寻的机会或条件可能一生只出现一次，在单一事件中，直觉以及合理推测更有帮助，至少和逻辑及概率是一样的。[35]提高创造力的一个途径就是把生活看做 50/50 的游戏，应尝试一定的风险。下面的练习有助于消除僵化思维。

● 尝试在生活和工作中依靠直觉和预感来承担一些低风险行为，记下这些风险、统计结果和预测的准确率。例如在下次家庭扑克游戏中试着枪口抽牌。

● 改变方式，挑选一位你认为墨守成规的人与之交谈。

● 工作或生活中承担一些复杂的、无法保证结果的事情，进行预测，让自己生活在可控制的不确定中，留意自己是如何应对它们的。

● 当想到一个创意时，首先考虑积极的方面，其次是不利的方面，最后是感兴趣的方面。

● 倾听时，不要对别人的想法、信息马上作出判断，只是简单地去倾听。

● 尝试根据现有情况作出判断，也就是说不要让过去的经验以及对将来的估算影响决策。[36]

□ 创造力空间

请记住，人们天生具有创造力。有人随时随地都在使用它，也有人却早已将它们牢牢扼制。大部分人介于这两种情况之间。事实是人们并没有意识到自己发挥创造力的时间与方式，也没能把握每天工作中浮现的许多创造性机会。创造力专家威廉·米勒（William Miller）认为，当人们进行创造的时候，他们对此并不知情，忽略了很多机会。他建议应首先意识到正在进行的以及可能开展的创新。人们可通过以下七个方面发挥自己的创造力。
- 想法创新：提出新想法、新概念，如新产品、新服务、新解决方法。
- 形式创新：进行发明或设计，如一个产品、广告、报告、照片等。
- 组织创新：调整人员或项目的形式或结构，如新项目、新型业务、组成新的工作小组、调整小组制度与规章。
- 关系创新：以创新的方法实现合作与共赢。
- 事件创新：组织事务，如颁奖典礼、团队郊游、年会等，创造力体现为周围人的感叹、在场每个人的反应、一连串的惊喜、巧妙的策划等。
- 内在创新：改变内在的自我；接受不同的做法，多角度思考；促使心灵产生变化，或者找到新视角、新方法来看待事物，该视角与当前的截然不同。
- 自发性创新：无意识地或不假思索地开展行动，如会议上的巧妙回答、即席演讲、以快速简单的方式解决争议、达成交易时富于创造力的恳求等。[37]

□ 创造力的环境条件

适当的商业环境才能激发创造力。当条件不存在或不适宜时，企业不可能长期留住具有创造力的人才及管理者。以下是环境应具备的一些重要特征：
- 管理方面令人信赖，不对员工过度控制；
- 商业伙伴间开放的沟通渠道；
- 与外界广泛接触和交流；
- 企业成员性格多样化；
- 愿意接受改变；
- 乐于尝试新创意；
- 不担心失败带来的负面影响；
- 择优录用并提拔员工；
- 在鼓励创新方面应用一些技巧，如合理化建议和头脑风暴；
- 充足的资源，包括资金、管理资源、人力资源以及时间。[38]

创业历程

培养创造力

梦中的天空是什么颜色？你认为自己具有创造力吗？创造力被定义为一种创新的潜质或能量。人们天生具有创造力，发挥出你的创造力吧，大量财富的产生都是源于简单的一个设想。同样，你也可以！可使用多种练习方法提高创造力。

1. 头脑风暴！这是一种激发创新、解决问题的古老方法，但仍最有效。自1950年亚历克斯·奥斯本（Alex Osborn）提出这一概念后，整个企业界广泛采用，其规则非常简单：
- 大声说出或写下你所想到的每一个解决方法。
- 越稀奇古怪的想法越受欢迎。
- 不进行指责。
- 会后统一整理。

2. 异性相吸。这是一个有趣的想法：创意性解决法（synectics）强调把两个不相干的事物放在一起进行联想。例如，"想象一家没有服务员、餐桌或银餐具的餐馆"（麦当劳);"想象没有书或零库存的书店"(亚马逊网上书店);"想象没有工人的搬运车"(U-Haul租赁公司)。别再犹豫,赶快开始奇特的探索吧!

3. 思考孵化器(THINKubator)。杰拉尔德·哈曼(Gerald Haman)设计了这样一个娱乐场所,为商界人士、创业者、想要避开单调乏味的办公室以及无所事事的人,提供刺激大脑创新的环境,包括舒适的座椅、玩具、好玩的图片等。事实证明它非常受欢迎,哈曼已经在这里为宝洁、安达信公司等开发了大量新产品。

4. 触发创意。抽象画、励志名言、不完整的想法、小窍门等,这些都可以刺激大脑产生新的灵感。把它们放在经常看到的地方——例如冰箱上、仪表板上、电话旁等,你永远不知道它们将会带来哪些新想法。

5. 广泛联系。遇到过的人、去过的地方都蕴涵某种机会。关键是在机会来临前做好准备。咨询专家乔丹·亚恩(Jordan Ayan)建议人们提高自己的CORE,即好奇(curiosity)、开放(openness)、冒险(risk)、精力(energy),可通过研读时势、参加贸易博览会、广泛查阅并尝试新事物等方式。

6. 庆祝失败。不断地进行尝试。那些杀不死你的东西只会让你变得更强大。要敢于追求成功!明白了吗?不要为失败而灰心丧气,享受每一分钟!

7. 保持微笑。幽默是排解压力最好的方法。在创新中使用它。让迪士尼世界的角色与你一起完成商业计划书如何?让你最小的亲戚帮助你创新。幽默和开怀大笑一定可以激发你的创造力。

8. 挥洒汗水。是的,锻炼能让你的创新来源——脑内啡——不断涌出。你可以在散步时思考,或者在骑动感单车时阅读年终报告。用小本子随时记下所有的奇思妙想吧!

9. 记下最疯狂的梦。是否曾有人这样回答你?"就在你的梦中!"是的,请把它记录下来。梦境是释放创造力最好的地方。伊莱亚斯·豪(Elias Howe)曾做过一个梦,食人兽正用利刃刺向他的身体,由此联想,他发明了缝纫机。不要忽略白日梦或一闪而过的想法,下意识常会给你一些启发。

资料来源:Adapted from Nick D'Alto, "Think Big," *Business Start Ups* (January 2000): 61-65.

创新与创业者

创新是创业活动的关键。创业领域的专家大多认同彼得·德鲁克对创新的定义:"创新是创业特有的功能,赋予人力和物质资源以新的、更大的创造财富的能力。"[39]

创新(innovation)是创业者将机会(创意)市场化的过程,促进变革。[40]在本章前面的部分我们证明了创新过程始于一个创意的诞生,创意的来源是很重要的,创造性思维对于创意的开发意义重大。[41]空想的创意与通过思考、调查、尝试、实践所得出的创意是截然不同的。更重要的是,成功的创业者愿意对好的创意进行开发。因此创新包括产生好创意的视野、不懈的坚持、将想法转变为现实的决心。

☐ 创新过程

大多数创新都是有意识、有目标地寻找新机会的结果。[42]这一过程开始于对新机会来源的分析。德鲁克指出,创新应与实践相结合,创新者必须在实践中观察、询问和倾听。成功的创新者同时发挥左脑和右脑的功能。既研究数据,也观察人们的行为,分析什么样的创新才能满足机会的要求,然后去考察潜在用户,分析他们的想法、价值观以及需求。[43]

成功的创新是简单且聚焦的,是功能明确、设计清晰且周密的。通过创新可形成新的客户群与市场。现在的移动技术(手机)就是很好的例子,尽管其中蕴涵尖端的科技,使用起来却力求简单,面向的是希望拥有将各种技术应用整合于一体的产品的细分市场。

综上所述,创新更需要实干而非天分,正如爱迪生所说,"天才是1%的灵感加上99%的汗水。"创新者总是专注一个领域,就像爱迪生的全部发明都集中在电力领域一样。

创新的类型

创新包含四种基本类型(见表5—6),从彻底创新到产品服务的改进。以下四种类型按原创性排序:

- **发明**(invention):创造新颖或未曾尝试过的新产品、服务或流程。这种创新往往是革命性的。
- **拓展**(extension):对现有产品、服务、流程的扩展,实现不同的应用功能。
- **借鉴**(duplication):对现有产品、服务、流程的一种复制,不是简单的照搬,而是添加了创业者自己的创新想法,增强竞争力。
- **整合**(synthesis):汇总各种想法和因素进行创新,对现有新事物融会贯通,提炼出新用途。[44]

表5—6　　　　　　　　　　　创新行为的类型

类型	描述	举例
发明	全新的产品、服务、流程	莱特兄弟——飞机 爱迪生——电灯泡 贝尔——电话
拓展	对现有产品、服务、流程在新领域的应用	雷·克罗克——麦当劳 马克·扎克伯格——Facebook 巴里·斯特恩利希特——喜达屋酒店及度假村
借鉴	创造性地复制现有概念	沃尔玛——超市 捷威——个人电脑 必胜客——比萨餐厅
整合	汇总现有想法及各种因素,产生新模式或应用	弗雷德·史密斯——联邦快递 霍华德·舒尔茨——星巴克

对创新的误解

人们对创新这一概念存在许多偏见甚至误解,每个人对创新都有自己的看法。下面我们列出一些常见的错误观点,并加以解释。[45]

- 创新是经过规划的,且能够预测其结果。以前的观点认为,创新是研发部门按照计划进行的工作。实际上,创新是不可预期的,可能发生在任何人身上。

- 技术需求文档应事先准备妥当。在工程领域，正式实施前必须准备详尽的计划书。做好充分准备是对的，但可能会花费较长时间。一般采用的是尝试/检验/修改的方式。
- 创新是靠空想而来的。正如之前介绍过的，创造过程最重要的就是识别创新想法。成功创新的人注重实用性，他们将机会与现实紧密结合，并非简单的异想天开。
- 大型项目的创意更为优秀。这个观点一再被证明是错误的。目前，大公司鼓励员工成立小型工作小组，这样更有利于产生创新想法。在第3章我们曾分析了创新团队的重要性，一般通过小型团队从事创新项目。
- 技术是创新成功的驱动力。技术只是创新的来源之一。我们之前介绍过，创新想法的来源是多种多样的，技术只是主要的驱动力，并非唯一的成功因素。消费者或市场才是创新真正的驱动力，市场导向或基于消费者需求的创新才最有可能获得成功。

☐ 创新的原则

创业者需要掌握创新的原则，通过进行学习，把握住机会，才能实现创新。
- 实践导向。创新者必须主动寻找新想法、机会或创新来源。
- 要让产品、过程、服务简单易懂。要让人们容易接受和使用创新。
- 以消费者为基础。创新者必须时刻想着用户，掌握越多的客户需求，其创新被接受和应用的可能性越大。
- 从小做起。不要从一开始便想着大规模创新，从小事做起，适时地采取正确的方式逐步发展与完善。
- 目标远大。创新者应结合目标市场为成功设定远大目标。
- 尝试/检验/修改。采取这种方法将有助于找出产品、服务、流程中的不足之处。
- 从失败中学习。创新不一定会成功，失败往往也能引发创新。[46]
- 按计划进行。每个创新者应记录下重要问题的解决进程，尽管有时会先于或落后于日程计划，但进度表有助于项目的规划与评估。
- 奖励伟大创举。此项原则更多应用于激励创新活动，包括给予奖励和尊重。同时应容忍并接受一定程度的失败。创新应被视为伟大的创举，使公司找到属于自己的蓝海。
- 努力，努力，再努力。这是条简单而正确的原则，只有依靠不断努力，才能获得成功，而不是靠天才或诀窍。[47]

小结

本章我们介绍了创造性思维、创新的重要性，创业机会与识别创意所需的知识及学习之间的联系。我们还介绍了创意的来源、创新的过程、提高创造力的方法，读者可通过相关练习和建议逐步培养自己创造力。此外我们介绍了创造力的环境条件。

创新包含四种类型——发明、拓展、借鉴以及整合，本章最后指出了创新理解的误区以及创新的主要原则。

回顾与问题讨论

1. 描述一下创业者的机会识别过程。
2. 拥有的知识与学习能力对于机会的识别有多重要？
3. 创新想法的主要来源有哪些？请分别解释并举例。
4. 适应型与创新型创业者的区别有哪些？
5. 创新过程的四个阶段是什么？
6. 请说出开发创造力的四个步骤。
7. 用自己的语言对创新加以描述。
8. 请说出创新的四种类型。
9. 简要叙述创新的五个理解误区。
10. 区分并描述创新的五个原则。

体验式练习

培养你的创造力

为增强创造能力，应在以下方面不断提高：

1. 自我发展能力（自律、自我意识、自信、体力）。
2. 解决问题的技巧（问题识别等）。
3. 思维流畅（想法或创意的数量）。
4. 思维敏捷（方法变换）。
5. 原创性（与众不同的想法与创意）。

最好能够从几件小事做起，让它们同时进行。依照下面的步骤，并且使用工作表来设计个人创新方案。

1. 从上面列出的五个方面中选择一个（如思维流畅）。
2. 设定具体的目标（如提高工作中运用逻辑和直觉解决问题的能力）。
3. 确定这项任务所用的时间（如每周三小时）。
4. 确定提高此项能力的时间（如一个月或两个月）。
5. 决定应采取的行动以及提高思维流畅这项锻炼所做的练习（如造句、构思、冥想、暂缓作出判断等）。
6. 列出计划大纲（也就是每周的天数，每天的时间、地点、要做的具体事情）。
7. 完成计划后进行总结，然后在五项中再挑选一项进行锻炼。

个人创新计划工作表

想要提高的方面＿＿＿＿＿＿＿＿＿＿＿＿＿＿＿＿＿＿＿＿＿＿＿＿＿＿＿＿＿＿＿＿＿＿＿

具体目标＿＿＿＿＿＿＿＿＿＿＿＿＿＿＿＿＿＿＿＿＿＿＿＿＿＿＿＿＿＿＿＿＿＿＿＿＿

＿＿

每周计划小时数＿＿＿＿＿＿＿＿＿＿＿＿＿＿＿＿＿＿＿＿＿＿＿＿＿＿＿

持续时间＿＿＿＿＿＿＿＿＿＿＿＿＿＿＿＿＿＿＿＿＿＿＿＿＿＿＿＿＿

行为/练习＿＿＿＿＿＿＿＿＿＿＿＿＿＿＿＿＿＿＿＿＿＿＿＿＿＿＿＿

计划大纲

每周的天数				
每天的时间				
地点				
具体行为				

开始创建商业计划书

展示你的商业构想：执行摘要

使用本章的创新原则，识别出潜在机会，开始构思商业运作，并将它们以清晰易懂、令人信服的方式表达出来。执行摘要可以与某个新创意相关，也可以是你仔细考虑过的某个想法。根据老师的要求，可以将整个构思直接写下来，或者利用商业计划书工具如 LivePlan。

执行摘要可以使创业者与朋友圈、同事以外的人们进行沟通，更加实际地认识自己的商业构想，以及寻找潜在市场。摘要的主要内容可以采取不同的形式，但要向投资者介绍你自己、你的产品、你的客户。企业及消费者特征、价值主张、市场状况以及相关内容都可写入执行摘要中。作为对自己商业构想的一项测试，可更多地考虑用一分钟演讲来进行清晰阐述，而不是使用完美的商业计划书形式。

注释

1. S Venkataraman, "The Distinctive Domain of Entrepreneurship Research," in *Advances in Entrepreneurship, Firm Emergence, and Growth*, vol. 3, ed. J. A. Katz (Greenwich, CT: JAI Press, 1997): 119–38.

2. Dean A. Shepherd and Dawn DeTienne, "Prior Knowledge, Potential Financial Reward, and Opportunity Identification," *Entrepreneurship Theory and Practice* 29, no. 1 (January 2005): 91–112; Ivan P. Vaghely and Pierre-André Julien, "Are Opportunities Recognized or Constructed? An Information Perspective on Entrepreneurial Opportunity Identification," *Journal of Business Venturing* 25, no. 1 (2010): 73–86; Jintong Tang, K. Michele (Micki) Kacmar and Lowell Busenitz, "Entrepreneurial Alertness in the Pursuit of New Opportunities," *Journal of Business Venturing* 27, no. 1 (2012): 77–94; and Dave Valliere, "Towards a Schematic Theory of Entrepreneurial Alertness," *Journal of Business Venturing*, (in press).

3. A Ardichvili, R. Cardozo, and S. Ray, "A Theory of Entrepreneurial Opportunity Identification and Development," *Journal of Business Venturing* 18, no. 1 (2003): 105–23; Andranik Tumasjan and Reiner Braun, "In the Eye of the Beholder: How Regulatory Focus and Self-Efficacy Interact in Influencing Opportunity Recognition," *Journal of Business Venturing* 27, no. 6 (2012): 622–36; and Dean A. Shepherd, J. Michael Haynie and Jeffery S. McMullen, "Confirmatory Search as a Useful Heuristic? Testing the Veracity of Entrepreneurial Conjectures," *Journal of Business Venturing* 27, no. 6 (2012): 637–51.

4. Andrew C. Corbett, "Experiential Learning within the Process of Opportunity Identification and Exploitation," *Entrepreneurship Theory and Practice* 29, no. 4 (2005): 473–91; and Andrew C. Corbett,

"Learning Asymmetries and the Discovery of Entrepreneurial Opportunities," *Journal of Business Venturing* 22, no. 1 (2007): 97–118.

5. Lloyd W. Fernald, Jr., "The Underlying Relationship between Creativity, Innovation, and Entrepreneurship," *Journal of Creative Behavior* 22, no. 3 (1988): 196–202; Thomas B. Ward, "Cognition, Creativity, and Entrepreneurship," *Journal of Business Venturing* 19, no. 2 (March 2004): 173–88; and Michael M. Gielnik, Michael Frese, Johanna M. Graf, and Anna Kampschulte, "Creativity in the Opportunity Identification Process and the Moderating Effect of Diversity of Information," *Journal of Business Venturing* 27, no. 5 (2012): 559–76.

6. Timothy A. Matherly and Ronald E. Goldsmith, "The Two Faces of Creativity," *Business Horizons* (September/October 1985): 8; see also Bruce G. Whiting, "Creativity and Entrepreneurship: How Do They Relate?" *Journal of Creative Behavior* 22, no. 3 (1988): 178–83.

7. Michael Kirton, "Adaptors and Innovators: A Description and Measure," *Journal of Applied Psychology* (October 1976): 622–29.

8. E. Holly Buttner and Nur Gryskiewicz, "Entrepreneurs' Problem-Solving Styles: An Empirical Study Using the Kirton Adaption/Innovation Theory," *Journal of Small Business Management* (January 1993): 22–31.

9. See Edward deBono, *Serious Creativity: Using the Power of Creativity to Create New Ideas* (New York: HarperBusiness, 1992).

10. Eleni Mellow, "The Two Conditions View of Creativity," *Journal of Creative Behavior* 30, no. 2 (1996): 126–43; Anit Somech and Anat Drach-Zahavy, "Overcoming Resistance to Change and Enhancing Creative Performance," *Journal of Management (in press)*.

11. H. J. Eysenck, *Genius: The Nature of Creativity* (New York: Cambridge University Press, 1995); and B. Taylor, *Into the Open: Reflections on Genius and Modernity* (New York: New York University Press, 1995);

12. Teresa Amabile, "How to Kill Creativity," *Harvard Business Review* 76 (September/October 1998): 77–87.

13. See Dale Dauten, *Taking Chances: Lessons in Putting Passion and Creativity in Your Work Life* (New York: New Market Press, 1986); Dimo Dimov, "Grappling with the Unbearable Elusiveness of Entrepreneurial Opportunities," *Entrepreneurship Theory and Practice* 35, no. 1 (2011): 57–81.

14. Edward deBono, *Six Thinking Hats* (Boston: Little, Brown, 1985); and Edward deBono, "Serious Creativity," *The Journal for Quality and Participation* 18, no. 5 (1995): 12.

15. For a discussion of the development of creativity, see Eugene Raudsepp, *How Creative Are You?* (New York: Perigee Books, 1981); Arthur B. Van Gundy, *108 Ways to Get a Bright Idea and Increase Your Creative Potential* (Englewood Cliffs, NJ: Prentice Hall, 1983); and Roger L. Firestien, *Why Didn't I Think of That?* (Buffalo, NY: United Education Services, 1989).

16. T. A. Nosanchuk, J. A. Ogrodnik, and Tom Henigan, "A Preliminary Investigation of Incubation in Short Story Writing," *Journal of Creative Behavior* 22, no. 4 (1988): 279–80.

17. W. W. Harman and H. Rheingold, *Higher Creativity: Liberating the Unconscious for Breakthrough Insights* (Los Angeles: Tarcher, 1984); and Daniel Goleman, Paul Kaufman, and Michael Ray, *The Creative Spirit* (New York: Penguin Books, 1993).

18. See J. Conrath, "Developing More Powerful Ideas," *Supervisory Management* (March 1985): 2–9; Denise Shekerjian, *Uncommon Genius: How Great Ideas Are Born* (New York: Viking Press, 1990); and Keng L. Siau, "Group Creativity and Technology," *Journal of Creative Behavior* 29, no. 3 (1995): 201–16.

19. Deborah Funk, "I Was Showering When …," *Baltimore Business Journal* 12, no. 46 (March 1995): 13–14.

20. For more on idea development, see A. F. Osborn, *Applied Imagination*, 3rd ed. (New York: Scribner's, 1963); William J. Gordon, *Synectics* (New York: Harper & Row, 1961); and Ted Pollock, "A Personal File of Stimulating Ideas, Little-Known Facts and Daily Problem-Solvers," *Supervision* 4 (April 1995): 24.

21. Martin F. Rosenman, "Serendipity and Scientific Discovery," *Journal of Creative Behavior* 22, no. 2 (1988): 132–38.

22. For more on implementation, see John M. Keil, *The Creative Mystique: How to Manage It, Nurture It, and Make It Pay* (New York: Wiley, 1985); and James F. Brandowski, *Corporate Imagination Plus: Five Steps to Translating Innovative Strategies into Action* (New York: The Free Press, 1990).

23. J Wajec, *Five Star Minds: Recipes to Stimulate Your Creativity and Imagination* (New York: Doubleday, 1995); and Frank Barron, *No Rootless Flower: An Ecology of Creativity* (Cresskill, New Jersey: Hampton Press, 1995).

24. See Dale Dauten, *Taking Chances: Lessons in Putting Passion and Creativity into Your Work Life* (New York: Newmarket Press, 1986); and Gary A.

Davis, *Creativity Is Forever* (Dubuque, IA: Kendall/Hunt, 1986).

25. Sidney J. Parnes, *Visionizing: State-of-the-Art Processes for Encouraging Innovative Excellence* (East Aurora, NY: D.O.K., 1988).

26. See E. Paul Torrance, *The Search for Sartori and Creativity* (Buffalo, NY: Creative Education Foundations, 1979); Erik K. Winslow and George T. Solomon, "Further Development of a Descriptive Profile of Entrepreneurs," *Journal of Creative Behavior* 23, no. 3 (1989): 149–61; and Roger von Oech, *A Whack on the Side of the Head* (New York: Warner Books, 1998).

27. Tony Buzan, *Make the Most of Your Mind* (New York: Simon & Schuster, 1984).

28. Weston H. Agor, *Intuitive Management: Integrating Left and Right Brain Management Skills* (Englewood Cliffs, NJ: Prentice Hall, 1984); Tony Buzan, *Using Both Sides of Your Brain* (New York: Dutton, 1976); and D. Hall, *Jump Start Your Brain* (New York: Warner Books, 1995).

29. For more on this topic, see Jacquelyn Wonder and Priscilla Donovan, *Whole-Brain Thinking* (New York: Morrow, 1984), 60–61; see also: Maw-Der Foo, "Emotions and Entrepreneurial Opportunity Evaluation," *Entrepreneurship Theory and Practice*, 35, no. 2 (2011): 375–93; and Isabell M. Welpe, Matthias Spörrle, Dietmar Grichnik, Theresa Michl, and David B. Audretsch, "Emotions and Opportunities: The Interplay of Opportunity Evaluation, Fear, Joy, and Anger as Antecedent of Entrepreneurial Exploitation," *Entrepreneurship Theory and Practice*, 36, no. 1 (2012): 69–96.

30. Doris Shallcross and Anthony M. Gawienowski, "Top Experts Address Issues on Creativity Gap in Higher Education," *Journal of Creative Behavior* 23, no. 2 (1989): 75.

31. Vincent Ryan Ruggiero, *The Art of Thinking: A Guide to Critical and Creative Thought* (New York: HarperCollins, 1995).

32. David Campbell, *Take the Road to Creativity and Get Off Your Dead End* (Greensboro, NC: Center for Creative Leadership, 1985).

33. James O'Toole, *Vanguard Management: Redesigning the Corporate Future* (New York: Berkley Books, 1987).

34. Edward deBono, *Lateral Thinking: Creativity Step by Step* (New York: Harper & Row, 1970).

35. Zoa Rockenstein, "Intuitive Processes in Executive Decision Making," *Journal of Creative Behavior* 22, no. 2 (1988): 77–84.

36. Adapted from deBono, *Lateral Thinking*; and Eugene Raudsepp, *How to Create New Ideas: For Corporate Profit and Personal Success* (Englewood Cliffs, NJ: Prentice Hall, 1982).

37. William C. Miller, *Flash of Brilliance* (Reading, PA: Perseus Books, 1999).

38. Karl Albrecht, *The Creative Corporation* (Homewood, IL: Dow Jones-Irwin, 1987); see also William C. Miller, *The Creative Edge: Fostering Innovation Where You Work* (New York: Addison-Wesley, 1987); K. Mark Weaver, "Developing and Implementing Entrepreneurial Cultures," *Journal of Creative Behavior* 22, no. 3 (1988): 184–95; American Management Association, *Creative Edge: How Corporations Support Creativity and Innovation* (New York: AMA, 1995); D. Leonard and S. Straus, "Putting the Company's Whole Brain to Work," *Harvard Business Review* 75 (July/August 1997): 111–21; and J. Hirshberg, *The Creative Priority* (New York: Harper & Row, 1998).

39. Peter F. Drucker, *Innovation and Entrepreneurship* (New York: Harper & Row, 1985), 20.

40. Nina Rosenbusch, Jan Brinckmann, and Andreas Bausch, "Is Innovation Always Beneficial? A Meta-analysis of the Relationship Between Innovation and Performance in SMEs," *Journal of Business Venturing*, 26, no. 4 (2011): 441–57; Robert A. Baron, Jintong Tan, "The Role of Entrepreneurs in Firm-level Innovation: Joint Effects of Positive Affect, Creativity, and Environmental Dynamism," *Journal of Business Venturing* 26, no. 1 (2011): 49–60; Jeroen P. J. de Jong, "The Decision to Exploit Opportunities for Innovation: A Study of High-Tech Small-Business Owners," *Entrepreneurship Theory and Practice*, (in press).

41. Peter F. Drucker, "The Discipline of Innovation," *Harvard Business Review* (May/June 1985): 67–72.

42. See Peter L. Josty, "A Tentative Model of the Innovation Process," *R & D Management* (January 1990): 35–44.

43. Drucker, "The Discipline of Innovation," 67.

44. Adapted from Richard M. Hodgetts and Donald F. Kuratko, *Effective Small Business Management*, 7th ed. (Fort Worth, TX: Harcourt College Publishers, 2001), 21–23.

45. Adapted from Drucker, *Innovation and Entrepreneurship*; and Thomas J. Peters and Nancy J. Austin, *A Passion for Excellence* (New York: Random House, 1985).

46. For a good example, see Ronald A. Mitsch, "Three Roads to Innovation," *Journal of Business Strategy* (September/October 1990): 18–21.

47. William Taylor, "The Business of Innovation," *Harvard Business Review* (March/April 1990): 97–106.

第 6 章

创业机会的评估

> **创业思维**
>
> 从事一件伟大的事而不犯任何错误,这已超出人的能力……勇敢且理智的人会从失败中吸取教训。
>
> ——米尼修斯(Minicius,公元前 209 年)

本章重点

1. 分析新创企业面临的挑战
2. 列举创建新企业时易犯的错误
3. 分析新创企业发展的关键因素
4. 分析新创企业失败的原因
5. 研究创业成功的关键因素
6. 介绍创业机会的评估方法:特征分析法、可行性标准法、全面可行性分析法
7. 介绍全面可行性分析法所涉及的内容

新创企业面临的挑战

在过去 20 年,新创企业的数量居高不下。数据显示,自 20 世纪 90 年代中期以来,美国每年新增 60 多万家企业,也就是说每天约有 1 500 家企业成立。此外,有关创业的想法创历史新高,每年美国专利局可收到 50 万件专利申请。[1]

创业的原因多种多样,一项研究分析归纳了七个理由:(1)寻求认同;(2)独立;(3)个人发展;(4)福利(慈善)方面的考虑;(5)追求财富;(6)降低税额,获得间接收益;(7)遵从角色分配。[2]这些动机同我们在第 3 章创业思维中讲到的非常相似。学者们认为创业动机通常和创业者个人特征、环境以及企业本身相关。这些因素的复杂性为创业机会评估增添了很大难度。最近的一项研究发现,启动阶段所开展

的活动对创业人士非常重要。具有成功经验的创业者"在实际运作中更加具有进取心，积极扩大业务：寻找场地与设备、获得资金支持、注册法人实体、组建团队、购置设施设备、为企业倾注全部时间。他们异常忙碌，比那些没有创业经验的人从事更多的事情，仿佛希望通过这种方式，使日复一日付出的努力能够尽快占领市场（94％的创业者的观点）和获得盈利（50％的创业者的观点）"。[3] 另一项研究采用定量和定性的方法分析了影响新创企业成败的管理因素，结果显示，企业初创时的资源不具有可比性，对于成功企业来说，专业建议、准备详尽可行的创业计划更重要。[4] 此外，还有一项研究指出与早期利益相关者建立联系是企业生存的先决条件。[5] 库珀（Arnold C. Cooper）指出，预测创业绩效可能遇到的困难包括环境因素（新产品或服务的风险、市场狭小、稀缺资源）、创业者个人目标及设定过程（创业的理由）以及企业自身的多样性（不同的规模与能力）[6]，如图6—1所示。最近的研究都强调创业者与组织匹配的重要性，即个体的认知能力需要与企业相匹配。[7]

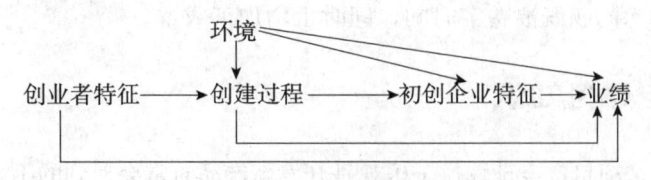

图6—1 创业的影响因素

资料来源：Arnold C. Cooper, "Challenges in Predicting New Firm Performance," *Journal of Business Venturing* (May 1993): 243. Reprinted with permission.

在研究创业时，我们很难获得从创立、运作到失败整个过程的真实数据，只能通过电话和邮件方式对企业所有者、员工、竞争对手进行调查以了解其销售额、利润、技术、市场占有率等信息。[8] 因此研究结果并不代表所有企业或整个行业的情况。也正是由于这个原因，研究结果积累得越多，对于创业企业评估就越有帮助。

要知道，新创企业的评估始于创意产生和风险选择阶段。而大多数对新创企业发展的研究则从创业企业的建立开始。一家成熟的新公司是指拥有一个或以上创业者、正在进行产品或服务的销售、已获得正式的资金支持且至少拥有一名员工的公司。[9]

从开发创意到新企业产生，真正的挑战在于开发与成长。为此创业者需深刻理解决定创业时应考虑的重要因素、创业企业失败的普遍原因以及有效的评估过程。

选择创建新企业时易犯的错误

首先应分析的是创业决策是否正确，将创意转化为商业构想的过程非常重要，以下是六种最容易出现的错误。

□ 缺乏客观的评估

创业者有时往往不切实际，工程师和技术人员经常会沉迷于一个产品或服务的创意，而忽略对整体设计或方案的审查，避免这种错误的办法是对所有构思进行周密的研究和分析。[10]

☐ 对市场缺乏了解

很多创业者对市场营销缺乏足够的重视，在管理上缺乏远见。[11] 此外，他们对产品生命周期并不了解，这对推介新产品或新服务来说是必须考虑的。

没有任何产品能够马上盈利，或者持久畅销。创业者应了解新产品的生命周期，把握正确的时机，使产品在市场中取胜。时效性非常重要，行动太早或太晚都会导致失败。

☐ 对技术需求认识不够

一般来说，新产品的开发涉及多种新技术，失败往往是因为没有预料到开发或生产可能遇到的技术难题。在启动创业前必须对整个项目进行彻底且准确的研究，意料之外的技术问题既浪费了时间，同时也增加了成本。

☐ 缺乏财务知识

对整个项目资金预算过于乐观是开发新产品时常会遇到的困难。创业者有时会忽略某项成本或是对调研计划准备得不够充分，此外在开发成本方面低估50%的情况并不算少数。

☐ 缺乏独特性

创业企业应具有自己的独特之处。**独特性**（uniqueness）是指产品设计能够吸引顾客，使性能或服务超过竞争对手。在市场竞争中，最好的方法就是让客户意识到这种产品的差异。当他们认识到产品优点时，价格便不再是主要问题。保持产品独特性能够获得差异化带来的竞争优势。

☐ 缺乏法律认知

创业必须符合法律规定。一是确保工作场所的安全；二是提供安全可信的产品和服务；三是通过专利、商标及版权保护发明及产品。忽略这些可能引发较大问题。

创业实践

eBay 上的创业

毫无经验的创业者可以加入 eBay 平台，因为在这里开展业务十分容易。2011 年，eBay 拥有 1 亿名活跃用户，在这个网络平台上实现了 1 500 亿美元的交易量。通过以下步骤，你也可以通过自己的方式成功开始 eBay 业务。

市场调研。 通过 eBay 进行销售不需要实际的体力工作，为了选择合适的市场，应研究正在销售的产品类别下的商品数量。市场调研是 eBay 提供的可订阅的工具，帮助你汇总产品的历史价格信息。

建立专长。你的业务越专业，客户对产品就越信任，回答问题所花费的时间也就越少。大多数卖家从二手物品开始，最终，成功的eBay卖家能够开发出细分市场，实现较大的收益。

访问帮助页面。刚开始进行eBay业务时，总会在不经意间出现失误，但是之前的人们已经把问题分享出来了。通过访问eBay的帮助页面，或阅读论坛文章，成功卖家的反馈与建议将对你有所帮助。

业务投资。如果想通过eBay卖掉家中的二手物品，则无须进行投资。当业务增长时，可让一台电脑单独用于eBay交易，便于计算税款；其次，控制好邮件重量以便节省在邮局排队等候的时间；最后需要的是一部较好的相机，因为放置低像素的商品图片会影响顾客对商品品质的判断。

形成体系。对于任何业务来说，制度与流程非常重要。标准化模板或是购置eBay卖家工具包有助于交易流程的顺畅。此外，应建立良好的沟通渠道，及时解决客户的问题与投诉，避免问题升级。

提供在线支付。95%的买家喜欢在线支付方式，也有顾客喜欢通过个人支票以及汇票方式，允许客户使用多种方式进行支付可使不熟悉在线购物的客户感觉更便利。

了解自己的账务。如果多次发布商品，eBay支付列表以及最终费用会相应增加；即使这样，比起传统的广告成本，它也是微乎其微的。如果希望产品采取拍卖的方式，则需要缴纳更高的卖方费用平衡成本。

管理客户期望值。少承诺，多兑现，以此保证客户不会对产品失望，尽可能直截了当。如果你已看到产品不完美，那么顾客也会注意到。提供无条件的保障，给购买者留有余地，避免因物流或不实陈述导致出现较大危机。

资料来源：Adapted from Marcia Layton Turner, "Get Sold on eBay," *Entrepreneur*, March 2008, http://www.entrepreneur.com/magazine/entrepreneur/2008/march/190186.html (accessed March 16, 2008); and E-Bay's 2011 Annual Report, http://www.shareholder.com/visitors/DynamicDoc/document.cfm?DocumentID=3008&CompanyID=ebay&zid=dce8ff6f (accessed April 10, 2012).

新创企业发展的关键因素

新创企业评估包括几个**关键因素**（critical factors）。可根据表6—1对它们进行识别与评估。其实，仅通过这样的问卷方式过于笼统，应针对企业情况进行具体分析。

表6—1　　　　　　　　　新创企业核对清单

企业基本条件
1. 产品或服务是否可行？
2. 产品或服务是否合法？

企业竞争优势
1. 产品或服务具有哪些竞争优势？
2. 其他公司的优势有哪些？
3. 竞争者将作何反应？
4. 最初的竞争优势如何保持？

购买决策
1. 企业的客户群特征如何?
2. 单一客户的购买力以及客户数量是多少?
3. 客户所在地理位置分布情况如何?如何为他们提供产品和服务?

商品及服务的营销
1. 广告及销售方面的预算是多少?
2. 市场份额有多大?何时才能获得?
3. 谁来负责销售?
4. 价格如何设定?与竞争产品相比如何?
5. 布局有多重要?其决定因素有哪些?
6. 采用哪些分销渠道——批发、零售、代理、直邮?
7. 销售目标是什么?何时能达到?
8. 开始运营前能否接到订单?订量是多少?与总量的关系如何?

产品及服务的生产
1. 自己生产还是仅贩卖产品,或者两者相结合?
2. 供应商的价格是否合理?
3. 生产交付期是多久?
4. 厂房租期是否充裕?
5. 所需设备能否准时到位?
6. 在厂房建设、结算、保险等方面有何特殊问题?如何解决?
7. 质量如何保证?
8. 如何处理退货及售后服务?
9. 如何控制失窃、浪费、损坏与废料?

企业人员安排
1. 如何保证每个岗位都发挥其作用?
2. 应雇用什么样的员工?什么时候雇用?如何找到并留下他们?
3. 需要银行专家、律师、会计师或其他顾问吗?
4. 如果关键人物离职,如何替补?
5. 是否需要制定专门的福利计划?

企业控制
1. 需要记录哪些信息?何时记录?
2. 是否需要特殊的控制?这些控制因素有哪些?谁来负责?

企业财务
1. 研发需要多少资金?
2. 启动需要多少资金?
3. 运营需要多少资金?
4. 资金来源是什么?不足的话怎么办?
5. 预算中的哪些费用是最不确定的?
6. 如何实现收支平衡?其他同行企业的情况如何?
7. 多久能收回投资?采取的方式是什么?
8. 需要银行做什么?银行会作何反应?

资料来源:Karl H. Vesper, *New Venture Strategies*, (Revised Edition), 1st Edition, © 1990. Reprinted by permission of Pearson Education, Inc., Upper Saddle River, NJ.

新创企业通常经历三个发展阶段:创建前、创建中和创建后。创建前阶段是从创意的产生到正式开张营业的过程;创建中阶段是从开展销售活动实现产品或服务的交付到企业摆脱初期生存危机步入良性发展的阶段;创建后阶段则一直持续到企业实体结束或创业者不再对企业控制及管理为止。

本章主要涉及前两个阶段,它们都是创业的关键阶段,其中涉及五个重要因素:(1)独特性;(2)投资规模;(3)预期的销售增长或在创建中阶段的利润率;(4)产品可得性;(5)客户可得性。

□ 独特性

创业企业的独特性可有多种形式。独特性与创建前阶段的创新数量有关,所体现出的差异既要考虑新产品或服务流程所涉及的技术需求,同时也要满足新细分市场的需求。企业应长期保持独特性,始终具有自己的特色,从而区别于其他企业。例如,企业应考虑如何持续性地保证新产品、新技术与新市场;现有产品、技术与市场能否维持企业今后的发展。

□ 投资规模

创业企业所需资金投入千差万别,有的行业10万美元就足够了,有的行业则至少需要数百万美元的启动资金。一些行业只有靠规模才能取胜,如在印刷业,可以选择从小企业做起,慢慢壮大,但是对于航空业,前期资金是巨大的。

另一个与投资相关的问题是资金的使用范围及时间。确定投资金额时,创业者应考虑:行业发展空间是否足以保持盈亏平衡,从而收回初期投入的较高固定资本?创业者能否获得充足的储备资金用于保护前期的投资?能否以恰当的方式利用各种机会?创业者是否具有行业及创业经验从而避免财务风险?[12]

□ 销售增长

创建中阶段的**销售增长**(growth of sales)也是评估的重要因素之一。主要问题包括:新创企业预期会有怎样的销售额或利润增长模式?收入与利润是缓慢增长还是保持短期平稳发展?在销量保持中低速增长的同时能否获得较高利润?高收入能否带来高利润?如果初期利润有限,那么长久发展下去能否获得高利润?考虑这些问题时请将企业与下面的类型进行匹配,一般来说,这三种类型涵盖了大多数企业的情况。

- **生活方式型企业**(lifestyle ventures)。创业是为了实现独立、自治以及自主控制。创业者是为了追求多样化且舒适的生活而创业,对收入和利润的要求较低。
- **小型营利性企业**(small profitable ventures)。这种类型的企业主要考虑财务问题,但同样看重自治和实现自主控制。创业者不追求企业收入最大化,那样会出让企业的部分所有权,或者削弱他们对现金流量及利润的全部控制权。这样,便可长久运营下去。
- **高增长企业**(high-growth ventures)。希望最大限度地扩大收入与利润,吸引风险投资以及公共或私人基金。[13]

□ 产品可得性

产品可得性(product availability)是企业成功的关键。企业在运营初期就应保证产品或服务的可得性。很多企业在这方面存在许多问题，如产品或服务仍处于开发阶段，需要进一步改进或测试；也有一些企业，由于把产品过早地投向市场，而不得不做更多的工作来弥补，如软件企业，由于测试不充分，使用后出现很多错误与缺陷，引发顾客指责。如果由于产品准备不充分造成使用中的各种问题，影响使用效果，那么将破坏企业声誉，难以获得利润。

□ 客户可得性

成功创业的企业在保证产品可得性的同时也考虑**客户可得性**（customer availability）。一种可能出现的极端情况是，客户在产品或服务交付前先付钱；另一种极端情况是，企业已开始运营，却不了解真正的客户在哪里，谁会来购买自己的产品。创业者应留出寻找目标客户、了解其购买习惯这一过程的时间。一位学者这样说道：

> 不重视市场是很危险的，创业成功有两个基本要素：首先，要有客户愿意购买你的产品和服务，且价格已包含利润；其次，你必须实际生产并交付产品或服务。越是脱离这两个要素，企业面临的风险就越大，消除这种风险所花费的时间就越久。[14]

新创企业失败的原因

每年都有大量资金用于创业，这些新企业中大部分在一两年内便结束运营，成功的企业仅占很小比例。研究发现失败大多源于创业者的控制不当。

一项涉及 250 家高科技企业的研究发现了三类导致失败的原因：产品/市场问题、财务危机问题以及管理问题。[15]

产品/市场问题包括：

- 时机不当。由于过早地投入市场导致失败的案例占 40%。
- 产品设计缺陷。尽管这也与时机有关，但产品设计与开发已成为企业初期发展的关键因素；一旦产品或服务的重要成分发生变化，就会导致失败。
- 分销策略不当。无论是基于委托代销方式，还是通过展销会的直销方式，分销策略都应以产品及客户为基础。
- 定位不清晰。由于核心业务不确定，导致企业无法稳定发展。
- 过度依赖单一消费群。这会导致企业无法实现多元化，削弱竞争力，最终导致失败。

财务危机问题包括：

- 初始投资不足。案例中 30% 的企业由于投资不足而失败。
- 过早举债。企业过早负债，且金额巨大，最终引发债务危机。
- 风险资本的关系问题。由于目标、愿景、动机不同，创业者与风险投资方出现分歧。

管理问题包括：

● 团队理念。此类问题包括：（1）凭关系雇用与晋升，而不是靠素质和能力；（2）与上游企业或风险投资方关系紧张；（3）创始人过于关注自己的劣势而非强项；（4）专业上缺乏竞争力。

● 人力资源问题。企业创始人的自我膨胀、员工关系紧张以及其他控制因素等均可导致创业失败。研究还揭示出以下几个问题：（1）回扣以及由此产生的解雇，丧失了客户资源；（2）风险投资人以及企业领导者的欺诈行为；（3）创业者与风险投资家之间的口头协议失效；（4）围绕终止时间的拖沓性诉讼。

在一项针对成功企业（从世界500强企业中选出）的研究中，学者们对启动阶段遇到的重大问题进行了分析和系统归纳。表6—2列举了新企业在第一年中遇到的各种问题。他们还对比了这些成功企业的所有者当前面临的难题，从而探究初创企业得以避免的方法。研究发现，在启动阶段，问题涉及销售/营销（38%）、获得外部资金（17%）、内部财务管理（16%）、一般管理（11%）。在**成长阶段**（growth stage）的问题主要有：销售/营销（22%，低于启动阶段）、内部财务管理（21%）、人力资源管理（17%）、一般管理（14%）、环境（8%，启动阶段仅为1%）、组织结构/设计（6%）。[16] 对于创业者来说，以上问题对企业发展构成较大威胁，应充分认识这一点。

表6—2　　　　　　　　　　创业企业第一年所遇到的问题

1. 获得外部资金
   难以获得企业发展所需资金
   其他融资问题
2. 内部财务管理
   周转资金不足
   现金流量问题
   其他财务管理问题
3. 销售/营销
   销售低迷
   依赖一个或少数几个客户
   营销或分销渠道问题
   促销/公关/广告问题
   其他营销问题
4. 产品研发
   产品/服务的研发
   其他研发问题
5. 生产/运营管理
   实施质量管理或保障
   原材料/资源/供应
   其他生产/运营管理问题
6. 一般管理
   缺乏管理经验
   缺人手/缺时间
   管理/控制企业成长
   行政管理问题
   其他一般管理问题
7. 人力资源管理
   招募/甄选
   轮岗/留用

  满意度/士气
  员工发展
  其他人力资源管理问题
8. 经济环境
  经济萧条/衰退
  其他经济环境问题
9. 监管环境
  保险

资料来源：David E. Terpstra and Philip D. Olson, "Entrepreneurial Start-Up and Growth: A Classification of Problems," *Entrepreneurship Theory and Practice* (Spring 1993): 19. Reproduced with permission of John Wiley & Sons Ltd.

  一项研究针对处于创业不同阶段的645位创业者，根据其所面临的内外部问题进行了汇总分析。[17] **内部问题**（internal problems）包括：资金数量（15.9%）、现金流量（14.9%）、设施/设备（12.6%）、库存控制（12.3%）、人力资源（12.0%）、领导力（11.1%）、组织结构（10.8%）、会计系统（10.4%）。**外部问题**（external problems）包括：客户联系（27.3%）、市场知识（19.3%）、营销计划（14.4%）、选址（11.1%）、定价（8.4%）、产品设计（7.6%）、竞争对手（6.3%）、业务拓展（5.5%）。研究人员发现，竞争强度而非所处生命周期阶段是改变问题领域相对重要性的关键所在。因此，创业者不仅要了解企业在**启动阶段的问题**（start-up problems），而且要认识到竞争的激烈化会调整这些问题的相对重要性。

  安德鲁·扎克克斯（Andrew Zacharakis）、德尔·梅尔（G. Dale Meyer）和朱利奥·德卡斯特罗（Julio DeCastro）三位学者在一项研究中，对新创企业失败的原因提出了不同的看法。他们通过将创业者与风险投资家对比来分析造成企业失败的内外部影响因素，发现创业者通常将失败归因于内部因素（89%）：缺乏管理经验、管理战略不当、缺乏资金、时机、缺乏前瞻性。而风险投资家也同样将失败归于内部因素（84%）：缺乏管理经验、管理战略不当以及缺乏资金。此外，排名第四的主要原因来自一个外部因素——外部市场条件欠佳。[18]

  除了以上三项对创业失败原因的研究，还有一项研究根据这些企业的财务数据设计了一个**失败预测模型**（failure prediction model），指出财务失败主要体现在初始负债过重以及收入过低方面。如表6—3所示，通过减少负债以及增加收入可降低失败的风险。此外，研究还发现风险与企业规模相关。模型的具体应用包括[19]：

  1. 考量盈利与现金流量。创业者与管理人员应确保在第一年中产品能够盈利，且获得正向现金流量。

  2. 考量债务。应确保初始资产负债表上有充足的股本以缓冲将来的损失。

  3. 结合前两者。如果初始资产负债表上股本太小，或出现负的现金流量，创业者应考虑是否继续现有业务。

  4. 考量初创规模。创业者与管理人员应了解，出现负的现金流量的可能性越大，初始资产负债表上负债越大，初创规模应越小。

  5. 考量资金周转。如果第一年出现负现金流量的风险很高，对资金周转的预算应降低，销售额与资本的比率越大，负现金流量越大，盈利越低。

  6. 财务控制。应关注第一年的财务指标，特别是现金流量对负债总额比率。分析风险性的综合财务指标——负现金流量、低股本比率、高资金周转率等，对比行业标准，创业者应找出不足，更好地实现预期盈利。

表 6—3　　　　　　　　　　　　新创企业失败的过程

1. 债务太多（稳定性低）以及规模过小
2. 资金周转太慢、增长太快、利润率太低（与预算相比）
3. 意料之外的低收入（动态流动性差）
4. 变现及偿债能力差（动态稳定性差）

A. 盈利性

1. 年终投资回报率　$= \dfrac{\text{净利润} + \text{利息费用}}{\text{年终总资本}} \times 100$

B. 流动性

动态

2. 现金流量/销售净额　$= \dfrac{\text{净利润} + \text{折旧}}{\text{销售净额}} \times 100$

静态

3. 速动比率　$= \dfrac{\text{速动资产}}{\text{流动负债}}$

C. 稳定性

静态

4. 股本/总资本　$= \dfrac{\text{总资本} - \text{负债}}{\text{总资本}} \times 100$

动态

5. 现金流量/总负债　$= \dfrac{\text{净利润} + \text{折旧}}{\text{总负债}} \times 100$

D. 其他因素

增长或动态规模

6. 净销售额年增长率　$= \dfrac{\text{第 } t \text{ 年的净销售额}}{\text{第 } t-1 \text{ 年的净销售额}} \times 100$

规模

7. 净销售额对数　$= \ln(\text{净销售额})$

资金周转率

8. 净销售额/总资本　$= \dfrac{\text{净销售额}}{\text{年终总资本}} \times 100$

资料来源：Erkki K. Laitinen, "Prediction of Failure of a Newly Founded Firm," *Journal of Business Venturing* (July 1992): 326-28. Reprinted with permission.

新创企业评估

创建一家企业的首要任务便是对即将开展的产品/服务进行全面系统的分析，以便发现计划所隐含的重大缺陷。

☐ 特征分析法

特征分析法（profile analysis）是创业者通过关键变量对企业优劣势进行评估，从而判断企业潜在风险的工具之一。单独一项战略变量不足以影响新创企业的成败。大多数情况下，这些变量形成的不同组合将影响创业的最终结果。因此，在投入资源开创企业之前，识别并调整这些变量是非常重要的。

特征分析法为我们提供了一个框架，目录清单的内容可使新创企业弄清自己在财务、营销、组织、人力资源等方面的优势与劣势。这样有助于改善劣势,避免出现之前谈到的导致企业失败的状况。

□ 可行性标准法

另一种方法是**可行性标准法**(feasibility criteria approach),通过给出的标准列表,创业者可依此分析判断企业的生存能力。它基于以下问题:

- 是企业的专有产品吗?产品不一定获得专利,但需保证具有独占性,可长期领先于竞争对手,使企业在初创期获得超额利润以抵消投入的成本。
- 初始生产成本切合实际吗?大多数企业对成本估计过低,应对此进行周密分析,避免大额意外成本产生。
- 营销预算是否可行?回答这一问题需要企业确定目标市场以及分销与促销策略。
- 产品是否具有较高的潜在利润?考虑此问题对于缺乏创业经验的企业来说是必需的,毛利润是普遍关注的指标,否则很难进行融资。
- 进入市场以及达到收支平衡的时机是否成熟?通常对于大多数企业来说,这一时机出现得越快越好。创业计划应与此密切相关,判断失误则会带来不良后果。
- 是否具有足够的潜在市场空间?确定目标市场时,创业者应考虑未来3~5年市场的发展,因为有些市场的潜伏期很长。如移动电话,1982年的需求量仅为40万台,而今天,许多地区的销量均已增长很多倍。
- 是否具备完整的产品线?如果是的话,那么企业对于投资者来说是有一定吸引力的。因为即使第一批产品没有得到较大收益,还可通过后续产品获得。
- 当前是否具有客户群?如果企业能够罗列出目前可满足的前十位客户,将会给投资者留下深刻印象。潜在需求预示着企业第一季度的良好收益,可将计划重点直接放在后面的季度。
- 开发的成本与进度是否合理?成熟的产品使企业具有更大的竞争优势。如果存在开发成本,那么应具备完整的、详细的月度开发计划。
- 是否属于增长性行业?如果企业盈利且发展良好,那么行业的增长水平是次要的,但行业不景气时则不太允许企业犯错误。而如果处在增长性行业中,优秀的企业会发展得更好。
- 产品及其需求能被业界了解吗?如果投资者明白产品的理念与价值,那么融资机会将增大。例如便携式心脏监控仪的作用能够很快被理解,因为人们对于冠心病及其他心脏疾病早已不再陌生。[20]

这种方法便于企业通过以上市场潜力、行业潜力的评估标准分析其内部的优势与劣势。如果上述标准中,企业满足六条或以下,则缺乏融资的可行性;满足七条或以上,则融资机会良好。

□ 全面可行性分析法

全面可行性分析法(comprehensive feasibility)是一种更加全面且系统的可行性分析方法,它对上述标准与企业外部因素综合加以评估。图6—2给出了全面可行性分析法包含的各项因素:技术、市场、财务、组织以及竞争。它们都很重要,但最为突出的是技术与市场。

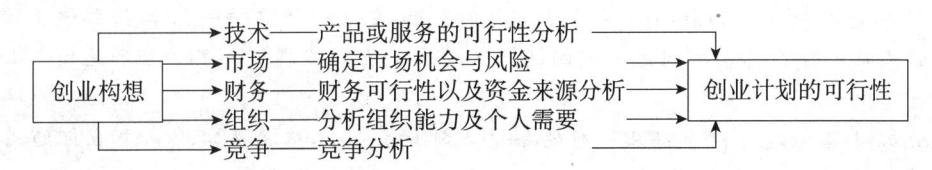

```
              ┌──→ 技术 ── 产品或服务的可行性分析 ──┐
              ├──→ 市场 ── 确定市场机会与风险 ────┤
   创业构想 ──┼──→ 财务 ── 财务可行性以及资金来源分析 ──┼──→ 创业计划的可行性
              ├──→ 组织 ── 分析组织能力及个人需要 ──┤
              └──→ 竞争 ── 竞争分析 ─────────┘
```

图 6—2　新创企业可行性评估的主要因素

技术可行性

评估创业应对所需技术即**技术可行性**（technical feasibility）进行细致分析，从而开发出令潜在顾客满意的产品或服务。主要包括：

- 顾客对产品功能及外观的喜好程度。
- 灵活性，根据环境变化及时调整产品外部特征，从而满足顾客需求，同时适应技术与竞争的变化。
- 原材料的耐久性。
- 可靠性，保证正常使用的情况下各项产品功能的正常发挥。
- 产品安全性，正常使用的情况下不会出现潜在危险。
- 合理的效用与废弃时间。
- 保养的容易度与低成本。
- 标准化，在通用件中去除多余的部分。
- 加工及生产的容易度。
- 操作与使用的容易度。[21]

这种方法从技术的角度为新创企业提供可行性评估。

创业实践

直面恐惧！

能够鼓起勇气辞职专心创业，这听起来简单，实际面对时则需要克服巨大的情绪问题。《从雇员到创业者：上演自己的广播秀》一书的作者给出了当面临初创时期的情绪问题时应采取的几项策略。她创造了"情感忍耐力"这个词来表述辞职创业所需的内部力量。以下是有助于创业者摆脱不良情绪的几种方法。

1. 肯定自己的想法。也就是说出自己的创业愿望，从接受各种可能性开始。
2. 想象你的成功。尽可能对各种结果进行想象，从开始时便将它们记录下来是很重要的。
3. 评估。在一张纸上列出所有你相信的东西，包括金钱、业务以及自己，然后在旁边一列对应地写下你的看法。比较后分析它们的不同，说出理由。
4. 去做自己热爱的事。热情没有替代品。它会带领你走向成功，甚至在艰难时期。请在自己热爱的事中寻找商业创意。
5. 接受教育。教育会消磨创业的志向，这是一种误解。也许在 20 年前，它是对的，但是商科教育的方法已日趋成熟，创业教育已成世界最热门的科目。请记住：知识就是力量。
6. 不要找任何借口。当自己在寻找不做某事的借口时，记下来，以后再考察。一般的借口是没有实际根据的。把"我不可能"换成开放式问题，允许自己探索其可能性而不是直接把门关上。

7. 不存在最正确的时间。等待最有利时机其实是一个陷阱，很多人都中了圈套，发现真相时为时已晚。其实时间是不间断的，不管我们在与不在。与其等在原地，不如带着你的想法上路吧。

8. 从小事做起。对于将来所做的事情，越切合实际越容易实现。企业可随着时间发展壮大。在初期，应注意避免被大事压倒。

9. 思考多种可能。停下来写下所有想到的假设问题，"如果……将会……"，自己能否有条理地进行回答。分析这些不可预见的事情所需的勇气是令人惊叹的。

10. 请求帮助。标新立异的创新者在过去是异常神秘的。而今天，如果你愿意寻找的话，会得到很多有用的帮助。骄傲地认为自己知道所有答案其实是一种无知的表现。

资料来源：Adapted from Suzanne Mulvehill, "Fear Factor," *Entrepreneur* (April 2005): 104-11.

市场可行性

收集并分析有关**市场可行性**（marketability）的信息，有利于判断创业企业是否具备成功的潜力。这种分析涉及三个领域：(1) 考察现有市场，确定产品或服务的目标客户；(2) 分析企业可能开拓的潜在市场空间；(3) 通过市场分析来确定企业面临的机会与风险。因此企业应收集并利用各种信息来源，包括：

- 总体经济发展趋势：各种经济指数，包括订单总量、住房开工率、企业存货总量以及消费总支出。
- 市场数据：客户量、客户需求模式（例如，消费的季节差异、政府管制对需求的影响）。
- 价格数据：同类、互补、替代商品的价格范围；基准价；折扣。
- 竞争数据：主要竞争者及其竞争优势。

我们将在第 10 章详细介绍营销问题。市场研究的价值对于新创企业评估是十分重要的。[22]

全面可行性分析法与商业计划书密切相关（详见第 12 章），它清晰阐述了在启动业务、寻求资金之前，创业企业需要自我评估的各个方面。

为了更好地学习可行性评估，本章附录提供了一份完整的可行性计划模板，通过回答问题的方式，使创业者对实施创业想法的几个重要方面进行系统的分析。投资者认为，创业者、创业管理团队以及创业构想中的任何失误均可能导致风险的产生，因此需要对这些风险进行合理的评估。

小结

新企业创立包含很多复杂因素（见图 6—1），使得我们很难对每个因素做出清晰的分析与评估。获取失败企业真实数据的难度加剧了这种困境。相信随着情况的改善，对新创企业的评估将会更为深入。

在新创企业选择上容易出现缺乏客观的评估、对市场缺乏了解、对技术需求认识不够、缺乏财务知识、缺乏独特性以及缺乏法律认知等。

评估新创企业时，创业者需考虑的关键因素包括产品或服务的独特性、投资规模、销售增长、产品可得性等。

新创企业失败的主要原因在于对市场缺乏了解、产品存在缺陷、营销与销售效果不佳、对竞争压力意识不够、产品易被淘汰、时机不当以及投资不足等，在对失败原因进行综合分析后，有研究概括出创业失败的三方面原因：产品/市场问题、财务危机问题、管理问题。此外，创业者还同时面临内部与外部的种种问题。

创业企业可通过特征分析法、可行性标准法以及全面可行性分析法进行有效评估。

回顾与问题讨论

1. 分析新创企业所面临的挑战。
2. 根据图6—1描述影响新创企业运作的关键因素。
3. 很多创业者缺乏客观性以及市场洞察力。为什么新创企业易犯这些错误？
4. 很多创业者缺乏创业相关的财务知识或者他们的企业缺乏独特性。为什么新创企业易犯这些错误？
5. 描述企业在创建前阶段和创建中阶段应注意的五个关键因素。
6. 分析三个导致企业失败的产品/市场问题的例子。
7. 分析两个导致企业失败的财务危机问题的例子。
8. 分析两个导致企业失败的管理问题的例子。
9. 列出新创企业所面临的四类问题。
10. 描述新创企业的失败预测模型。
11. 如何提出正确的问题来帮助创业者进行评估？其中涉及哪些类型的问题？
12. 解释可行性标准法的评估过程。
13. 解释全面可行性分析法的评估过程。

体验式练习

内部特征分析

任选一家你熟悉的新创企业，若没有的话可以从《创业家》、《财富小企业》和《商业周刊》等期刊中收集一家企业的信息，完成以下内部特征分析（在适当的项上画"√"）。

内部资源	最劣势	比较劣势	中等	比较优势	最优势
财务					
总体业绩					
资本积累能力					
运营资本					
储备资金					

续前表

内部资源	最劣势	比较劣势	中等	比较优势	最优势
营销					
市场业绩					
市场知识					
产品					
广告与促销					
价格					
分销					
组织与技术					
选址					
产量					
设施设备					
与供应商的联系					
库存控制					
质量控制					
组织结构					
规则、政策、流程					
企业形象					
人力资源					
员工数量					
相关技能					
士气					
工资水平					

基于你的分析，为该企业提出三条管理建议：

1. _____
2. _____
3. _____

开始创建商业计划书

评估商业构想的可行性

在将概念性想法进行商业化之前，创业者需要检验其实现的可行性。评估时最重要的问题是：产品或服务的独特性体现在哪些方面？独特性越多，创新想法成功的机会就越大。在这个练习中，对于你在第 5 章提出的商业构想考虑其市场及运营方面的因素，分析其可行性，然后按下列步骤进行。首先，列出你的产品或服务的独有特征。其次，指出你想要创建企业所拥有的知识产权，并讨论可能申请的专利保护。最后，描述对该计划所进行的必要评估。

根据老师的要求，可以参考本章附录中的可行性分析框架书写评估报告并提交，也可使用商业计划书工具，如 LivePlan，完成你的评估总结。

注释

1. Michael S. Malone, "The 200-Year-Old U.S. Patent Office Is Beginning to Show Its Age," *Forbes* (June 24, 2002): 33–40. ; "Patent Applications Filed," http://www.inventionstatistics.com/Number_of_Patent_Applications_Filed_Annually_Year.html (accessed February 13, 2012).

2. Sue Birley and Paul Westhead, "A Taxonomy of Business Start-Up Reasons and Their Impact on Firm Growth and Size," *Journal of Business Venturing* 9, no. 1 (January 1994): 7–32.

3. Nancy M. Carter, William B. Gartner, and Paul D. Reynolds, "Exploring Start-Up Event Sequences," *Journal of Business Venturing* 11, no. 3 (May 1996): 151–66; see also Benyamin B. Lichtenstein, Kevin J. Dooley, and G. T. Lumpkin, "Measuring Emergence in the Dynamics of New Venture Creation," *Journal of Business Venturing* 21, no. 2 (2006): 153–75.

4. Robert N. Lussier, "A Nonfinancial Business Success versus Failure Prediction Model for Young Firms," *Journal of Small Business Management* 33, no. 1 (January 1995): 8–20.

5. Frédéric Delmar and Scott Shane, "Legitimating First: Organizing Activities and the Survival of New Ventures," *Journal of Business Venturing* 19, no. 3 (May 2004): 385–410.

6. Arnold C. Cooper, "Challenges in Predicting New Firm Performance," *Journal of Business Venturing* 8, no. 3 (May 1993): 241–53.

7. Keith H. Brigham, Julio O. De Castro, and Dean A. Shepherd, "A Person-Organization Fit Model of Owner-Managers' Cognitive Style and Organizational Demands," *Entrepreneurship Theory and Practice* 31, no. 1 (2007): 29–51; Dimo Dimov, "From Opportunity Insight to Opportunity Intention: The Importance of Person-Situation Learning Match," *Entrepreneurship Theory and Practice* 31, no. 4 (2007): 561–84; and Nils Plambeck, "The Development of New Products: The Role of Firm Context and Managerial Cognition," *Journal of Business Venturing* 27, no. 6 (2012): 607–21.

8. Candida G. Brush and Pieter A. Vanderwerf, "A Comparison of Methods and Sources for Obtaining Estimates of New Venture Performance," *Journal of Business Venturing*, 7, no. 2 (March 1992): 157–70; see also Gaylen N. Chandler and Steven H. Hanks, "Measuring the Performance of Emerging Businesses: A Validation Study," *Journal of Business Venturing* 8, no. 5 (September 1993): 391–408; and Scott L. Newbert, "New Firm Formation: A Dynamic Capability," *Journal of Small Business Management* 43, no. 1 (January 2005): 55–77.

9. Paul Reynolds and Brenda Miller, "New Firm Gestation: Conception, Birth, and Implications for Research," *Journal of Business Venturing* 7, no. 5 (September 1992): 405–17.

10. Bhaskar Chakravorti, "The New Rules for Bringing Innovations to the Market," *Harvard Business Review* (March 2004): 58–67; see also Eric A. Morse, Sally B. Fowler, and Thomas B. Lawrence, "The Impact of Virtual Embeddedness on New Venture Survival: Overcoming the Liabilities of Newness," *Entrepreneurship Theory and Practice* 31, no. 2 (2007): 139–60; and Mark Simon, Rodney C. Shrader, "Entrepreneurial Actions and Optimistic Overconfidence: The Role of Motivated Reasoning in New Product Introductions," *Journal of Business Venturing* 27, no. 3 (2012): 291–309.

11. Theodore Levitt, "Marketing Myopia," *Harvard Business Review* (July/August 1960): 45–56; see also Eileen Fischer and Rebecca Reuber, "The Good, the Bad, and the Unfamiliar: The Challenges of Reputation Formation Facing New Firms," *Entrepreneurship Theory and Practice* 31, no. 1 (2007): 53–76.

12. Robert C. Ronstadt, *Entrepreneurship* (Dover, MA: Lord Publishing, 1984), 74.

13. Adapted from Ronstadt, *Entrepreneurship*, 75.

14. Ibid., 79.

15. Timothy Bates, "Analysis of Young, Small Firms That Have Closed: Delineating Successful from Unsuccessful Closures," *Journal of Business Venturing* 20, no. 3 (May 2005): 343–58; Steven C. Michael and James G. Combs, "Entrepreneurial Failure: The Case of Franchisees," *Journal of Small Business Management* 46, no. 1 (2008): 75–90; Daniel P. Forbes and David A. Kirsch, "The Study of Emerging Industries: Recognizing and Responding to Some Central Problems," *Journal of Business Venturing* 26, no. 5 (2011): 589–602.

16. David E. Terpstra and Philip D. Olson, "Entrepreneurial Start-Up and Growth: A Classification of Problems," *Entrepreneurship Theory and Practice* (Spring 1993): 5–20.

17. H. Robert Dodge, Sam Fullerton, and John E.

Robbins, "Stage of the Organizational Life Cycle and Competition as Mediators of Problem Perception for Small Businesses," *Strategic Management Journal* 15 (1994): 121–34.

18. Andrew L. Zacharakis, G. Dale Meyer, and Julio DeCastro, "Differing Perceptions of New Venture Failure: A Matched Exploratory Study of Venture Capitalists and Entrepreneurs," *Journal of Small Business Management* (July 1999): 1–14.

19. Erkki K. Laitinen, "Prediction of Failure of a Newly Founded Firm," *Journal of Business Venturing* 7, no. 4, (July 1992): 323–40; and Jan Brinckman, Soeren Salomo and Hans Georg Gemuenden, "Financial Management Competence of Founding Teams and Growth of New Technology-Based Firms," *Entrepreneurship Theory and Practice* 35, no. 2 (2011): 217–43.

20. Gordon B. Baty, *Entrepreneurship: Playing to Win* (Reston, VA: Reston Publishing, 1974), 33–34.

21. Hans Schollhammer and Arthur H. Kuriloff, *Entrepreneurship and Small Business Management* (New York: John Wiley & Sons, 1979), 58; see also Kwaku Atuahene-Gima and Haiyang Li, "Strategic Decision Comprehensiveness and New Product Development Outcomes in New Technology Ventures," *Academy of Management Journal* 47, no. 4 (August 2004): 583–97; and Andreas Rauch and Serge A. Rijsdijk, "The Effects of General and Specific Human Capital on Long-Term Growth and Failure of Newly Founded Businesses," *Entrepreneurship Theory and Practice, (in press)*.

22. Frans J. H. M. Verhees and Matthew T. G. Meulenberg, "Market Orientation, Innovativeness, Product Innovation, and Performance in Small Firms," *Journal of Small Business Management* 42, no. 2 (April 2004): 134–54; Minet Schindehutte, Michael H. Morris, and Akin Kocak, "Understanding Market-Driven Behavior: The Role of Entrepreneurship" *Journal of Small Business Management* 46, no. 1 (2008): 4–26; and Gerald E. Hills, Claes M. Hultman, and Morgan P. Miles, "The Evolution and Development of Entrepreneurial Marketing," *Journal of Small Business Management* 46, no. 1 (2008): 99–112.

附录　可行性计划概要

此框架可帮助分析创业的可行性，以及在考虑融资时理清思路。重点考察创业想法的可实施性、定位的合理性以及产品或服务的盈利性。

□ 标题页

创业企业名称：＿＿＿＿＿＿＿＿＿＿＿＿
创业团队成员的姓名及职位：＿＿＿＿＿＿＿＿＿＿＿＿
相关联系方式（地址、电话、E-mail）：＿＿＿＿＿＿＿＿＿＿＿＿

□ 目录

请添加页码，使之与后面的内容一一对应。

i. 执行摘要
ii. 商业构想
iii. 行业/市场分析
iv. 管理团队
v. 产品/服务开发计划
vi. 财务分析
vii. 时间表

viii. 参考文献

☐ 可行性计划

执行摘要
说明：包含可行性研究的各项精华部分。清晰简明地介绍企业、知识产权、目标市场、所需投资额、所需融资类型。

_____
_____
_____

商业构想
说明：根据提示，清晰地阐述商业构想，解释其精华所在。应使读者明白构思的具体内容以及市场潜力。创业者利用这个机会证明自己能够以清晰易懂、使人信服的方式向朋友及同事圈以外的人们进行表达。

关键概念
描述是否属于零售、批发、生产或服务业务。指出当前所处发展阶段（概念阶段、启动阶段、开始运营或者拓展阶段等）。

_____
_____

清晰描述目标客户、价值主张（收益方面）、潜在增长机会。

_____
_____

介绍所涉及的知识产权，是否拥有专利、版权、许可证、版税、分销权或特许经营权。

_____
_____
_____

行业/市场分析
说明：行业/市场分析十分重要，企业所生产的产品或服务能否被市场认可？行业趋势如何？能否证实？关于该产品或服务的市场可能是明显的，但可行性分析必须证明其有效性。此外，还应充分证明市场的充足。创业者应不断研究其市场竞争者，从他们那里吸取的教训可为创业者提供机会，从而发现自己想法的独特之处。

关键概念
阐述所处行业情况及当前的趋势。

_____
_____

分析目标市场以及市场细分，指出市场规模、潜在成长空间、基于研究的市场渗透计划。

分析客户特征，也就是谁将成为特定的客户，再一次阐述客户价值主张（利益方面）。

最后应进行竞争者分析，描述目前存在的所有竞争状况、你的构想如何赶上并超越竞争对手，理由是什么。

管理团队

说明：请记住，所有新创企业必须考察其创业团队能否将商业构想推向市场。管理团队的经验终将成为投资者考虑的重要因素。风险投资家在创意和管理团队中更看重后者——创意的执行。也就是说他们更欣赏B级创意＋A级管理团队的组合，而不是A级创意＋B级管理团队。创业团队是否具有背景、经验、技能、成功运作的关系？

关键概念

介绍创业团队以及领导企业的关键人物。

介绍团队成员资质、任务分配。介绍董事会。

最后，指出管理团队存在的不足（技能方面），如何加以弥补。

产品/服务开发分析

说明：在实施想法之前，创业者需检验其实现的可行性。评估时最重要的问题是：你的产品或服务的独特性体现在哪些方面？特点越多，创意想法成功的机会就越大。

关键概念

对想法进行详细描述，包括其独特性体现。

说明当前项目进展，制定清晰的关键任务时间表。

　　指出想要创建企业所拥有的知识产权，并讨论现存的专利保护。描述所提计划或已完成的测试。

　　最后，提出有碍项目发展的预期重大风险、可能的产品赔偿、政府管制、原材料缺乏等。

财务分析

　　说明：概述财务信息基于的各种关键假设，解释其数据的来源。预期收入与现金流量是需要附加的两份财务文件，尽管它们可能涉及预备期所需的外部资源、获得产生利润的创意以及前三年的储备资金。可能的话，请提供一份收支平衡分析，说明企业何时从生存阶段过渡到发展阶段。

　　关键概念

　　财务假设：

　　预期收入状况：

　　预期现金流量状况：

　　收支平衡分析：

时间表

　　说明：用图表方式展现日期以及相关任务，以便实际业务顺利完成。

参考文献

说明：提供与可行性分析工作相关的重要尾注、脚注、资料来源或额外信息，对于资金提供者来说是非常重要的。

第 7 章

启动创业的方法

创业思维

大型成功企业都曾经历为获得生存而努力挣扎的阶段。有的企业体验了灵感的迸发，创业者在咖啡馆提供的餐巾纸背面构思计划，在地下室或车库苦心酝酿；有的企业一帆风顺，从创建以来一直蓬勃发展；有的企业在历经长期煎熬后才最终获得成功。事实上每一家企业都是从小事开始做起的。

——乔尔·库尔兹曼（Joel Kurtzman），《创业指南》

本章重点

1. 介绍创建新企业的主要途径与结构
2. 介绍创业所涉及的主要问题
3. 指出并分析收购一家现有企业涉及的各项因素
4. 了解收购一家现有企业时应询问的问题
5. 揭示收购过程可能遇到的问题
6. 介绍特许经营的概念及其内容
7. 分析特许经营的利弊
8. 探讨特许经营信息披露文件对于特许经营的重要作用

每个即将创业的人都想了解创办一家企业的最佳途径。他们会问自己：通过哪种方式拥有自己的公司是最理想的？本章我们将介绍三种最常见的方式：创建新企业、收购现有企业以及取得特许经营权。这三种获得企业实体所有权的方式各有利弊[1]，下面我们分别加以介绍。

创建新企业

创建新企业最有效的做法是开发全新且独特的产品或服务，次优做法是在现有产品或服务基础上进行改进，或是开辟新市场。前者称为新—新模式，后者则称为新—

旧模式。

通过新—新模式创建新企业

市场上的新产品或新服务层出不穷，如智能手机、MP3 播放器、等离子电视机、全球定位系统（GPS）等。这些产品都是在市场调研基础上经过研发部门的努力开发出来的（详见表 7—1 中所列各项新创意）。然而必须意识到的是，新鲜创意并不只是大公司的产物，我们每个人都可以进行创新。

表 7—1　　　　　　　　　　　　　　创建商业机会的趋势

新兴机会	新兴网络机会
环保产品	移动广告
有机食品	手机
有机纺织品	PDA
新能源	礼宾服务
太阳能	利基社交网络
生物燃料	老年人
燃料电池	音乐爱好者
能源的节约	本地用户小组
保健	宠物主人
保健食品	婚恋人群
学校或政府项目	虚拟经济
锻炼	在线拍卖
瑜伽	在线教育
健身器	人力资源服务
儿童	人才调配
非医学的	虚拟化的人力资源管理
预先进行老人生活养护	在线雇佣
养老服务的转换	纳米技术
利基消费品	无线技术
红酒	
巧克力	
汉堡包	
咖啡店	
异国口味沙拉	
家庭自动化与存储媒体	
照明控制	
安全系统	
能源管理	
舒适度管理	
娱乐系统	
厨房设备联网	

资料来源：Steve Cooper, Amanda C. Kooser, Kristin Ohlson, Karen E. Spaeder, Nichole L. Torres, and Sara Wilson, "2007 Hot List," *Entrepreneur* (December 2006): 80–93.

人们是如何发现或发明新产品的呢？在第 5 章我们讨论过，其中一种方式是通过仔细周边的环境观察，把日常的困扰或问题记下来，寻找现有产品或服务加以实现，这些都有助于创业。如果不尽力去寻找解决的方法，这些日常琐事对于我们来说仍然是困难的，潜在的创业想法也没能保留下来。一位工程师曾观察船桨旋转的工作原理，在记录螺旋桨转动的仪器启发下，他尝试将此应用于一直想解决但都不成功的销售业务的记录中。他终于在1879年完成了设计，发明了机械式收银机。

很多创业想法都源于个人的经历，图7—1显示了美国独立企业联合会（National Federation of Independent Business）对男性与女性商业创意的调查结果，发现男性和女性的创意主要来源基本一样，包括先前的工作、兴趣爱好以及个人识别的问题。**新—新模式**（new-new approach）强调将人们在工作或闲暇时间的突发奇想转变为商业创意的重要性。

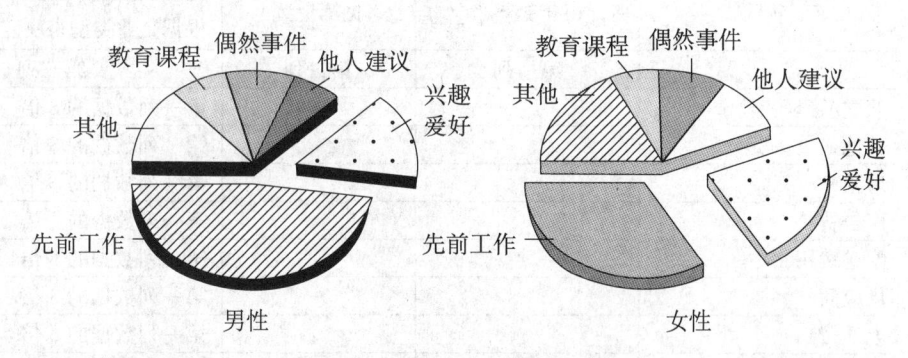

图 7—1 男性与女性的商业创意比较

资料来源：William J. Dennis, *A Small Business Primer* (Washington, DC: National Federation of Independent Business, 1993), 27. Reprinted with permission.

Facebook是哈佛大学学生马克·扎克伯格在2004年开发的，设计的初衷是由于校园社交网络不健全——如此微不足道的烦恼通过技术手段的解决带来了辉煌的商业成就。作为互联网上最热门的网站，Facebook仅用了8年的时间便拥有了8.45亿用户，年利润超过37亿美元。[2] 2012年的公开发行上市（IPO）成为全球最大的一次IPO。[3]

通过新—旧模式创建新企业

很多创业者并不是从全新创意开始做起，而是通过对现有想法的改进而推出新产品或新服务，也就是在原有产品或服务基础上进行创新，这里我们称为**新—旧模式**（new-old approach），如开办新餐馆、服装店或者品牌折扣店等。因为新竞争者较易进入，所以这种模式风险较大，创业者应考虑提供较难复制的产品或服务。例如，医院的电子处方与结算服务是很成功的，因为医院需要拥有大量医生来分摊计算的运营成本及管理费用才能保证一定的盈利水平。

不管采用哪种模式创建新企业，创业者都不应仅凭直觉行事。本书的第Ⅲ篇将会探讨适当的计划与分析是成功的关键。

创建新企业时的财务预测

在周密的可行性分析以及制定商业计划书（详见第12章）后，如果创业者仍认为创建新企业是明智的选择，那么请一定慎重，因为商业计划书并不完美，应根据情况随时进行调整，关键在于灵活运用。创业者可另外准备一份应对突发事件的商业计划书，有的企业失败，原因往往在于照本宣科地执行既定战略或者完全与之脱离。

在创业时需面对企业的财务状况进行预测。第一年的必要开销是多少？可获得的利润是多少？如果净现金流量为负，企业能维持多久？下面我们仔细探讨这些问题。

回答以上问题需考虑两个方面：启动费用以及每月正常开销。表7—2列出了创建新企业的典型支出项，该表假设前三个月无任何业务收入，表中基本上列出了所有创业所需费用。如果属于生产制造企业，那么在产品上市前还应留出3～4个月的生产时间，可将第三列的费用加倍计算，这样启动资金也会相应增加。创业者可通过完成这张表格，更加清晰地认识创业初始阶段的财务状况。

表7—2　　　　　　　　　　　　成立新公司所需费用清单

项目	每月费用 估计每年销售额____	创建企业所需资金 （见第三列）	计算后放在第二列 （此为预测数据，业主/管理者根据企业类型来决定每月数额）
	第一列	第二列	第三列
业主/管理者薪金			第一列数据的3倍
其他人员工资			第一列数据的3倍
房租			第一列数据的3倍
广告费			第一列数据的3倍
配送费用			第一列数据的3倍
供应商			第一列数据的3倍
电话费			第一列数据的3倍
其他设备			第一列数据的3倍
保险			第一列数据的6倍
税收、社会安全			第一列数据的4倍
利息			第一列数据的3倍
维护费			第一列数据的3倍
法律及其他咨询费用			第一列数据的3倍
其他			第一列数据的3倍

启动成本 项目	预算	实现预算的途径
固定资产与设备		取决于企业类型；与供应商联系
装修或修建		与施工方沟通
固定资产及设备的安装费		与供应商沟通
存货		与供应商沟通
公用事业各项押金		与公用事业公司沟通
法律及其他专业咨询费用		与律师、会计师及其他专业人士沟通
注册及执照费用		联系所在地区行政部门
广告及促销		根据所采取的方式，与媒体进行沟通
应收账款		估算应收账款数额及时间
现金		用于其他支出及损失，特殊采购品及其他支出
其他费用		——列出并估计数额
启动所需资金总额	_____	累加所有预算

资料来源：U. S. Small Business Administration, "Management Aids," MA.2.025 (Washington, DC: U. S. Government Printing Office).

创业者还应考虑**损益状况**（upside gain and downside loss），即企业所获利润及遭受损失的情况。如果进展顺利，那么盈利会是多少？预算额是多少？经营不善时的损失是多少？思考这些问题可对最积极、最大可能、最悲观的结果综合加以判断。创业者也应做好收益甚少、损失很大的准备。

此外，对于整体收入及亏损方面，通过**风险回报**（risk versus reward）分析有助于了解从投入资金中获得充分回报的重要性。

创业实践

虚拟世界中的真实机会

随着网络游戏人数不断增长，创业机会也随之而来。市场研究机构帕克斯协会（Parks Associates）的数据显示，上网人群中，约有34%的成年人每周都在游戏中体验不同的乐趣，这一数字超过了社交网络以及网络视频的用户量。随着各种类型玩家涌入网络，虚拟经济发展迅速，人们通过现实货币兑换虚拟货币来购买网络商品，为企业创造了商机。

以前，玩家都是私下进行虚拟物品的买卖，斯巴特公司（Sparter）改变了这一局面，为无尽的任务（Everquest）和魔兽世界（World of Warcraft）等游戏的玩家提供了正规的交易平台，从虚拟世界及网络游戏兑换虚拟货币。该网站于2007年2月开通，第一年预期实现25万美元收入。

创始人丹·凯利（Dan Kelly）和伯瑞斯·普塔尼（Boris Putanec）认为，企业成功是由于合理的市场调研。他们注意到人们频繁地买卖虚拟物品，且只需从卖家那里得到提成，便可对买家提供免费服务。最终他们决定针对多种网络游戏提供服务，实现国际性交易，这样可避免因某个游戏或某个地区发生变化遭受损失的风险。

斯巴特公司决定专注于虚拟货币兑换业务，随着用户所在社区的发展，此项业务是每个玩家都会涉及的。凯利认为小额支付及互联网诈骗会出现新的问题，当然也会带来新的机会。此外为游戏提供资讯服务也是企业可利用的发展机会，如论坛或指南等。

如果有兴趣从事网络游戏相关的创业，下面的策略将有助于创业者顺利开展业务：

1. 请记住这一行业是不受地域限制的，是国际性的。虚拟世界的有利之处在于玩家都是匿名的，不仅在社交上具有更高的自由度，而且突破了地域与国别的限制。满足这些用户需求应考虑全球化的社区建设。

2. 准备好应对市场的快速发展。虚拟世界的有利之处还体现在非常高的灵活性方面。毕竟它是对真实世界的数字化，但网络游戏会受技术方面的影响。多样化的功能给玩家带来了更多的游戏体验，因此其交易过程相应则较为复杂。普塔尼认为应增强业务的拓展性，根据环境及时加以调整。

3. 主动与网络游戏开发人员交流。网络世界是由开发者创造的，包括各种环境及产品的设计。新服务商的加入对他们非常有利，因为所提供的服务可以给游戏玩家提供更多便利条件。通过与他们交流你的商业构想，不仅获得了较为专业的建议，有助于服务产品的设计，同时也获得了业内人士的认可。

资料来源：Adapted from: Amanda C. Kooser, "Out of This World," *Entrepreneur* (February 2008): 124.

收购现有企业

除了注册新公司，创业者还可对现有企业进行收购，这也是开展创业比较好的方式之一,但需要考虑一些问题。收购企业相对比较复杂,一般应征求专业人士的意见。这里我们介绍一些基本的步骤,如创业者的个人偏好、审视机会、对欲收购企业的评估以及了解关键问题等。

□ 个人偏好

创业者需根据个人情况做出收购的选择,背景、技能、兴趣、经历等因素都会影响所收购企业的类型选择。此外,还包括对企业地点、规模的比较。如果他们希望自己的企业落户在南方或西部地区,那么创业者会在那里寻找机会。

□ 审视机会

在选择收购企业时,创业者可通过以下渠道获得信息:
● 中间人:他们所拥有的专业知识将为寻求收购机会的创业者提供方向与帮助。同时,创业者也应对他们的信誉、服务、社会关系等方面进行衡量。请记住中间人一般也代表卖方利益,受他们委托。
● 报纸广告:"转让信息"的分类广告也是一种信息的来源。由于广告的局限性,创业者需要查找该地区所有报纸的相关内容。
● 交易途径:供应商、分销商、制造商、商业出版物、商业联合会等可能提供转让企业的信息。
● 专业渠道:管理咨询、代理律师、会计师等专业人士可能提供收购相关的信息。

□ 收购企业的优势

1. 由于企业正处于运营中,因此便于日后的管理。
2. 节省用于成立新公司的时间与精力。
3. 有可能以优惠价格进行收购。

下面我们分别进行讨论。

降低运营风险

新企业面临的两大困难是:产品或服务找不到销路,以及成本控制不力。任何一种都可能导致企业迅速破产。

对现有企业进行收购则可以降低以上风险,现有或比较成功的企业已经证明它是有能力吸引顾客、控制成本并获得一定收益的。此外这种方式还避免了成立新公司可能遇到的多种问题。例如,在哪里设立企业?如何进行宣传?哪种设备及商品效果最好?季节性规律有哪些?所吸引的客户是何种类型?价格策略是什么?这些问题都是创建新企业应认真考虑的。当收购一家企业时,这些因素有的已确定,创业者应把重点放在实际运营可能包含的隐性问题上。如果没有的话,收购一家成功的企业是非常明智的投资举措。

节省时间与精力

收购来的企业已拥有运营所需的存货、设备、工作人员以及必要设施,而这些都需要创建企业的管理者投入大量时间。这些企业通过之前不断改进与完善已经很有成效了，人员安置也比较妥当。除高管人员，其他人员基本都能够保留，因此只要新接替者能够公平对待他们，便不必考虑招聘、安置及培训等事宜。

此外，之前的业主已与供应商、银行及其他业务人员建立起合作关系，他们也可为新业主提供帮助。供应商了解企业订购的商品类型以及补货的频率，因此它们会对企业运营提供中肯的建议。银行也是如此，它们知道企业的资金需求，会提供和以前一样的信贷服务。同样，会计师、律师及其他与企业打交道的专业人士都可提供相关咨询服务。尽管新业主可能会有自己的合作银行、会计师、律师等，但这些以前的合作伙伴都是可以利用的。

优惠的收购价格

以优惠的价格收购企业，这样的机会是很多的。由于退休、疾病或者急于收回投资等原因，转让者可能需要尽快出售企业，甚至当他们发现更大的机会时，愿以低价卖出现有企业来把握新的机会。

以低价收购一家运营良好的企业是非常理想的状态，但很少有人以极低价格出售一家成功企业。成功的小企业主依靠熟练的业务技能、人际交往，通过合理运营实现其自身市场价值，因此通常不会以极低的价格出售企业。为了避免高价收购或错失良机，创业者应对企业进行合理评估。

□ 对欲收购企业的评估

在考虑个人偏好并对各种收购机会进行筛选后，创业者应对企业展开评估，主要考察：

- 商业环境。通过环境分析确定企业发展潜力。
- 利润、销售及运营数据。企业潜在利润是评估的重要指标，也决定了收购的价格。收购者应通过以前的利润、销售、运营数据以及未来两年内的销售水平及利润等来预测企业收益能力。我们将在下一章详细探讨这一问题。
- 资产状况。有形资产及无形资产（如企业声誉）也应作为评估内容加以考虑，包括：
  ◆ 库存（存货时间、质量、畅销程度、环境条件）；
  ◆ 设备、器材、固定设施（价值、使用状况、租赁还是自购）；
  ◆ 应收账款（账龄、以往的收款期、客户信誉度）；
  ◆ 商标、专利、版权、品牌（价值、作用、竞争度）；
  ◆ 商誉（名声、固定客户、信赖的品牌）。

创业者通过直接收购避免了很多令人头痛的问题，这些困难已被之前的业主解决了，并且可根据以往的真实交易记录制定产品及价格策略。当然收购也是有风险的，如企业过于依赖原业主的个人能力与关系，或者在产品成熟的制高点高价购买企业等。

□ 了解关键问题

当作出购买决策时，机智的创业者需仔细权衡以下问题[4]：

为什么转让该企业？

创业者应首先提出此问题，但有时得到的答案往往与实际情况相悖。[5]常见的理由包括"想退休"，"我已证明自己获得了成功，想转而迎接其他挑战"，以及"想搬去别处和我的表哥一起做事"等。

如果这些情况属实——如果能够证实的话——买方就会发现购买企业物有所值。由于很难辨别个人提供信息的真伪，创业者应仔细分析同时收集相关业务信息。业主与供应商之间是否有矛盾？房屋是否可继续租用？房东会借机抬高租赁价格吗？甚至最坏的可能是房屋是否即将被拆除？此外还可能与周边竞争有关：是否在附近将新建大型购物中心，从而失去大部分生意？市政府将出台周日停业的新条例，而这一天的营业额却占其总量的25%？

转让后原来的业主将会做些什么？他还会留在当地吗？是否还会从事类似业务？提出这些问题是为了防止出现原业主开设相似企业并抢走所有客户资源。解决方法是在律师的帮助下，在合同中明确原业主五年内不得在一定地域内从事相同业务，在法律上称为**贸易管制**（legal restraint of trade）——不允许竞争的法律规定，即**竞业禁止协议**（non-compete agreement），帮助新业主留住顾客。

目前设备的状况如何？

即使转让价格可以接受，也应对资产的实际情况进行评估。企业是否拥有自己的房产？如果有的话，修缮费用大概是多少？租用的情况下所提供的维修是否能保证企业的有效运营？例如，花店需要大型冷藏柜用于鲜花的存储，谁负责为冷藏柜扩容？如果房东同意负责，并用每月增加的租金抵消此项投资费用，则应对扩容的成本以及预期业务收益进行比较。如果房东不想进行此项投资，新业主需意识到越能永久附于资产的东西越能留存下来，意思是如果一个东西简单到无法与建筑物分离，那么它会一直保留。墙画、桌椅等都可轻易移除，而钉在墙上的新书架、地毯、阻隔噪音的天花板、新扩充的冷藏区域等都会成为业主的永久财产。因此评估固定设备时最好的问题便是"使这一切正常运转的费用是多少？"

库存情况如何？

现有在架库存量是多少？是当前实际盘点的结果吗？是畅销、过时还是已变质产品？

企业其他资产情况如何？

除实际设备及库存，运营中的企业还拥有其他资产。例如一家五金店可能有各种类型的压力机以及其他机器；一个办公室会有电脑、复印机等相关设施。关于设备方面应考虑是否有用，或者能否被新型产品取代，也就是考虑是否已淘汰。

企业的销售记录也是容易被忽视的资产。如果记录保存完好，则便于考察信用情况，有助于新业主对原有客户扩大信用额度。此外，销售记录可体现季节性的需求状况以及业务高峰期信息，为新业主控制库存提供数据支持，降低因库存过剩或不足所带来的风险。

易被忽视的企业资产还包括以前的合同。当前租房协议属于何种类型？租约是在三年前签订且约定七年内租金不变，还是刚签订时价格较高，现在相对较低？能否在四年后仍获得较低租金？如果租房协议快要到期，应做好不同的心理准备，新业主需与房东共同商定租赁期限,律师应协助查看租约是否有转让细则,并考虑创业失败时终止合约的难易程度。

最后,新业主应对企业无形资产即**商誉**(goodwill)进行考量。商誉是指账面未体现的企业价值。例如一家软件企业享有快速响应、精准服务的口碑,便在大量客户中间创建了企业的商誉。如软件企业,收购者不仅支付有形资产(办公家具、计算机等)的费用,还应对企业积累多年的商誉支付相应费用,因为企业的名声也是一种价值。[6]

应保留多少员工?

由于企业转让,造成员工纷纷离职,这样很难保证为顾客提供良好的服务。员工也是企业的资产,为企业获得成功发挥着重要的作用。因此新业主需思考,"如果出现员工离职,如何保证服务质量?"必须摸清不愿继续留下的关键员工,他们也体现着企业的价值。如果这些员工去意已决,企业应要求降低收购价格用以弥补销售下滑以及补充人员的开销。

收购企业时,应对全体员工进行评估,分析现有业绩水平并与业主沟通员工的具体情况以及他们对于企业的价值所在。在收购前找到那些有价值的员工,使他们产生安全感,这样易于把他们留下。新业主应主动与每位员工进行沟通,这样可在正式接手前决定哪些员工应该留下,哪些可以离开。

企业面临何种竞争?

不管企业提供何种产品或服务,都会有相应需求的顾客,他们的总支出是一定的,因此竞争强度越大,企业获取利润的可能性越小。随着竞争者不断增加,应对竞争的成本也相应增加,广告支出则越来越大。价格战将使整体利润降低。大多数企业在相同市场进行角逐。

企业还应考虑竞争的质量。假如,现有9个竞争者,新加入者预计获得1/10的市场份额。然而总有一些竞争者处于有利地位,一家或两家企业利用优质广告获取25%的市场份额,另有几家企业通过卓越服务占有20%的市场份额,剩下的6家企业竞争剩下的市场份额。

此外,竞争区域也应在考虑范畴内,如一家新企业的产品缺乏独特性,顾客只是因为便利因素才进行购买,设在街角的服务可满足大多数居民的需求,城市另一端的企业则几乎无人光顾,因为产品是相同的,人们不会驾车穿越整个城市购买相同的产品。杂货铺、小商店、药店、五金店等情况也如此。如果附近出现竞争,其业务大致相同,那么每家企业的收入都不会达到最高水平。而如果所售产品是顾客需要精心挑选的——如家具——相邻的竞争者则具有明显优势。例如相邻的两家家具商店比相距数公里时所吸引的顾客总量更高。顾客喜欢到有更多选择的地方选购家具,店铺相邻时顾客会认为自己喜欢的家具如果不在这里便会出现在下一家店。此外距离近也方便他们比较价格及其他条件。

最后,竞争分析应查找是否存在**不择手段的行为**(unscrupulous practices)。竞争者是否强大?如果是的话,新业主应对价格垄断、为特殊服务供应商提供回扣等行为保持戒备。通常情况下,若企业拥有多年经验,便能有效应对此类行为。倘若竞争者的口碑很差,新业主也应对此有所了解,毕竟客户可能对该地区的所有企业存在偏见,因而拒绝同其中任何一家交易。顾客对缺少商业道德行为的报复方式是抵制该地区的所有企业,也就是说,不讲道德的竞争者会拖累其他企业。

未来的财务状况如何?

新业主需要聘请会计师审查企业账目,从财务角度分析企业运作情况是非常重要的。一个关键方面是**企业盈利**(company's profitability)。[7]企业出现的失误能否通过这项指标及时发现?如果是的话,新业主能否解决这些问题?

有经验的收购者遇到困难时,可在解决后通过财务报表重述获得利润,资深会计师可以做到这一点。单凭企业账簿是不能说明销售或利润情况的,还应了解过去两三年的银行资金记录。如果当前所有者接手企业时间较短,则应对更早业主的相关记录进行考察。实际上这些资料应与其所得税申报表相对照,由此获得企业的相关信息。

此外还需考虑企业的**利润走势**(profit trend)。利润将逐年递增吗?更重要的是,利润是随销售增长而增长,还是需要越来越多的收益来保证利润不变?后者则意味着每年销售应提高5%~10%才可获得与上一年相同的利润额。因此所有者便产生转让企业的念头,他们认为"会有更容易的方法生存下去"。

最后,即使企业目前处于盈利状态,购买者也应与同行企业进行对比分析。例如,一家小型零售商店本年的投资回报率是22%,两年前则为16%,这种情况是否良好?表面上看是,但如果竞争者的年投资回报率是32%呢?对比后我们发现这家企业并不理想。

与竞争企业进行比较可通过诸如邓白氏公司(全球最可信赖的商业信息提供商品牌)发布的竞争性信息,它们通过收集不同领域的批发零售企业数据为商业人士提供关键的财务指标。如最重要的一项指标是流动资产(现金或可短期内变现的资产)对流动负债(将在短期内偿还的债务)的比率,流动比率用来衡量企业短期偿债能力。第二个关键指标是净利润对净销售额(净利润率)的比率,即一美元销售额可实现多少利润。第三个关键指标是净利润对资本净值的比率(净资产收益率),即一美元投资可获得的利润是多少。

通过企业账簿获得的数据与外部财务数据(如行业比率等)进行比较,便于评判企业运营状况。如果对比后的结果良好,创业者可着手商议收购价格。

☐ 商务谈判

企业收购者需进行最终的谈判环节[8],这一过程涉及的因素较多,主要应注意四点:信息、时机、压力、备选方案。

信息是谈判最关键的因素,企业绩效、竞争特征、市场条件等都影响对企业未来发展潜力的确定。缺乏可信的数据,收购者将处于不利地位。出售者不会依赖单一信息来源,也不会篡改数据,只是通过所呈现的信息使企业更加引人注目。因此收购方应利用更多的信息来源,逐个进行调查。

时机在谈判中也非常重要的,假如卖方新购入另一家企业,那么唯一的潜在买方便有机会获得卖家的重大让步。如果卖方没有时间期限,仅为了退休而转让,或者买方希望尽快实施投资,那么买方便处于不利地位。也就是说,谈判对时间宽裕的一方有利。

来自外界的压力也会影响谈判进程。如果企业为多个合伙人共同所有,那么转让者并不具备全部决定权,当合伙人中的一位对收购感兴趣时,企业将权衡所有合伙人利益,通常转让价格较高,这种情况是收购者在谈判中不愿遇到的。

最后,各方的备选方案也是关键的谈判因素,没有准备其他方案的一方更希望快速促成最终谈判。此外，在收购谈判中应考虑以下几方面：

1. 可使卖家保留少数股权或者根据 3~5 年的经营发展状况决定最后的收购价格，这样能够促使卖方继续为企业着想。
2. 在没有书面确认的情况下，买方应提防任何口头承诺。
3. 在卖方账簿上多花些时间，通过财务分析确定其价值是绝对重要的。
4. 毋庸置疑的是，调查应广泛而深入，除了业主，还要分别与供应商、竞争者、客户、员工等进行交流。[9]

对卖方来说，备选方案包括寻找其他买家，或停止出售企业。他们可通过聘用经理人或出让股权的方式继续经营下去。同样买方也可选择不对其进行收购或选择其他投资机会。双方的备选方案都会影响谈判进展结果。

特许经营

特许经营是一种创业者拥有一定自主权同时受上级公司管理的企业形式，是对其他形式混合后的产物。目前超过 1/3 的国内生产总值由个体特许经营产生。**特许经营**（franchise）是指以合同约定的形式，允许加盟者有偿使用其名称、商标、专有技术、产品及运作管理经验等从事经营活动的商业经营模式。**受许者**（franchisee）（购买特许经营权的人）法律上独立，但在经济上依赖于**特许者**（franchisor）（出售特许经营权的人）的整个经营或服务系统。也就是说，独立经营的受许者具备区域性或全国性经营优势。[10]

☐ 特许经营运营模式

不管商品还是服务的特许经营系统，其模式大致相同，受许者通过签订合同获得完整的业务经营权，通常需要：

1. 进行投资。
2. 提供必要的进货量或者从特许者那里购买设备。
3. 保证实现既定经营目标。
4. 支付占总销售收入一定比例的**特许加盟费**（franchise fee）。
5. 保证持续的业务关系。

特许者提供的好处及支持包括：

1. 企业名称。例如成功加盟汉堡王（Burger King）后，便可合法地使用这一著名品牌，能比不知名的品牌获得更大的销售额。
2. 显著标识、符号、设计以及设备等。所有麦当劳店铺都拥有相同的金黄色 M 形图案，内部的设施也基本相似。
3. 为每家独立店铺提供专业的管理及指导。
4. 以统一价格对商品进行销售。
5. 可提供财务方面的支持。
6. 提供合同规定的支持与指导。[11]

创业实践

一些知名的特许经营品牌

汉堡王	Meineke 汽车护理中心
DQ 冰淇淋（Dairy Queen）	棒约翰比萨（Papa John's Pizza）
戴斯酒店（Days Inn）	7-Eleven 便利店
Denny's 美式家庭餐厅	实耐宝工具店（Snap-on）
唐恩都乐甜甜圈（Dunkin' Donuts）	Sports Clips（美发店）
布洛克税务公司（H&R Block）	赛百味（Subway）
麦当劳	UPS Store 零售门店

☐ 特许经营的优势

特许经营有许多优点，下面我们介绍最主要的四个方面：培训与指导、品牌效应、经过验证的模式以及财务支持。

培训与指导

对于成立新公司或收购一家企业来说，特许经营最大的优势在于可向受许者提供培训与指导服务，这样加盟企业更容易获得成功。例如，普通小企业比特许经营企业的失败率高 4～5 倍。

品牌效应

通过加盟全国性的品牌，特别是那些著名的品牌，能获得更大的成功机会。加盟的品牌越受欢迎，则越容易产生品牌效应。人们更愿意购买全国性的特许品牌产品，而不去选择那些不知名的产品。

经过验证的模式

特许经营的优势还体现在，其运营模式经市场检验是有效的。但应注意如果你是第一个申请加盟者，那么情况未必如此。一个加盟品牌已存在近 10 年，拥有超过 50 家特许经营店铺，则不难看出其商业模式是成功的。若每家特许店都在正常运营且财务状况良好，这足以证明该企业在选址、价格策略、产品或服务的质量以及整体管理系统上卓有成效。

财务支持

特许经营还能够帮助创业者获得运营资金，特许者有时会以个人名义借钱给受许者，直到企业运转正常再收回这部分资金。也就是说，从事特许经营往往是获得财务支持的一种明智选择。

☐ 特许经营的劣势

创业者会同时考虑特许经营的利弊，其不足之处在于特许加盟费、特许方的控制以及不可兑现的承诺。下面分别加以说明。

特许加盟费

在商界，付出与得到是成正比的。规模越大越成功的品牌，加盟费用越高。全国性品牌的特许加盟费用一般为5 000～10 000美元。规模较小或知名度稍低的品牌的加盟费用较低。此外，人们还会权衡投资的机会成本。除特许加盟费，创业者还需为店面装修、设备租赁等支付各项费用。加盟费常与销售额挂钩，也就是说企业正常运营后根据销售额按一定比例（一般为销售额的5%～12%）支付该费用。大部分特许者要求最初加盟费以25%～50%的现金支付，剩余部分以借贷方式由特许经营企业提供给受许方。[12] 表7—3列出了特许加盟的费用清单。

表7—3　　　　　　　　　　特许经营费用一览

考虑特许经营带来的好处的同时，也不可忽视其成本因素。当加盟费用为7.5万美元时，开张营业的投入可能超过20万美元！因此应考虑以下各项支出：

1. 基本加盟费。可能由此获得培训、许可证、运营指导手册、培训材料、选址以及辅助等支持，但也可能什么都不包含。
2. 保险。需要对大面积的玻璃板、室内设施、交通工具等投保，即获得"伞式"保险。虽然代价很高，但有助于规避损失惨重的法律诉讼。
3. 增加存货。如果加盟费不包含商品或原材料，应自行准备充足。
4. 装修改建费用。租赁协议大多不含装修改造费用。
5. 公用设施费用。在前一两个月，水、电、天然气、电话等需缴纳使用押金。
6. 工资。包含正式开业前的培训费用，以及加盟者自己的合理薪酬。
7. 偿债。包含本金和利息的支付。
8. 会计费用。有时特许者会提供此项服务，但最好是聘请自己的会计。
9. 法律及其他专业领域的费用。应考虑聘请律师审查特许加盟协议、申请获得必要区域保护以及避免可能发生的冲突等。
10. 国家或地区许可或认证。如售酒许可证、建筑规划许可证等。

资料来源：Donald F. Kuratko, "Achieving the American Dream as a Franchise," *Small Business Network* (July 1987): 2 (updated by author April 2012).

特许方的控制

在大企业，公司会控制员工的活动。当人们拥有自己的业务时，也会对其进行控制。特许经营则介于这两种极端情况之间。特许者通常会施加运营方面的控制以保证店面整体的统一，如果创业者不遵循管理约定，特许经营协议到期便无法续签。

不可兑现的承诺

一些鲜为人知的特许经营品牌往往无法兑现自己的承诺。[13] 例如受许者发现该品牌并没有宣传的那样有吸引力；一些曾经承诺提供的帮助也没有落实，如原来计划可以较低价格买到加盟产品，后来却发现为此支付了更高的价格。一旦受许方不进行购买，将面临被终止特许经营权或是协议到期后无法续签的风险。

创业实践

加盟还是不加盟

特许经营对于那些想创业但缺乏创新想法的人来说非常适宜，因此它比较适合刚毕业希望创业的大学生。专家对此意见不一，以下是支持或反对大学毕业生从事特许经营的表述。

支持意见：

- 学生们可通过特许经营所提供的有利环境获得知识，特许经营的成功商业模式为他们提供了很好的创业体验。指导性资料将他们的学习环境从教室拓展至真实的商业世界。
- 学生具有相关客户经验，因为他们的父母大多外出工作，他们的童年对快速食品的依赖较多，甚至在特许经营连锁店从事过兼职，这些都有助于了解特许经营的运作模式。
- 所谓的"直升机式父母"在大学毕业后仍提供各种辅助性事务，因此学生创业除需要资金支持，还需要其他多项辅助与指导。通过特许经营，父母提供子女所需，让他们自己去尝试，即使失败也能保证他们的安全。虽然有人质疑学生有限的投入必然导致责任的缺乏，但也有人认为从家人或朋友筹到的资金会激励他们成功。
- 学生们喜欢幻想，这将引发创新，网络为他们的表达提供了广阔空间。数字时代导致的实时性使他们学会如何产生、实现以及评估创意。将热情转化为事业雄心，这正是特许者所要寻找的。

反对意见：

- 大学生很少拥有加盟资金，尽管特许经营的成本低于创办新企业的费用，但仍需提前支付数额较大的加盟费，对于没有信用记录无法获得银行贷款的学生来说显然是一种障碍。
- 当企业面临困境时，学生们往往很难找到继续前进的动力。由事业开始时的激情澎湃逐渐被打磨得失去光泽。如果学生们是从家人或朋友那里获得资金支持的，那么企业实现盈利的目标对于他们则没有太大压力，因此企业遇到问题时很难激发起他们的责任感。
- 缺乏员工管理经验也是个问题。虽然特许者提供宣传材料、供应商联系方式以及运营计划，但是企业的工作人员还是要加盟方自行管理。招募、管理、续聘这些环节对经验丰富的管理者来说都未必能够处理妥当，因此毫无经验的大学生更难对员工进行激励和合理聘用。在大企业中可给管理者提供犯错及改正的机会，帮助他们获取经验，因为即使犯错基本上也不会使整个组织出现危机，但特许加盟不同，管理上的错误很容易导致企业无法运营。

最后，大学生需要确定最适合自己职业生涯以及管理风格的项目。尽管特许经营要比开创新公司的风险相对较小，可它并不是对所有人都适宜的。有的创业者认为特许协议的限制太多，似乎把他们当作员工来要求。特许者的规定与流程都不尽相同。做出是否加盟的决策仅仅是个开始，当创业者确定所要加盟的项目后，真正的工作才拉开帷幕。

资料来源：Adapted from Jeff Elgin and Jennifer Kushell, "He Said, She Said," *Entrepreneur*, January 2008, https://www.entrepreneur.com/magazine/entrepreneur/2008/January/187674.html (accessed March 16, 2008).

☐ 《特许经营法》

特许经营的发展非常迅速，相关法律仍处于逐步完善过程中[14]，在缺乏相关案例经验的情况下，法庭倾向运用一般法则以及参考联邦或各地区的法律条款。特许经营关系虽然在某些方面类似于总部/分支机构、雇主/雇员以及雇主/独立合同责任人的关系，但并不真正适用于这些传统划分中的任何类型。联邦贸易委员会（FTC）颁布的《特许经营法》明确了特许者的披露要求。很多特许经营方面的法律纠纷都涉及最终解释权，由于协议一般由特许方制定，受许者几乎没有讨价还价的能力，因而合同的最终解释权归特许方，这对他们是有利的。但是对于受许者来说，投入大量时间与资金最终可能获得较少收益甚至一无所获。特许方拥有商标及解释权，从而可以控制所有加盟企业。[15]

创业历程

特许经营信息披露文件

1979年，联邦贸易委员会制定了特许经营信息披露制度，要求特许者在出售前将信息进行全国范围内的公示。2007年修订后的制度对信息披露提出了更高的要求，特许者需对加盟者提供合法的披露信息，即**特许经营信息披露文件**（Franchise Disclosure Document，FDD），也就是统一特许经营发行通告（Uniform Franchise Offering Circular，UFOC）。

FDD是特许经营合同（即正式销售合同）的基础，特许经营合同保证了长期业务关系，以及各方的承诺与义务，期限可为5~20年。双方需严格遵守，不可随意更改，除非达成一致。

在联邦贸易委员会实施特许经营制度的情况下，加盟者需在接收披露文件的10天后才可签署合同、支付特许经营费正式加盟。一旦特许者接受申请并同意考虑加盟意愿，加盟者有权要求获得特许经营信息披露文件的复印件。特许者可直接提供纸质FDD，也可通过电子邮件、网络甚至光盘形式提供电子文档。

特许者需提供24项内容，包括：
1. 封面
2. 特许者介绍，其前身以及合作伙伴
3. 业务经验
4. 诉讼
5. 破产
6. 初始加盟费
7. 其他费用
8. 初始投资
9. 产品来源的限定
10. 受许者的职责
11. 融资
12. 特许者的职责
13. 地域
14. 品牌
15. 专利、版权，以及知识产权信息
16. 参与运营的职责
17. 所售产品的限制
18. 续订、终止、转让以及争议解决
19. 公众形象
20. 预期收入
21. 特许经营分店列表
22. 财务
23. 合同
24. 收据

资料来源：Adapted from the Federal Trade Commission, 2012.

☐ 评估特许经营机会

特许经营的平均收益如何？如何确定其是否成功？遗憾的是，评估方法并不成熟（比较好的评估方法详见第14章）。简单从朋友那里征询意见是不可行的，因为特许经营品牌中相似的情况是比较少见的。[16]

一项研究对特许经营基本费用与各项授权费进行了分析，结果表明其年限、加盟数量、所在地区的密集程度以及整体状况都会影响这两项费用。[17]评估特许经营的关键是掌握足够且准确的信息，对即将从事的所有特许经营机会进行评估，以保证投资取得成效。图7—2给出了购买特许经营权的决策流程图。

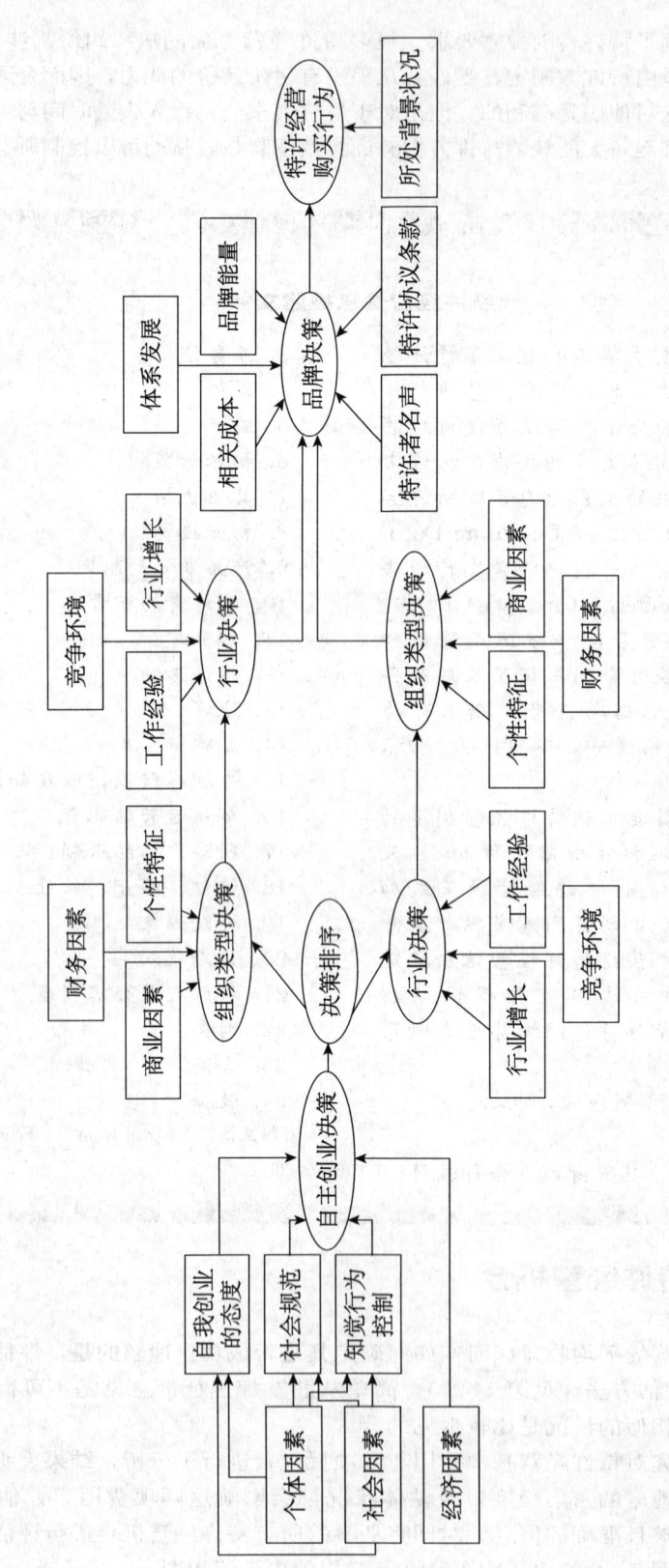

图7—2 特许经营决策流程图

资料来源：Patrick J.Kaufmann, "Franchising and the Choice of Self Employment," *Journal of Business Venturing* 14, no.4 (1999): 348.

了解各种特许经营机会

第一步应寻找各种可靠信息了解特许经营的机会，通常可从报纸、行业出版物、网络获得（详见表7—4列出的相关网站）。《创业者》杂志也会刊登特许经营方面的广告信息，不同城市可能会举行特许经营展览会。每年entrepreneur.com都会对特许经营品牌进行统计排名。此外特许方也会提供一定的信息与机会。

表7—4　　　　　　　　　　全球特许经营网站资源

互联网已成为各种年龄、各种职业、各种爱好人群获取信息的最重要来源。由于缺乏资金，特许加盟者可通过网络在家中方便地获取大量信息，对特许经营业务进行研究、选择与规划。

http://www.franchiseexpo.com：通过该网站可根据地点、经营品类、投资情况等查找特许经营项目。在搜寻结果中点击"详细查看"便可获取发展历史、业务介绍、常见问题、投资条件等相关信息。网站提供基本的加盟信息，包括财务分析报表、正确选择特许经营、展览会信息等，还可通过链接访问其他有帮助的网络资源。

http://franchise1.com：这是一个特许经营手册网，人们可在此找到更为详细的解答。指南、协会信息、公告栏、行业资讯等提供了很多信息资源，是比较热门的特许经营网站。

http://www.franchiseworks.com：该网站提供加盟项目列表，同时也提供其他商业机会。网站提供的信息涉及创业企业的各个方面。

http://www.franchise.org：国际特许经营协会是获取行业数据的首选，包含最新政策以及影响全球市场的热门话题。

其他有用的网站如下：
www.americanbar.org/groups/franchising.html
www.sba.gov
www.entrepreneur.com/franchises/bestofthebest/index.html
www.mbemag.com
www.franchisetimes.com
www.franchising.com
www.restaurant.org/tools/magazines
www.franchisordatabase.com
www.ftc.gov/bcp/franchise/netfran.shtm
www.franchise.com
www.worldfranchising.com
www.franchisesolutions.com
www.franchiseopportunities.com
www.franchisetrade.com
www.thefranchisemagazine.net
www.franchiseinfomall.com
www.franchiseadvantage.com
www.usfranchisenews.com

通过特许者进行调查

投资人可从特许者那里获得很多信息。当人们把毕生积蓄用于开展特许加盟业务时，除了那些历史悠久的大品牌，调查时应做最坏的准备。如果特许者急于出售这种权利，则投资者应谨慎考虑。同样，如果特许者对投资者并不进行仔细筛选，则说明他们的业务不会长久经营，有得到加盟费后潜逃的风险。请记住：不讲信誉的特许方是无法保证加盟方运营成功的。麦当劳是所有特许加盟中最为慎重的一个，它仔细甄别每一位申请者，不会轻易让任何一家店铺面临倒闭的危险。

寻求专业意见

如果在基本调查后收到特许方发来的协议，投资者应首先向资深律师进行咨询。律师会通过合同术语向投资者解释涉及的惩罚及限制条款：

明确合同中的解除及续订条款，这是非常重要的。一些小规定的违反是否会带来特许权的解除？协议解除后多少加盟费可退还？如果特许方可以 20% 加盟费的成本进行回购，律师需仔细查看其终止协议的难易程度。

关于加盟费需考虑总收入的多大比例将用于支付此项费用、提供培训的类型与内容、加盟的地区性限制以及购买原料的费用。此外，律师应帮助分析特许方对日常运营的控制程度，涉及价格限制、业绩标准、营业时间等。此外投资者也可寻求财务方面的建议，银行专业人士可根据特许经营者提供的计划书提出可行性意见。例如，这一项目是否夸大了加盟方的收益？投资回报率是否过于乐观？银行是否准备对此类业务提高贷款额度？

最后，投资者应与注册会计师（CPA）进行沟通，他们可通过分析相关数据给出投资初始期间的损益分析。项目是否前景良好？投资可能出现的失误及问题有哪些？这种投资类型的风险如何？是否在可接受范围内？投资者应继续签订加盟协议还是放弃这项业务？

加盟者可从法律及金融专家那里找到相关问题的答案。之后留给加盟者的下一个问题就是"我愿意承受这种风险吗？"

做出决策

在创业者收集所有必要信息后，他们便可做出自己的决策。之前的问题清单也是非常有帮助的。

小结

创业最有效的做法是成立新企业，设计独特产品或服务。新—新模式是指全新的产品或服务创意（如 Zynga 与谷歌）。在现有产品或服务基础上进行改进或是开辟新市场的方法则称为新—旧模式。

财务方面，创业时需对企业的财务状况进行预测以便确定启动成本以及预期收益。此外，还应考虑运营所需的房产、设施、设备以及保险、法律、营销等费用。

创业者还可以对现有成功的企业进行收购，这种做法的好处包括企业正处于运营中，便于日后的管理；节省用于成立新企业的时间与精力；优惠的收购价格。

在做出购买决策前，创业者需准备一系列问题清单，包括：为什么对方转让该企业？目前设备状况如何？库存情况如何？企业其他资产情况如何？应保留多少员工？企业面临何种竞争？未来的财务状况如何？

在所有问题得到满意答案后，新业主应着手准备谈判事宜，重点关注企业资产的市场价值以及商誉这种无形资产。我们将在第 14 章详细介绍企业的评估。

回顾与问题讨论

1. 列举创业者拥有实体开展创业的三种途径。
2. 创建新企业的新—新模式是什么?与新—旧模式的区别是什么?
3. 通过表7—2阐述如何评估企业的财务状况。
4. 除个人及财务因素,企业收购者还应考虑哪些问题,请列举四个以上的问题。
5. 收购企业的优势有哪些?请做出适当解释。
6. 做出收购决策时应考虑的问题有哪些?
7. 如何分析被收购企业的资产状况?请适当加以解释。
8. 特许经营的含义是什么?
9. 特许经营协议中,受许者应做的事有哪些?特许者承担哪些责任?
10. 特许经营的优势有哪些?请详细说明。
11. 特许经营的劣势有哪些?请详细说明。
12. 如何评估特许经营机会?请适当加以解释。
13. 在做出加盟特许经营决策时,投资者会提出很多问题。针对特许者、特许经营权、市场以及潜在投资者的问题有哪些?
14. 为什么公开披露信息对特许经营来说是非常重要的?

体验式练习

创业者行动计划

在正式创业前,创业者需思考一些问题,下面列出的是最为重要的十个问题,请根据实际情况做出选择。

1. 你做事主动吗?
  ☐ 我可以自己而无须外界帮助。
  ☐ 愿意有人带我一起。
  ☐ 做事简单,不到万不得已不行动。
2. 你对他人的看法是怎样的?
  ☐ 和任何人都合得来。
  ☐ 不需要任何人。
  ☐ 别人常激怒我。
3. 你是否具有领导力?
  ☐ 一旦开始做事,可以找很多人一起干。
  ☐ 对于别人交代的事我会区分轻重缓急。
  ☐ 会让别人把事做好,如果结果满意我会进行鼓励。
4. 你是否具有责任感?
  ☐ 会负责并亲自解决问题。

☐ 万不得已时会接手，当然还是希望其他人能够承担。
☐ 如果旁边有人愿意我会让给他。

5. 你是发起人吗？
☐ 我喜欢在开始前做计划。
☐ 一般情况下我都能做好，遇到麻烦时会退出。
☐ 当我准备好时，总有人干涉我的计划，所以我随着别人一起做事。

6. 你工作是否努力？
☐ 如果需要我会一直这样。
☐ 暂时努力工作。
☐ 不可能一直这样努力。

7. 你能否做决策？
☐ 可以做决策，结果也非常好。
☐ 如果时间充裕，可以做决策。快速决策使我感到不安。
☐ 不喜欢拿主意。

8. 别人相信你的话吗？
☐ 是的，不想做的事就不说。
☐ 因人而异，有时只说最简单的事。
☐ 为什么要这样？其他人不了解差别。

9. 你能否坚持？
☐ 当我打算做一件事时，没有人能够阻止。
☐ 只要开始就会把它完成。
☐ 一旦发现错误往往选择退出。

10. 你的健康状况如何？
☐ 非常健康。
☐ 良好。
☐ 还好，但会越来越好。

每一题中选第一项得 3 分，第二项得 2 分，第一项得 1 分。具有成功创业潜质的人一般来说总分不会低于 25 分，低于 25 分时可考虑与其他人合伙或者暂时搁置创业计划。取得高分的人在制定行动计划时应注意以上这些特征因素。

开始创建商业计划书

描绘商业构想的实现方式

作为一名创业者，必须选择以最可行的方式开展业务。通过本章介绍的信息合理做出自己的决策。请仔细考虑所有选择，是创建新企业、收购现有企业还是通过特许经营的方式？一旦做出选择后，在商业计划书阶段将体现出你的决策。

根据老师的要求，可将你的理由写在 1～2 页纸上，也可通过幻灯片的方式表达。利用商业计划书工具，如 LivePlan，可辅助评估启动所需开销以及其他与选择方式相关的财务分析充实你的理由。

注释

1. Simon C. Parker and C. Mirjam van Praag, "The Entrepreneur's Mode of Entry: Business Takeover or New Venture Start?," *Journal of Business Venturing* 27, no. 1 (2012): 31–46.

2. Brian Womack, "Facebook Revenue Will Reach $4.27 Billion," *Bloomberg*, September 20, 2011.

3. Shayndi Raice, "Facebook Sets Historic IPO: Potential $10 Billion Offering Would Dwarf Google's," *Wall Street Journal*, February 2, 2012.

4. Donald F. Kuratko and Jeffrey S. Hornsby, *New Venture Management* (Upper Saddle River, NJ: Pearson/Prentice Hall, 2009), 33–38.

5. Fred Steingold and Emily Dostow, *The Complete Guide to Buying a Business* (Berkeley, CA: Nolo Press, 2005).

6. Jay B. Abrams, *How to Value Your Business and Increase Its Potential* (New York: McGraw-Hill Publishing, 2005); see also Roberto Ragozzino and Jeffrey J. Reuer, "Contingent Earnouts in Acquisitions of Privately Held Targets," *Journal of Management* 35, no. 4 (2009): 857–79.

7. For a good discussion of buying or selling a small business, see Rene V. Richards, *How to Buy and/or Sell a Small Business for Maximum Profit* (Charleston, SC: Atlantic Publishing Group, 2006).

8. See Roy J. Lewicki, David M. Saunders, and John W. Minton, *Negotiation*, 3rd ed. (New York: McGraw Hill/Irwin, 2002). This paperback gives practical examples and advice about negotiating. See also Michael Watkins, *Negotiation: Harvard Business Essentials* (Boston, MA: Harvard Business School Press, 2003).

9. Bruce J. Blechman, "Good Buy," *Entrepreneur* (February 1994): 22–25.

10. For an excellent overview of franchises, see Rupert Barkoff, *Fundamentals of Business Franchising*, 2nd ed. (Chicago: American Bar Association, 2005); Roger LeRoy Miller and Frank B. Cross, *The Legal Environment Today: Business in Its Ethical, Regulatory, E-Commerce, and Global Setting*, 7th ed. (Mason, OH: South-Western/Cengage, 2013), and Kenneth W. Clarkson, Roger LeRoy Miller, and Frank B. Cross, *West's Business Law*, 12th ed. (Mason, OH: South-Western/Cengage, 2012), 708–16.

11. Patrick J. Kaufmann, "Franchising and the Choice of Self-Employment," *Journal of Business Venturing* (July 1999): 345–62; David J. Ketchen, Jr., Jeremy C. Short, and James G. Combs, "Is Franchising Entrepreneurship? Yes, No, and Maybe So," *Entrepreneurship Theory and Practice* 35, no. 3 (2011): 583–593. Nada Mumdžiev and Josef Windsperger, "The Structure of Decision Rights in Franchising Networks: A Property Rights Perspective," *Entrepreneurship Theory and Practice* 35, no. 3 (2011): 449–65; and Roland E. Kidwell and Arne Nygaard, "A Strategic Deviance Perspective on the Franchise Form of Organizing," *Entrepreneurship Theory and Practice*, 35, no. 3 (2011): 467–82.

12. Robert T. Justis and Richard J. Judd, *Franchising*, 3rd ed. (Mason, OH: Thomson, 2004); and Joe Mathews, Don DeBolt, and Deb Percival, *Street Smart Franchising* (Irvine, CA: Entrepreneur Press, 2006).

13. Darrell L. Williams, "Why Do Entrepreneurs Become Franchisees? An Empirical Analysis of Organizational Choice," *Journal of Business Venturing* (January 1999): 103–24; Jérôme Barthélemy, "Agency and Institutional Influences on Franchising Decisions," *Journal of Business Venturing* 26, no. 1 (2011): 93–103; and Mark A. P. Davies, Walfried Lassar, Chris Manolis, Melvin Prince, and Robert D. Winsor, "A Model of Trust and Compliance in Franchise Relationships," *Journal of Business Venturing* 26, no. 3 (2011): 321–40.

14. See Roger LeRoy Miller and Frank B. Cross, *The Legal Environment Today: Business in Its Ethical, Regulatory, E-Commerce, and Global Setting*, 7th ed. (Mason, OH: South-Western/Cengage, 2013); and William R. Meek, Beth Davis-Sramek, Melissa S. Baucus, and Richard N. Germain, "Commitment in Franchising: The Role of Collaborative Communication and a Franchisee's Propensity to Leave," *Entrepreneurship Theory and Practice* 35, no. 3 (2011): 559–81.

15. See Steven C. Michael, "To Franchise or Not to Franchise: An Analysis of Decision Rights and Organizational Form Shares," *Journal of Business Venturing* (January 1996): 59–71; see also Nerilee Hing, "Franchisee Satisfaction: Contributors and Consequences," *Journal of Small Business Management* (April 1995): 12–25; Marko Grunhagen and Robert A. Mittelstaedt, "Entrepreneurs or Investors: Do Multi-unit Franchisees Have Different Philosophical Orientations?," *Journal of Small Business Management* 43, no. 3 (July 2005): 207–25.

16. Thani Jambulingam and John R. Nevin, "Influence of Franchisee Selection Criteria of Outcomes Desired by the Franchisor," *Journal of Business Venturing* (July 1999): 363–96; see also Gary J. Castrogiovanni, James G. Combs, and Robert T. Justis, "Shifting Imperatives: An Integrative View of Resource Scarcity and Agency Reasons for Franchising," *Entrepreneurship Theory and Practice* 30, no. 1 (January 2006): 23–40; Roland E. Kidwell, Arne Nygaard, and Ragnhild Silkoset, "Antecedents and Effects of Free Riding in the Franchisor–Franchisee Relationship," *Journal of Business Venturing* 22, no. 4 (July 2007): 522–44; and Steven C. Michael and James G. Combs, "Entrepreneurial Failure: The Case of Franchisees," *Journal of Small Business Management* 46, no. 1 (2008): 73–90.

17. Andrew J. Sherman, *Franchising & Licensing: Two Powerful Ways to Grow Your Business in Any Economy*, 3rd ed. (New York: AMACOM Books, 2004); Dhruv Grewal, Gopalkrishnan R. Iyer, Rajshekhar (Raj) G. Javalgi, and Lori Radulovich, "Franchise Partnership and International Expansion: A Conceptual Framework and Research Propositions," *Entrepreneurship Theory and Practice* 35, no. 3 (2011): 533–57; Kristie W. Seawright, Isaac H. Smith, Ronald K. Mitchell, and Richard McClendon, "Exploring Entrepreneurial Cognition in Franchisees: A Knowledge-Structure Approach," *Entrepreneurship Theory and Practice* (in press); James G. Combs, David J. Ketchen, Jr., and Jeremy C. Short, "Franchising Research: Major Milestones, New Directions, and Its Future within Entrepreneurship," *Entrepreneurship Theory and Practice* 35, no. 3 (2011): 413–25.

第 8 章

寻找创业资金

创业思维

金钱犹如人的第六感官,没有它,其他五种感官就不能充分发挥作用。
——威廉·萨默赛特·毛姆(William Somerset Maugham),《人性的枷锁》

本章重点

1. 区分债权融资与股权融资
2. 分析商业贷款和社交借贷的区别
3. 介绍首次公开发行股票
4. 讨论私募作为股权融资的机会
5. 研究风险投资市场以及风险投资家对创业企业的评估标准
6. 讨论评估风险投资家的重要性
7. 讨论目前非正式的风险投资市场(天使投资)

寻找资金

创业者计划创建一家新企业时都会面临这样一个问题:如何找到启动资金。也许他们并不了解各种筹资渠道,也不知道将不同的融资方式进行组合比单一方式更为稳妥。因此,应了解多种资金来源,以及它们各自的预期回报与要求。

商业贷款、公开发行股票、私募、可转换公司债券、风险投资、非正式的风险投资等都是融资的主要类型。那么它们准确的含义是什么?创业者申请这些资金时的预期是什么?

很多研究都介绍了创业者希望获得的资金来源[1],从债权到股权,涵盖了多种不同类型。如图 8—1 所示,创业者可根据企业所处发展阶段以及风险水平选择合适的融资方式。

了解各种融资渠道的同时,我们还将深入探讨其融资的过程。首先,我们先对债权融资和股权融资加以区分。

融资连续体
下面描述了创业企业的典型融资（单位：万美元）。

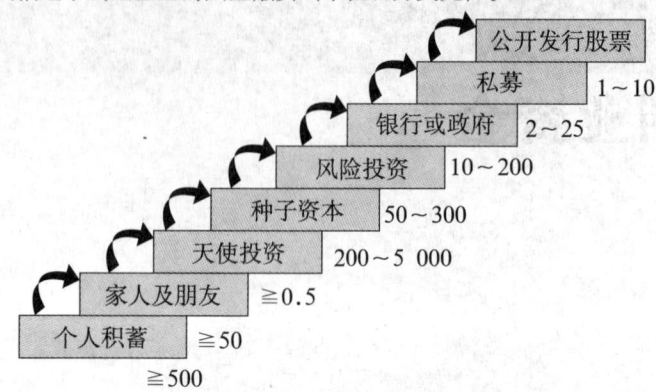

```
                                        公开发行股票
                                    私募         1～10
                                银行或政府    2～25
                            风险投资    10～200
                        种子资本    50～300
                    天使投资    200～5 000
                家人及朋友    ≥0.5
            个人积蓄    ≥50
                    ≥500
```

图 8—1　创业企业的资金来源

资料来源："Successful Angel Investing," Indiana Venture Center, March 2008.

债权融资与股权融资

通过债权方式进行创业融资，需要还本付息。股权融资是对企业所有权的转让。债权融资所带来的压力是本金加利息，而股权融资迫使企业放弃部分控制权。也就是说，选择债权融资就无须放弃企业所有权；出让部分所有权是为了避免举债。很多情况下，将两者进行组合是最有利的。

☐ 债权融资

很多新企业认为**债权融资**（debt financing）是它们最需要的。通常将短期借款（1年或1年以内）用作营运资本，通过销售收入进行偿还。长期债务（1～5年的中期贷款或5年以上的长期贷款）常用于资产或设备的采购，所添置的资产同时作为贷款的抵押。债权融资最常见的来源是商业银行。[2]

商业银行

目前在美国约有7 000家商业银行，由于2008年经济萎缩，银行数量不断下降。预计到2020年，将只有4 000家幸存。[3]尽管有一些银行提供短期无担保贷款，但是大部分银行还是要求提供应收账款、存货或其他资产作为贷款担保。商业银行也提供1～5年的中期贷款，90%都要求提供股票、机器、设备、不动产等组合作为担保，同时制定系统的还款计划。除了以房产担保或是美国小企业管理局等机构提供的贷款担保，商业银行很少提供5年以上的长期贷款。银行对于新企业可提供多种服务，如代发工资、信用证、国际结算、金融租赁以及货币市场账户等。

为获得银行贷款，创业者一般应回答相关问题，以下是最常见的问题与解释：

1. 计划用这笔钱做什么？不要利用银行贷款从事高风险的事情。它们只会贷款给最安全的企业。

2. 需要多少资金？一些创业者到银行申请贷款时，往往并不清楚自己需要的资金量，仅知道自己缺少资金。回答这个问题越精确，获得贷款的可能性越大。

3. 何时需要资金？不要指望马上得到银行贷款，计划不周会导致缺乏吸引力。

4. 贷款需要多久？期限越短，获得贷款的可能性越大。还贷时间应与商业计划书的某个重大事件相关联。

5. 如何偿还贷款？这是最重要的问题。如果计划失败怎么办？是否有其他收入来源用以偿还贷款？是否有抵押物？即使有很多固定资产，银行也不认为特别稳妥。经验表明清算资产只能收回一部分贷款，差不多 5%～10%。[4]

其实银行并不是唯一的债权融资来源。设备的长期融资有时可从生产商那里获得，即以长期票据替代部分设备款项。当实际市场存在时，生产商愿以这种方式增加销售，因为即使是二手设备仍可以再次进行销售。此外，新企业还可以通过与供应商达成延期付款协议获得短期融资。其不足之处在于限制企业选择供应商的自由，以及讨价还价的能力。

债权融资的优势

- 不涉及企业所有权的出让。
- 借款越多，股权潜在回报越大。
- 低利率可降低借款的机会成本。

债权融资的劣势

- 定期（按月）支付利息。
- 还款造成现金流量压力增加。
- 债务过多将抑制企业的成长与发展。

社交借贷或众筹

通过**社交借贷**（social lending）获得资金，也称个人对个人信贷（P2P），banking 2.0，或者**众筹**（crowdfunding），是 21 世纪出现的新方式。当商业贷款不愿向未经证实的企业提供资金时，创业者只能寻找新的贷款方式。

社交借贷一般基于网站模式，投资者通过资金池以商定好的利率贷出资金，同时向中介及服务机构支付一定费用（贷方支付 1%同时借方支付 2%～4%），拖延还贷时附加赔偿费。每笔社交借贷的平均值是 7 000 美元，最多可达到 2.5 万美元。贷款期限一般为 3 年，利率为 9%～18%。一家广为人知的社交借贷公司 Lending Club 在美国社交借贷网站上拥有最大贷款额，根据借贷双方的资金额、可承受风险、社交相似度（如合作者、伙伴校友、所在地等）进行匹配。

起初，社交借贷仅考虑向那些未能获得商业贷款的创业者提供另一种融资选择，现在已创办企业的业主也通过这种方式寻求快速资金，而不是求助于那些高高在上的传统贷款方。第一个社交借贷类网站出现于 2005 年，它着眼于古老的向朋友借贷的方式，帮助他人在经济乏力、传统信用枯竭时期得到快速发展。到了 2008 年，很多贷方因借方违背约定而遭受损失，美国证券交易委员会开始对这一领域进行规范管理。在过去的 5 年中，三家最大的社交借贷公司——Prosper.com，Lending Club 以及 GreenNote——共减少 5 亿美元贷款。社交借贷网站和 Kiva.org 之类的微型贷款网站不同，微型贷款属于非营利组织，贡献者可以零利率向全世界发出贷款。Kiva.org 将聚集的资金提供给小额信贷机构，由它们协助收回贷款。

人们将社交借贷的成功归因于经济的不景气导致投资者在实践中更加保守，因此对创业者来说从他们那里融资的可能性更小。利用社交借贷进行融资的大多是创业企业，网站提供的贷款上限为 2.5 万美元。相对较小的贷款额度加上便利的申请方式使得人们把这种方式视为启动创业的低风险机制。

社交借贷与一些社交网络现象较为相似，在很大程度上依赖于所形成的开放、可信的社区。如果社交借贷持续发展下去，创业者可通过这一有利工具解决运营过程中遇到的现金流量问题，但需要详细了解相关制度与流程、每个贷方的信誉情况以及他们的想法。对于那些由于资金问题推迟创业的人来说，社交借贷可以使他们心态平和地去实施自己的创业想法，马上行动起来。[5]

尽管通过社交借贷可帮助启动阶段的创业者迅速提升其优势，同时也应意识到这种融资方式的不足之处：

- 成功率较低，一般仅为 10%。
- 泄露商业计划。
- 不提供咨询服务。创业者无法从贷方得到任何建议或经验，无追加投资。
- 承担纳税义务。
- 不确定的监管环境。

其他债权融资来源

除了商业银行、社交借贷，其他债权融资来源包括商业信用、应收账款融资、金融公司、租赁公司、互助储蓄银行、储蓄贷款协会、保险公司。表 8—1 对各种融资来源、企业类型、融资期限进行了汇总。

表 8—1　　　　　　　　　　常见的债权融资来源

来源	获得融资的企业类型		融资期限		
	初创企业	发展中的企业	短期	中期	长期
商业信用	可以	可以	可以	不提供	不提供
商业银行	较多，但仅对拥有雄厚资本者或抵押	可以	频繁	较多	不常提供
金融公司	不常提供	可以	非常频繁	可以	不常提供
保理公司	不常提供	可以	非常频繁	不常提供	不提供
租赁公司	不常提供	可以	不提供	非常频繁	偶尔
互助储蓄银行储蓄贷款协会	不常提供	仅提供给不动产企业	不提供	不提供	仅提供给不动产企业
保险公司	很少	可以	不提供	不提供	可以

商业信用（trade credit）是由销售商品的供货商以赊购方式提供的一种信用，它体现在资产负债表的应收账款项目中，一般要求 30～90 天内付清。当未能获得其他融资时，小型或新兴企业可通过这种方式融资。同时，供应商可通过这种方式吸引新客户。

应收账款融资（accounts receivable financing）是一种短期融资方式，通过将应收账款抵押获得贷款或将其出售（保理）。商业银行可对应收账款提供贷款，商业金融公司以及保理公司负责代收。

保理（factoring）是将应收账款转出获得融资的方式。企业将应收账款以折扣价格出售给保理公司获得所需资金，一些商业金融公司也从事这项业务。双方约定之后，只要货物发出后形成应收账款，保理公司可购买客户的应收账款权。保理这种方式对一些企业特别适用，已成为纺织、家具制造、服装生产、玩具、鞋类以及塑料等行业的固有模式。

金融公司（finance companies）利用应收账款、存货、设备等资产融通资金。其优势在于实现银行所不愿提供的贷款。这种方式的利率通常高于银行2~6个百分点。无法从银行或保理公司融资的新企业可采用此种方式。

□ 股权融资

股权融资（equity financing）是无须创业者偿还本金或利息的融资方式。由于无须偿还债务，因此这种方式对于新创企业而言比债权融资更安全。股权融资要求分享企业所有权与利润，企业放弃部分所有权换回相应的资金。[6]股权性金融工具包括：

- 认股权证。投资者获得未来某个时间以固定价格购买股票的权利，其内容双方可以商定。通常用来购买新发行的股票。
- 可转换债券。这种不稳定的贷款可转换为股票，转换价格、利率以及协定中的条款都是可商定的。
- 优先股。在利润分红及公司解散时剩余财产分配的权利方面优先股优于普通股。一些优先股可转为普通股，这个特征使它更具吸引力。
- 普通股。一种最基本的所有权形式，董事会主席行使投票权。新企业运营良好时，普通股股东能够获得较大收益，股票可通过股市或私募变现。

过去的35年中，私募股权行业取得了很大发展，美国私募股权投资基金从1980年的50亿美元增长至今天的4 000多亿美元，专门用于风险投资、杠杆收购、夹层投资、不良债权等。[7]

股权融资可通过公开发行与私募两种渠道进行，创业者必须遵守法律规定，并且符合美国证券交易委员会的要求。整个过程会比较艰难，耗费财力与时间。股票发行成功可以帮助创业者筹集大笔资金。

公开发行

公开发行，即上市，是指企业在证券交易所通过公开发行股票，募集企业发展所需的资金。其优势体现在：

- 资金量。发行股票是短期内筹集大笔资金最有效的方式之一。
- 流动性。证券交易所为股票持有者提供秩序良好的交易环境，便于卖出股票。
- 价值。市场决定股票的价格，同时股票的价格反映企业的价值。
- 企业形象。公开交易的企业受供应商、出资人和客户的共同监督，便于提升企业形象。[8]

在过去10年间，很多新企业通过证券交易所公开募集资金。**首次公开发行**（initial public offering，IPO）是指第一次向公众出售企业股份。通常上市企业的数量变化不大，但募集到的资金存在很大差异。此外，经济环境也是IPO市场的主要影响因素。在1995—1999年经济持续增长、IPO数量剧增的时期，共有2 994家企业纷纷上市。2000年经济发生变化，各行各业陷入低迷，包括IPO市场。到2001年，仅有91家企业上市，筹集资金371亿美元，同1996年IPO数量为868家的情况相比，剧烈下滑。2003—2007 年，IPO 市场更趋于稳定与保守，年平均量约为 220 家。2008 年全球经济下跌，IPO 低至 37 家，仅募集资金 270 亿美元。随着市场慢慢回暖，2010 年与 2011 年 IPO 平均 180 家，资金量接近 450 亿美元。[9]

这些数据反映了近年来股票市场的不稳定性，因此创业者通过 IPO 融资的同时应考虑如何应对这些问题。此外，很多新创企业已开始意识到上市的不利因素，主要体现在：

● 成本。与其他资金来源相比，公开发行股票方式的费用更高，财务费用、律师费、印刷及发行费用、股票包销费用等均导致较高的成本。

● 信息披露。此种融资方式要求详细披露企业信息，创业企业通常更希望保持相关信息的私密性。

● 要求。上市准备的文件应符合美国证券交易委员会的相关规定且需包含持续性的经营状况，准备这些需花费大量时间、精力与金钱。

● 股东压力。管理上往往关注短期收益，以满足股东分红的要求。这种压力可能影响企业的长期发展。[10]

创业者应认真权衡上市的优势与劣势，如果决定采用此种方式，应彻底了解整个过程。在第 15 章，我们还将对 IPO 过程所涉及的复杂要求进行详细介绍。简单来说，创业者应准备所需报告、披露信息以及与外部股东共享控制权与所有权。

私募

另一种募集资金的方式是通过**私募**（private placement）证券来获得。很多小企业通常采取这种方式。

美国证券交易委员会在 **D 条例**（regulation D）中，允许小型企业通过互联网**直接公开发行**（direct public offering，DPO）股票，它简化了报告及陈述的要求，可直接向朋友、员工、客户、亲属、当地专业人士传送信息。最常见的 DPO 类型是小企业发行注册（SCOR，包含在规则 504 中），对于私人企业一年内通过发行股票所募集到的 100 万美元的资金减免税款。对于投资者数量和类型没有限制，股票可自由交易。SCOR 流程非常简单，小企业主在一名会计和律师辅助下便可完成。D 条例基于筹资额规定了四种免税情况：

1. 规则 504a——募集资金低于 50 万美元：无信息披露要求，对股票购买者无限制，使筹集相同规模资金更便捷。

2. 规则 504——募集资金在 100 万美元以下：同样无信息披露要求，对股票购买者无限制。

3. 规则 505——募集资金在 500 万美元以下：除授权购买者，其他购买者不能超过 35 名，发行人必须向投资者披露所要求的内容。此外投资者还可以获得其他方面的企业与管理相关信息。

4. 规则 506——募集资金超过 500 万美元：股票购买者必须经过授权，其他购买者的数量不超过 35 名，必须具有丰富的投资经验。发行人必须向购买者披露更为详细的内容。此外投资者还可以获得其他方面的企业信息与管理相关信息。[11]

在规则 505 和 506 中，D 条例使用**授权购买者**（accredited purchaser）这个概念，指的是机构投资者，包括银行、保险公司、风险投资公司、注册的投资公司、小企业投资公司（SBIC）、拥有财富的人以及资产超过 500 万美元的免税组织。其他人可视为未授权购买者。

经验丰富的投资者（sophisticated investors）是指那些拥有资金，经常对处于创业初期和后期的企业进行投资的个人。他们对技术和商业机会以及所投资的业务积累了很多知识，知道需要了解哪些投资企业的信息，且具备掌握分析这些数据的经验和能力。

D条例的目标是使小企业发行股票更加便捷且成本更低。美国的很多州并没有通过这些规则。因此新企业仍需找到适合的简便方式，节约时间及成本。虽然规则505和506仍对披露信息有要求，但D条例确实在很大程度上简化了小企业的融资过程。[12]

创业实践

步步为营：少花钱多办事的艺术

在没有获得投资基金或银行贷款时，创业者仍需持续开展行动。据美国独立工商业者联合会（NFIB）估算，约有25%的小企业创业启动资金不足500美元。年复一年，我们看到成千上万新兴企业挨过困难时期得以生存，它们依靠的是创业者的勇气与毅力。而把握成本控制这个关键因素可使企业**步步为营**（bootstraping），请记住"现金为王"这个概念，依靠机智和创造力想办法去借或利用杠杆而不实际购买，节省开销。

以下是一些经过验证的技巧，请记住它们：

1. 最大限度地利用所拥有的资源。
2. 节俭。
3. 搜寻折扣商品。
4. 利用外部资源。
5. 一人多职，充分利用人力资源。
6. 共享办公空间。
7. 雇用在校实习生辅助工作。
8. 寻找并购买旧家具和设备。
9. 鼓励客户及早付款。
10. 通过股权换取服务（不用太多）。

关键是能够使企业生存下来，因此坚持不懈是创业者真正的财富。丘吉尔曾说过，永远，永远，永远不要放弃！

资料来源：Adapted from Laurie Lumenti Garty, "Portrait of a Modern Day Bootstrapper," *SVB Accelerator* (Silicon Valley Bank, 2012); and Andrew J. Sherman, *Raising Capital*, AMACOM Books, 2012).

风险投资市场

风险投资家（venture capitalists）是投资领域的专家，他们向企业提供资金用于启动、早期及扩张阶段。风险投资家寻求比传统投资更高的回报率。对创业企业来说，他们是有价值且强势的股权基金来源。这些经验丰富的专家为新兴企业以及成长中的企业提供多种融资服务，包括：
- 启动及扩张资金；
- 为不具备市场部门的企业提供市场调研及营销战略；
- 提供管理咨询、辅助管理及评估；
- 帮助创业者与潜在客户、供应商、其他重要商界人士建立联系；
- 协助签订技术协议；
- 帮助建立管理及财务控制；
- 帮助进行雇员招募以及协议制定；
- 帮助进行风险管理以及创建有效的保险项目；
- 在遵守政府规定方面提供咨询和指导。

□ 风险投资市场的新进展

在2004—2008年这5年间，美国风险投资市场的发展呈上升趋势，从向3 178家企业投资224亿美元上升至向4 111家企业投资306亿美元。2008年全球经济危机导致市场萎缩，风险投资家在2009年仅投资了3 065家企业，共计190亿美元。之后随着经济缓慢复苏，2010年共对3 526家企业投资232亿美元，2011年将285亿美元投向3 673家企业。风险投资不仅为企业提供启动资金，处于后期发展阶段的企业也可通过风险投资获得资金。到2011年，风险投资更多地涌向那些处于早期发展阶段的企业。表8—2列出了2011年风险投资在不同企业发展阶段的投资情况，我们可以发现对于启动及种子阶段的投资较少，比较多地集中在早期发展阶段。[13]

表8—2　　　　　　　　2011年企业不同发展阶段的风险资本投资比较

阶段	投资额（亿美元）	投资数量（家）
后期发展阶段	18	178
早期发展阶段	23	364
启动/种子阶段	1.34	80

资料来源：Adapted from: PricewaterhouseCoopers/National Venture Capital Association, MoneyTree™ Report, 2011.

此外，近几年风险投资还具有以下发展趋势：

第一，居主导地位的投资阶层从个人、基金会和家族转向了养老基金。因此，资金来源从投资经验较少的风险投资公司（从业不足3年）转向经验丰富的公司（从业3年以上）。

第二，创新变得更加全球化，已不再是硅谷和波士顿128号公路的专有特征。因此，很多风险投资家已将投资扩展至中国、印度、以色列、越南等地。[14]

第三，投资更加专业化。行业也更加多样化、专业化。投资目标、标准、战略、投资对象的发展阶段、规模、市场细分等差异十分明显。一些技术产业拥有专门的基金面向生命科学、生物技术、清洁技术以及数字媒体的研发。[15]

第四，财团交易显现。随之产生新的农场团队（farm team）系统，多家大型风险投资公司以正式或非正式关系投资一只新基金，作为连接基金。通常由已设立基金的一个合伙人投入时间进行管理。团队共同投资，利益共享。这些新基金往往集中对处于种子阶段以及启动阶段的企业进行投资，为它们所联合的传统风险投资公司提供后期事务支持。[16]

第五，过去十年中，小型创业投资力量减弱。由于相对风险较高，合伙人需要为解决问题花费更多的时间，此外还由于启动和初创阶段的投资最需要风险资本投资者广泛参与，企业运营才能获得最好的效果。最后，一些风险基金缺乏对启动和初创阶段投资经验丰富的投资家，因此种子及启动阶段的融资水平比其他阶段更低。[17]

第六，行业效率提高，且给予创业者更多支持，因此更加专业，竞争加剧。风险投资家正致力于提供更多的服务、建议与咨询，提升企业价值，而不只是带来资金的支持。还有很多风险投资家本身就是成功的创业者，因此能够帮助企业制定金融战略以及成功创业。创业者寻找风险投资时得到的不仅是所需资金，而且包括深入的行业知识以及广泛的社会关系。[18]

第七，法律环境更加有力。风险资本的激烈竞争使法制环境日趋成熟。诉讼的频率及程度均有所提高，例如最终的投资关系文件，即投资协议，其内容足够详细且清晰。法律专家建议应认真考虑以下几方面的条件：证券的选择（优先股、普通股、可转换债券等）、控制条款（谁拥有表决权）、评估及财务条款（能否合并且要求偿还）、违反协议的补偿（协议废除或货币损害赔偿）等。[19]

□ 消除对风险投资的误解

由于人们对风险投资的作用及功能认识还不够全面，导致一些误解的产生。这里列举了几种，并给出相应的解释。

误解1：风险投资公司想拥有企业控制权，它们将指挥实际运营

没有风险投资公司意图控制一家小企业，也不想实际参与运营。它们既不希望影响创业者自己做决策，也不希望他们每天向自己汇报工作，只希望创业团队尽快使企业盈利，风险投资家只希望企业在重大决策时考虑他们的建议，而不会参与企业日常的经营。[20]

误解2：风险投资公司满意于一般性的投资回报

风险投资家追求较高的、超常的甚至不合理的投资回报。通常情况下他们能从几百家上市公司那里取得合理的回报，也能从不同类型的稳健投资中获取正常利润。正是由于风险投资包含较高风险，因此要求较高的投资回报。[21]

误解3：风险投资家会很快进行投资

实际上他们也需要相当长的时间来决定是否投资。一般情况下，创业者如果对商业计划书准备较充分的话，从初次接触到最终实现投资需要6～8周时间。风险投资家平均每月收到50～100份商业计划书，然后从中挑选出10份，再对其中的2～3家企业进行大量分析、交涉、调查，最终选择一家进行投资。百里挑一的筛选过程是较为漫长的，投资前他们将大量时间用于分析可能出现的结果。

误解4：风险投资家对新创意及高科技感兴趣，管理则放在次要位置

实际上，风险投资家特别注重优秀的管理能力。如果拥有良好创意的创业者缺乏管理能力或行业经验，应补充这方面的人才加入创业团队中。风险投资家不会相信缺乏管理能力及行业经验的创业者能够顺利地实施商业计划。好的创意固然重要，但拥有一支优秀的管理团队更是成功的关键。[22]

误解5：投资决策前风险投资家仅需要一些汇总信息

一份详细且缜密的商业计划书是吸引投资者且获得最终投资的唯一途径。创业投资家希望每个创业者在获得投资前已经认真考虑过整个创业计划，并且进行详细的记录与分析。[23]

风险投资家的目标

向创业企业提供资金的大多数投资者主要考虑资金的安全，如能否如期偿还，而风险投资家的投资目标与其不同，他们更关心投资回报。因此他们投入大量时间权衡风险与收益，同时考量产品与管理方面。图8—2所示的评价体系显示出在四种不同水平下产品与管理这两个重要因素是如何评估的。当对创意以及创业者进行评估时，新企业主张的可行性也就确定了。

产品/服务状况	风险最高 ↓					
		水平4 产品/服务成熟 确定的市场 用户满意	4/1	4/2	4/3	4/4
		水平3 产品/服务成熟 较少用户 只是对市场的假设	3/1	3/2	3/3	3/4
		水平2 已有试用品、基本成型 还未生产开发 只是对市场的假设	2/1	2/2	2/3	2/4
		水平1 仅具备产品/服务的想法 未运营 只是对市场的假设	1/1	1/2	1/3	1/4
			水平1 个体创始人， 创业者	水平2 两位创始人， 其他人员不 确定	水平3 不完备的管 理团队，融 资后有确定 的人员加入	水平4 人员齐备且 具备有经验 的管理团队
			←――――――― 风险最高 ―――――――→			
			管理状况			

图8—2 风险投资家评估体系——产品/服务与管理方面

资料来源：Stanley Rich and David Gumpert, *Business Plans That Win $ $ $* (New York: Harper & Row, 1985), 169. Reprinted by permission of Sterling Lord Literistic, Inc. Copyright by David Gumpert.

风险投资家特别注重投资回报率（ROI）。表8—3显示出他们对各类投资的预期。这些目标并不是固定不变的。假如企业有很大的市场潜力、良好的现金流量或管理方已进行投资，那么预期投资回报率可以降低。由于风险的存在，20%～30%的年投资回报率并不算高。

表 8—3　　　　　　　　　典型风险投资追求的回报率

企业发展阶段	预期的年投资回报率	期望的初始投资增长
启动阶段（创意阶段）	60%以上	10～15×投资额
启动首次融资（初创阶段）	40%～60%	6～12×投资额
第二阶段融资（发展阶段）	30%～50%	4～8×投资额
第三阶段融资（扩张阶段）	25%～40%	3～6×投资额
转型	50%以上	8～15×投资额

资料来源：Adapted from：W. Keith Schilit, "How to Obtain Venture Capital," *Business Horizons* (May/June 1987)：78. Copyright © 1987 by the Foundation for the School of Business at Indiana University. Reprinted by permission; and interviews with Silicon Valley Venture Capitalists by the author in March 2012.

创业历程

风险投资家的尽职调查——"交易杀手"

在分析商业计划书时，风险投资家会特别注意是否包含一定的消极因素，这些"交易杀手"是不可能使企业成功的，哪怕仅有其中一项。风险投资家能够立即识别出它们。

傲慢的管理团队。他们不听劝告，或者团队的某个成员不诚实，甚至被完全控制。

没有坚实的市场地位。因为缺乏知识产权保护在市场不能占有一席之地。

创始人薪水过高。如果将产生的收益迅速分配给他们自己（或红利），将不利于企业长期发展。

创始人具有明显弱点。当过度依赖一个人（某位创始人）的技能或形象时，可能会产生问题。

跟不上形势。如果一份商业计划书仅呈现过去一段时间的业绩，则可能会被视为已过时的想法。

忽略竞争。团队缺乏对竞争优势、劣势的分析判断，那么风险投资家将很快予以否决。

不切实际的预期。创业者比较典型的问题是对企业价值以及投资意向书中的交易条款理解不够，一般此类创业者对风险投资怀有较高预期。

资料来源：Adapted from：Andrew J. Sherman, *Raising Capital*, 3rd ed. (New York：AMACOM Books, 2012), 196.

☐ 评估创业项目的标准

除了对创业企业的产品及管理能力进行评估，还有其他一些评估标准。迪安·A·谢菲尔德总结了风险投资家在评估中使用到的八个重要因素，包括：

1. 进入时机；
2. 成功关键要素的稳定性；

3. 培训能力；
4. 领先时间；
5. 竞争态势；
6. 模仿者进入市场；
7. 产品范围；
8. 行业相关知识技能。[24]

他为各因素设定了不同水平（见表8—4）。

表8—4 风险资本家的评价因素

因素	水平	描述
进入时机	领先	首家进入新行业
	跟随	在行业发展期进入
成功关键要素的稳定性	高	成功的必要因素在行业发展阶段不会发生根本性的变化
	低	成功的必要因素在行业发展阶段会发生根本性的变化
培训能力	高	可通过培训获得充足的克服市场无知的资源或技能
	低	可通过培训获得较少的克服市场无知的资源或技能
领先时间	长	领先竞争对手进入行业所形成的垄断时间较长
	短	领先竞争对手进入行业所形成的垄断时间短暂
竞争对抗	高	行业发展阶段与其他成员进行激烈竞争
	低	行业发展阶段与其他成员存在较少竞争
模仿者进入市场	高	很多企业通过模仿或类似方式进入本行业——如特许经营
	低	较少企业通过模仿或类似方式进入本行业——如开发新产品
产品范围	宽	企业产品涉及很大范围的市场——如涉及多个细分市场
	狭	产品仅局限在某一细分市场——如利基市场
行业相关知识技能	高	掌握所有相关行业的大量经验与知识
	低	仅对所在行业或一个相关行业拥有少量经验与知识

资料来源：Dean A. Shepherd, "Venture Capitalists' Introspection: A Comparison of 'In Use' and 'Espoused' Decision Policies," *Journal of Small Business Management* (April 1999): 76–87; and "Venture Capitalists' Assessment of New Venture Survival," *Management Science* (May 1999): 621–32. Reprinted by permission. Copyright © 1999, the Institute for Operation Research and the Management Sciences (INFORMS), 7240 Parkway Drive, Suite 310, Hanover, MD 21076 USA.

此外，研究人员还将28项标准分为六大类：
1. 创业者个人特征；
2. 创业者的经验；
3. 产品或服务特性；
4. 市场特征；
5. 财务状况；
6. 风险团队的性质。[25]

其他研究人员也发现了相似的结果，如表8—5所示。研究结果表明，风险投资家平均6分钟就可作出初步判断，可在21分钟内基本了解整个商业计划书。[26]研究发现，风险投资公司的要求以及创业企业所在产业的长期增长和盈利性等几方面是初始筛选的关键所在。在更为细致的评估中，创业者的背景以及创业计划本身的特点也非常重要。

表 8—5　　　　　　　　　　　　　　风险投资家的筛选指标

风险投资公司的要求
必须符合创业企业贷款规则中相应阶段及规模的要求
企业必须设在投资者感兴趣的地理位置
更偏重由熟人推荐的项目
申请企业应属于风险投资家投资过的行业
创业企业特征
投资 5 年内成长性相对较大
所在行业的经济环境
行业具有长期增长潜力以及盈利能力
经济环境有利于新进入者
企业的战略
分销渠道的选择必须是可行的
产品处于有利的竞争地位
财务信息
财务预算应切合实际
商业计划书的特点
信息完整
篇幅合理、清晰、包含执行摘要、制作精良
包含资产负债表
使用图表、加大字号来强调关键点
创业者/团队特征
必须具备相关经验
团队成员能够体现互补性
愿与投资伙伴合作
如果创业者曾成功创办企业，那么会得到特别的考虑

资料来源：John Hall and Charles W. Hofer, "Venture Capitalists' Decision Criteria in New Venture Evaluation," *Journal of Business Venturing* (January 1993): 37.

在对风险投资的需求方的调查中，学者们分析了 318 位个体创业者，他们的筹资额均不低于 10 万美元。结果表明，创业者的成功融资与四方面相关：(1) 创业者特征，包括教育水平、经验、年龄等；(2) 企业特征，包括发展阶段、行业类型、所在地理位置（如乡村或城市）；(3) 需求情况，包括资金量、商业计划、预期资金来源；(4) 其他，如技术、商业计划书的准备、寻求资金的地点。[27]

周详、清晰的商业计划书是创业投资的关键因素，应很好地将它呈现出来。风险投资家将对计划书的五个方面进行分析：(1) 创业规模；(2) 财务规划；(3) 投资回收；(4) 竞争优势；(5) 管理情况。

评估将按阶段进行，以下是四个最基本的步骤。

阶段 1：初步筛选
快速了解基本情况，以便判断是否符合风险投资家的偏好。

阶段 2：评估商业计划书
详细阅读商业计划书，以便对之前提到的因素进行评估。

阶段 3：口头陈述

创业者向风险投资家陈述商业计划书。表 8—6 是创业者成功进行陈述环节应了解的重要因素。

表 8—6　　　　　　　　　　　　成功陈述的重要因素

团队必须
- 适应性强
- 了解竞争
- 通过管理使企业快速增长
- 具备管理行业领导企业的能力
- 具备相关背景以及行业经验
- 能为企业带来较好利润，而非仅仅血汗股权（sweat equity）
- 具备真实的交易记录，除非处于启动或种子阶段

产品必须
- 真实且实用
- 独一无二
- 为企业独有的或拥有专利
- 满足界限清晰、明确的市场需要
- 具有拓展的潜力，避免成为单一产品企业
- 强调可用性
- 可解决重大问题或明显促进某项流程
- 可进行大规模生产，降低成本

市场必须
- 拥有客户群，潜在客户数量巨大
- 成长快速（每年 25%～45%）
- 潜在市场规模超过 2.5 亿美元
- 指出市场竞争领域及方式
- 具有成为市场领导者的潜力
- 指出进入壁垒

商业计划书必须
- 完整，不能仅涉及某一部分
- 筹划一家企业而非一项产品
- 具有说服力
- 显示出企业具备快速成长的潜力，掌握所在行业的知识，着重强调竞争及市场前景
- 包含里程碑事件，便于评估绩效
- 实现或超越里程碑事件的方式与计划
- 列出所有关键方面
- 详细的项目与假设，要切实可行
- 起到销售凭证的作用
- 包含执行摘要，有力且令人满意
- 体现出激情，彩色呈现
- 体现出较高的回报率（每年 30%～40%）以及清晰的退出战略

资料来源：Andrew J. Sherman, *Raising Capital*, 3rd ed. (New York: AMACOM Books, 2012), 190.

阶段 4：最终评估

在分析商业计划书，与供应商、客户、顾问等相关人员沟通后，风险投资家会

做出最终投资决策。

通过以上四个阶段,约淘汰 98％的创业计划,余下的部分可获得一定程度的融资支持。

☐ 评估风险投资家

风险投资家详细评估创业者的申请,同时创业者也应对他们进行评估。是否了解此项申请?是否熟悉此类业务?与创业者能否合作?如果答案是不太适合,最好另寻其他的投资者。

一项研究表明,风险投资家确实能够给企业带来除资金以外的附加价值,特别是对高新技术企业。因此,创业者需要选择适合的风险投资家,最重要的是,企业成长过程中应始终与他们保持密切联系。[28]

另一方面,创业者也应意识到对风险投资家的选择是有限制的。尽管现在资金的数量已不再是问题,但公司往往总被少数人控制,他们要求创业企业具有广阔的发展前景。虽然能够获得的融资额是 10 年前的 2.5 倍,但风险投资公司的数量并没有增加。此外,越来越多的风险资金集中掌握在少数公司内。[29]

不论怎样,创业者都应对潜在的风险投资家进行评估。"创业实践:问对问题"专栏列出了一些重要的问题。对风险投资公司进行评估甚至谈判是确保资金质量的关键:

你也许会担心,如果要求太多,风险投资公司可能会失去兴趣。这一点可以理解。假如你可以与投资者进行到谈判阶段的话,那么你已经是比较幸运的少数了。

但这并不意味着只能放弃,将来你也会同他们相处很长时间。虽然在谈判桌上可能会在许多方面作出让步,总会有一个底线,超过了它你便毫无兴趣。因此弄清自己的底线,尽力争取更多的优势。[30]

创业实践

问对问题

有些重要的问题是创业者应向风险投资家进行询问的,下面列出了七个最重要的问题:

1. 风险投资公司是否愿对你的行业投资?已在此行业投资了多少家企业?
2. 与他们一起工作会怎样?争取得到相关参考意见。(如果能够得到与他们成功合作的首席执行官的意见将非常有帮助。)
3. 你的合伙人需要哪些经验?他对企业的影响如何?参考其他创业者的经历。
4. 如果你遇到麻烦,你的合伙人可以投入企业的时间是多少?处于种子阶段的企业应咨询"如果提供 25 万美元投资,来企业考察的频率是多久?"答案应该是至少每周一次。
5. 这家风险投资公司发展是否良好?已投资多少家企业?拥有大量不良投资的公司几乎没有什么多余的时间。如果大部分资金已占用,将无法对你进行后续投资。
6. 他们的投资目标是否与你的目标一致?

7. 风险投资公司及合作伙伴在经济不景气时能否依然给予支持？好的风险投资家即使遇到麻烦也不会恐慌。

资料来源：Reprinted from Marie-Jeanne Juilland, "What Do You Want from a Venture Capitalist?," August 1987 issue of *Venture*, *For Entrepreneurial Business Owners & Investors*, by special permission. Copyright © 1987 Venture Magazine, Inc., 521 Fifth Ave., New York, NY 10175-0028.

非正式风险投资：天使投资

并非所有的风险投资都是通过公开发行或私募等正式融资渠道来筹集资金的。在美国，很多有钱人正在寻找投资机会；他们常被称为**商业天使**（business angel）或**非正式风险投资家**（informal risk capitalists）。他们构成了一个巨大的潜在投资基金池。据测算：

- 美国《福布斯》排行榜 400 位富人的净资产总额约 1 250 亿美元（人均 3.15 亿美元）。
- 这 400 位富人中，40% 是通过个人奋斗积累财富的，他们的净资产总额约 500 亿美元。
- 如果在 160 位自我致富的人中有 10% 愿意从事风险投资，那么投资基金池的规模可达 50 亿美元。
- 美国有超过 50 万人的净资产总额超过 100 万美元。如果 40% 对风险投资感兴趣，则会产生 20 万名潜在投资者。
- 假设这 20 万名百万富翁中一半可实际参与新企业投资，每人提供 5 万美元，那么这 10 万人形成的基金池规模可达 50 亿美元。
- 如果每项投资需要 4 位投资者每人投入 5 万美元（从 50 亿美元基金池中），那么将有 25 000 个潜在投资项目得到资助，每个项目得到 20 万美元。[31]

非正式投资领域的知名研究者小威廉·E·威策尔（William E. Wetzel, Jr.）将这种投资者形容为：自己已赚到钱、愿意找到发展前景良好的年轻企业并为它们提供资金支持的人。"天使指的是那些传统的创业者、退休高管或专业人士，他们的净资产超过 100 万美元，年收入 10 万美元以上。他们做事主动，希望将帮助他们成功的体系传承下去。"[32] 如果创业者正在寻求这样一位天使，威策尔建议，"不用太远，50 公里以内或最多一天车程的距离便可找到他们，因为这并不是他们全职从事的职业。"[33]

为什么个人会对投资新企业产生兴趣？那些企业就连专业的风险投资家都认为没有偿还能力，也许是因为投资额的减少会降低整个投资风险的缘故吧。然而，非正式风险投资家寻求其他的非财务回报：在高失业率的行业创造就业机会、发展社区需要的技术（如医疗和能源）、开发农村地区、对少数弱势群体提供帮助以及投资所带来的个人满足等。[34]

非正式风险投资家如何寻找项目？研究表明，他们通过朋友圈进行。此外，美国很多州都建立了风险投资网络，以便与创业者建立联系。

天使投资者的类型

天使投资者包含五种类型：

- 公司型天使。一般来说，公司型天使指的是在《财富》杂志前1 000家企业中的高级管理者，他们已退休且拥有较多离职金或提早退休。在获得资金的同时，创业者可以说服他们接受高管职位。
- 创业型天使。这是最普遍的一种类型，他们大多拥有或管理着很成功的企业。因为他们拥有其他收入来源，因此可以承担较大风险、提供更多投资资本。得到他们的投资的最好方式是将这视为相互促进的机会。受这种导向的影响，他们很少投资自己专业领域外的企业，并且不会同时参与多项投资。他们在董事会占有席位，却很少参与管理。创业型天使的投资规模较为固定，一般为20万~50万美元，且会随着企业发展追加投资。
- 热心型天使。与创业型天使善于计算与管理不同，热心型天使只是简单进行参与。他们中大多年龄已超过65岁，日常有少量的工作，拥有可自由支配的财富，这些财富源于自己创建的事业。对于他们来说，投资是一种爱好，因此在管理中不承担职务，很少在董事会任职及参与管理。投资的公司较多，投资额较小，一般为1万美元，甚至也有几千美元的情况。
- 微观管理型天使。这是非常谨慎的投资者。他们中一些人天生富有，但大多数是依靠自己的努力获得财富的。由于具有成功创立企业的经验，因此他们把自己的工作方法强加给所投资的公司。尽管并不寻求管理职位，但要求成为董事会成员，当企业经营不良时，他们会尽力引入新的管理者。
- 专家型天使。专家指他们的职业可能是医生、律师甚至会计人员。专家型天使由于喜欢某种自己熟悉的产品或服务，因此对其公司进行投资。他们很少要求进入董事会。当运营困难时，他们难以应对，甚至在企业尚未遭遇困境前，便错误地进行判断。他们可同时投资多家企业，投资额为2.5万~20万美元。[35]

了解非正式风险投资的重要性在于，目前天使投资基金总量是机构风险资本市场的5倍，投资额是20~30倍。每年天使们向全球5万~6万家企业投资250亿美元，相比10年前的投资企业数量及投资总额来说都增加了一倍。[36]

小威廉·E·威策尔的同事、美国新罕布什尔大学风险研究中心主任杰弗瑞·索尔（Jeffrey Sohl）近期对**天使投资**（anger capital）的研究表明，近几年天使投资活动明显增多。2010年，61 900家创业企业共获得天使投资201亿美元，同年265 000名天使投资者进行了投资活动。这说明，近几年美国天使投资活动广泛扩张。保健服务/医疗设备类企业占2010年天使投资总量的30%，软件（16%）与生物科技（15%）位列第二和第三。[37]

天使投资的另一重要作用体现在，相比风险投资，非正式风险投资中有更大的比例用于为创业提供种子资本。非正式风险投资的平均规模是70万美元，这表明天使投资对创业者的作用体现在为他们提供小额启动资金上（见表8—7）。[38]很明显，非正式关系网络是创业者主要的潜在资金来源。每个创业者在接触天使投资者时应保持谨慎，因为天使投资也有其不利之处。表8—8列出了与天使投资者接触的利弊。意识到这些问题，创业者就能与他们建立良好的关系。

表 8—7　　　　　　　　　　　　天使投资统计数据

典型投资规模	50 万～85 万美元
典型接受方	初创企业
撤资时间	5～7 年
预期回报率	每年 35%～50%
所有权份额	低于 50%

资料来源：Jeffrey Sohl, University of New Hampshire's Center for Venture Research, 2011; and the Halo Report, 2011.

表 8—8　　　　　　　　　　　　天使投资的优缺点

优点：
1. 对小企业投资
2. 偏好对种子或启动阶段的企业投资
3. 投资不同的行业领域
4. 地理分布广
5. 对创业非常感兴趣

缺点：
1. 无后续投资
2. 缺乏国内知名度
3. 缺乏对未来杠杆基金的重要联系
4. 希望参与决策
5. 投资决策变得更加世故圆滑

小结

本章介绍了多种创业融资形式。首先是债权融资和股权融资，可通过商业银行、商业信用、应收账款、保理、金融公司以及不同股权融资方式进行融资。

公开发行股票作为股权资本的来源具有其优势与劣势。虽然可在短期内募集大量资金，但创业者必须出让一定的控制权与所有权。此外，必须遵守美国证券交易委员会的相关要求与规定。

私募也是新创企业筹集资金的方式，当创业者需要的风险资本低于 50 万美元时，这种方式一般比较适合。当然通过私募也可获得 500 万美元投资，其他购买者不超过 35 名。美国证券交易委员会的 D 条例清晰阐述了免税情况及要求。私募最大的优势在于缩减了披露内容以及股东数量相对较少。

近年来，风险投资市场迅速增长，每年都有大量资金投向新兴企业，帮助其成长。对风险资本进行投资的个体称为风险投资家。由于人们对风险投资的作用及功能认识不够全面，导致出现很多误解。本章列举了其中五项并给出了相应解释。

风险投资家使用几种不同的标准评估新企业的融资申请。总体来看，这些标准集中在两个方面：创业者特质与企业发展潜力。评估过程一般包括四个阶段：初步筛选、评估商业计划书、口头陈述、最终评估。

最后我们介绍了非正式风险投资。近年来，它在新企业融资中开始发挥重要作用。拥有资金的个人被视为此类资本的主要来源。有数据测算非正式风险投资总额超过 50 亿美元。那些没能通过商业银行、公开发行股票、私募方式筹资的创业者转向非正式风险投资市场,从朋友、同事、其他可能拥有资金的联系人那里获得新企业所需资金。

回顾与问题讨论

1. 利用图 8—1 描述创业者可使用的资金来源,讨论企业各发展阶段与面临风险之间的联系。
2. 股权融资与债权融资有哪些好处及不足?简单予以说明。
3. 如果新企业正面临长期债权融资或股权融资的选择,给出你的建议及理由。
4. 为什么风险投资家会更倾向于买入 50 万美元可转债,而不是以 4% 的利率向新企业提供相同数额的贷款?
5. 分析公开发行股票的优缺点。
6. 阐述 D 条例的目标。
7. 如果一个人用继承到的 10 万美元通过私募方式购买新企业股票,D 条例对他有哪些影响?
8. 目前新企业获得融资是更容易还是更困难?为什么?
9. 一些创业者不喜欢寻求风险投资,认为风险投资家很贪婪,这种观点对吗?
10. 指出风险投资家的三种目的。
11. 根据图 8—2 描述风险投资家如何评估创业企业,举例说明。
12. 说出风险投资评估四个最常用的标准。
13. 详细描述新企业评估过程的四个阶段。
14. 一位创业者正在同三个不同的风险投资家接洽,请他们接受自己的创业融资申请。他们将会问到哪些问题?
15. 一位创业者没能从风险投资家那里得到融资,决定转向非正式资本市场。这一市场有哪种投资人?与他们接触的话你的建议是什么?

体验式练习

分析资金来源

写下书中描述的各种资金来源对小企业的有益之处,分别找出一个具有代表性的,可试着与他们交谈,了解他们对小企业融资的观点。

来源	书中描述	实际观点
银行 　长期贷款 　短期贷款 　中期贷款		

续前表

来源	书中描述	实际观点
私募（D规则） 首次公开发行股票 金融公司 保理 商业信用 全国或地方性的开发公司 小企业投资公司 非正式风险投资（天使资本网络） 风险投资家		

开始创建商业计划书

确定资金来源

是时候考虑对你的商业构想进行融资了，如果需要外部资金支持，首先应确定融资来源：债权融资还是股权融资？如果确定是通过债权方式，应说明偿还期限与相关条件。如果是股权融资，应向投资者清晰阐述你的投资回报情况。

可以通过提交一系列财务可行性分析报告或者财务报表，向银行或投资者说明企业的发展状况。如果正在使用 LivePlan 等商业计划书工具，可通过软件辅助决策，通过生产销售预测表、损益表、贷款与投资、资产负债等表格，形成需要的数据信息。

注释

1. Gavin Cassar, "The Financing of Business Start-Ups," *Journal of Business Venturing* 19, no. 2 (March 2004): 261–83; Brian T. Gregory, Matthew W. Rutherford, Sharon Oswald, and Lorraine Gardiner, "An Empirical Investigation of the Growth Cycle Theory of Small Firm Financing," *Journal of Small Business Management* 43, no. 4 (2005): 382–92; Jay Ebben and Alec Johnson, "Bootstrapping in Small Firms: An Empirical Analysis of Change over Time," *Journal of Business Venturing* 21, no. 6 (November 2006): 851–65; Armin Schweinbacher, "A Theoretical Analysis of Optimal Financing Strategies for Different Types of Capital Constrained Entrepreneurs," *Journal of Business Venturing* 22, no. 6 (2007): 753–81; Arnout Seghers, Sophie Manigart, and Tom Vanacker, "The Impact of Human and Social Capital on Entrepreneurs' Knowledge of Finance Alternatives," *Journal of Small Business Management* 50, no. 1 (2012): 63–86; and Sara Jonsson and Jessica Lindbergh, "The Development of Social Capital and Financing of Entrepreneurial Firms: From Financial Bootstrapping to Bank Funding," *Entrepreneurship Theory and Practice* (in press).

2. *The State of Small Business: A Report of the President,* 2007 (Washington, DC: Government Printing Office, 2007), 25–48; Jean-Etienne de Bettignies and James A. Brander, "Financing Entrepreneurship: Bank Finance versus Venture Capital, *Journal of Business Venturing* 22, no. 6 (2007): 808–32; see also http://www.sba.gov (Services-Financial Assistance), 2008.

3. John M. Mason, "The Number of Commercial Banks in the U.S Banking System Continues to Decline," *Seeking Alpha*, August 23, 2011.

4. A complete explanation can be found in Ralph Alterowitz and Jon Zonderman, *Financing Your New or Growing Business* (Canada: Entrepreneur Press, 2002); see also Elijah Brewer III, "On Lending to Small Firms," *Journal of Small Business Management* 45, no. 1 (2007): 42–46; and Jess H. Chua, James J. Chrisman, Franz Kellermanns, and Zhenyu Wu, "Family Involvement and New Venture Debt Financing," *Journal of Business Venturing* 26, no. 4 (2011): 472–88.

5. Kristin Edelhauser Chessman, "Business Loans Get Personal," *Entrepreneur,* March 19, 2008, http://www.entrepreneur.com/money/financing/article191726.html (accessed April 1, 2008); Helen Coster, "When the Bank Won't Lend, Your Neighbor Might," *Forbes,* April 21, 2010, http://www.forbes.com/2010/04/21/social-lending-prosper-entrepreneurs-finance-social-lending.html (accessed February 20, 2012); and Angus Loten, "Peer to Peer Loans Grow," *Wall Street Journal,* June 17, 2011, http://online.wsj.com/article/SB10001424052748703421204576331141779953526.html (accessed February 21, 2012).

6. Truls Erikson, "Entrepreneurial Capital: The Emerging Venture's Most Important Asset and Competitive Advantage," *Journal of Business Venturing* 17, no. 3 (2002): 275–90; see also Larry D. Wall, "On Investing in the Equity of Small Firms," *Journal of Small Business Management* 45, no. 1 (2007): 89–93.

7. PriceWaterhouseCoopers, MoneyTree™ Survey 2005, http://www.nvca.com.

8. See "Going Public," *NASDAQ Stock Market*, 2005, http://www.nasdaq.com/about/GP2005_cover_toc.pdf (accessed April 11, 2008).

9. See "Global IPOs hit record levels in 2007," *Ernst & Young*, December 17, 2007, http://www.ey.com/global/content.nsf/UK/Media__07_12_17_DC__Global_IPOs_hit_record_levels_in_2007 (accessed April 11, 2008).

10. See "Going Public," *NASDAQ Stock Market*, 2005, http://www.nasdaq.com/about/GP2005_cover_toc.pdf (accessed April 11, 2008).

11. A summary can be found in business law texts such as Jane P. Mallor, A. James Barnes, Thomas Bowers, and Arlen W. Langvardt, *Business Law: The Ethical, Global, and E-Commerce Environment*, 15th ed. (New York: McGraw-Hill Irwin, 2013), 1150–55.

12. For a good source of firms involved in private placements, see David R. Evanson, *Where to Go When the Bank Says No: Alternatives for Financing Your Business* (Princeton, NJ: Bloomberg Press, 1998); see also T. B. Folta and J. J. Janney, "Strategic Benefits to Firms Issuing Private Equity Placements," *Strategic Management Journal* 25, no. 3 (March 2004): 223–42.

13. PricewaterhouseCoopers/National Venture Capital Association, MoneyTree™ Report, 2011.

14. Douglas Cumming, Daniel Schmidt, and Uwe Walz, "Legality and Venture Capital Governance Around the World," *Journal of Business Venturing* 25, no. 1 (2010): 54–72.

15. Edgar Norton and Bernard H. Tenenbaum, "Specialization versus Diversification as a Venture Capital Investment Strategy," *Journal of Business Venturing* 8, no. 5 (September 1993): 431–42.

16. Dirk De Clercq, Vance H. Fried, Oskari Lehtonen, and Harry J. Sapienza, "An Entrepreneur's Guide to the Venture Capital Galaxy," *Academy of Management Perspectives* 20 (August 2006): 90–112; Dimo Dimov and Hana Milanov, "The Interplay of Need and Opportunity in Venture Capital Investment Syndication," *Journal of Business Venturing* 25, no. 4 (2010): 331–48; and Michel Ferrary, "Syndication of Venture Capital Investment: The Art of Resource Pooling," *Entrepreneurship Theory and Practice* 34, no. 5 (2010): 885–907.

17. Douglas Cumming and Sofia Johan, "Venture Capital Investment Duration," *Journal of Small Business Management* 48, no. 2 (2010): 228–57; Sandip Basu, Corey Phelps, and Suresh Kotha, "Towards Understanding Who Makes Corporate Venture Capital Investments and Why," *Journal of Business Venturing* 26, no. 2 (2011): 153–71; and Jeffrey S. Petty, and Marc Gruber, "In Pursuit of the Real Deal": A Longitudinal Study of VC Decision Making," *Journal of Business Venturing* 26, no. 2 (2011): 172–88.

18. Interview with Sanjay Subhedar, founding partner of Storm Ventures, Menlo Park, CA, March 2012; and Haemen Dennis Park and H. Kevin Steensma, "When Does Corporate Venture Capital Add Value for New Ventures," *Strategic Management Journal* 33, no. 1 (2012): 1–22.

19. Ghislaine Bouillet-Cordonnier, "Legal Aspects of Start-Up Evaluation and Adjustment Methods," *Journal of Business Venturing* 7, no. 2 (March 1992): 91–102; PriceWaterhouseCoopers, MoneyTree™ Report, 2011; and Douglas Cumming, Daniel Schmidt, and Uwe Walz, "Legality and Venture Capital Governance Around the World," *Journal of Business Venturing* 25, no. 1 (2010): 54–72.

20. Sharon Gifford, "Limited Attention and the Role of the Venture Capitalist," *Journal of Business Venturing* 12, no. 6 (1997): 459–82; and Dimo Dimov, Dean A. Shepherd, and Kathleen M. Sutcliffe, "Requisite Expertise, Firm Reputation, and Status in Venture Capital Investment Allocation Decisions," *Journal of Business Venturing* 22, no. 4 (2007): 481–502.

21. Jonathan D. Arthurs and Lowell W. Busenitz, "Dynamic Capabilities and Venture Performance: The Effects of Venture Capitalists," *Journal of Business Venturing* 21, no. 2 (March 2006): 195–216; and Dirk De Lercq and Harry J. Sapienza, "Effects of Relational Capital and Commitment on

Venture Capitalists' Perception of Portfolio Company Performance," *Journal of Business Venturing* 21, no. 3 (May 2006): 326–47. See also Charles Baden-Fuller, Alison Dean, Peter McNamara, and Bill Hilliard, "Raising the Returns to Venture Finance," *Journal of Business Venturing* 21, no. 3 (May 2006): 265–85.

22. Howard E. Van Auken, "Financing Small Technology-Based Companies: The Relationship Between Familiarity with Capital and Ability to Price and Negotiate Investment," *Journal of Small Business Management* 39, no. 3 (2001): 240–58; Joris J. Ebbers and Nachoem M. Wijnberg, "Nascent Ventures Competing for Start-up Capital: Matching Reputations and Investors," *Journal of Business Venturing* 27, no. 3 (2012): 372–384.; and Andrew L. Maxwell and Moren Lévesque, "Trustworthiness: A Critical Ingredient for Entrepreneurs Seeking Investors," *Entrepreneurship Theory and Practice* (in press).

23. De Clercq et al., "An Entrepreneur's Guide to the Venture Capital Galaxy;" see also Andrew J. Sherman, *Raising Capital,* 3rd ed. (New York: AMACOM Books, 2012); and Yong Li and Joseph T. Mahoney, "When Are Venture Capital Projects Initiated?" *Journal of Business Venturing* 26, no. 2 (2011): 239–54.

24. Dean A. Shepherd, "Venture Capitalists' Introspection: A Comparison of 'In Use' and 'Espoused' Decision Policies," *Journal of Small Business Management* (April 1999): 76–87; and Dean A. Shepherd, "Venture Capitalists' Assessment of New Venture Survival," *Management Science* (May 1999): 621–32.

25. Ian C. MacMillan, Robin Siegel, and P. N. Subba Narasimha, "Criteria Used by Venture Capitalists to Evaluate New Venture Proposals," *Journal of Business Venturing* 1, no. 1 (Winter 1985): 119–28.

26. John Hall and Charles W. Hofer, "Venture Capitalist's Decision Criteria in New Venture Evaluation," *Journal of Business Venturing* 8, no. 1, (January 1993): 25–42; see also Nikolaus Franke, Marc Gruber, Dietmar Harhoff, and Joachim Henkel, "What You Are Is What You Like—Similarity Biases in Venture Capitalists' Evaluations of Start-Up Teams," *Journal of Business Venturing* 21, no. 6 (2006): 802–26.

27. Ronald J. Hustedde and Glen C. Pulver, "Factors Affecting Equity Capital Acquisition: The Demand Side," *Journal of Business Venturing* 7, no. 5 (September 1992): 363–74; Jeffrey S. Petty and Marc Gruber, "In Pursuit of the 'Real Deal': A Longitudinal Study of VC Decision Making," *Journal of Business Venturing* 26, no. 2 (2011): 172–88.

28. Harry J. Sapienza, "When Do Venture Capitalists Add Value?," *Journal of Business Venturing* 7, no. 1 (January 1992): 9–28; see also Juan Florin, "Is Venture Capital Worth It? Effects on Firm Performance and Founder Returns," *Journal of Business Venturing* 20, no. 1 (January 2005): 113–35; and Lowell W. Busenitz, James O. Fiet, and Douglas D. Moesel, "Reconsidering the Venture Capitalists' 'Value Added' Proposition: An Interorganizational Learning Perspective," *Journal of Business Venturing* 19, no. 6 (November 2004): 787–807.

29. B. Elango, Vance H. Fried, Robert D. Hisrich, and Amy Polonchek, "How Venture Capital Firms Differ," *Journal of Business Venturing* (March 1995): 157–79; Dean A. Shepherd and Andrew L. Zacharakis, "Venture Capitalists' Expertise: A Call for Research into Decision Aids and Cognitive Feedback," *Journal of Business Venturing* 17, no. 1 (2002): 1–20; and Dick De Clercq and Harry J. Sapienza, "When Do Venture Capitalists Learn from Their Portfolio Companies?," *Entrepreneurship Theory and Practice* 29, no. 4 (2005): 517–35; Richard Fairchild, "An Entrepreneur's Choice of Venture Capitalist or Angel-Financing: A Behavioral Game-Theoretic Approach," *Journal of Business Venturing* 26, no. 3 (2011): 359–74.

30. Harold M. Hoffman and James Blakey, "You Can Negotiate with Venture Capitalists," *Harvard Business Review* (March/April 1987): 16; Andrew L. Zacharakis and Dean A. Shepherd, "The Nature of Information and Overconfidence on Venture Capitalist's Decision Making," *Journal of Business Venturing* 16, no. 4 (July 2001): 311–32; Lowell W. Busenitz, James O. Fiet, and Douglas D. Moesel, "Signaling in Venture Capitalist—New Venture Team Funding Decisions: Does It Indicate Long-Term Venture Outcomes?," *Entrepreneurship Theory and Practice* 29, no. 1 (January 2005): 1–12; and Joris J. Ebbers and Nachoem M. Wijnberg, "Nascent Ventures Competing for Start-up Capital: Matching Reputations and Investors," *Journal of Business Venturing* 27, no. 3 (2012): 372–384.

31. William E. Wetzel, Jr., "Informal Risk Capital: Knowns and Unknowns," in *The Art and Science of Entrepreneurship,* ed. Donald L. Sexton and Raymond W. Smilor (Cambridge, MA: Ballinger, 1986), 88.

32. William E. Wetzel, Jr., as quoted by Dale D. Buss, "Heaven Help Us," *Nation's Business* (November 1993): 29; and also John R. Becker-Blease and Jeffrey E. Sohl, "The Effect of Gender Diversity on Angel Group Investment," *Entrepreneurship Theory and Practice* 35, no. 4 (2011): 709–33.

33. William E. Wetzel, Jr., "Angel Money," *In-Business* (November/December 1989): 44.

34. William E. Wetzel, Jr., "Angels and Informal Risk Capital," *Sloan Management Review* (Summer 1983); see also John Freear, Jeffrey E. Sohl, and William E. Wetzel, Jr., "Angels and Non-angels: Are There Differences?," *Journal of Business Venturing* (March

1994): 109–23; Andrew L. Maxwell, Scott A. Jeffrey and Moren Lévesque, "Business Angel Early Stage Decision Making," *Journal of Business Venturing* 26, no. 2 (2011): 212–25; Cheryl Mitteness, Richard Sudek, and Melissa S. Cardon, "Angel Investor Characteristics That Determine Whether Perceived Passion Leads to Higher Evaluations of Funding Potential, *Journal of Business Venturing* 27, no. 5 (2012): 592–606.

35. Evanson, *Where to Go When the Bank Says No*, 40–44; and Mark Van Osnabrugge and Robert J. Robinson, *Angel Investing: Matching Startup Funds with Startup Companies* (San Francisco, CA: Jossy-Bass, 2000).

36. Buss, "Heaven Help Us," 29–30; see also John Freear, Jeffrey E. Sohl, and William E. Wetzel, Jr., "Angels: Personal Investors in the Venture Capital Market," *Entrepreneurship & Regional Development* 7 (1995): 85–94; Jeffrey Sohl, "The Angel Investor Market in 2011," Center for Venture Research, University of New Hampshire, May 2012; and SVB Financial Group, "2011 Halo Report: Angel Group Year In Review," March 2012.

37. Jeffrey Sohl, "The Angel Investor Market in 2011," Center for Venture Research, University of New Hampshire, May 2012; and SVB Financial Group, "2011 Halo Report: Angel Group Year In Review," March 2012.

38. Wetzel, "Angel Money," 42–44; and Colin M. Mason and Richard T. Harrison, "Is It Worth It? The Rates of Return from Informal Venture Capital Investments," *Journal of Business Venturing* 17, no. 3 (2002): 211–36.

第III篇
制定创业计划

- 创业企业的法律挑战
- 创业企业的市场营销
- 创业企业的财务报表
- 准备商业计划书

第 9 章

创业企业的法律挑战

创业思维

毫无经验的创业者面临的一个主要难题是几乎所有的法律文件都充斥着大量罕见的专业术语,既应理解其中包含的内容,也应清楚这些条款出现的缘由。如果创业者没有时间及兴趣阅读并理解公司签订的合约,那么他应仔细考虑自己是否真的适合创业。

——帕特里克·R·莱勒斯（Patrick R. Liles），哈佛商学院

本章重点

1. 阐述法律问题对创业者的重要性
2. 介绍专利的概念及相关准备工作
3. 介绍版权以及它对创业者的重要性
4. 学习商标及其对创业企业的影响
5. 介绍公司的三种法律形式——独资企业、合伙企业、有限公司
6. 分别阐述三种公司类型的优缺点
7. 介绍有限合伙企业和有限责任合伙企业的性质
8. 分析 S 企业的运作模式
9. 介绍有限公司的其他分类,包括有限责任公司、B 公司以及低利润有限责任公司
10. 介绍破产法的相关内容

创业者努力的方向并不是获得法律相关经验或者成为一名律师,对于他们来说具备相关的法律知识就足够了。[1]

表 9—1 列出了与创业企业相关的法律概念,主要包括三大类：（1）与企业创立相关；（2）与日常运营相关；（3）与企业成长及发展相关。本章侧重介绍第一类和第三类涉及的法律概念,包括知识产权（专利、版权、商标）、企业的法律形式以及破产法。

表 9—1	创业企业相关的法律概念

Ⅰ. 企业创立
  A. 知识产权
    1. 专利
    2. 版权
    3. 商标
  B. 企业形式
    1. 独资企业
    2. 合伙企业
    3. 有限公司
    4. 特许经营
  C. 税收政策
  D. 资本构成
  E. 债务问题	

Ⅱ. 企业运营：业务开展与交易
  A. 人事法律
    1. 雇用与解雇政策
    2. 平等就业机会委员会
    3. 劳资双方集体谈判
  B. 合同法律
    1. 合法契约
    2. 销售合同
    3. 租约	

Ⅲ. 成功创业企业的持续发展
  A. 税收
    1. 从中央到地方的各级税收
    2. 工资税
    3. 税收激励
  B. 管理制度
    1. 分区制（zoning）
    2. 行政代理机构
    3. 消费者权益法
  C. 所有权的持续
    1. 产权及所有权
    2. 遗嘱、信托、遗产
    3. 破产	

知识产权保护：专利

专利（patent）赋予所有者独占的权利，包括持有、转让以及对专利产品或流程生产和销售的许可权。外观设计专利的有效期是 14 年，其他则为 20 年。专利的目的是使持有者对创新发明享有一定期限的独有权，以此鼓励创新。而要想获得一项专利，申请的过程往往并不简单。

专利属于**知识产权**（intellectual property right）的一种，专利是唯一的，因此持有者可获得一定的保护，防止别人侵犯。专利保护的对象可以是流程、机器、产品、设备、配方以及对现有事物的改进。[2]

☐ 获得一项专利：基本原则

由于专利申请的过程比较复杂（详见图9—1），因此需要详细规划。专家建议应遵循以下基本原则。

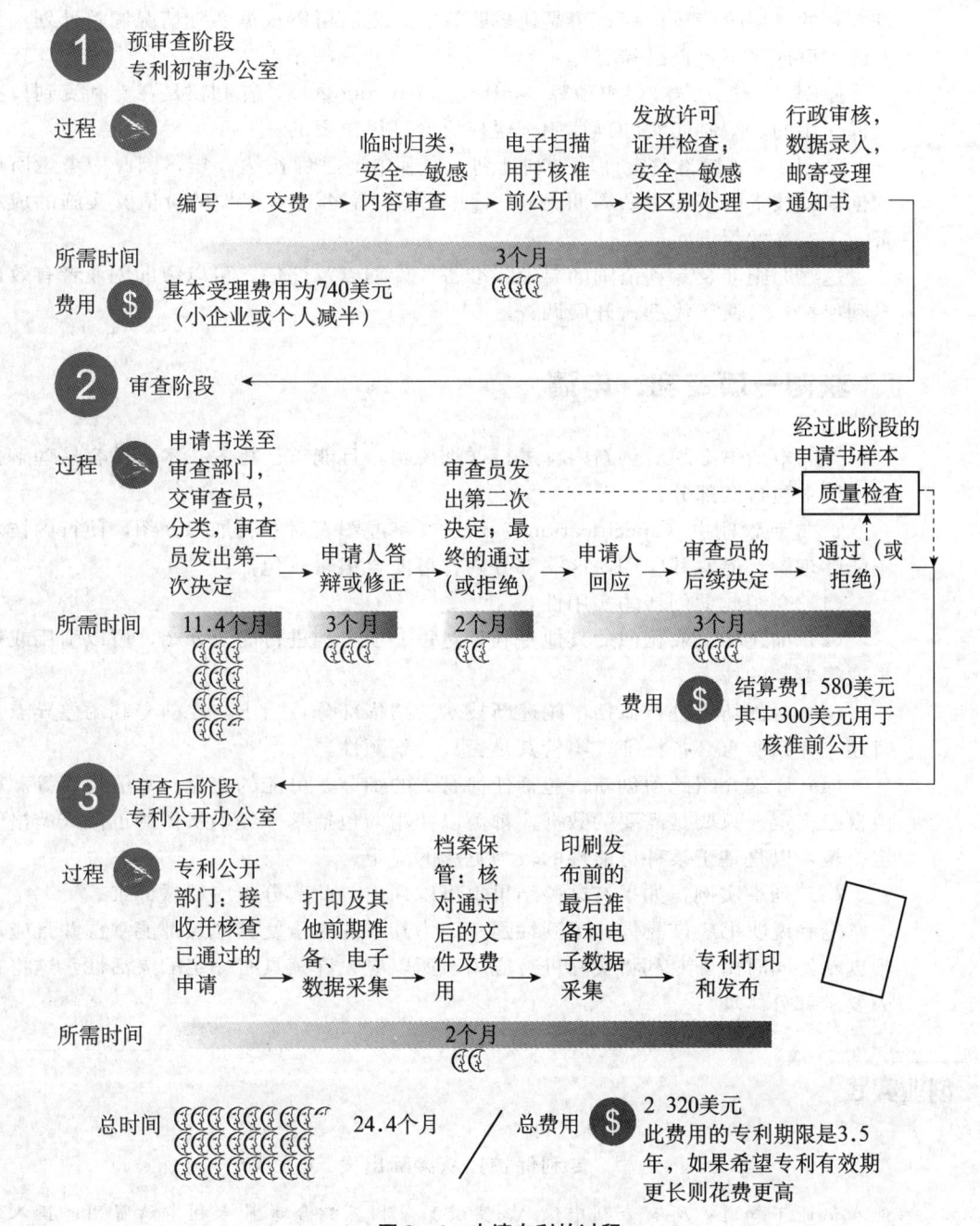

1　预审查阶段
专利初审办公室

过程：编号 → 交费 → 临时归类，安全—敏感内容审查 → 电子扫描用于核准前公开 → 发放许可证并检查；安全—敏感类区别处理 → 行政审核，数据录入，邮寄受理通知书

所需时间：3个月

费用：基本受理费用为740美元（小企业或个人减半）

2　审查阶段

过程：申请书送至审查部门，交审查员，分类，审查员发出第一次决定 → 申请人答辩或修正 → 审查员发出第二次决定；最终的通过（或拒绝）→ 申请人回应 → 审查员的后续决定 → 通过（或拒绝）→ 经过此阶段的申请书样本 质量检查

所需时间：11.4个月　3个月　2个月　3个月

费用：结算费1 580美元 其中300美元用于核准前公开

3　审查后阶段
专利公开办公室

过程：专利公开部门：接收并核查已通过的申请 → 打印及其他前期准备、电子数据采集 → 档案保管：核对通过后的文件及费用 → 印刷发布前的最后准备和电子数据采集 → 专利打印和发布

所需时间：2个月

总时间：24.4个月

总费用：2 320美元 此费用的专利期限是3.5年，如果希望专利有效期更长则花费更高

图9—1　申请专利的过程

资料来源：United States Patent Office，2012.

原则 1：专利应具有广泛的适用性、较高的商业价值。因此需要研究相关专利规定，使想法或概念拥有最广泛的覆盖范围。此外，专利应具备新颖性和创造性。将所有步骤或流程记录下来有助于专利的申请。

原则 2：对专利进行详细的规划。内容包含开发及市场化的费用，并对竞争及技术相似性进行分析。详细说明创新的价值。

原则 3：按照原定的专利计划进行实施。这并不意味着计划是不能改变的。在开发专利的早期阶段按计划行事是比较明智的，之后可以根据实际情况调整计划，例如发放许可证而不是自己持有。

原则 4：建立一份**侵权预算**（infringement budget）。专利权是在专利受到侵犯时发挥作用的，编制切实的预算用于侵权诉讼是很重要的。

原则 5：从战略角度评估专利计划。专利申请过程长达 3 年，因此应考虑所申请的创新或技术的实际生命周期。3 年后此项专利是否还有保护的价值？实施的成本是否大于遭受的侵害？[3]

这些原则涉及专利范围的界定、准备、计划以及评估，可以帮助创业者有效进行专利保护，且便于代理人开展调查。

获得一项专利：申请

专利申请书必须对创新内容进行详细说明，且能够让相关技术人员容易理解。专利申请书包含两部分：

1. **专利说明书**（specification）：通过文字或图表对专利加以介绍，使行内技术人士能够理解、借鉴并应用，这一部分内容可能会很多，包括：

（1）介绍此项创新的实用性。

（2）描述相关或相似的其他专利，对每一项专利进行简要介绍，可以引用或描述未取得专利的技术。

（3）对创新点进行概括，阐述新技术的精华部分，指出与之前专利的差异点。同时还应介绍所有必备特征，不管其是否具有新颖性。

（4）详细介绍此项创新。包括任何有关的细节、可能的变化、数值边界等。篇幅由自己来定，只要是需要的数据，都可以使用。包括基于经验所得的近似或严格的限定，也可以是基于某种可能性的较为宽泛的界定。

（5）列举实例，如果有试验结果也可以列出。此部分也应尽量详细。

专利说明书应该具体，可读性强，因为其目的在于使其他人都能掌握并且应用此项创新。同时由于专利将实际进行应用，所以应允许其具有一定的灵活性，这将在权力要求部分体现。

创业实践

专利保护：从实际出发

可能人们还不知道，所有专利中仅 2% 实现了盈利。综合考量专利申请费用、投入的时间及资源后，你会发现其实依靠专利保护创新并不是最好的方法。专家建议，创新者可采用许可的方式而非开发生产并推向市场。此外，风险投资家、财务上安全的商业合作伙伴或者咨询师最有可能帮助企业获得成功。美国专利商标局也为最初提出创意的发明者提供优先便利，因此那些有经验的大公司不一定比普通发明者更具优势。只要 10 美元便可与该局达成专利披露协议，在递交"专利申请中"的说明后，缴纳 110 美元即可获得一年期的保护。发明者可进一步测试产品并寻求相关法律建议。更多信息可通过 http：//www.uspto.gov/patents/resources/types/provapp.jsp 找到。

尽量避免通过电视广告提供专利辅助，这将花费 15 000 美元，且仅仅针对外观设计专利（虽然实用新型专利更加需要这种方式）。通过这种方式向行业传递专利信息，并不能保证传递的有效性，即找到最适合的行业或者无须发明者费力宣传。

以下是一些专利相关的网上资源，希望对发明者有所帮助。

Pantros IP	http：//www.patentcafe.com
InventNET	http：//www.inventnet.com
美国发明者保护中心	http：//www.inventorfraud.com
美国创新学会	http：//www.wini2.com
美国专利商标局	http：//www.uspto.gov

资料来源：Adapted from Michael Boland, "ASAP Inventor's Guide to the Fast Lane," *Forbes* (June 24, 2002): 72; and the home pages of the companies and institutions cited above (accessed June 27, 2012).

---

2. **权利要求**（claims）：包含很多小段落，每一段落涉及一项特征或某几项特征的综合，内容都是想通过专利进行保护的内容，即专利的范围。整个权利要求部分在申请书的最后，一页纸左右。

权利要求限定了要保护的发明内容，所涉及的范围应广泛（应覆盖大量的可能性，如非有机的、非金属类物质等），但一定不要涉及现有专利的范围。[4]

一旦申请书被美国专利商标局（Patent and Trademark Office）受理，审查员通过查阅相关技术资料以及之前颁发的专利，来决定此项创新是否符合专利要求。基于审查员的发现结果，申请可被通过或驳回。

只有少部分的专利具有商业价值，创业者必须衡量此项创新的价值以及申请专利所花费的时间与资金。有很多申请成功的专利在法律争议中败诉，所以记住这一点也是很重要的。主要原因在于：一是专利持有者延误了维权的有利时间；二是没有正确地使用专利权；三是第三方可证实其不具备专利特性，因此是无效的。[5]

如果经过仔细考虑，创业者仍认为自己的创新经得起法律的挑战同时又可带来商业价值，那么可以通过申请最终获得专利保护。一旦出现法律问题，相应的诉讼费用将比较可观，但是胜诉后便可以弥补遭到侵权的损失、法律相关费用。事实上，法庭可能会判决败诉方赔偿实际损失的 3 倍之多，且侵权人要承担相关利润损失及诉讼费用。[6]

知识产权保护：版权

版权（copyright）向创作人提供独有的权利用以保护他们的文学或艺术作品。版权不适用于创意，但将创意通过特定形式表达出来，便可对这种形式采取版权保护。表达形式包括图书、期刊、戏剧或音乐作品、艺术、动画、演讲、录音、计算机程序等。

在1978年1月1日之后产生的任何作品都可得到版权保护，期限是作者的一生再加上70年。版权拥有者可以：(1) 复制此作品；(2) 在作品基础上衍生作品（如小说的压缩版或电影版等）；(3) 通过销售或其他方式传播复制品；(4) 将作品公演；(5) 公开展览等。每一种权利或者其中的一部分都可以转让。[7]

☐ 了解版权保护

对创作者来说，要想得到版权的保护，作品必须以有形的方式体现出来，这样才可以交流或复制。作品必须由作者自己完成，体现他们的技能或判断。概念、原理、过程、体系或发现，体现在有形载体——写在纸上或录在磁带上——时才能受到版权的保护。

在美国国会图书馆版权办公室正式注册后，创作者才可对侵权行为进行起诉。此外，如果没有提供适当的版权声明，那么其版权也是无效的。

任何人若侵犯了版权所有者的这种独占权，都要对其行为负责。然而，由于**合理使用原则**（fair use doctrine）的存在，有时很难判断是否侵权。合理使用原则是这样描述的：对版权作品的复制可用于批评、评论、新闻报道、教学（包括大量复制用于课堂使用）、学术或研究。使用者若用于这些用途可申请"合理使用"原则的保护，证明没有侵犯版权所有者的合法权利。判断是否属于合理使用原则时主要考虑以下因素：(1) 用途与方式；(2) 受版权保护作品的特性；(3) 与版权作品相关的引用部分的数量和形式；(4) 对具有价值的版权作品来说，这种使用所造成的潜在市场影响。[8]

如果事实证明属于侵犯版权，赔偿应包括实际造成的损害加上侵权者获得的所有收益。请记住，通过版权保护自己的作品是没有成本和风险的。因此你准备并花费大量时间撰写的作品应通过添加版权声明符号（©）加以保护。直到出现侵权行为，对侵权者提出诉讼时才需要到版权办公室进行注册。绝大多数情况下，假如你不从事出版业，便可简单使用版权声明，而无须花费时间和精力进行注册。

☐ 可以保护创意吗？

《版权法》特别规定，不能对"想法、过程、步骤、体系、操作方法、概念、原则或发现提供版权保护，不管其如何被描述、解释、说明或表现"。请注意不可能拥有一项创意的版权——工作中的想法可以被其他人自由利用。表现创意的特定方式是可申请版权保护的。当创意与表现形式不可分时，那么这种形式是不能被版权保护的。

一般来说，只要不是原创的表现形式就不能申请版权保护。大家都知道的事实也不能获得版权。页码不可取得版权，因为大家都知道它是顺序排列的。数学公式也不可取得版权。而对事实进行编辑则可获得版权。《版权法》将编辑定义为"对已存在的数据资料进行收集和汇总。通过选择、整理或排列所形成的一件作品，这件最终作品是体现作者创造力的原始作品。"[9]

创业实践

商务旅行者：小心你的移动电话

如果员工愿意分享有价值的信息，政府是无法帮你阻止竞争的。由于商务旅行者的疏忽，每天都有大量敏感的保密信息被公开。无关紧要的谈话或是通过移动电话与同事在飞机、公共汽车、旅馆中交流，已经给不止一家企业造成了巨大损失。

保护商业秘密已不是一个新概念，随着每天大量商业人士穿梭洽谈以及技术飞速发展，小失误往往会带来极大的风险。

出差的人请注意以下几个方面，保护手机上的知识产权：

1. 学习移动电话使用技巧，添加保密及安全工具。
2. 对存储在手机上的个人信息加以限制，这一点是非常必要的。
3. 手机密码应不易猜出，不要依靠出厂设置的密码。
4. 使用自动锁定功能。
5. 使用最新的加密技术，加强保护手机上的个人信息。如果没有加密，个人信息很容易被非法访问。加密包括使用某种算法将信息转化为代码，没有关键密码是无法读取加密过的信息的。
6. 在移动电话上安装并运行杀毒、反间谍以及防火墙等软件，且实时更新。
7. 不要在公共无线网络——如咖啡馆等——发送个人数据，除非确保信息途径是安全的。公共无线网络可能存在风险，其他人可通过该网络捕捉你传送的信息。
8. 不要将手机随意放在公共区域或车里。在北美，每年都有大量手机丢失或被盗。
9. 及时清除手机上已不需要的数据信息。
10. 将重要信息进行备份。手机用户不可能每天连接公司网络，因此可通过在线解决方案进行备份保护数据，以免遭受丢失的损失。

资料来源：Adapted from Office of the Privacy Commissioner of Canada, "Privacy on the Go: 10 Tips for Individuals on Protecting Personal Information on Mobile Devices," January 2011, http://www.priv.gc.ca/fs-fi/02_05_d_47_dpd_e.cfm, accessed April 3, 2012; and Tom Olzak, "Five Steps to Protect Mobile Devices Anywhere, Anytime," August 2008; http://www.Techrepublic.com/blog/security/five-steps-to-protect-mobile-devices-anywhere-anytime/529, accessed April 3, 2012.

知识产权保护：商标

商标（trademark）是指一个与众不同的与公司产品相联系的名称、标志、符号或格言，需要到专利商标局进行注册。正是由于商标法的存在，企业使用的标志或名称才不会和其他企业的相混淆。

商标具有不同类型：产品商标用以区分不同的产品，服务标志用以区别各种服务。注册商标意味着在质量、材料或产品或服务的其他方面存在一定差异。共同商标是指集团或组织内成员所使用的产品商标或服务标志，表明他们的商品或服务具有相同的来源。[10]

通常情况下，个人的名字或类属、描述性的词语不可成为商标，除非是具有某种暗示意义或使人产生幻想的词语，或是与某项设计有关的个人的名字。例如，"英国皮革"就不能作为产自英国的一种皮革的商标，但却可成为须后润肤露的商标名，因为这是对词语的一种联想。此外，普通个人的名字也可成为注册商标，只要附上图片或奇特的设计，便可轻易使产品被识别出来，如史密斯兄弟止咳药（Smith Brothers Cough Drops）。

大多数情况下，专利商标局会拒绝以下商标申请：国旗或国徽、在世的人的肖像或签名、无道德的或带有欺骗性质的或是与现有商标相似可能会造成问题的名称、标志、符号申请。一旦注册成功，商标将刊登在专利商标局的《主要商标目录》（Principal Register）上，其好处在于：（1）商标所有权被公示；（2）利于海关保护，防止进口商使用此商标；（3）五年后拥有无可争辩性。[11]

1995 年，美国国会对《商标法》进行了修订，通过了《联邦商标淡化法》，加强对商标持有者的保护，此项修订案通过后，《商标法》只对未经授权使用相同商标进行竞争——或者不涉及竞争但有一定关联——并且使用户对产品或服务的出处产生混淆的做法加以禁止。2006 年，国会又对此进行修订，通过了《商标淡化修正案》用以保护"独特"或"著名"的商标（如 McDonald's, Google, Nike 以及 Apple）免遭侵权，不管出于竞争还是混淆的可能性。[12]

过去，注册商标可使用 20 年；而现在仅为 10 年，到期可继续申请。出现以下情况时，商标将不具法律效力：

1. **撤销商标诉讼**（cancellation proceedings）：在注册后的五年中，第三方可对商标的独特性提出异议。
2. **清理商标**（cleaning-out procedure）：在注册后的六年内，持有者无法提供书面材料说明商标是正在使用的，或者无法为使用此商标提供证据。
3. **废弃商标**（abandonment）：连续两年不使用此商标。
4. **类属意义**（generic meaning）：商标代表了某一类产品或服务。例如玻璃纸代表塑料袋、思高（Scotch）胶带代表黏性胶带。施乐公司（Xerox）正积极通过全国性广告的形式，避免使它的名字成为复印机的代表。

创业历程

滑稽模仿还是侵权？

滑稽模仿可用作被判商标侵权的防御手段，它同时传达两种相反的含义：既像正品，又不太像，是被滑稽模仿的。美国专利商标局认为滑稽模仿实际上会降低被混淆的可能，因为它使人们看清了真正产品与虚假产品之间的区别。顾客会开心，而不会将它们混淆。

Haute Diggity Dog 是一家出售宠物玩具的公司，它制作了大量滑稽模拟产品如 chewnel no. 5（Chanel No. 5），Jimmy Chew（Jimmy Choo）以及 Dog Perignon（Dom perignon）。而它的滑稽模仿宠物玩具 Chewy Vuiton 使路易·威登公司（Louis Vuitton）非常气愤，路易·威登品牌以及它带有 LV 图案的产品始终带给顾客奢华品质的印象，其产品售价范围在 995～4 500 美元。Chewy Vuiton 模拟了手提包的形状、颜色等设计，与 LV 不同的是，它的图案采取 CV 字样，但同时配有花纹、十字及宝石图案，与路易·威登品牌十分相像。在宠物店，这种玩具的售价不足20美元。

法庭认为这属于滑稽模仿。当 Chewy Vuiton 被发现是在模仿时，它指出玩具是仿制品，与正品有明显的区别，仅被当作玩具而非奢侈品。在认为 Chewy Vuiton 玩具属滑稽模仿后，法庭继续审查其是否涉及侵权行为。

判定是否商标侵权，法庭认为应分析七个因素：（1）商标之间的相似度；（2）产品名称相似度；（3）同时使用的领域及方式；（4）消费者的偏好程度；（5）对原告商标的影响；（6）购买者是否会混淆；（7）是否故意混淆产品。

Chewy Vuiton 的滑稽模仿十分相似，侵犯了著名商标在消费者心中的地位，且造成混淆。两个产品的差异在于 Haute Diggity Dog 公司的产品是作为宠物玩具，而路易·威登产品则是精心设计的高档女包。Haute Diggity Dog 公司的产品同其他宠物产品一样只在宠物店售卖，而路易·威登手提包则是摆在其品牌的精品店或百货公司。

在判定不存在侵权后，法庭又转向商标淡化（《商标淡化修正案》）这一问题的调查：Haute Diggity Dog 公司的 Chewy Vuiton 是否削弱了 Louis Vuitton 商标的独特性，对其声誉造成不良影响？对此，法院主要考虑的因素包括：（1）两个商标的相似度；（2）著名商标内在或取得的独特性影响；（3）著名品牌持有人对该品牌实际专用的范围；（4）著名品牌的认可度；（5）模仿商标的所有者是否打算与著名品牌相联合；（6）两品牌实际的关联程度。由于产品是滑稽模仿，法庭认为不存在侵犯 Louis Vuitton 的行为。

Chewy Vuiton 案例给每个创业者带来一些启发，对于滑稽模仿来说：

滑稽模仿好笑吗？如果不好笑则比较棘手。要想让滑稽模仿有效，讽刺、嘲笑、有趣是必不可少的。

与原商标是否足够相似但又具有明显的差别？Haute Diggity Dog 公司能够摆脱责任的原因在于其商标构成的每项元素及整体设计虽与 Louis Vuitton 相似，但还是不同的。

滑稽模仿商标的目标客户是否与原商标近似？Chewy Vuiton 是一种宠物玩具，这与 Louis Vuitton 的目标客户有很大不同。应注意到法庭对于竞争性产品是非常严格的。

是否准备好法律诉讼？尽管最终结果获胜，Haute Diggity Dog 公司花费了大量资金为自己辩护，以及诉讼后遭遇经销商流失、商品被退回的结果。与微软、硬石摇滚餐厅（Hard Rock café）、麦当劳、可口可乐以及耐克这样的公司产生法律上的争议是否值得？企业都在尽力保护自己的品牌，与实力强大的企业产生的侵权诉讼往往意味着数年的官司以及大量诉讼费用。

其他法庭的案例有：

● Hard Rain Café 与 Hard Rock café 存在混淆消费者的可能。

● Enjoy Cocaine 不算对 Enjoy Coca-Cola 的侵权，虽然它们都使用了相似的红白标识。

● Lardash 对 Jordache 造成侵权。

● Mutant of Omaha 以及副标题 Nuclear Holocaust Insurance 对 Mutual of Omaha 不构成侵权。

● Bagzilla 仅视为 Godzilla 的俏皮话，没有使消费者产生混淆。

● Spy Note 对 Cliffs Notes 造成侵权。

资料来源：Adapted from Maxine S. Lans, "Parody as a Marketing Strategy," *Marketing News* (January 3, 1994): 20; Diane E. Burke, "Trademark Parody: Taking a Bite Out of Owner's Rights," web post, 2009, http://www.steptoejohnson.com/publications/publicationstory/Trademark ParodyTakinga BiteOutof, 249. aspx (accessed January 15, 2012) and Jane P. Mallor, A. James Barnes, Thomas Bowers and Arlen W. Langvardt, *Business Law: The Ethical, Global, and E-Commerce Environment*, 15th ed. (New York: McGraw-Hill Irwin, 2013), 288-292.

如果对注册商标进行合理的使用及保护，所有者有权禁止任何可能导致产生混淆的商标使用。当法庭证实存在侵权并造成损害后，商标所有者将获得财务赔偿。

☐ 避免商标隐患

商标注册及检索的费用较高，有时会达几千美元。侵权赔偿代价更高。为了避免出现这些问题，一位作者向那些正在为企业挑选商标的创业者提出了五项基本原则：
- 选择企业名称或标识前先做一次商标检索。
- 如果你的律师说商标存在隐患，那么请相信他们的判断。
- 在满足于一个描述性或暗示性的商标之前再想出一个创造性或奇特的名称或商标。
- 在用作营销或其他相关用途时，若需要商标名称对产品有较强暗示，可挑选鲜明的标识。
- 尽可能避免缩写或首字母组合，没有其他选择时，挑选一个鲜明的标识从中体现缩写或首字母组合。[13]

☐ 商业秘密

业务流程及相关信息如果不能申请专利、版权或商标时，还可作为**商业秘密**（trade secrets）进行保护，如顾客信息、计划、调查与开发、定价信息、营销技术、生产技术等。一般来说，只要是公司所特有的以及对竞争者有价值的都可以成为商业秘密。[14]

商业秘密的保护是对创意以及它们的表现方式同时加以保护，此外商业秘密无须注册，对于软件来说是非常理想的。当然，这些保密的配方、方法或其他相关信息是必须透露给关键员工的。因此企业应与所有使用此流程或信息的员工签约，要求他们不对外泄露，从而保护商业秘密。通过行业间谍窃取商业机密数据——如偷走竞争者的重要文件——其实是对商业秘密的窃取，虽然没有违反合同，但仍可进行控告。

法律清晰阐述了商业秘密的保护范围：(1) 竞争对手不知道的信息；(2) 一旦竞争对手得到，企业将失去其优势；(3) 所有者已经采取合理措施保护这些机密免于泄露。[15]请记住，在许多涉及商业秘密泄露的案件中，起诉都是非常艰难的。

☐ 互联网上的商标保护

互联网的性质为它的应用带来了特有的法律问题和争议，尤其是在知识产权方面。与此相关的新法律常指互联网法（cyberlaw）。

最早的对网上知识产权的商标争议问题是，域名（网址）可被视为商标还是仅作为一种访问的方式，就像现实中的地址那样。随着法庭受理案件的增加，人们越来越认为应该将商标法的内容应用到域名中。而利用商标法管理域名会产生一个问题，那就是商标法允许多方使用相同的商标，即相同商标用于不同的产品或服务而不会使用户产生混淆。在当前网络结构下，一个域名仅提供给一家企业或机构，用来展示各种商品或服务。也就是说，尽管两家甚至更多企业可能共同拥有Entrevision商标，但只有一家企业能在网上使用Entrevision.com域名。由于域名的限制，人们不确定其是否具有商标的功能。迄今为止，法院在考虑这一问题时可能会将未经授权使用域名视为侵权了商标权。[16]

表9—2综合概括了各种形式的知识产权。

表 9—2　　　　　　　　　　　　知识产权形式

	专利	版权	商标	商业秘密
定义	法律赋予所有者对发明的独占权	对文学或艺术作品的作者或原创者授予的一种无形的产权	任何用以区分的文字、名称、符号或外形（图片或外观），或以上的综合，用来标明和区分商品或服务	企业拥有的任何信息（包括配方、图案、流程、技术、生产工艺等），由于竞争对手不知道这些信息从而使企业具有一定优势
要求	一项发明必须： 1. 新颖 2. 并非显而易见 3. 实用	文学或艺术作品必须： 1. 原创 2. 有载体，可复制或交流 3. 符合要求的分类	商标、服务标志等具有充分的差异性，便于顾客等在竞争产品或服务中辨别	具有商业价值、不为人知或不可轻易获得的信息与流程，合理保护免于泄露
类别	1. 实用新型 2. 外观设计专利 3. 种植（鲜花、植物等）	1. 文学作品（含计算机程序） 2. 音乐作品 3. 戏剧作品 4. 童话剧或舞剧 5. 绘画、图形、雕刻作品 6. 影视作品 7. 录音	1. 较强差异化的标志（奇特、随意、联想） 2. 具有引申含义 3. 注册商标或共同商标等其他类型 4. 企业外观（如颜色、装潢、样式、服务类型等）	1. 顾客信息 2. 调查与开发 3. 计划与流程 4. 定价信息 5. 生产工艺 6. 营销手段 7. 配方 8. 文献汇编
取得方式	通过向美国专利商标局申请，获得官方授权	自动获得（只要具有有形形式）；出现侵权时可向美国专利商标局申请注册	1. 一般来说，商标的使用即形成所有权 2. 申请注册 3. 如果商标在用或即将使用（6个月—3年），注册可被通过 4. 注册后的第5~6年间可续期，以后每十年一次	原创或对企业特有信息进行加工 这些信息若被竞争对手获得将会增强他们的竞争力
权利	发明者在有效期内有权对发明进行制造、使用、销售、转让或许可，第一发明人拥有专利权	作者独享版权的复制、传播、展览、发放许可或转让	所有者有权使用商标或商业外观，还可向他人许可或转让	所有者有权独占并限制其他人对商业秘密的使用，有权通过法律手段进行保护，所有者可提供许可或转让
有效期	自申请日起20年；外观设计专利是14年	对于作者：寿命＋70年 对于出版商：出版后95年或创作后120年	只要一直使用便可无限期地保护，已注册的商标需申请续期	无限期保护，只要不被泄露出去

续前表

	专利	版权	商标	商业秘密
侵权处理	经济赔偿，包括版税、损失、律师费（国际侵权会涉及3倍赔偿）	实际损失加上侵权获利，或者500～2万美元的法定损失（故意侵权时10万美元），以及成本及律师费	1. 禁止继续使用 2. 实际损失加上侵权所获利润 3. 扣留或销毁侵权物 4. 所涉及的成本及律师费	经济损失（故意盗用将双倍赔偿实际损失）以及所涉及的成本及律师费

资料来源：Frank B. Cross and Roger LeRoy Miller, *West's Legal Environment of Business*, 4th ed. © 2001 Cengage Learning.

创业企业的法律结构

创业者应选择最适合企业发展的法律结构，因为不同形式在税法规定、债务责任、资金情况、成立复杂度等方面是不同的。[17]选择时应考虑以下几个重要因素：
- 实施的难易程度；
- 所需注册资本；
- 相应的法律限制；
- 纳税方面；
- 所有者承担的责任。

独资企业、合伙企业、有限公司是三种基本的企业形式。每种形式都各有利弊，创业者应根据环境、条件、目标进行选择。[18]

独资企业

独资企业（sole proprietorship）由一人拥有且经营，企业不会和所有者分开。所有者享有获得的全部利润，承担所有债务责任及义务，负有**无限责任**（unlimited liability）。这意味着企业及个人资产全部用来支持经营，当企业资不抵债时，所有者应变卖汽车、房屋等一切个人资产偿还债务。

成立独资企业时，仅需在当地申请经营许可。如果所有人不使用真实姓名，则需按要求签署相应文件。独资企业设立的简便性使它成为最广泛使用的公司形式。[19]

独资企业的优点
- 手续简便。比其他形式更加简便且约束条件少。一般无须政府审批，注册费用低于合伙企业和有限公司。
- 独享利润。独资企业不需要与其他人分享利润所得。
- 独享决策与控制权。没有共同所有人或合伙人干涉企业运营。
- 运作灵活。根据企业发展及时调整管理决策。
- 更多自主权。对政府控制享有更大自由度，除了必要的规定，独资企业的运营很少受政府干涉。

- 更低税负。私企业主仅以个人名义而不是作为公司纳税。

独资企业的缺点
- 无限责任。私企业主将承担企业债务,涉及个人所有财产。
- 不利于企业持久发展。所有者生病或死亡会影响企业发展甚至倒闭。
- 可用资金量少。一般来说,私营企业的资金少于合伙企业或有限公司。
- 较难获得长期融资。原因在于企业过于依赖个人。
- 思路与经验相对受限。由于企业运营依赖私营业主,其个人能力、训练、知识都将限制企业的发展方向与空间。

□ 合伙企业

美国《统一合伙法修正案》(RUPA)将**合伙企业**(partnership)定义为至少两名企业所有者以营利为目的共同经营的公司形式。每个合伙人共享企业的资金、资产、劳动、技术等,且共负盈亏。[20]虽然没有明确要求,但一般都会签署合伙协议,事实证明这种做法是可取的。因为如果没有书面协定,法院则认为合伙人拥有平等的权利,即均分利润、损失、资产、管理以及其他方面。

合伙协议清晰注明合伙人在财务及管理方面的权利与义务、各自的职责与地位,如合伙期限、合伙人角色(负责整体还是部分、负责某项事务还是不参与管理)、利润或损失的分配、薪金、重大变动(合伙人死亡、解除并终止等)、职权与纷争的处理以及合伙协议补充、变更或修改。

除以上内容,创业者还应根据企业需要,考虑其他合伙协议内容。如合伙人的投资比例、管理控制的程度、每人实际承担的具体职责等。有一点非常重要,在典型的合伙企业运作中,至少一方是主要合伙人,应对企业的债务负完全责任。[21]

合伙企业的优点
- 手续简便。手续及费用比有限公司形式更少。
- 回报直接。合伙人直接分享利润,因此激励他们更努力合伙经营。
- 更易取得良好发展。相比独资企业,此种形式更易获得较大资金投入和技能。
- 灵活性。能够快速响应企业日常运营需要。
- 更多自主权。合伙企业的运营很少受政府干涉。
- 一定的税收优势。大多数合伙企业以个人名义纳税,税率低于有限公司形式。

合伙企业的缺点
- 至少一方负无限责任。至少一位主要合伙人需承担企业的无限连带责任。
- 不利于企业持久发展。某位合伙人死亡、精神失常或退出合伙,则可能导致企业无法正常运营。企业可采取事先约定继承人取得权、现有成员重新组建新合伙关系或者吸纳新合伙人等方式继续运营。
- 较难获得大量资金。大多数合伙企业很难获得大笔资金,特别是长期融资。共同出资额决定了企业所能筹集到的资本量,特别是第一次创业阶段。
- 受制于某一方的决策。一位主要合伙人负责企业运营时可能会给企业带来灾难性的合同或债务,连累其他合伙人。

- 合伙人利益关系难以处理。除非事先协议约定，否则很难从其他合伙人那里收购。

☐ 有限公司

根据最高法院大法官约翰·马歇尔（John Marshall，1819）的定义，**有限公司**（corporation）是"一个无形的，仅仅在法律层面上有意义的产物"。有限公司是与所有者分离的一种法律实体。有限公司需经所在州的法律批准成立，全体股东（所有者）投入各自财产以换取企业相应股权（所有权）。[22] 设立程序包括：（1）股东出资，认购股本；（2）获得州务卿颁发的许可证，内容包括权利及经营范围等信息。跨州经营的公司需遵守国家商业法律规定以及各州关于外部企业的相关规定。

有限公司的优点

- 有限责任。股东的责任仅限于投资额，明确了损失的最大值。
- 所有权转移。通过卖出股票的方式转移企业所有权。
- 持久经营。企业生存与发展可独立于所有者，可长久持续运营。
- 易筹集大量资金。可通过发行债券及股票获得所需资金，也可通过企业财产抵押或大股东担保的方式获得短期贷款。
- 不断拥有更多能量。有限公司可不断获得从大股东到职业经理人等不同人士的专业知识与技能。

有限公司的缺点

- 活动制约。企业活动受制于章程及各项法律。
- 小股东局限性。大股东可能凭借实力获得决策权及控制权，使小股东无法行使自己的权力。
- 行政监管。受地方到中央各种管理条例制约，各种报告的提交致使企业需处理大量工作。
- 成立费用高。
- 双重纳税。需同时缴纳企业所得税与个人的收入、红利税。

表9—3对各种企业形式进行了比较。

表 9—3　　　　　　　　　　不同企业形式的主要特征

	独资企业	合伙企业	有限责任合伙企业	有限合伙企业	有限责任有限合伙企业	有限公司	S公司	有限责任公司
成立	无须成立有限公司或有限责任公司	所有者签订协议	所有者签订协议；服从有限责任合伙企业的规定	所有者签订协议；服从有限合伙企业的规定	所有者签订协议；服从有限责任合伙企业的规定	所有者签订协议；服从有限公司的规定	所有者签订协议；服从有限公司的规定；按《国内税收法典》S章选择企业情况	所有者签订协议；服从有限责任公司的规定

续前表

	独资企业	合伙企业	有限责任合伙企业	有限合伙企业	有限责任有限合伙企业	有限公司	S公司	有限责任公司
期限	随业主死亡自动撤销	通常不受某一合伙人死亡或退出的影响	不受某一合伙人死亡或退出的影响	不受某一合伙人死亡或退出的影响,除非唯一的主合伙人宣布解散	不受某一合伙人死亡或退出的影响,除非唯一的主合伙人宣布解散	不受某一股东死亡或退出的影响	不受某一股东死亡或退出的影响	通常不受某一成员死亡或退出的影响
管理	业主	所有合伙人	所有合伙人	主要合伙人	主要合伙人	董事会	董事会	经理或企业成员
所有者责任	无限责任	无限责任	大多数情况下仅限于出资额	主要合伙人承担无限责任;其他合伙人承担的责任仅限于出资额	仅限于出资额	仅限于出资额	仅限于出资额	仅限于出资额
权益转让	无	无	无	无,除非另有协定	无,除非另有协定	可自由转让	可自由转让	无,除非另有协定
所得税	仅企业主纳税	仅各合伙人纳税	通常仅各合伙人纳税;也可选择双重纳税	通常仅各合伙人纳税;也可选择双重纳税	通常仅各合伙人纳税;也可选择双重纳税	企业缴纳所得税;同时各股东缴纳个人税款（双重纳税）	仅各股东纳税	通常仅各成员纳税;也可选择双重纳税,像有限公司那样

资料来源：Jane P. Mallor, A. James Barnes, Thomas Bowers, and Arlen W. Langvardt, *Business Law：The Ethical, Global, and E-Commerce Environment*, 15th ed.（New York：McGraw-Hill Irwin, 2013）, 959. © The McGraw-Hill Companies, Inc.

合伙企业与有限公司的特殊形式

人们还关注合伙企业与有限公司的一些特殊形式。下面分别加以介绍。

☐ 有限合伙企业

有限合伙企业（limited partnerships，LP）的出资人可不承担管理责任以及出资额以外的债务责任，允许分享利润的同时承担有限的损失。

有限合伙企业应按照《统一有限合伙法修正案》（Revised Uniform Limited Partnership Act，RULPA）的规定[23]，内容包含11条64项目。11条包括：（1）总则；

(2) 成立；(3) 合伙人规定；(4) 主要合伙人；(5) 财务；(6) 出资与撤资；(7) 利润分配；(8) 解散；(9) 境外有限合伙企业；(10) 派生诉讼；(11) 其他方面。企业合伙人应遵守这些规定。

☐ 有限责任合伙企业

有限责任合伙企业（limited liability partnerships，LLP）是合伙企业的一种新形式，在享受合伙企业税收优惠的同时个人承担有限责任。LLP允许合伙人不承担由于其他人的错误决策而造成的企业损失。

LLP与后面谈到的有限责任公司相似，LLP更适合以合伙形式经营企业的专业人士。与有限责任公司一样，LLP同样需要符合成立及运营的相关规定。

LLP在专业人士中被普遍接受的一个原因在于创建的便捷性，比成立一家合伙企业的程序要更简单。

从合伙企业转为LLP也很容易操作，因为这两种形式的企业组织结构是相同的。此外，所有针对合伙企业的现行法律都适用于有限责任合伙企业（除被LLP规定修改的部分）。一般来说，各州对LLP规定只是在合伙企业法的基础上稍作修改。[24]

有限责任有限合伙企业（limited liability limited partnership，LLLP）也是一种有限合伙企业的新形式，其所有合伙人均承担有限责任，包括主要合伙人在内。除主要合伙人的责任不同，有限合伙企业与LLLP是一致的（详见表9—4）。

表9—4   LP与LLLP的主要特征

1. LP或LLLP的成立需符合相关规定。
2. LP或LLLP具有两种类型的股东：主要合伙人与有限责任合伙人。每种类型至少有一名股东。
3. 所有股东共同分享企业利润。
4. 有限责任合伙人，他们所承担的责任仅限于出资额。LP的主要合伙人对企业负无限连带责任，LLLP的主要合伙人责任仅限于出资额。
5. 各主要合伙人拥有管理权，是LP或LLLP的代理人。有限责任合伙人不承担管理职责或作为企业代理人，但仍具有重大事务的投票权。有限责任合伙人可参与管理，但仅承担有限责任。
6. 作为企业代理的主要合伙人，受托于企业，有限责任合伙人非受托人。
7. LP或LLLP的股东权益不能自由转让，受让者为非合伙人时，仅转让资金和利润。
8. 某一合伙人出现变故不会使LP或LLLP结束经营，除非主要合伙人缺失。
9. 一般情况下，LP或LLLP按合伙企业规定纳税。

资料来源：Adapted from Jane P. Mallor, A. James Barnes, Thomas Bowers, and Arlen W. Langvardt, *Business Law: The Ethical, Global, and E-Commerce Environment*, 15th ed. (New York: McGraw-Hill Irwin, 2013), 955–1024.

☐ S公司

S公司（S corporation）的名称源于美国《国内税收法典》S章（Subchapter S of the Internal Revenue Code），在享受企业所得税优惠待遇的同时，拥有有限公司的优势（特别是有限的责任）。

S公司在纳税方面与合伙企业相似，因此视为纳税选择公司。美国国内收入署仅针对股东收益进行征税，从而避免双重纳税。无须纳税的利润可直接向股东分配，按股东的个人所得部分缴纳税款。
尽管对于小企业来说 S 公司是有利的，但需遵守严格的规定：
1. 必须是本国企业。
2. 不隶属于其他企业。
3. 股东必须为个人或信托机构等。有限公司、合伙企业及不具资格的信托机构不能成为 S 公司的股东。
4. 股东数量最多 100 个。
5. 仅能发行一种股票。
6. 外国人不能成为股东。

S 公司具有很多有利条件，如企业亏损时，按照规定 S 公司的股东可利用损失抵消所得税，且股东的税率低于有限公司的税率水平。不管是否分配利润，企业所得税全部按照个人所得税的税率进行征缴，这一点对于积累收益以期将来发展的企业来说是非常有利的。

企业所得税只在年终向股东派发的红利中体现。S 公司可通过自行选择会计年度延缓股东纳税期限，因为分配的利润仅在会计年度结束后纳税。此外股东可将股票转给其亲属，可以选择六代以内的税率更低的家庭成员。最后，S 公司还可享受免税政策，相当于将节省下来的税款分给各股东。

有限责任公司

从 1977 年开始，美国很多州便纷纷设立一种新的组织形式，叫做**有限责任公司**（limited liability company，LLC），在承担有限责任的同时享受合伙企业的税收优惠。

LLC 的主要优势在于不以实体缴税，企业利润由各成员以个人名义负担。另一个优势是成员的责任仅限于出资额。LLC 的成员可充分参与管理活动，也可聘请外部管理者管理企业（至少有一个州这样规定）。此外，其他的有限公司、合伙企业甚至境外投资者均可成为 LLC 的股东，且股东数量无限制。

LLC 的不足之处较少，最大的缺点在于各州的规定不尽相同，虽然美国统一州法委员会于 2006 年正式通过了《统一有限责任公司法修正案》，但是到 2011 年，仅有 9 个州采用。因此在各州统一做法之前，企业应详细考察所涉及的相关规定。[25]

B 公司

第 4 章我们曾介绍美国的一种新型社会公益企业形式——**B 公司**（B corporation）。通过认证的 B 公司对于解决社会及环境问题是非常有帮助的，非营利组织——B 实验室——专门进行 B 公司的认证工作。B 公司试图解决以下问题：
1. 公司法使企业在运营决策中很难兼顾员工、社区、环境的利益。
2. 由于界定不清晰，很难区分社会前瞻性企业与市场前景良好的企业。

B 公司在结构上综合了公司特性，使得在企业决策中兼顾社会利益与股东利益。B 公司的使命形成了客户对企业价值观的认可与支持，投资者愿意加大投入以促进企业的发展，同时政府及跨国公司也对它们实施采购促进政策。

B 企业的具体要求包括：

1. 全面且清晰的社会及环境绩效目标。
2. 较高的法律责任。
3. 与所在地区建立良好关系，支持可持续发展企业。

已有超过 500 家 B 公司通过认证，分布在 60 个不同的行业中（食品业、服装业、律师、办公用品等）。B 公司的业务多种多样，它们拥有相同的目标：重新定义企业的成功。通过公开的 B 公司发展报告，任何人均可对社会及环境实践活动的经营数据进行查阅，并支持它们的产品。[26]

☐ L3C

低利润有限责任公司（low-profit, limited liability company, L3C），是有利于营利性企业对社会公益投资的一种公司结构。2008 年，佛蒙特州首先通过了 L3C 作为合法的组织形式，此后佐治亚、密歇根、蒙大拿以及北卡罗来纳州相继推动此项立法。目前 L3C 在全美国都是合法的，它利用个人投资以及慈善基金促进社会公益事业的发展。与普通的有限责任公司不同的是，L3C 具有明确的慈善目的，而将企业盈利放在第二位。同时与标准慈善机构不同的是，L3C 可以自由向业主及投资者分配税后利润。L3C 的主要优点在于它符合项目相关投资的标准，其核心目的是鼓励私立基金会更多地进行项目相关投资。由于基金会可直接对项目相关投资认可的营利性企业进行投资，L3C 的运营协议简化了项目相关投资的确认程序，从而吸引大量私人基金更好地为慈善及教育事业服务。

与 LLC 相似的是，L3C 的合伙形式更加灵活，层级式所有权能够更好地满足各合伙人的需要。投资风险较低，因此投资者可获得较高回报。最终结果是：L3C 可通过项目相关投资获得大量资金支持。同 LLC 一样，L3C 的利润仅以股东名义进行纳税，税率按照个人不同情况而定。[27]

公司形式的思考

正如之前所提到的，创业者总在寻求专业的法律建议以避免误解、错误、增加费用支出。由于不具备法律、财务、土地、税务、政府监管方面的专业知识，在创业过程中几乎每个创业者都会遇到各种问题与障碍，因而掌握这些领域的一些基本概念是非常重要的。

本章简单介绍了公司的各种法律形式，在此基础上，创业者可根据自身情况系统深入地进行研究。

破产

当债务大于资产时将引发企业**破产**（bankruptcy），创业者都在想方设法避免破产危机。意料之外的危机时刻存在，应警惕以下情况所带来的后果：(1) 新竞争对手出现；（2）其他公司即将销售新一代产品；（3）研发方面的预算明显少于竞争者；（4）分销商库存过剩等。[28]

□ 《破产法》

《破产法》（Bankruptcy Act）是由联邦国会制定的法律，为**无力支付的债务人**（insolvent debtors）提供一系列处理程序。《破产法》首次颁布于1912年，1978年重新进行修订；此后分别在1984年、1986年、1994年和2005年进行多次补充。《破产法》是为了：（1）确保债务人的资产公平地分配；（2）保护债权人利益，防止债务人不合理地减少偿债资产；（3）保护债务人免于陷入债权人的额外要求。《破产法》同时保证了债务双方的利益。

不同破产类型的规定是不同的，包括直接破产（第7章）、资产重组（第11章）、债务调整（第13章）。表9—5对这三种类型进行了比较。

表9—5　　　　　　　　　　破产：第7，11，13章比较

	第7章	第11章	第13章
目标	清算	重组	调整
申请人	债务人（自愿）或债权人（非自愿）	债务人（自愿）或债权人（非自愿）	仅债务人（自愿）
谁来承担债务	除铁路、保险公司、银行、储蓄及贷款机构、信用机构外的任何个人或实体（包括合伙企业及有限公司），农民及慈善机构不予受理非自愿破产	任何债务人均可	无担保债务低于360 475美元或提供担保的债务低于1 081 400美元的任何个人（不含合伙企业及有限公司）
基本流程	变卖所有未经赦免的资产，按优先次序偿还债权人，直到债务终止	提交重组方案，方案批准通过后，按计划执行，直到债务免除	提交债务调整方案，其中无担保债务应不低于清算价值，方案批准通过后，按计划执行，直到债务免除
优势	通过清算及偿还，大部分债务还清，债务人有机会重新开始	债务人继续运营企业，在计划期内允许对债务再次重组和清算	债务人继续运营企业或拥有资产，方案批准通过债务人按计划执行3～5年后，债务偿清

资料来源：adapted from：Jane P. Mallor, A. James Barnes, Thomas Bowers, and Arlen W. Langvardt, *Business Law: The Ethical, Global, and E-Commerce Environment*, 15th ed. (New York: McGraw-Hill Irwin, 2013), 819; and also Kenneth W. Clarkson, Roger LeRoy Miller, and Frank B. Cross, *West's Business Law*, 12th ed. (Mason, OH: South-Western/Cengage, 2012), 601.

□ 《破产法》第7章：直接破产

第7章的破产也称为**清算**（liquidation），债务人将所有资产移交法庭指定受托人，受托人出售资产偿还债权人。清算后债务人不再偿还剩余的债务，这减轻了他们

的义务。

清算可以是自愿的,也可以是被动的。在自愿破产情况下,债务人向破产法院提出申请并列出所有债权人名单、财务报表、资产列表、收支情况表。非自愿破产情况下,债权人提出申请债务人破产,一般应具备 12 名以上债权人(其中 3 人债权至少 14 425 美元),当债权人少于 12 名时,至少 1 人债权为 14 425 美元。[29]

《破产法》第 11 章:重组

重组是最常见的破产方式。债务人可继续经营,同时努力拿出一份重组方案,以向债权人还清债务。方案的本质是债务双方达成契约,在公平与合理的原则下,方案应:(1) 将债权人划分等级;(2) 尽力使每一债权人感到满意;(3) 阐明对哪些或哪类债权有负面影响;(4) 公平对待债权人。

第 7 章的基本原则同样适用于重组的情况。重组可以是自愿的或非自愿的,保护及处理条例同直接破产相似。

申请重组后,债务人以**拥有控制权的债务人**(debtor-in-possession)身份继续运营企业,法庭将指派一位受托人对企业运营进行监督。所提交的重组方案需经 2/3 债权人同意,或是受到严重利益损害的各类债权人中有 1/2 同意。双方认可后等待法庭审核重组方案。法庭正式批准后,债务人实施该方案。[30]

当债权人同意重组方案后,便形成对债务人的约束。与清算全部资产不同的是,重组的方式允许企业继续经营,从而使双方获益。

破产法第 13 章:债务调整

债务调整方式使债务人:(1) 免于宣告破产;(2) 偿还部分债务;(3) 得到联邦法庭保护。个人或私人企业主无担保债务低于 360 475 美元或提供担保的债务低于 1 081 400 美元可按照此种方式进行处理。债务调整必须是自愿提出申请的,债权人不能要求以此方式偿债。申请时,债务人声明自己无力偿还借款,提出债务延期或压缩(减少债务总额)。

债务人需提供详细的债务调整计划,按照第 13 章的要求:(1) 未来的收入交由受托人管理;(2) 延期债务应优先足额偿还;(3) 公平对待每一债权人。[31]计划必须在 3 年内将收入用于偿还债务,除非法庭批准延至 5 年。

债务人根据自己拟定、法庭批准的债务调整计划支付确定的数额后,法庭宣布其债务全部消除。不过优先债务应全额支付,如子女抚养费、某项长期贷款等。此外如果出现不可控制的外部环境因素,那么即使 3 年内债务人没有按计划完成还款也不会继续追究责任。根据第 13 章的规定,不再受理针对债务人的破产申请(第 7 章或第 11 章),因此债务人可减轻债务,避免清算或破产。通过债务调整方式,债权人可能得到比清算方式更多的还债。

节省法律方面的开支

创业者进行法律诉讼时会产生大量费用,以下是降低诉讼费用的几点建议:

- 与律师就费用方面先达成清晰的共识，可按小时计费，也可按事件固定收取费用，甚至按照事件总费用按比例收取提成。
- 律师也是充满竞争的行业，因此费用方面可由双方共同商定。
- 影响企业运营的重大事件应签署正式协议，如代理协议、劳动合同、保密协议、非竞争性协议等。
- 尽量不通过诉讼方式来解决所有争端。
- 请律师指导日常交易所需的电子文件。
- 小型交易可聘请费用低的律师。
- 向律师咨询日常事务节省成本的方法。
- 日常工作中常与律师沟通。
- 一次咨询多项事务。
- 了解所在行业法律方面的最新进展。
- 处理事务时尽量使自己处于有把握的"舒适地带"。
- 尽早解决，一分预防胜过十分治疗。
- 多咨询并比较几位律师。而一旦选定一位优秀的律师，则可以一直合作下去。

对企业情况熟悉的律师能比优秀律师更有效地处理事务，每个律师在开始时总会经历摸索阶段。[32]

小结

专利属于知识产权的一种，专利是唯一的，因此向持有者提供一定的保护，防止权利被侵犯。外观设计专利的有效期是 14 年，其他则为 20 年。

由于专利申请的过程比较复杂，因此需要详细规划。本章给出了应遵循的一些基本原则。专利被视为无效的主要原因在于：专利持有者延误了维权的有利时间、没有正确地使用专利权以及经证实其不具备专利特性。此外，如果专利是有效的，其他人便不能侵犯发明者的合法权利，一旦出现侵权行为，专利拥有者可进行法律诉讼，获得经济赔偿。

版权向创作人提供独有的权利用以保护他们的文学或艺术作品，期限是作者去世后的 70 年。侵权行为发生时，作者（版权所有者）可发起诉讼，制止侵权行为，同时获得经济补偿。

商标可以是代表公司产品的一个与众不同的名称、标志、符号。企业注册商标后，其他人便不得使用该商标。1989 年以前，商标的有效期是 20 年，之后缩短为 10 年，每 10 年可重新注册。发生侵权行为时商标所有者依然可以通过法律手段保护自己的权利，同时获得赔偿。

此外，本章介绍了三种公司的法律形式：独资企业、合伙企业和有限公司，并列出了每种形式的优缺点，便于读者比较。此外，我们还对合伙企业及其他形式就特征、纳税要求等方面进行了比较。

我们还介绍了合伙企业和有限公司的具体类型，以表格的形式列举了有限合伙企业、有限责任有限合伙企业、S 公司、有限责任公司、B 公司以及低利润有限责任公司的要求及有利之处。

过去的 20 年中，很多企业面临资不抵债的困境，《破产法》的三种破产处理方式对创业者是非常重要的。《破产法》第 7 章直接破产通过清算所有资产偿还企业债务；《破产法》第 11 章介绍了可使企业继续运营的重组方式，按照债务人提出的重组方案偿还部分债务；《破产法》第 13 章介绍了债务调整，这种方式较适用于独资企业。总体上看，重组的方式应用得最多。

回顾与问题讨论

1. 用自己的话解释专利。对于创业者来说，专利的价值是什么？能带来哪些好处？
2. 创业者申请专利的四条基本原则是什么？
3. 在何种情况下专利将被宣告无效？请举出两个实例。
4. 用自己的话说明什么是版权，带来的好处有哪些。
5. 版权可为其持有者提供哪些保护？可以不支付任何费用随意复制他人作品吗？请详细进行解释。如果发生侵犯版权行为，所有者可通过何种法律方式维权？
6. 用自己的话解释什么是商标，为什么类属的或描述性的名称或词语不能申请商标。
7. 何种情况下商标是无效的？请解释原因。
8. 申请商标时应避免的三个隐患是什么？
9. 说出以下三种公司形式的区别：独资企业、合伙企业、有限公司。
10. 以上各形式的优缺点是什么？
11. 什么是 RULPA？
12. 什么是有限责任合伙企业？
13. S 公司的性质是什么？请列出其成立的五个要求。
14. 什么是有限责任公司？
15. 分析 B 公司与 L3C 的价值所在。
16. 对于破产的创业者，《破产法》第 7 章可向他们提供何种保护？
17. 《破产法》第 11 章介绍了哪种破产方式？相比第 7 章，人们为什么更多采用第 11 章的方式？
18. 《破产法》第 13 章的主要内容是什么？与第 7 章和第 11 章的区别是什么？

体验式练习

保护你的合法权益

创业者应懂得如何通过法律手段保护自己的财产及工作权益。申请版权或商标就是获得法律保护最有效的方法。这里我们给出了版权和商标的定义，请将名称填入定义前的横线中，版权填 C，商标填 T。在之后的 a～j 各种类型中，如果属于版权保护的内容，请在标号前填 C；如果属于商标保护的内容，请在标号前填 T。答案附在习题后。

1. _____ 代表公司产品的一个与众不同的名称、标志、符号。
2. _____ 对文学艺术作品特有的保护。
   _____ a. 畅销小说

_____ b. LOGO
_____ c. 公司名称缩写（如 IBM 或 ITT）
_____ d. 动画片
_____ e. 词语（如可口可乐或百事）
_____ f. 计算机程序
_____ g. 音乐剧
_____ h. 标语
_____ i. 舞台剧
_____ j. 符号

答案：1. T；2. C；a. C；b. T；c. T；d. C；e. T；f. C；g. C；h. T；i. C；j. T。

合理匹配

以下列出了三种公司形式的优点与缺点。请将独资企业（S）、合伙企业（P）、有限公司（C）的简写字母填入各选项后的横线上，如属于独资企业相关的则填 S，以此类推。可多选。答案附在习题后。

优点	缺点
承担有限的责任 _____	无限连带责任 _____
独享企业的利润 _____	政府监管 _____
企业可无限期发展 _____	缺乏持续性 _____
成立手续简便 _____	双重纳税 _____
灵活性 _____	较难获得大量投资 _____
所有权转移 _____	成立费用较高 _____
对政府管制拥有更大自主权 _____	相对有限的视角和经验 _____
便于能力和知识的增长 _____	活动限制 _____

答案：优点：1. C；2. S；3. C；4. S，P；5. S，P；6. C；7. S，P；8. C。
缺点：1. S，P；2. C；3. S，P；4. C；5. S，P；6. C；7. S；8. C。

开始创建商业计划书

确定法律结构

从独资企业、合伙企业、有限公司这三种形式中确定自己所创建的类型，是每个创业者都会面临的选择。

通过本章介绍的内容再结合实际情况，权衡你的决策。从实践角度来说，我们建议多查阅相关制度以及与组织形式相关的法律条款。清晰简明地解释你的企业最适合的形式，提交企业管理的详细内容，包括你的角色、其他人担任的职位、所有权、酬劳安排以及其他关键因素。

根据老师的要求，可作为商业计划书的一部分，也可单独提交，可以使用 LivePlan 等商业计划书工具，形成你的决策及逻辑分析。

注释

1. Roger LeRoy Miller and Frank B. Cross, *The Legal Environment Today: Business in Its Ethical, Regulatory, E-Commerce, and Global Setting*, 7th ed. (Mason, OH: South-Western/Cengage, 2013); see also Constance E. Bagley and Craig E. Dauchy, *The Entrepreneur's Guide to Business Law* (Mason, OH: Cengage/South-Western, 2012); and Marianne M. Jennings, *Business: Its Legal, Ethical, and Global Environment*, 9th ed. (Mason, OH: Thomson/South-Western, 2012).

2. Gerald R. Ferrera, Margo E. K. Reder, Robert C. Bird, Jonathan J. Darrow, Jeffrey M. Aresty, Jacqueline Klosek, and Stephen D. Lichtenstein, *Cyberlaw*, 3rd ed. (Mason, OH: South-Western/Cengage, 2012); see also Daniel V. Davidson and Lynn M. Forsythe, *The Entrepreneur's Legal Companion* (Upper Saddle River, NJ: Pearson/Prentice Hall, 2011).

3. Reprinted by permission of the *Harvard Business Review*. An excerpt from "Making Patents Work for Small Companies," by Ronald D. Rothchild, July/August 1987, 24–30. Copyright © 1987 by the President and Fellows of Harvard College; all rights reserved. See also David Pressman, *Patent It Yourself: Your Step-by-Step Guide to Filing at the U.S. Patent Office*, 15th ed. (Berkeley, CA: Nolo Press, 2011).

4. See Rothchild, 28; and Pressman, 14.

5. Kenneth W. Clarkson, Roger LeRoy Miller, and Frank B. Cross, *Business Law*, 12th ed. (Mason, OH: Cengage/South-Western, 2012), 158–62.

6. See Jane P. Mallor, A. James Barnes, Thomas Bowers, and Arlen W. Langvardt, *Business Law: The Ethical, Global, and E-Commerce Environment*, 15th ed. (New York: McGraw-Hill Irwin, 2013). 257–71.

7. Ibid., 271–74.

8. Ibid., 275.

9. Ibid., 271–72.

10. See Thomas G. Field, Jr., *Trademarks and Business Goodwill* (Washington, DC: Office of Business Development, Small Business Administration, 1990).

11. Dorothy Cohen, "Trademark Strategy," *Journal of Marketing* (January 1986): 61–74.

12. Mallor, *Business Law*, 286–87.

13. Thomas M. S. Hemnes, "How Can You Find a Safe Trademark?" *Harvard Business Review* (March/April 1985): 40–48; see also Michael Finn, "Everything You Need to Know about Trademarks and Publishing," *Publishers Weekly* (January 6, 1992): 41–44.

14. See Mallor, *Business Law*, 296–98.

15. Ibid., 297.

16. Ferrera, *Cyberlaw*, 103–29; see also Mallor, *Business Law*, 296.

17. David S. Hulse and Thomas R. Pope, "The Effect of Income Taxes on the Preference of Organizational Form for Small Businesses in the United States," *Journal of Small Business Management* 34, no. 1 (1996): 24–35. See also Sandra Malach, Peter Robinson, and Tannis Radcliffe, "Differentiating Legal Issues by Business Type," *Journal of Small Business Management* 44, no. 4 (2006): 563–76.

18. For a detailed discussion of each form, see Clarkson, *West's Business Law*, 706–854.

19. For further discussion on the legal aspects of proprietorships, see Clarkson, *West's Business Law*, 706–8.

20. For a good analysis of partnerships, see Clarkson, *West's Business Law*, 719–36.

21. For the complete Revised Uniform Partnership Act and the Revised Uniform Limited Partnership Act, see Mallor, *Business Law*, 954–1029.

22. For a detailed discussion of corporate laws and regulations, see Mallor, *Business Law,* 1223–1417.

23. For a good outline of the Revised Uniform Partnership Act and the Revised Uniform Limited Partnership Act, see Clarkson, *West's Business Law*, 732.

24. For more detail on limited partnerships, see Mallor, *Business Law*, 956–59.

25. See Constance E. Bagley and Craig E. Dauchy, *The Entrepreneur's Guide to Business Law* (Mason, OH: Thomson/South-Western, 2003). See also Mary Sprouse, "The Lure of Limited Liability Companies," *Your Company* (Fall 1995): 19. For further discussion on the legal aspects of LLPs, see Mallor, *Business Law*, 956–59.

26. Certified B corporation, http://www.bcorporation.net/ (accessed April 26, 2012); Jamie Raskin, "The Rise of Benefit Corporations," *The Nation*, June 27, 2011.

27. Non Profit Law Blog: http://www.nonprofitlawblog

.com/home/2008/07/l3c.html (accessed April 26, 2012).

28. Harlan D. Platt, *Why Companies Fail* (Lexington, MA: Lexington Books, 1985), 83; Howard Van Auken, Jeffrey Kaufmann and Pol Herrmann, "An Empirical Analysis of the Relationship Between Capital Acquisition and Bankruptcy Laws," *Journal of Small Business Management* 47, no. 1 (2009): 23–37; and Mike W. Peng, Yasuhiro Yamakawa and Seung-Hyun Lee, "Bankruptcy Laws and Entrepreneur-Friendliness," *Entrepreneurship Theory and Practice* 34, no. 3 (2010): 517–30.

29. For a detailed discussion of Chapter 7 bankruptcy, see Mallor, *Business Law*, 791–812; see also Clarkson, *West's Business Law*, 581–94.

30. For a detailed discussion of Chapter 11 bankruptcy, see Mallor, *Business Law*, 813–14; see also Clarkson, *West's Business Law*, 595–96.

31. For a detailed discussion of Chapter 13 bankruptcy, see Mallor, *Business Law*, 816–19; see also Clarkson, *West's Business Law*, 596–99.

32. Interview with Mark E. Need, JD/MBA, Director, Elmore Entrepreneurship Law Clinic, Indiana University, April 2012.

第10章

创业企业的市场营销

> **创业思维**
>
> 新营销是动态且实时发生的。这就要求企业首先应认可市场是由顾客决定的,然后做出正确的决策。应从顾客的角度理解运用营销组合策略:从以顾客为中心到顾客定制。新营销是相互连接、富有创新性、合作意识强且适应特定环境的。顾客处在营销活动的核心位置。
>
> ——米内特·辛德胡特、迈克尔·H·莫瑞斯、莱兰·F·皮特(Leyland F. Pitt),《营销再思考》

本章重点
1. 介绍新的营销概念
2. 分析创业企业市场调研的重要性
3. 阐述有效开展市场调研的关键因素
4. 分析市场调研的抑制因素
5. 介绍社交媒体营销与移动营销
6. 介绍创业企业市场调研的方法
7. 介绍营销理念、市场细分与消费者导向
8. 介绍制定营销计划的关键因素
9. 分析定价时考虑的主要因素
10. 探讨社交媒体时代的价格策略

创业者需了解的新营销概念

市场营销已经成为创业所不可忽视的环节,或者说一直都是。成功营销的关键在于把握世界发生的根本变化。

米内特·辛德胡特、迈克尔·H·莫里斯以及莱兰·F·皮特认为,新的营销

逻辑需要对固有的传统规则重新进行根本性思考。每时每刻都在发生着交易，并且交易的频率越来越快。在需求拉动型经济环境下，创业者必须意识到市场是由消费者主导的，应该在此基础上制定相应的决策。这一事实要求将以顾客为中心的营销组合理念转化为顾客定制。对市场营销的重新思考体现在从传统4P理论过渡到4C理论，即

　　从产品（product）转向共同创造（cocreated）
　　从促销（promotion）转向社区传播（communities）
　　从价格（price）转向顾客定制（customizable）
　　从渠道（place）转向自由选择（choice）

　　C时代（C即content，内容）的宗旨是顾客满意。要紧密联系、不断创新、齐心协力、与时俱进。创业者应意识到所有卓有成效的营销活动都应把顾客放在最核心的位置。[1]

　　创业者的新营销概念涉及了解市场构成、开展营销研究、策划营销方案、准确理解并开展社交媒体营销、制定合理的价格策略。本章我们将逐一进行详细介绍。

　　市场（market）由具有购买力的消费者（或潜在消费者）构成，他们有未被满足的需求。[2]如果新创企业想获得生存，那么它的产品或服务必须有相应的市场。[3]因此，每个创业者必须进行周详的分析，从而确定目标市场。然而现实情况是，一些人对市场并不真正了解，甚至在没有确定目标客户时便匆忙创立了企业。表10—1列出了创业成功人士共有的营销才能。

表10—1	创业成功人士共有的营销才能

1. 他们拥有独特的市场洞察力，能准确把握机会，而这些机会常被其他人忽视或当作问题对待。
2. 利用独特的洞察力开发新的营销战略，思索如何改变现状或常规。
3. 他们敢于冒险，缺乏远见的人们则把这视为愚蠢。
4. 总是担心自己的市场地位被取代。
5. 争强好胜。
6. 对任何战略规划思考周密，凭借对市场运作的知识积累不断进行思考，能够发现并解决别人无法识别的问题。
7. 注重细节，不管企业处于何种规模，总在挖掘质量及成本控制方面的竞争优势。
8. 他们以身作则，管理既富有热情又细致深入，授权时密切关注进展。
9. 激励自己及下属。
10. 时刻准备调整战略，直到与实际工作相匹配，坚持不放弃。
11. 清楚知道自己想要实现的目标，比普通管理者看得更远。

资料来源：Peter R. Dickson, *Marketing Management*, 1st ed. © 1994 Cengage Learning.

　　帮助准确分析潜在市场的技术与方法有很多，创业者可对特定市场进行深入研究，转化为精心策划的商业计划书。对市场进行有效分析有助于新企业在市场中进行合理定位，从而实现业务增长。[4]因此应把握好市场调研这一过程。

市场调研

　　市场调研（marketing research）是对特定市场信息的收集与分析。[5]理解市场调研

的整个过程对于创业者收集、整理、解释市场信息是非常有帮助的。

明确市场调研的原因与目标

市场调研应首先明确决定决策所需的信息,尽管这一点过于明显而通常不被提及,但是现实中常常出现这样的情况:所确定的需求并没有经过充分的分析与权衡。如果不清楚为什么进行市场调研,那么所收集的信息将是毫无用处的。

此外,市场调研之前需设定清晰的目标。一项研究建议考虑以下几方面:
- 潜在顾客打算去哪里消费?
- 为什么选择那里?
- 市场规模多大?可以占据多少市场份额?
- 与竞争者相比有何优劣势?
- 产品的促销能带来何种影响?
- 潜在顾客对产品或服务有哪些要求?[6]

收集二手资料

二手资料(secondary data)通常是指经过整理后的信息,一般来说比新的或原始资料获取成本低。创业者在开始调研前应充分收集利用二手资料,往往仅通过它便可制定有效的营销策略。

二手资料可以是企业现有的数据信息,如历史销售数据等,也可以源于企业外部,包括大量期刊、行业年鉴以及政府公开出版物等。

这些数据资料可能存在以下问题:一是信息大多已过时,对未来可能用处不大;二是二手数据中的测量单位不适合当前问题;三是无法确定其效度。通常这种数据来源不如其他方式更能够准确获得所需信息。

收集原始资料

如果二手资料不够充分,通过调研获取信息,收集**原始资料**(primary data)就是即将开始的下一个工作。原始资料的取得方法有很多,主要可分为观察法与询问法,区别在于是否与访谈者进行接触。观察法大概是最古老的实践调研方式,成本非常低,可避免访谈者在询问法中出现的理解偏差。观察法的不足则体现在对收集顾客意见等方面存在一定局限。

与访谈者接触的询问法包括调查与试验。调查可以通过邮件、电话、访谈的形式。当访谈者分布较广时通常采取邮件进行问卷调查,但回复率较低。通过电话与访谈进行对话可获得较高的回复率。相比邮件及电话方式,个人访谈的成本较高,并且常常被访谈者感到可获得某种优惠时才勉强接受。表10—2对几种调查法进行了比较。

表 10—2　　　　　　　　　　　　　几种调查法的比较

	家访	街头随机采访	电话采访	通过邮件发送调查问卷	在线调查问卷
信息收集的速度	中速	快	非常快	慢；调研者无法控制反馈结果	最快，且不受工作假期等时间的约束
地域方面的便捷性	偏低	空间受限；结果可能会带有地域偏见	高	高	高（世界范围）
配合程度	非常好	较低	好	中等；不具吸引力的调查问卷反馈率较低	取决于网络以及顾客类型
提问方式的多样性	较多	极多	中等	单一；需要极其标准的格式	极多
问题数量	多	较多	中等	取决于所提供的激励	中等；问题数量可根据顾客的回答进行调整
不回复的比例	低	中	中	高	通过程序可保证全部回复
对调查问题理解不准确的可能性	低	低	中等	高	高
访谈者对调查结果施加的影响	高	高	中等	无	无
访谈者的管控	中等	较高	高；特别是中央控制访谈法	不适用	不适用
匿名访谈者的数量	低	低	中等	高	被访谈者可自行选择
回访或继续深入访谈的难易度	困难	困难	容易	容易，但耗时	困难，除非留下邮件地址
成本	最高	较高	较低	最低	低
特点	影像资料具有参考价值	获得个人感受，对电视广告效果进行检测	简化了实地调查及监管；非常适合计算机技术	被访谈者可根据自己时间完成调查；有充足的时间思考	流媒体软件允许使用图片及动画效果

资料来源：Peter R. Dickson, *Marketing Management*, 1st ed., © 1994 Cengage Learning.

试验法主要用于分析各种因果关系，测试各种变量调整所带来的不同结果。例如销售中价格变化带来的影响是什么？价格会导致销量这个因变量的变化。通过试验可分析价格调整产生的各种结果，而测量这些因果变量并不是很困难的事。[7]

开发信息收集的工具

通过问卷可帮助调查者有效获得所需信息，问卷在使用前应仔细进行设计。以下是设计调查问卷所需考虑的主要事项：

- 每一问题都有明确的目的，符合市场调研的总目标。
- 问题难度应逐步提升。
- 避免出现诱导性或带有偏见的问题。
- 先对自己进行测试："这一问题会带来哪些误解？"表达方式的调整将降低甚至消除可能产生的误解。
- 问卷中给出简单的提示。对想要得到的信息稍加解释，引导被调查者做出正确的回答。
- 尽量使答案更为准确，在表达某种观点的强烈程度或某种经历的频繁程度时，避免设计为是非题的类型。例如避免这样提问："销售人员的态度是否友善？（是/否）"，而应改为："你认为销售人员的态度如何？"答案也应设计为五个选项，即从"非常强硬（1）"到"非常友善（5）"。[8]

定量与定性的市场调研

定量研究（quantitative research）采用数值测量分析方法对实验结果进行对比。研究者不参与调查以保证结果的客观。这种方法需要在大量调查数据的基础上才能分析得出准确的统计结果。**定性研究**（qualitative research）进行测试的数量较少，需要调研者与被访谈者一起深入探究问题的原因。定性研究并不完全依靠分析测试结果。由于调研者的全程参与，因此结果会带有主观色彩。[9]

信息分析与总结

在数据采集后应从中提炼出有用的信息。大量的调查数据只能体现各种实际情况，要想利用这些数据，必须加以整理来体现出它们的价值。汇总与精炼的方法包括使用各种统计图表等图形分析工具，均值、众数、中位数等描述性统计数据也是非常有帮助的。

市场调研的问题

设立企业以及开展市场调研都取决于企业的性质。一般来说，市场调研所涉及的主要问题包括：

销售
1. 竞争对手的产品及所在领域的销售状况如何？
2. 何种业务是有利润的？如何识别潜在的盈利产品？
3. 销售力量如何？能否发挥最佳水平，使在销售成本上的投资回报最大化？

渠道
1. 是否正在考虑推广新产品或产品系列？所有分销商、零售商对此的态度如何？
2. 分销商、零售商的销售人员能否准确描述产品或服务？
3. 能否根据地理位置及市场变化调整分销模式？

市场
1. 是否了解产品在不同地域的购买习惯及偏好方面的差异？

2. 在品牌、制造商忠诚度及重复购买方面是否拥有足够多的信息？
3. 是否明确不同时期你的产品所占市场份额？

广告
1. 是否准确投放到目标客户？
2. 比竞争者的广告更有效吗？
3. 为了获得较高收益，预算是否按产品、地域、市场潜力合理分配？

产品
1. 在推出新产品或改进产品时，能否通过大量可靠方法测试市场的接受程度？
2. 当采用新包装或更换包装时，能否通过有效方式考察对销售的影响？
3. 提高或降低产品质量能否带来利润的增长？

市场调研的抑制因素

尽管大多数创业者都能体会到市场调研带来的好处，但仍有很多失败的情况，其原因很多，主要涉及成本、复杂性、战略决策以及调研结果的无效性。[10]

□ 成本

市场调研有时需投入较大成本，一些创业者认为只有大公司才承担得起这笔费用。实际上，普通市场调研无须耗费太多的成本，小企业可根据自身情况选择合适的调研方法。

□ 复杂性

很多市场调研方法都需要取样、调查、统计分析。这种复杂性，特别是定量方面，让创业者望而生畏。请记住其关键之处在于对数据的分析，可通过咨询市场专家或大学教授获得设计调查与分析结果的技能。

□ 战略决策

创业者以为只有制定重大战略决策时才需进行市场调研，这种想法也基于调研的成本及复杂因素，也就是说因为这两个原因的存在，人们仅在对企业长远发展决策时才会启用较为广泛深入的市场调研。这是对市场调研的误解，同时也将市场调研的价值局限于重大决策上。创业者的成功销售足以证明市场调研的重要性。[11]

□ 调研结果的无效性

很多人认为不通过市场调研便可感知结果，或者调研结果对他们毫无用处。虽然市场调研产生的大量数据信息中很多看似是无关紧要的,但其中确实蕴涵着独特价值。此外,即使调研结果与创业者的预知是一致的,也可更加激励他们开展下一步行动。

以上原因表明人们或是误解了市场调研的价值,或是由于不愿承担所花费的成本。其实获得对市场环境的清晰认识,所需费用并不高,但却能带来不可估量的收益。

社交媒体营销

"手机应用、社交媒体、广告网络、视频网站、广播、动画!近年来大量网络名词成为营销必备词汇……表明互联网时代营销工作的复杂性。"[12]

当前整个世界充斥着各种各样的社交网络、在线社区、博客、维基百科及其他在线交互媒体。**社交媒体营销**(social media marketing)就是指通过以上方式进行营销。最常见的社交媒体营销工具有Twitter、博客、LinkedIn、Flickr以及YouTube。营销时需考虑以下三方面因素:

1. 使事件、视频、Twitter上的留言、博客文章等具有实际价值,能够吸引顾客。通过他们之间的广泛传播实现社交媒体营销的目标。

2. 使顾客愿意通过多种社交媒体方式传递信息。

3. 鼓励顾客参与及互动。成功的社交媒体营销活动需要大量投入,互动中应处处体现对顾客的尊重。企业不应刻意控制此类活动。[13]

通过以上三个方面我们可以看出,社交媒体营销的真正目的在于,与目标顾客建立一种联系,通过口碑营销实现结果。因此它对于创业者、创业企业来说都是非常重要的。社交媒体营销的研究人员发现:

- Facebook拥有10亿用户(这个数字超过美国、加拿大、墨西哥人口的总和)。
- 根据相关研究,网民中有3/4经常使用社交媒体。
- 互联网上每月进行250亿次搜索。
- 弗雷斯特研究公司(Forrester Research,一家独立的技术和市场调研公司)估计2014年美国在线销售将达2 487亿美元,占整个零售市场的8%。[14]

☐ 社交媒体营销的显著特点

之前提到过,人们对社交媒体营销存在误解,认为它只是通过在线社交媒体网页从事传统营销活动。虽然传统营销策略如4P(产品、价格、渠道、促销)仍旧发挥着重要作用,但是在新社交媒体空间,它们必须适应或进行相应调整,由此产生了新营销时代基于顾客的4C营销策略。

社交媒体营销与传统营销的不同还体现在:第一,控制还是分享。传统营销企图控制所有读者可能看到的内容,通过隐匿竞争者信息控制整个目标市场。社交媒体营销的重点在于读者间的分享,放弃了对大部分内容的控制权。有效的社交媒体营销可影响参与者的互动内容以传播品牌,而不是简单地对他们进行控制。

第二,建立信任感。企业不可能完全控制顾客的感受与评价,因此必须与他们建立相互信赖的关系。传统广告已经给他们留下了夸大产品功效的印象,而社交媒体则是完全有说服力的。任何歪曲事实的企业终将对其行为负责,不得不把真相解释清楚。

第三，社交媒体资讯的消化过程。传统营销只是单一地从企业传递给顾客，而社交媒体是双向互动的，顾客乐于向企业反馈信息。如果传递的信息是乏味、不准确或无关的，顾客会去看其他的内容。社交媒体实现了顾客与企业之间的实时互动[15]，表10—3对传统营销和创业营销进行了较为详细的对比。

表 10—3　　　　　　　　　　传统营销与创业营销的比较

	传统营销	创业营销
基本任务	促进销售，市场操控	通过价值创新保持竞争优势
定位	营销是客观公正的学科	激情、热情、执著与创新是营销的核心
环境	现有且相对稳定的市场	处在快速变革中的预期的、新兴的细分市场
作用	合理利用营销组合策略，创建品牌	内部与外部变革的领导者；创建新品类
方法	通过不断创新对市场变化做出回应及调整策略	采取积极主动的方法，通过剧烈变革引导消费者
客户需求	调研发现相关的、假设的、实际的需求	由领先用户提出的不相关但标新立异的需求
风险偏好	营销活动的风险最小化	营销是为了探明未知的风险；强调寻找降低、分摊风险的方法
资源管理	高效使用现有资源，缺乏创造性	创新性地使用外部资源；活用少量资源多进行营销活动，不受现有资源的限制
开发新产品/服务	研发与技术部门开发新产品/服务	营销即创新；顾客共同参与产品开发
顾客的作用	外部情报资源，提供反馈意见	营销决策过程的实时参与者共同决定产品、价格、分销、沟通方式等

资料来源：Minet Schindehutte, Michael H. Morris, and Leyland F. Pitt, *Rethinking Marketing* (Upper Saddle River, NJ. 2009), p. 30.

制定社交媒体营销计划

社交媒体营销计划包括具体目标及实现手段。要实现既定的社交媒体营销的目标，关键在于建立强大的营销战略，请牢记以下步骤：

听取人们对企业的看法，了解当前社交媒体的情况，依此制定目标与战略。

确定目标市场（利基市场），通过各种营销策略有效地将信息传达给他们，最终获得支持与信任。

分类各种社交媒体。根据上一步确定的目标市场，结合最大顾客数量、最高投资回报率等选择社交媒体营销的重要着力点。

评估地区、行为、偏好、目标顾客的需求以及竞争情况，对企业所处环境分别从优势、劣势、机会、威胁四维度进行分析（SWOT分析法将在第13章介绍）。

执行。通过选择目标客户所在的社交媒体，选择正确的方式实施计划。

合作。与媒体平台及参与者建立共赢的关系，社交媒体是建立联系的重要途径。人们是通过与企业的某种联系才开始喜欢并信任其品牌或产品的。他们对不了解的企业是无法产生信任的，企业也无法获得顾客忠诚以及相应的支持。

共享内容以建立企业声誉，同时推动社区的发展。通过展示专业且独到的知识与见解，一个品牌或一家企业可被当作行业的思想领袖或业界专家。这种地位对品牌和企业都极为有利，如果一家企业掌握更多的专业知识，则意味着其产品也会比其他竞争产品具有更高质量。

转化，即通过实施营销战略获得预期的结果，如品牌建设、提高顾客满意度、口碑推荐、开发新产品创意、打造领先产品、危机管理、将社交媒体营销与公关及广告进行整合、提升搜索排名、提高访问量等。

监控，即跟踪企业的社交媒体营销效果。[16]

这些步骤只是社交媒体营销计划的开始部分，重点是将创业目标与营销战略相匹配，具体情况应根据观察目标市场所得到的信息及时调整。

☐ 移动营销

移动技术是指通过无线设置连接互联网，即使处于非固定状态下，人们也可以长时间地浏览信息以及在社交网站上互动。移动设备包括手机、便携数字助理（PDA）、智能手机、平板电脑、上网本等。手机提供无线语音通信及短信息功能。PDA 属于掌上电脑，它作为为私人的电子记事本通过电子笔输入事务信息，可以与其他大型电脑进行信息的同步。智能手机综合了普通手机及 PDA 的功能，通过微型键盘，可以进行按键或手写输入，可接收并存储文本信息、电子邮件，通过浏览器可以查看网络信息，运行手机应用程序可以实现多种功能，利用高清微型数字摄像头可以拍摄照片等。平板电脑与笔记本电脑相似，只是用触摸屏代替了大体积键盘，通过压缩使屏幕尺寸最大。上网本也是笔记本电脑，只是其体积更小、重量更轻，大小就像一本精装书。

移动设备随处可见，人们与社交网络紧密联系，实时处于在线的状态，因此发表与分享内容信息的数量远远超出往常。在 10 亿 Facebook 用户中，约有 1/3 都是通过移动设备进行访问的。Twitter 的情况基本相似，95％的用户拥有移动电话，通过移动设备访问的占半数。这是未来发展的趋势。[17]

移动社交媒体营销发展迅速且影响深远，很多企业成功地将其应用到整体营销战略中，一些企业正利用手机应用程序实现与顾客的交流。移动社交媒体营销是指通过一组移动营销应用程序使用户发表并传递信息。移动计算技术为营销提供了大量机会，如短信、应用、移动广告等。

通过移动社交媒体，企业可及时获得用户的时间、地理分布等信息。应用程序可根据定位敏感性（location-sensitivity，传递的信息是否考虑到顾客所在的不同地理位置？）和时间敏感性（time-sensitivity，顾客接收和处理信息是同时还是延时？）进行区分。最成熟的移动社交媒体应用程序应该同时考虑这两个方面。

移动社交媒体的营销战略相对比较复杂，安德里斯·卡普兰（Andreas Kaplan）建议部署整体战略时应考虑以下四个方面[18]：

1. 整合：将手机应用融合到顾客每天生活中的最好方式是给予一定的激励、奖金或产品价格折扣。

2. 顾客定制：可通过移动营销实现公司与顾客之间的信息个性化传播，为不同地区、偏好、购买习惯的顾客提供定制的信息。

3. 引人入胜：有效的移动营销活动应与顾客在游戏或故事中产生互动。移动社交媒体游戏可为获胜者提供超级大奖或者折扣、礼券、购物卡等。有时即使不提供奖金顾客还是会积极参与，原因是一旦获胜则社交圈中的所有朋友都会看到这一信息。

4. 启动原创：为了使不同用户实现有效的在线沟通，企业有时需引入用户原创内容。实现用户交互其实并不简单，一些企业尽管付出很多努力却都没能做到这一点。

未来，移动社交媒体营销的发展空间很大，企业应尽早掌握这种营销方式。随着技术不断改进，虚拟世界与现实生活的融合将更为紧密，通过社交媒体进行的**移动营销**（mobile marketing）将会成为最重要的营销手段。

创业者的营销研究策略

由于新创企业在资源方面存在很多局限性，创业者必须创新性地进行市场调研。米内特·辛德胡特、迈克尔·H·莫里斯以及莱兰·F·皮特为他们提供了几种营销调研可采用的方法[19]：

游击营销。它是指通过各种非传统或反传统的营销方式收集相关信息，创业者喜欢用创新的方式开发未被利用的信息资源。

常见模式中的洞察。创业者应该认识到，模式是随时间而浮现的，因此识别并跟踪模式是极其有价值的。下面是一些可识别的趋势：

- 每年在不同特定时段进行购买的潜在顾客。
- 在相似的商店，顾客咨询的问题。
- 顾客购买不同商品所基于的信息来源。
- 对于类似产品，重复购买顾客特征与购买模式。
- 潜在顾客降低购买风险的方法。

技术工具。当今，技术对于创业者具有非凡的价值，可以帮助他们更加有效地了解市场，通过软件可以跟踪了解浏览者查看的网站信息、浏览的内容、停留的时间等。技术的使用简化了市场调研，如 Survey Monkey（一家领先的网络调查公司）可协助企业收集相关市场信息。智能手机的出现使顾客可以对自己感兴趣的事物进行拍照，为其他分析工具提供更多便捷。此外可对特定媒体特别是在网络上投放广告或促销，并统计其用户参与情况。

观察顾客。通过对所处环境的仔细观察也能获得独特的见解，观察法可以有多种新的形式。可以是很明显的，顾客清楚地知道有人正在关注自己的购买行为；也可以是隐蔽的。明显法如可以通过智能手机自己选择喜好或提出疑问；隐蔽法如创业者在特定时间、地点测算车流或人流量。这两种方法都可以准确获得市场信息。

网络调查。前面提到过一个例子，Survey Monkey 通过在线调查的多种简易工具，帮助创业者设计调查内容、建立在线问卷并且安全发布在网页上。这项网络服务对调查数据进行汇总整理，提供统计分析结果，成本较低，可在短时间内对大量人群进行调查。

焦点小组。将潜在顾客分成小组（通常为 6～10 人）由创业企业进行深度探讨，这种方式可形成有价值的建议。参与者将自己对企业的感受、信念、看法、经历等详细加以描述。由于每组成员数量的限制，其结果并不能代表整个细分市场。焦点小组可为企业决策提供初步的意见。

领先用户调查。寻找市场或特定行业领域中的一些领先用户——他们引领需求，对未来产品开发具有独特见解——进行调查。有时他们会自行探索、对现有产品进行改造，有能力在一定程度上满足自身的超前需求。他们努力尝试，试图找到问题的满意解决方案。虽然经常失败，但是为创新提供了机会。通过这种方法，创业者可从领先用户那里得到启发，激励他们创造性地将各种解决方案进行整合。

博客监测。博客也是市场信息的新来源。博客包含用户原创内容，人们就某一主题发表观点或发布信息与其他人交流，发表的内容可以是图片、视频、音频及链接等。对博客上讨论的问题中出现的名词术语或主题概念可以进行简单的分析。目前有很多技术都提供话语检测及社交网络分析等功能。

档案研究。档案是对过去发生事件的记录汇总，包括纸质文档、期刊、视频、电子文档、在线数据库、专利记录等。档案大多提供免费查阅，且信息客观准确。创新的研究者可从二手资料中找到重要线索，如从统计局获得的历史商业模式记载了不同地区特定行业的发展。我们之前介绍二手资料时曾提到，如果创业者愿意去查阅的话，很多档案及数据信息都十分有价值。

成功营销的要素

营销主要包括营销理念、市场细分及消费者行为这三个要素。新创企业开拓市场时必须对它们进行有效整合，以便为产品及服务准确投向市场打好基础。

☐ 营销理念

新企业的营销理念可分为生产驱动、销售驱动和消费者驱动三类。

生产驱动营销理念（production-driven philosophy）是指企业高效率地进行生产，工作重点在于生产，它决定着销售的业绩。高科技、尖端技术型创业企业往往采取生产驱动营销理念。**销售驱动营销理念**（sales-driven philosophy）则是通过推销或广告方式说服消费者购买产品，如汽车经销商等。**消费者驱动营销理念**（consumer-driven philosophy）力求在产品生产之前分析消费者的偏好、欲望及需求，从而促使市场调研活动更好地把握市场信息，有针对性地制定营销战略。这三种营销理念中，消费者驱动的效果最突出，但仍有很多企业尚未采取。

营销理念的三个影响因素是：

1. 竞争压力。新企业的营销理念往往都是由竞争决定的。例如，激烈竞争迫使创业者将顾客满意为中心，从而区别于竞争者。反之，当竞争较少时，他们便会坚持生产驱动营销理念，思考生产的工艺与效率。

2. 创业者的经历。创业者拥有的技能各不相同，有人曾经做过销售或营销，也有人具备生产和运营经验。他们的经验优势将影响营销理念的选择。

3. 短期目标。采取销售驱动营销理念的企业的短期目标往往是扩大销量，使产品的市场占有率迅速提升。尽管这种做法确实可以提高销售额（这是很多企业选择销售驱动营销理念的原因），但可能因忽略顾客的需求，造成长期销售低迷的局面。

任何一种营销理念都可能使创业企业获得成功，重要的是，要想使企业长久发展，还应坚持消费者驱动营销理念，它关注生产那些可以满足顾客需求、偏好以及使顾客满意的产品或服务。

▢ 市场细分

市场细分（market segmentation）是将整个市场中具有相同特征的顾客加以区分的过程。例如，大多数人都喜欢冰淇淋，这个市场可按照口味及价格进行细分。有人喜欢优质原料制作的高品质冰淇淋，也有人对品质的要求比较模糊，单纯依靠口感来选择。高品质的冰淇淋价格较高，如哈根达斯等品牌，它们的目标市场要小于那些低价的竞争产品。市场细分对于资源有限的新兴企业来说是非常重要的。

创业者在进行市场细分时应考虑多种特征变量，例如人口统计以及所获收益方面。人口统计变量包括年龄、婚姻状况、性别、职业、收入、地区等，利用这些特征可确定顾客的地理位置、群体属性以及潜在的购买能力。收益变量可帮助新兴企业分析未被满足的需求，包括便利、成本、风格、趋势等，由企业类型决定。不管何种产品或服务，评估细分市场所获得的收益均有利于确定目标市场。

▢ 消费者行为

消费者行为是根据各种特征及购买行为来定义的。创业者需关注两个方面：个人特征与心理特征。营销领域的专家基于这些特征将消费者分为五类：（1）创新者；（2）早期接纳者；（3）早期群体；（4）后期群体；（5）滞后者。

个人特征包括社会阶层、收入、职业、教育水平、住宅条件、家庭影响以及时间安排等因素。心理特征则指需求、观念、自我意识、兴趣、爱好等。创业者可根据目标顾客的类型制定相应的营销策略。

下一步是将这些特征与购买行为进行联系，表10—4列出了购买决策的变化。每一项与消费者态度、行为相关的因素都受到教育水平、经济、环境、社会变革的影响。创业者通过分析将这些特征与表10—4相结合，便可对消费者行为有进一步的认识。

表10—4　　　　　　　　家庭生命周期对购买决策的影响

阶段	优先考虑因素	主要消费
幼鸟期：11~24岁	自己、社交、教育	打扮、服装、汽车、娱乐、爱好、旅游
求偶期：21~29岁	自己及他人、婚姻、职业	家具、装修、娱乐、储蓄
筑巢期：21~34岁	子女、职业	家庭设施、DIY产品、儿童护理产品、保险
满巢期：31~59岁	子女及他人、职业、中年危机	子女的食物、服装、教育、交通、牙齿护理、职业及生活咨询
空巢期：50~75岁	自己及他人、休闲	家具、装修、娱乐、旅游、爱好、豪华汽车、轮船、投资
鳏寡期：70~90岁	自己、健康、孤独	保健服务、饮食、安全及舒适的产品、电视及书籍、长途电话

资料来源：Peter R. Dickson, *Marketing Management*, 1st ed., © 1994 Cengage Learning.

通过以上分析可获得更多有价值的用户信息，如：
1. 便利型——不管必需品、冲动消费还是购买应急的商品或服务，消费者都不愿耗费太多时间去挑选。

2. 购物型——消费者愿意花时间仔细比较产品或服务的质量与价格。

3. 特色型——顾客专门选购的产品或服务。

4. 非渴求品型——顾客当前不需要或不刻意寻找的产品或服务，如寿险、百科全书、墓地等。此类商品需要详细解释说明。

5. 新产品型——由于缺乏广告宣传人们还不了解的产品或服务，新产品推向市场总是需要一段时间的。微型计算机首次面世时便处于此种类型。

创业历程

竞争信息

为避免因聘请市场调研公司所带来的高额开销，可通过以下途径评估竞争态势。

1. 社会关系。与同行的交流可帮助你了解所处行业的发展状况，供货商、分销商、顾客都可能提供竞争相关的信息。风险投资家是重要的信息来源，他们在投资决策时必须谨慎考察各方面的信息，如果拥有创业经历及丰富经验，便可聚焦某一项目，挖掘其深层价值。社交网络还可提供行业的最新资讯。

2. 相关产品。这方面的市场信息比较容易获得。互补性的产品或服务也是潜在的竞争信息，因为它们也同样了解顾客的需求，并且知道如何满足。以企业为主要客户的大公司对这方面的看法不同于一般针对个人的小公司。对于相机来说，它的互补产品包括胶片、存储照片的光盘等。近年来摄像产品的数量与类型明显增加，其他行业也捕捉到这一发展趋势。

3. 价值链。当产品处于较低竞争水平时，还应考虑整个价值链的潜在竞争，为企业发展或其他潜在竞争力寻找机会，也就是说企业应对所处环境有充足的了解与判断，包括供应商、购买者以及企业日常打交道的所有业务伙伴。

4. 具有相关资质的企业。这一点常被人们忽视。这些企业虽然处于不同行业领域，但却具有相似的潜质与资源，可能是技术能力，也可能与技术无关。一家无线通信企业拥有大量客户群体，这并不能说明不会进入有线通信行业提供相似的服务。技术相似性拓展的成功案例是摩托罗拉公司，初期专注于国防工业，通过潜在竞争分析进入无线通信行业。

5. 互联网。对于任何懂得使用互联网查询信息的人来说，互联网都是信息的最大来源。通过搜索引擎，企业可在浩瀚的网页数据中及时且简便地了解相似产品或服务情况，搜索时可自行定义搜索条件。更重要的是，这种做法成本非常低，因此可经常进行。通过互联网搜寻信息时最好使用顾客可能会用到的表达方式，尽量避免专业技术词汇及行业术语，可尝试用头脑风暴法搜寻可能找到的信息以便获得全面的信息源。使用Bing, Google以及Yahoo等搜索引擎只需通过浏览器打开相关页面即可。过去市场调研需依赖专业公司获得相关信息，大量搜索引擎的出现为直接查阅数据信息提供了便利，通过搜索引擎查到的公开信息使企业更具自信。在Google上，可以使用Keyword Tool, Search-based Keyword Tool以及Insights for Search进行信息的检索。

6. 网络调查公司提供的行业基准。网络调查公司拥有庞大的客户群，因此掌握着大量数据信息。他们通过汇总这些真实的企业信息向社会发布行业基准，这样企业便可根据自身业绩情况准确定位。基准数据可从Fireclick, Coremetrics以及Google Analytics获得。

一旦收集到足够信息，企业就应开始

准备商业计划书，以便在竞争环境中取胜，甚至做好应对潜在竞争对手的准备。商业计划书与企业的优势及资源功能相似，可增强企业的竞争力，提供处于劣势时的营销策略，以及包括SWOT分析（优势、劣势、机会、威胁）、新产品推广或价格调整计划等。

资料来源：Adapted from Mark Henricks, "Friendly Competition?," *Entrepreneur* (December 1999): 114-117; "The Definitive Guide to Competitive Intelligence Data Sources," February 22, 2010, http://www.kaushik.net/avinash/competitive-intelligence-data-sources-best-practices/ (accessed April 30, 2012); and "Gathering Competitive Information," United Technologies Corporation, http://utc.com/StaticFiles/UTC/StaticFiles/info_englishlanguage.pdf (accessed April 30, 2012).

制定营销计划

营销计划是指通过清晰且全面的方法开发客户的过程。营销计划包括以下因素：

- 当前市场调查：顾客是谁，他们的需求及购买方式是什么。
- 当前销售分析：根据市场调研结果确定促销及分销的方式。
- 营销信息系统：收集、监控、分析、存储、检索以及传递市场信息用于策划、决策并执行。
- 销售预测：根据可靠的市场信息进行判断与分析。
- 评估：发现并确定实际情况与营销计划间的偏差。[20]

☐ 当前市场调查

开展市场调查是为了确定客户，即目标市场，从而满足他们的需求。企业应考虑以下方面：

- 企业的优势与劣势。通过挖掘盈利机会、分析潜在问题，为有效制定营销决策提供依据。
- 市场概况。帮助企业了解当前市场需求：当前盈利情况如何？哪项服务最具发展潜力？哪种是不适宜的？哪些是顾客将来可能不会选择的？
- 现有客户与优质客户。对现有客户的识别有助于更好地分配企业资源，明确那些最优客户便于企业发现利基市场。
- 潜在客户。识别不同分布、不同行业的潜在客户，可通过满足他们的需求，将他们转化为企业的目标客户。
- 竞争。通过识别竞争，企业可找出那些最有可能开拓相同利基市场的竞争对手。
- 外部因素。包括人口、经济、科技、文化、政策方面的变化及发展趋势，这些因素会对消费者需求及预期产生影响。
- 法律法规的变化。市场调查的重要任务是要了解政府在利率、标准、税法等方面的最新举措。[21]

创业历程

游击营销计划书

商业计划书对于创业是非常重要的,其中应包括市场调研结果、财务预算以及风险分析等内容,为企业创建与运营提供大量的信息支持。鉴于人们很难全盘通读计划书,创业者需在几分钟内对创业的关键点做出简要阐述,因此可采用游击营销计划书的方式。

游击营销计划书涉及创业企业所面临的七个重要问题,当然也可不限于这七个方面。创业者可通过周密分析营销的核心问题,确定营销主导思想,使潜在投资者了解企业的运作。

游击营销计划书将商业计划书的细节内容剔除,突出了重点,便于快速进行了解。很多大公司为不同产品设计不同的营销计划,如宝洁公司。

形成这样一份营销计划书应包括以下最核心的七个方面,企业也可选择将更为详细的文件附在后面。

● 第一,清晰阐述营销的目标,以及对潜在客户带来的好处。诸如"比竞争对手成功"或"更高利润"的目标则太过宽泛,应使其量化,便于评估。对客户的实际需求进行合理预期,通过营销目标确保其实现。

● 第二,介绍企业的竞争优势,也就是说创业企业为人们提供哪些独特价值,通过凸显企业优势以便在营销中充分发挥。

● 第三,介绍目标客户。通过明确营销活动的对象,所制定的营销计划将更有针对性、更有效。游击营销计划书应涉及企业确定的所有目标市场,以免被竞争对手吞噬。

● 第四,列出多种营销手段。对于创业者来说,营销手段不计其数,企业应从中选择自己掌握、能够负担且运用自如的,确保有效实现既定目标。

● 第五,分析企业的利基市场。在确定营销的目标、效益以及目标市场后,应进一步明确利基市场的营销,把握企业的核心客户资源。通过对提供产品或服务的权衡,聚焦企业资源,提升潜在客户满意度。

● 第六,确立企业形象。这决定了营销宣传的方式与内容,企业日常运营也应处处体现这种一致性。

● 第七,阐述通过预算所能实现的销售收入总额。营销计划书体现了企业的实力,因此应通过详尽且量化的调研分析来佐证之前的各项投入十分充足。

制定游击营销计划书时,所有项目均需围绕第一步,即营销所要达到的目标。创业者应能够在 5 分钟内对这样一份计划书进行简明阐述。对创业目标阐述越清晰,越能发挥计划书的作用,与投资者进行有效沟通。

资料来源: Adapted from Jay Conrad Levinson and Jeannie Levinson, "Here's the Plan," *Entrepreneur*, February 2008, http://www.entrepreneur.com/magazine/entrepreneur/2008/february/188842.html (accessed March 20, 2008) .

☐ 当前销售分析

企业应根据市场调查信息不断调整销售模式,当前销售分析的主要目标是根据顾客类型及选购侧重点匹配最适宜的销售方式。这一过程中可考虑以下问题:

● 在优先且分配合理的时间条件下,销售人员能否准确找到客户?

● 销售人员是否有机会与决策制定者沟通?

- 区域划分的依据是潜在销量还是销售人员的能力？
- 多种销售方式能否相互匹配，如广告宣传、展览、直邮等？
- 拜访时销售人员能否问对问题？销售报告是否包含恰当的信息？销售团队是否了解顾客的需求？
- 某个客户或即将开展的业务是否会影响企业的销售状况？

☐ 营销信息系统

对成本、收入、利润等信息进行汇总整理，有助于战略、决策、流程的监控。设计信息系统应考虑：（1）数据可靠性；（2）数据有效性；（3）分析报告；（4）数据关联性；（5）系统成本等。

☐ 销售预测

销售预测是在历史销售数据的基础上，应用统计方法对未来的销售情况做出合理规划的过程。由于预测基于过去的资料，因此具有一定的局限性，甚至与市场现实情况极为不符。但在整个营销计划中，销售预测环节是不可或缺的。

☐ 评估

营销计划最后的关键步骤就是评估。影响营销计划执行的因素有很多，因此对结果的评估十分重要。通过分析客户的增减原因、现有客户的偏好及反馈等信息形成评估报告是非常关键的，分析时应结合销售量、销售额或市场份额等指标。这样才能使营销计划更加灵活，便于企业及时调整。

☐ 创业者需要考虑的其他因素

营销计划是企业战略的重要组成部分[22]，应符合企业的发展目标。以下五个步骤有利于创业者系统地制定营销计划。

第一步：分析营销的优势与劣势，找出影响企业竞争力的重要因素。可考虑产品设计、可靠性、耐用性、性价比、生产能力与极限、资源、特殊技能等。

第二步：确定营销总目标，同时规划短期或中期的销售目标，并制定出年度销售计划。这些目标应清晰、量化，且结合企业实际情况，企业通过努力可以实现且费用上可以负担。

第三步：为产品或服务制定发展战略。首先确定终端客户、批发商、零售商的需求与特征，在产品的设计、特征、功效、成本、价格的决策中考虑如何满足他们的需求。

第四步：确定营销战略。为了实现营销目标，企业应确定中期与长期的销售任务。营销战略应涉及广告、促销活动、贸易展览、直邮、电话营销等细节，需不断提升销售能力或开发新产品。随着科技发展、地域性市场转移或通货膨胀等因素的变化，企业应对营销战略加以调整。

第五步：确定价格体系。价格体系决定了客户类型以及产品或服务的质量。很多企业认为应提供"竞争性"的市场价格，然而拥有高端价格体系的企业有很多都非常成功。不论采取哪种产品策略，应让顾客相信其是物有所值的，因此应根据营销战略为产品或服务设定价格。[23]

定价策略

产品定价策略是营销的重要环节，有的创业者甚至在进行市场调查之后仍无法确定产品或服务的价格。定价时应考虑竞争态势、供给是否充裕、需求的季节性或周期性变化、分销成本、产品的生命周期、制造成本的变化、经济状况、客户服务、已开展的促销方式以及市场购买力等方面。价格是对多种因素平衡后的结果，难以满足所有条件，意识到这些因素的存在是非常重要的。

此外，人们通常会忽视以下几方面：
- 有时候客户会根据价格判断产品的质量。
- 若没有清晰的价格标签或价目表，很多客户不会主动询问并购买。
- 贵重商品进行宣传时，将产品总价分成每月的成本，往往更能提升销量。
- 很多消费者喜欢价格是双数的昂贵商品，为常规用品支付单数的价格。
- 有时给顾客让利越多，他们对价格因素越不敏感。[24]

价格观念

人们认为价格即价值，它是变化的、复杂的，既明显又隐晦。顾客愿意购买是由于认识到产品或服务的价值所在。价格是随着实际所支付的产品、支付时间、付款方式、期限等因素的不同而变化的。价格的复杂性是因为企业提供多种产品及服务，某些产品价格的调整会影响其他产品或服务的销售收入，或者说在某种程度上，价格影响了最终的利润率。价格的明显性则体现在顾客大多知道他们所购买产品的价格，价格成为顾客识别价值、印象、功效、需求状况、奢侈情况的代名词。而价格的隐晦则体现在它是市场变化中调整最容易也最快的，特别是在当今的科技时代。[25]

根据产品生命周期定价

零售、生产、服务型定价方式是不同的。表 10—5 列出的产品生命周期不同阶段的价格策略，可适用于各类企业。它告诉我们制定价格体系时的基本做法以及如何实现价格策略的既定目标。

表 10—5　　　　　　　　　　产品生命周期价格策略

产品生命周期	价格策略	原因/效果
导入期		
独特产品	撇脂定价策略（skimming）——设定高价以获得短期高利润	创建优质的形象，收回开发成本，为以后竞争留有较大的调价余地
非独特产品	渗透定价策略（penetration）——上市初期把价格定得低些，甚至亏本卖出	由于价格低于竞争者，因此迅速占领市场

续前表

产品生命周期	价格策略	原因/效果
成长期	**消费者定价策略**（consumer pricing）——将渗透定价与竞争性定价相结合获得市场份额；取决于消费者对产品价格的感知	取决于潜在竞争者数量、市场规模、分销状况
成熟期	**需求导向定价策略**（demand-oriented pricing）——根据产品需求程度灵活定价	销售增长率下降；消费者对价格敏感
衰退期	**招徕定价策略**（loss leader pricing）——价格低于成本，将消费者从竞争对手那里吸引过来	产品本身具有较少甚至没有吸引力；低价留住顾客，同时推出新产品系列

资料来源：Adapted from Colleen Green, "Strategic Pricing," *Small Business Reports* (August 1989): 27-33.

□ 社交媒体时代的价格策略

目前的社交媒体新兴企业正试图寻找产生利润的新途径，这些盈利模式包括免费为王、网站联盟、订阅收费、虚拟商品、广告，下面我们逐一进行介绍。

- **免费为王模式**（freemium model）：用免费服务吸引用户，然后通过增值服务将部分免费用户转化为收费用户，网站 Flickr 和 LinkedIn 就使用此种方式。企业应用此模式的最大挑战在于免费功能开放到何种程度时用户仍有需求且愿意升级为收费版本。如果绝大多数的顾客都满足于所提供的免费服务，便不会为升级支付费用。
- **网站联盟模式**（affiliate model）：通过提供链接到联盟网站赚取费用。企业不仅自己在销售产品，同时还依赖于关系网站将顾客引入自己的网站中购买产品或服务。就像企业需要广告那样，通过联盟方式提高访问量，可使企业在较短时间获取高额利润。最大的挑战在于顾客的信任以及准确的定位。针对利基市场展开调研以及同他们进行交流是非常必要的。
- **订阅收费模式**（subscription model）：用户需缴纳一定费用（每月或每年）才能使用某个产品或服务。如果已与顾客建立了长期关系，那么此种模式可便于继续保持下去。企业应定期更新内容与功能。月度会员会有较高的流失比率，有的人在第一次注册后便再也没有光顾过。
- **虚拟商品模式**（virtual goods model）：用户为网站或游戏的升级、点卡、礼物等支付费用。虚拟商品的种类繁多，由于成本微乎其微，因此利润较高。
- **广告模式**（advertising model）：广告是靠流量收费的，浏览量越多，广告支出也越多。创业者应思考如何保持并不断提升产品价值，提供免费试用对于用户来说是体现尊重的最佳方式，但应对所提供服务的价值保持自信。[26]

小结

新的营销逻辑需要对原有规则重新进行思考，企业应意识到营销每时每刻都在发生变化，这些变化是由顾客控制的。创业者应掌握市场构成、市场调研、营销计划的开发、社交媒体营销的理解与应用以及价格策略的制定。

市场调研是对特定市场信息的收集与分析，包含五个步骤：（1）明确市场调研的原因与目标；（2）收集二手资料；（3）收集原始资料；（4）开发信息收集的工具；（5）信息分析与总结。

创业者不开展市场调研的四个主要原因是：（1）成本；（2）复杂性；（3）认为只有制定战略决策时才需要市场调研的信息支持；（4）调研所获数据不相关。其实他们往往对市场调研存在误解，或者不愿承担此方面的支出。

社交媒体营销是通过社交网络、在线社区、博客、维基百科及其他在线交互媒体进行营销。最普遍的社交媒体营销工具有 Twitter，博客，LinkedIn，Flickr 以及 YouTube。社交媒体营销计划包括具体目标及实现手段。由于移动设备的普及，人们与社交网络紧密联系。移动社交网络营销是发展迅速且影响深远的营销手段，很多企业都成功地将其应用到整体营销战略中，一些企业正利用手机应用程序实现与顾客的交流。

由于新创企业在资源方面存在很多局限性，本章为创业者介绍了几种创新性的市场调研方法。由此我们提出了成功营销的三个重要因素，第一是营销理念的形成，包括生产驱动、销售动型以及消费者驱动三种类型，创业者的价值观以及市场环境都会对营销理念产生影响。第二是市场细分，即将整个市场中具有相同特征的顾客加以区分的过程。人口统计与所获收益是市场细分时考虑的特征变量。第三是对消费者行为的理解。由于购买行为的多样性，创业者必须关注顾客的个人特征与心理特征两大方面，从而形成定制化的、客户导向的战略。客户分析应涉及市场整体消费趋势、目标客户购买趋势以及所售产品或服务的类型。

营销计划是指通过清晰且全面的方法开发客户的过程。制定营销计划应考虑当前市场调查、当前销售分析、营销信息系统、销售预测及评估这五个方面。

价格策略应在市场调研的基础上考虑市场竞争、顾客需求、产品生命周期、成本、经济状况等。目前的社交媒体新兴企业正试图寻找产生利润的新途径，这些盈利模式包括免费为王、网站联盟、订阅收费、虚拟商品、广告。

回顾与问题讨论

1. 请用 4C 解释一下新营销概念。
2. 请用自己的话描述市场这个概念，并说明市场调研如何帮助创业者了解市场。
3. 市场调研的五个步骤是什么？请分别加以描述。
4. 对创业者来说，原始资料或二手资料哪个具有更高价值？为什么？
5. 请指出市场调研存在的三个主要障碍，并加以说明。
6. 详细描述社交媒体营销与移动营销。
7. 讨论创业者如何在资源有限条件下开展市场调研。
8. 对于生产驱动、销售驱动、消费者驱动营销理念的创业者，请详细描述其战略差异。
9. 用自己的话解释市场细分概念。人口以及收益特征变量在进行市场细分时发挥怎样的作用？
10. 探讨便于创业者识别顾客的三个心理特征，同时解释产品生命周期如何影响他们的购买行为。
11. 制定营销计划的五个步骤是什么？请分别加以描述。
12. 影响价格策略的环境因素有哪些？心理因素主要有哪些？请分别加以描述。

13. 详细解释人们对价格的不同看法。
14. 请指出产品生命周期不同阶段所采取的不同价格策略。
15. 请指出社交媒体新兴企业的五种盈利模式。

体验式练习

识别客户

识别与区分客户对于创业者来说是非常重要的，以下是五种消费者（A～E）与特征描述（a～o），请按新产品或服务接受程度为消费者排序（最先尝试者为1，最后则为5），特征与描述项也如此（每种类型都有三项特征及描述）。答案见题后。

A. _____ 早期采用者
B. _____ 早期群体
C. _____ 滞后者
D. _____ 创新者
E. _____ 后期群体

a. _____ 拥有继承财产的高收入人群
b. _____ 关注未来发展趋势
c. _____ 收入低下的工作人群
d. _____ 现实（安全）导向
e. _____ 高收入人群，收入来源为薪酬与投资所得
f. _____ 高级专家，包括商人与金融家
g. _____ 现实导向
h. _____ 中等收入人群
i. _____ 中层管理者或中等规模企业的业主
j. _____ 中等以上收入人群
k. _____ 现实导向，却顾及时间影响
l. _____ 没有技术的劳动者
m. _____ 技术娴熟的劳动者
n. _____ 小企业主
o. _____ 传统观念人群，活在过去

答案：A.2；B.3；C.5；D.1；E.4；a.1；b.2；c.5；d.4；e.2；f.1；g.3；h.4；i.2；j.3；k.1；l.5；m.4；n.3；o.5。

开始创建商业计划书

市场调研与制定营销计划

任何一份商业计划书的营销部分都应仔细审查，用以说服资深投资者相信其市场是实际

存在的、销售项目是可实现的、最终能够在竞争中取胜。这需要创业者投入精力认真准备。

创业企业应考虑营销的两个重要方面：第一是调研与分析；第二是计划。针对目标市场做好调研与分析，掌握其规模、趋势，确定预期市场份额。要对竞争进行评估保证销售的顺利进行。通过营销计划明确竞争策略的实施以及目标实现的方式，详细分析整个营销战略，包括价格及促销等，必要的话应注明相关社交媒体的作用。

根据老师的要求，利用商业计划书工具，如 LivePlan，说明你的决策，或者按照书中介绍的内容对市场细分加以描述。

注释

1. Minet Schindehutte, Michael H. Morris, and Leyland F. Pitt, *Rethinking Marketing* (Upper Saddle River, NJ: Pearson Prentice Hall, 2009).

2. For a discussion of markets, see Louis E. Boone and David L. Kurtz, *Contemporary Marketing* 15th ed. (Mason, OH: Cengage/South-Western, 2013); Philip Kotler and Gary Armstrong, *Principles of Marketing* 14th ed. (Upper Saddle River, NJ: Pearson/Prentice Hall, 2012); William M. Pride and O. C. Ferrell, *Foundations of Marketing* 5th ed. (Mason, OH: Cengage/South-Western, 2013).

3. Minet Schindehutte, Michael H. Morris, and Akin Kocak, "Understanding Market-Driven Behavior: The Role of Entrepreneurship," *Journal of Small Business Management* 46, no. 1 (2008): 4–26; and Jonas Dahlqvist and Johan Wiklund, "Measuring the Market Newness of New Ventures" *Journal of Business Venturing* 27, no. 2 (2012): 185–96.

4. Bret Golan, "Achieving Growth and Responsiveness: Process Management and Market Orientation in Small Firms," *Journal of Small Business Management* 44, no. 3 (2006): 369–85; and Michael Song, Tang Wang, and Mark E. Parry, "Do Market Information Processes Improve New Venture Performance?" *Journal of Business Venturing* 25, no. 6 (2010): 556–68.

5. For a thorough presentation, see Stephen W. McDaniel and A. Parasuraman, "Practical Guidelines for Small Business Marketing Research," *Journal of Small Business Management* 24, no. 1 (January 1986): 1–7; see also R. Ganeshasundaram and N. Henley, "The Prevalence and Usefulness of Market Research: An Empirical Investigation into 'Background' Versus 'Decision' Research," *International Journal of Market Research* 48, no. 5 (2006): 525–50; and Malte Brettel, Andreas Engelen, Thomas Müller, and Oliver Schilke, Distribution, "Channel Choice of New Entrepreneurial Ventures," *Entrepreneurship Theory and Practice* 35, no. 4 (2011): 683–708.

6. Timothy M. Baye, "Relationship Marketing: A Six-Step Guide for the Business Start-Up," *Small Business Forum* (Spring 1995): 26–41; and William G. Zikmund and Barry J. Babin, *Essentials of Marketing Research* 5th ed. (Mason, OH: Cengage/South-Western, 2013).

7. Thomas J. Callahan and Michael D. Cassar, "Small Business Owners' Assessments of Their Abilities to Perform and Interpret Formal Market Studies," *Journal of Small Business Management* 33, no. 4, (October 1995): 1–9.

8. McDaniel and Parasuraman, "Practical Guidelines," 5.

9. Zikmund and Babin, *Essentials of Marketing Research*.

10. As an example, see Alan R. Andreasen, "Cost-Conscious Marketing Research," *Harvard Business Review* (July/August 1983): 74–75; and Frank Hoy, "Organizational Learning at the Marketing/Entrepreneurship Interface," *Journal of Small Business Management* 46, no. 1 (2008): 152–58.

11. John A. Pearce II and Steven C. Michael, "Marketing Strategies That Make Entrepreneurial Firms Recession-Resistant," *Journal of Business Venturing* 12, no. 4 (July 1997): 301–14; and Matthew Bumgardner, Urs Buehlmann, Albert Schuler, and Jeff Crissey, "Competitive Actions of Small Firms in a Declining Market," *Journal of Small Business Management* 49, no. 4, (2011): 578–98.

12. Melissa S. Barker, Donald I. Barker, Nicholas F. Borman, and Krista E. Neher, *Social Media Marketing: A Strategic Approach* (Mason, OH: South-Western/Cengage, 2013).

13. For a thorough review of Social Media and Mobile Marketing, see Barker, *Social Media Marketing*; and Mary Lou Roberts and Debra Zahay, *Internet Marketing: Integrating Online and Offline Strategies* (Mason, OH: South-Western/Cengage 2013).

14. Barker, *Social Media Marketing*.

15. Schindehutte, *Rethinking Marketing*.

16. Roberts and Zahay, *Internet Marketing*; Barker, *Social Media Marketing*.

17. Barker, *Social Media Marketing*.

18. Andreas Kaplan, "If You Love Something, Let It Go Mobile: Mobile Marketing and Mobile Social Media 4x4," *Business Horizons* 55, no. 2, (2012): 129–39.

19. Schindehutte, *Rethinking Marketing*; see also Gerald E. Hills, Claes M. Hultman, and Morgan P. Miles, "The Evolution and Development of Entrepreneurial Marketing," *Journal of Small Business Management* 46, no. 1 (2008): 99–112.

20. "Marketing Planning," *Small Business Reports* (Apri 1986): 68–72; and Philip Kotler and Kevin Lane Keller, *Marketing Management,* 14th ed. (Upper Saddle, NJ: Pearson Prentice Hall, 2012).

21. "Marketing Planning," 70; and Kotler and Keller, *Marketing Management*.

22. Boyd Cohen and Monika I. Winn, "Market Imperfections, Opportunity, and Sustainable Entrepreneurship," *Journal of Business Venturing* 22 no. 1 (January 2007): 29–49; and Matthew Bumgardner, Urs Buehlmann, Albert Schuler, and Jef Crissey, "Competitive Actions of Small Firms in a Declining Market," *Journal of Small Business Management* 49, no. 4 (2011): 578–98.

23. "Marketing Planning," 71; see also Timothy Matanovich, Gary L. Lilien, and Arvind Rangaswamy, "Engineering the Price-Value Relationship," *Marketing Management* (Spring 1999): 48–53.

24. Zikmund and Babin, *Essentials of Marketing Research*; and Kotler and Keller, *Marketing Management*.

25. Schindehutte, *Rethinking Marketing*.

26. Jun Loayza, "5 Business Models for Social Media Start Ups," *Mashable Business*, July 14, 2009, http://mashable.com/2009/07/14/social-media-business-models/ (accessed May 1, 2012).

第 11 章

创业企业的财务报表

创业思维

小型企业的管理者在财务方面更倾向于自行决策，往往不会授权会计师处理企业财务工作。事实上，如果没有管理者参与，财务人员是不太可能形成完美的财务报表的。我认为，在那些处于发展阶段的小企业中，高层管理者必须与财务人员一起准备财务报表，确保其信息准确有效。

——詹姆斯·麦克尼尔·斯坦西尔（James McNeill Stancill），《聚焦》

本章重点

1. 介绍创业企业必需的财务报表：资产负债表、利润表、现金流量表
2. 介绍经营预算的编制过程
3. 讨论现金流量的性质以及如何编制现金流量表
4. 介绍如何编制预算报表
5. 介绍如何运用投资预算进行决策
6. 探讨如何进行盈亏平衡分析
7. 介绍财务比率分析及其意义

财务信息对创业者的重要性

今天的创业者在激烈竞争的环境中从事经营，政府管制、竞争、资源都会对企业造成不同程度的影响。特别是资源方面，没有任何一家企业能够拥有无限的资源。因此，为了在竞争中取胜，创业者必须有效进行分配，包括人力、原材料以及资金等。本章内容主要针对创业的财务方面，将从财务报表这一管理计划工具开始介绍，进而探讨如何将预算过程转变为预计财务报表，通过盈亏平衡以及比率分析对企业利润进行规划。

财务信息是对营销、分销、生产、管理等事务的集中反映，对业务判断及曾经的运营状况进行量化。[1]

创业者通过对一些条件的假设来分析数据的由来，企业其他运营信息也与此相关。制定计划所依据的假设条件应清晰准确，因为没有它们，其他数据将失去意义。

创业者应慎重考虑所设定的假设条件,这样才能有效评估企业的财务状况。财务计划的其他部分是建立在这些假设条件基础上的,它们是财务工作的核心(见表11—1)。

实践中创业者应遵循财务流程,以便把握财务工作的重点。我们将在下一部分进行介绍。

表 11—1   创业相关财务术语

权责发生制——是指以应收应付作为确定本期收入和费用的标准,而不问货币资金是否在本期收到或付出。例如,3月卖出的货物到4月才收到100美元货款,那么在权责发生制下,这笔资金应计入3月的收入(权责发生制与收付实现制相对应)。
资产——你或你的企业所拥有的任何有价值的资源。
资产负债表——反映企业在某一特定日期全部资产、负债情况的会计报表,也称财务状况表。
资本——(1)所有者或股东的投资总量;(2)可用于投资的金额或已投资额。
现金流量表——现金流入及流出情况的时间表。
收付实现制——以现金收到或付出为标准,来记录收入的实现和费用的发生的一种会计方法,而不以收入和费用属于哪个会计期间为标准。
抵押品——个人所有的财产在贷款偿还前抵押给借方作为保证,可以是汽车、房产、股票、债券或设施等。
销售成本——由期初存货与本期购货减去期末存货的差额决定,销售总收入减去销售成本即为总利润。
流动资产——易于变现的资产,如应收账款及存货,流动资产应大于流动负债。
流动负债——一年内应支付的债务(也称短期负债)。
折旧——即损耗;已耗效用;由固定资产转化的不可恢复与替代的价值损失。
所有者权益——企业投资人对企业净资产的所有权,是企业资产扣除负债后由所有者享有的剩余权益。例如当借入3万美元用于购买5万美元的设备,所有者权益为2万美元。
费用——即已耗成本,从事经营活动所发生的支出(或损失)等,如销售费用、制造费用。
财务报表——反映企业财务状况的报告,通常包括资产负债表和损益表。
毛利润——销售收入与成本的差额。例如,将8万美元购入的设备以10万美元卖出时,毛利润为2万美元。净利润则应在此基础上减去期间的其他费用,如租金、保险、工资等。
利润表——也称损益表,反映一定期间利润情况的报表。
利息——借贷者使用货币资金所需付出的代价,通常以年利率计算。即如果以12%的年利率借款100美元,每月应付1%的利息(0.01×100=1美元)。利息是经营业务的费用。
负债——对债权人的欠款,如银行贷款、应付账款等,是指企业过去的交易或者事项形成的、预期会导致经济利益流出企业的现时债务。
亏损——某时期内总费用超过总收入。
净利润——某时期的总收入减去总费用的差额(见毛利润)。
资本净值——同所有者权益。
个人财务报表——反映个人财务状况的报告,通常包括个人资产、负债、每月大额支出及收入等。
利润——通常指净利润(见净利润与毛利润)。
损益表——同利润表。
可变成本——又称变动成本,随产量变化的成本,如人工、原料、销售费用等。
营运资金——又称营运资本,流动资产与流动负债的差额。

了解重要的财务报表

创业者可利用财务报表这一有利工具管理他们的企业[2],经常用到的有资产负债表、利润表及现金流量表。下面我们分别加以介绍。

资产负债表

资产负债表（balance sheet）反映企业在一定日期的财务状况。许多会计师会在一个特定的日期，比如12月31日，关闭商店然后编制资产负债表。结账日期通常是企业的一个经营年度结束的标志。

资产负债表分为两部分：企业拥有的财务资源及应承担的债务。一般来说，后者主要针对两大群体：对公司资产有索赔权、如果公司不偿还可以控告公司的债权人，以及对公司归还债务后剩下的资源拥有所有权的所有者。

企业拥有的财务资源称为资产。债权人拥有的权利称为负债。剩下的部分就是所有者权益。将它们填在资产负债表上时，资产写在表格的左边，负债和所有者权益写在表格的右边。

资产是企业所拥有的有价值的东西。要确定资产的价值，所有者/管理者必须做到以下几点：

1. 识别资源。
2. 提供资源价值的财务估算。
3. 确定资源所有权的归属。

大部分的资产都易于识别，如现金、土地和设备等有形资产。当然也存在无形资产，如版权和专利。

负债（liabilities）是指企业的债务，可能是企业正常经营活动产生的，也可能是金融机构的贷款。一般的债务是短期的，如企业通过订购已收到设备，但是还没有付款。还有一种情况经常发生。例如，企业在当月的第三个星期收到货物，直到下个月的第一天才完全支付了所有欠款。如果资产负债表在月末的时候生成，那么这个账目就在那时到期。

负债分为两种：短期负债和长期负债。**短期负债**（short-term liabilities）也叫**流动负债**（current liabilities），是在未来12个月内到期的债务。**长期负债**（long-term liabilities）是偿还期超出未来12个月的债务，例如房屋抵押或者5年期银行贷款。

所有者权益（owners' equity）是企业的资产减去负债后剩余的部分，它是公司所有者对公司的权利。如果公司亏损，所有者权益会减少。这个概念在我们解释为什么资产负债表总是平衡的时候会更容易理解。[3]

了解资产负债表

为了充分地解释资产负债表，认真阅读有代表性的报表是非常必要的，需明确每一个条目的含义。表11—2包含三个部分：资产、负债和所有者权益。每一项都涉及很多会计条目。下面我们分别加以介绍。

表11—2　　　　　　　　2015年12月31日肯丹公司资产负债表　　　　　　　　单位：美元

资产	
流动资产	
现金	200 000

续前表

资产		
应收账款	375 000	
减：坏账准备	25 000	350 000
存货		150 000
预付账款		35 000
流动资产合计		735 000
固定资产		
土地		330 000
建筑	315 000	
减：建筑累计折旧	80 000	
设备	410 000	
减：设备累计折旧	60 000	
固定资产合计		915 000
资产总计		1 650 000
负债		
流动负债		
应付账款	150 000	
应付票据	25 000	
应交税费	75 000	
应还贷款	50 000	
流动负债合计		300 000
银行贷款		200 000
负债总计		500 000
所有者权益		
实收资本		
普通股，40 000 股，每股面值 10 美元	400 000	
优先股，500 股，每股面值 100 美元	——	
未分配利润	750 000	
所有者权益合计		1 150 000
负债和所有者权益总计		1 650 000

流动资产

包括现金及其他可在一个营业周期内变现、出售或者运用的资产。表 11—2 体现出了最常见的流动资产类型。

现金（cash）指硬币、纸币和能够用于立即支付的票证，也包含公司支票账户及储蓄账户中的资金。

应收账款（accounts receivable）是企业销售商品或提供服务后，对顾客未支付的资金的索取权。许多公司赊销商品并希望顾客能在月末的时候付款。或者，很多时候，它们会在月底给顾客账单，要求顾客在 10 天之内付款。

坏账准备是指无法收回或收回可能性极小的应收账款。企业如何确定哪些应收账款不能被收回呢？这个问题很难回答，答案是未知的。假设卖家要求所有的客户在月初的 10 天内支付，随着时间的推移，应收账款情况如下所示。

未偿账款的天数	收款总额（美元）
1~11	325 000
11~20	25 000
21~30	20 000
31~60	5 000
61~90	7 500
91+	17 500

在这个例子中，该企业可能认为超过 60 天还未偿还的应收账款就不会被偿还并且把它列入坏账。在表 11—2 中，坏账准备是 25 000 美元，未偿账款超过了 60 天。

存货（inventory）是公司持有以备出售给顾客的商品。在这个例子中，现有的存货是 150 000 美元，不代表肯丹公司一年中的所有存货。在财务年度开始的时候有一些存货，之后随着货物售出又会购买新的存货入库，资产负债表中的数额是财务年度末期的数额。

预付账款（prepaid expenses）是公司已支付货款但是该商品或服务还未投入使用。例如，为公司的汽车每 6 个月买一次保险，这就是一笔预付账款，因为把所有的保险费用完需要 6 个月。因此，会计人员每个月会扣除 1/6 的预付账款。有时储备、服务和租金也是提前支付的，这种情况下也使用相同的分摊方法。

固定资产

固定资产（fixed assets）由土地、建筑、设备和其他公司打算长期持有的资产组成，在公司生产商品和服务的过程中不会被完全耗尽。几种最常见的固定资产如表 11—2 所示。

土地是公司经营中用到的财产。这里所指的土地不是用来投机或炒作的，否则土地就被算做一项投资而不是固定资产。土地在资产负债表中被列为费用，并且定期调整价值。例如，每隔 5 年，土地的价值会重新计算，因此资产负债表上的土地价值和现在转售的价格是相同的。

建筑是指企业占有的房屋。如果公司有多于一栋的建筑，所有建筑的总费用要列举出来。

建筑的累计折旧是指为弥补建筑物损耗而提取的折旧。例如，参照表 11—2，建筑的原始花费是 315 000 美元，累计折旧是 80 000 美元，还剩下 235 000 美元的净资产。每年的累计折旧费用是由会计人员依照相关制度决定的。虽然有时运用加速折旧法，但是新建筑的标准折旧额是每年 5%。无论如何，减去的折旧部分是免税的。因此折旧降低了公司的应税总额及税款，使公司得到更多用来弥补它的投资机会。

设备是企业用来生产商品的机械设施。它属于费用类科目，其损耗应列在"设备累计折旧"科目中。在我们的例子中，这个值是 6 000 美元。设备折旧对公司税收的影响和建筑累计折旧相同。

流动负债

流动负债是即将到期的和在下一年或下一个营业周期内到期的债务。常见的流动负债如表 11—2 所示。

应付账款（accounts payable）是由于赊购商品引发的债务。例如，如果企业赊购商品 30 天，在这 30 天中，商品的账款就是应付账款。

应付票据（note payable）是作为供应商所有权有形确认的本票，或者明确债权债务关系的票据，例如银行承兑汇票。当一个公司购买商品但是不能及时付款的时候，供应商就会索要票据。

应交税费（taxes payable）是对政府——联邦政府、州政府和地方政府——应付的债务。大部分商家按季度缴纳联邦政府和州政府所得税。通常，缴税的时间是当年4月15日、6月15日、9月15日和次年的1月15日。因此到4月15日的时候，企业会轧账，确认是否需要缴税，并在之前付清。另外一种应交税费是销售税。举例来说，大部分州（和一些国家）征收销售税。每个商人都必须收税并且把它们汇给收税机关。

应付贷款（loan payable）是长期债务中应在今年内偿还的部分。因此，它被列为流动负债的一部分。剩余部分是作为长期负债来持有的。注意，在表11—2中，肯丹公司50 000美元的债务在2015年全部偿还了。

长期负债

依照我们之前说的，长期负债由偿还期限超过一年或一个营业周期的债务组成。最常见的是银行贷款。

银行贷款是向借款机构借入的长期债务。从表11—2的资产负债表中不能明确知道最初的银行贷款有多少，只知公司每年偿还50 000美元。这样，它还需要4年才能偿清贷款。

实缴资本

实缴资本是公司成立时实际收到的股东的出资总额。企业可出售不同种类的股票，最常见的是普通股和优先股。肯丹公司只出售普通股。

普通股是公司所有权最基础的形式。这种所有权赋予个人在股东大会投票表决的权利。通常，每持有一股普通股，就拥有一票表决权。如表11—2所示，公司发行了40 000份每份面值10美元的普通股，筹集了400 000美元。虽然"票面价值"这一项可能对股票持有者没有任何意义，但是它有法律意义：它决定了公司的法定资本。法定资本限定了所有持股者持有的最低股票总额，除非有特殊情况（最常见的是一系列亏损）。鉴于法律上的原因，股票面值总额在账单中有记录。然而，它对股票的市值没有任何影响。

优先股与普通股的不同之处在于，公司破产清算的时候优先股股东享有优先求偿权。也就是说，负债清偿之后，剩余财产将优先分配给优先股持有者。普通股持有者的求偿权位列其后。表11—2显示准备了500份优先股，每股票面价值100美元，但是没有发行。因此，在资产负债表中没有对应的数目。

未分配利润

未分配利润（retained earnings）是公司累积的没有分配的净收入。在表11—2中，未分配利润有750 000美元。由于公司获得收益并留在公司内部，因此每年这个数目都会上升。如果红利被派发，则会从净利润中扣除。未分配利润是派发之后剩余的部分。

创业实践

留心你的应收账款

资金流动性差是许多新创企业普遍面临的一大困扰，而造成这一困扰的最大原因来自应收账款逾期或者无法收回。在经济萧条时期，多数企业采用的首要举措是尽可能延长其应付账款的付款期限,这无疑给贷方带来了不少问题。大多数企业为了促进业务发展向客户提供信贷,当这些借款客户无法及时偿还时,企业将会出现赤字,导致其难以偿还自身债务,以至于在某些情况下,企业只好再申请贷款来维持其正常经营,贷款利率过高对企业发展非常不利。

为了避免这类情形的发生,企业管理团队需要深谋远虑。比较好的做法是,保证资金充足以备不时之需。人们往往要等到极端拮据时才寻找资助,但这样做成本通常会很高。确保信贷资金良好运作的同时应密切关注应收账款情况,避免在紧要关头付出沉重的代价。

下面的方法可帮助及时收回资金。

软件追踪应收账款。有很多软件可以用来生成和记录账款信息,且价格低廉甚至免费。除非你没有电脑或者智能手机,有什么理由不借助于它们?例如,Quickbooks便是在成本效益和用户体验方面都很不错的一款软件。当然,还有很多软件可供选择。

按期执行。客户会延长偿付期限,这是因为他们认为可以侥幸摆脱债务,所以不要使他们抱有此种幻想。应坚持与客户交涉,让他们意识到你很重视此应收账款。确定付款期限,并据此执行。如果愿意让客户延迟还款,可以告诉他们可以在想还款的时候再支付,这种做法在公司资金充足的情况下是可行的,但当公司状况欠佳时可能带来沉重的负担。

主动提醒。一旦提供产品或者服务,你便有权获得支付。千万不要认为主动联系你的客户要求支付拖欠的账款是一件内疚的事情。毕竟,你是在维护自己在交易中应获得的最终利益。客户往往会优先偿还那些执著收回应收账款的贷方,如果选择坐视不管,可能永远都不能收回账款。

预先获得支付。心存疑虑时,要求你的借款客户预先支付一定资金无疑是确保还款的最好方法。这种做法在和新客户合作时尤为适用。通过预先收取一定比例的定金,客户也将为此共担一部分责任。如果你选择向客户提供信贷,必须提前对其进行信用评估。

寻找支持者。偿还公司账款的人往往不是创业者本人。找出每一个企业中负责支付账款的人,以便获得更多了解。能够获得应收账款的企业顺序往往取决于个人的主观判断,所以如果客户企业中负责支付账款的人对你较为熟悉,你将有机会较早获得支付。

对提前支付予以折扣。通过提供折扣,激励客户尽早偿还账款。一项普遍使用的现金折扣条件便是 2/10,n/30。也就是说,客户在10天之内偿还将得到2%的折扣,10~30天之间付款没有折扣,付款期限是30天。

适时离开。尽管按照传统思维考虑,客户并不总是对的,每笔业务并非都能获得利润。有时候向客户收取账款所花费的时间成本会超过这项业务所带来的利润。如果真是如此,应果断地终止此关系,其成本往往会超过你财务报表上所显示的数额,与其花费时间处理问题顾客,不如用同样的时间开展新业务。为了防止那些加重公司负担的现象发生,需要注意对你的客户进行相应的年度审计,对于那些给你带来大量财务损失的客户,则考虑终止关系。

总而言之,现金流量管理对于企业家而言是一个永无止息的过程。流动资金的多少是衡量一个企业能否稳定发展的重要指标。如果总是允许客户延迟还款期限,很容易将公司置于危险的境地。

资料来源:Adapted from C. J. Prince, "Time Bomb," *Entrepreneur*, January 2008, http: //www.entrepreneur.com/magazine/ entrepreneur/2008/january/187658.html (accessed May 12, 2012); and Ronika Khanna, "Tips on Managing Your Accounts Receivable," *Toolbox.com*, November 23, 2010, http: //finance.toolbox.com/blogs/montreal-financial/tips-on-managing-your- accounts-receivable-42717 (accessed May 12, 2012).

为什么资产负债表总能平衡

根据定义,资产负债表总是平衡的。[4]借方总是和贷方相抵消,有借必有贷,借贷必相等。因此,资产负债表总能保持平衡。在研究案例之前,我们重温一遍资产负债表的基本恒等式:

资产＝负债＋所有者权益

鉴于此,我们来看一些经典的商业交易案例,以及它们对资产负债表的影响。

信用交易

若肯丹公司致电其供应商,要求其交付价值 11 000 美元的材料。材料到达第 2 天,便属于公司了,但是账单在 30 天之内付清即可。在这样的情况下,资产负债表将有什么变化呢?存货增加 11 000 美元,应付账款增加 11 000 美元。流动资产与流动负债相抵消。

在账单支付之后,资产负债表又将有何变化呢?公司支出 11 000 美元的支票,现金账户减少相应的数额。同时,应付账款也减少 11 000 美元。同样,在交易中,借贷相互抵消,资产负债表保持平衡。

银行贷款

表 11—2 显示肯丹公司在 2015 年有 20 万美元未偿还的银行贷款。假设公司在 2016 年增加 11 万美元银行贷款。资产负债表有何变化?现金资产增加 11 万美元,银行贷款增加相等的数额;这样一来,资产负债表又保持了平衡。如果公司用这 11 万美元购买新设备呢?这样,现金账户减少 11 万美元,库存设备增加同样的数额。资产负债表同样是平衡的。再比如,肯丹公司决定还清银行贷款呢?如此一来,情况恰好与最先的假设相反,现金资产和银行贷款(即长期负债)都减少相等的数额。

股票出售

假设公司再发行 40 000 股普通股并以每股 10 美元的价格全部抛售。此举会如何影响资产负债表呢?普通股增加 40 万美元,现金资产增加同样的数额。资产负债表再一次取得平衡。

通过这些例子可以看出,资产负债表总是平衡的原因显而易见,即每一个条目都有与之等额的另一条目将其抵消,从而维系了这个恒等式:

资产＝负债＋所有者权益

需要记住的是,采用会计专业术语,借方和贷方分别表示资产、负债和所有者权益的增加与减少。下表阐释了借贷与增减的关系:

分类	导致账目增长的业务	导致账目减少的业务
资产	借方	贷方
负债	贷方	借方
所有者权益	贷方	借方

将这种思想应用到先前案例中会导致以下结果:

	借方(美元)	贷方(美元)
信贷交易		
库存商品	11 000	
应付账款		11 000

银行贷款		
现金资产	110 000	
银行贷款		110 000
股票出售		
现金资产	400 000	
普通股		400 000
	511 000	511 000

☐ 利润表

利润表（income statement）是用以反映公司在一定期间经营成果及其分配情况变化（盈利或者亏损）的财务报表。它与资产负债表不同，资产负债表所反映的是某个特定时间点上公司的财务状况。

利润表有时又称损益表或者 R&L，反映了一段时间内业务的盈利或亏损。实际上，它反映出收入大于还是小于费用支出。这些费用支出既包括公司购买产品原材料所花费的资金，也包括公司支付给员工的薪金等。

多数损益表涵盖一年内的财务状况，但是月损益表、季度损益表、半年损益表也很常见。在这段时间内，所有的收支都是确定的，且净收益也是明确的。不少公司常常编制季度损益表，但是一年才编制一次资产负债表，因为它们往往更加在意自己的盈利和亏损状况，却没那么关注自己资产、负债、所有者权益的多少。

值得注意的是，年底编制的损益表往往反映出公司一年的收支状况，与资产负债表所反映的一致。因此，在每年年底，公司将同时编制资产负债表和损益表。这样一来，可以放在一起参照比对，以便了解它们之间的关系。损益表中记录了许多不同类型的收支条目。简单起见，损益表的内容可以简化为三个主要类别：（1）收益；（2）费用；（3）净收入。

收益（revenues）是公司在特定时期销售一定商品或提供服务取得的总收入。它通常包括从销售中实际获得的资金，但是也不一定完全如此。比如，买方赊账或者分期付款卖方也获得相应的收入。家具公司出售 500 美元的家具给客户，次日送货上门，但两周内才能收到付款。这种情况下，从家具交付开始，公司就被认为已经增加了 500 美元收入。

费用（expenses）与生产商品和提供服务花费的成本紧密相关。上述家具公司中，相关费用包括获得、销售、交付家具整个过程中花费的所有成本。有时，事后也会产生些许费用。比如，家具公司将在两周内收到货款，所以以工资形式存在的费用实际上并不会在员工工作的同时支出。然而，它也被认为是费用的一部分。

净收入（net income）是在一段特定的时期内收入减去费用之后的盈余部分。如果总收入超过费用支出，则最终得到的是净利润。如果反过来，总收入少于费用开支，则公司面临净亏损。在会计期末，所有与商品销售和服务相关的收入、费用会分别累加计算，接着用总收入减去总费用。通过这种方式，公司可以知道自己得到的总利润或者遭受的总亏损是多少。[5]

充分了解损益表

为了做进一步解释，在此有必要以一份损益表样本为例，研究其中各个账目分别代表什么。表11—3是一份典型的损益表，包含5个部分：(1) 销售收入；(2) 销货成本；(3) 营业费用；(4) 财务费用；(5) 预计所得税。

表11—3　　　　　　　肯丹公司截至2015年12月31日的损益表　　　　单位：美元

销售收入	1 750 000	
减：销货退回或折让	50 000	
净销售额		1 700 000
销货成本		
库存商品，2000年1月	150 000	
进货	1 050 000	
可供销售产品	1 200 000	
减：库存商品，2000年12月	200 000	
售货成本		1 000 000
毛利润		700 000
营业费用		
销售费用	150 000	
管理费用	100 000	
总营业费用		250 000
营业收入		450 000
财务费用		20 000
税前收入		430 000
预计所得税		172 000
净利润		258 000

收入

每当企业出售商品或提供服务时，都会获得一定收入。通常这指的是总收入或者销售收入。然而，它的数额常常会被高估，以致多于实际收入，因为一些商品有时可能会被退回，或部分客户享受了促销折扣等。

在表11—3中，销售收入是1 750 000美元。然而，公司还有50 000美元的销货退回或者折让。如果一个公司奉行"如有不满，退货退款"的原则，产生这样的销货退回和折让是不足为奇的。任何情况下，一家小企业应格外关注这类产品退回现象，注意这类现象是否频繁发生，且是否对销售总收入有很大影响。倘若真是如此，该公司则能够从中了解其销货的问题所在，并采取措施做出改进。

将这些销货退回或折让导致的损失，从销售总收入中扣除，则得出公司的净销售额。为了确保盈利，净销售额的数额必须足够大，才能抵消相应的费用开支。

销货成本

顾名思义，销货成本代表的是企业当期已售商品之成本。简而言之，一定时期内的销货成本等于期初库存商品和公司进货总和，减去期末剩余的库存。从表11—3可以看出，期初库存商品共150 000美元，进货共计1 050 000美元，二者相加得出肯丹公司可销售商品共计1 200 000美元。而期末剩余的库存商品是200 000美元，由此可见，销货成本是1 000 000美元。这就是公司的商品销售成本。当从净销售额中减去销货成本，则得出毛利润。毛利润这笔资金可用来满足费用开支并向公司所有者提供一定净收入。

营业费用

除去销货成本后，**营业费用**（operating expenses）被列为主要的费用支出。它指的是除了存货购买一段时期内为了获得收入所消耗的资源。这部分费用主要分为两大方面，即销售费用和管理费用。

销售费用指陈列（或者摆放）、销售、交付、安装产品或提供劳务、服务过程中所产生的费用。陈列或摆放产品产生的费用包括摆放场所的租赁费，家具设备的损坏、贬值产生的折旧费，财产保险费，或者税收费用等。薪资支出、佣金、手续费、广告费都属于这一类别。公司将产品从商店运送到客户手里这一过程产生的费用也属于销售费用。另外，如果公司负责帮助客户安装产品，这一过程中产生的所有开销也都包含在内。综上所述，这些费用都属于销售费用。

管理费用（administrative expenses）是指组织和管理企业生产经营活动中，不与买卖、借款产生直接关系的其他各种费用。从广义上讲，这类费用涵盖了与运营公司有关的所有费用，包括管理者的薪资、办公开支、不与买卖活动直接相关的一般费用，以及坏账、呆账导致的损失。

将销售费用和管理费用综合在一起，则是总营业费用。从毛利润中减去总营业费用则得出公司的营业收入。从表11—3可以注意到，该公司的销售费用是150 000美元，管理费用是100 000美元，总营业费用是250 000美元。从700 000美元的毛利润中减去总营业费用，最终得出营业收入为45 000美元。

财务费用

财务费用（financial expenses）往往是指长期贷款筹资产生的利息费用。根据表11—3，这部分费用是20 000美元。此外，许多公司将短期债务的利息费用也看做财务费用的一部分。

预计所得税

如前所示，公司需要对所得税进行一定的估计，但到一定时间点（比如12月31日），实际的税收才能确定，其他额外的支付、退款也得以明确。

将这些税收从收入中减去，所得结果是净利润。在上述案例中，肯丹公司一共获得258 000美元的净利润。

现金流量表

现金流量表（cash-flow statement）主要反映经营、投资及筹资三类活动对现金流量的影响。它的主要目的是提供一定会计期内关于公司现金收入和现金支出的相关信息，且主要用于回答以下问题：

- 公司通过经营活动获得多少现金收入？
- 公司如何分配固定资本支出？
- 公司新增了多少债务？
- 营运资金是否足够支付固定资产的购买？

现金流量表是资产负债表和损益表的补充报表。损益表和资产负债表的一大局限性在于它们都基于权责发生制会计。在权责发生制会计中，确认收入和费用时，不考虑交易发生时有没有现金流量的变化。例如，当一桩生意采用信贷支付时，在权责发生制会计中，虽然资金还未到账，但是会计师在购买当时就确认这项费用。同样，税收费用可能会记录在损益表中，但是在后期才支出。现金流量表避开了损益表和资产负债表中基于权责发生制的数据，而反映出资产负债表中各个项目对实际现金增减变动的影响。

现金流量表主要反映企业经营、投资和筹资活动对其现金及现金等价物所产生的影响。表11—4展示了一份典型的现金流量表。营运现金流指的是公司经营活动中产生和花费的现金多少。营运现金流对于多数公司是正的，因为它们的营运现金流入量多于营运现金流出量（材料购买费用和工资支出）。

表11—4　　　　　　　　　　　现金流量表模板　　　　　　　　　　单位：美元

经营活动产生的现金流量	50 000
投资活动产生的现金流量	(10 000)
筹资活动产生的现金流量	5 000
现金净流入（出）量	45 000
期初现金	400 000
期末现金	445 000

投资活动主要指长期投资活动（比如出售或购买楼盘、厂房、设备等）对现金流量的影响。投资活动产生的净现金流量有利有弊。仍处于成长阶段的新兴企业往往会致力于筹备固定资产（如添置新设备、建造新厂房等），因此会带来投资性的现金流出。而另一方面，当公司裁减机构（尤其是亏损不盈利的机构）时，往往能够通过出售一定资产实现现金流入，增加投资活动产生的现金流入量。

筹资活动是指公司的融资活动（如出售包括股票、债券在内的证券，证券回购，支付股息等）。但需注意的是，支付给贷款人利息不属于筹资活动。按照会计规则，通常认定利息支付属于现金流量表中营运现金流的一部分。当经营、投资及筹资现金流量产生时，期初与期末现金余额相应进行调整。

财务预算

预算（budget）是创业者进行财务规划最得力的工具。[6]经营预算是对一定时期内的收入支出进行预测。现金流量预算则是对一定时期内现金的收入及支出进行测算。一般来说企业先进行经营预算，在此基础上编制现金流量预算表。此外还有资本预算，是企业为了长期发展获取更大的报酬而作出的资本支出计划。在这一部分，我们分别介绍经营预算、现金流量预算以及资本预算，为编制财务预算报表做准备。

☐ 经营预算

创业者在编制**经营预算**（operating budget）前应进行**销售预测**（sales forecast）。[7]可采用多种方法预测销售情况，一种方法是**简单线性回归**（simple linear regression），通过下面的方程对三个变量进行统计。

$$Y = a + bx$$

式中，Y是因变量（受a，b，x的影响）；x为自变量（不依赖于其他变量）；a是常量（回归分析中，Y的变化受x的影响，其他则保持不变）；b代表斜率（单位x的改变所引起的 Y 的变动量）。销售预测时，Y 常代表预计的销售量，x 代表影响销售的主要因素，如零售商店会认为其销售的主要影响因素在于广告费用，也有的商店认为是客流量等其他因素决定销售状况。

通过回归分析，创业者得到自变量与因变量之间的关系，如销售量与广告费之间的关系。以下是服装店老板玛丽·廷德尔（Mary Tindle）采用的回归分析。

她基于两种假设：（1）如果不进行广告宣传，则销售额为 20 万美元；（2）每投入 1 美元广告费可带来两倍的收入。由此得出以下回归方程：

$$S = 200\,000 + 2A$$

式中，S 为预计销售额；A 为广告支出。（S 为 Sales 的缩写，A 为 Advertising expenditures 的缩写。）为准确预测销售收入，玛丽需将不同的广告支出代入方程，计算相应结果，如图 11—1 所示。

简单线性回归　　　　　　　　　　　　　　　　　　单位：千美元

A	2A	S=200×2A
50	100	300
100	200	400
150	300	500
200	400	600
250	500	700
300	600	800

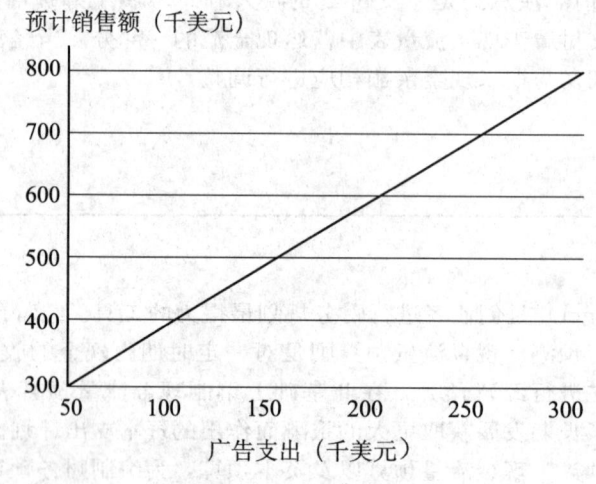

图 11—1　回归分析

此外，还可通过以前销售增长的百分比预测未来的销售水平，这一增长比率应基于 5 个销售周期的线性趋势分析，且按季节分别进行评估。由于这一方法需依据历史销售数据，因此更适合发展中的企业而非新创企业。创业者可在企业成长阶段使用这一重要的销售预测工具。例如北央科技公司（North Central Scientific）的创业者约翰·韦特曼（John Wheatman）采用趋势线分析法预测其计算机零售商店的销售情况。

根据以往销售数据，韦特曼决定采用趋势线分析法。他预计每年销售将上涨 5%，季节因素忽略不计。通过电子表格，先输入上一年的销售数据，按照 5% 的增长率计算下一年各月的销售额,如表11—5所示。

表11—5　　　　　　　　北央科技公司2015年销售预测　　　　　　　　单位:美元

月份	1月	2月	3月	4月	5月	6月
销售额	300	350	400	375	500	450
×1.05	315	368	420	394	525	473
月份	7月	8月	9月	10月	11月	12月
销售额	475	480	440	490	510	550
×1.05	499	504	462	515	536	578

在企业进行预测时,应同时考虑费用支出情况。一种支出是指销售成本,随销售额而变化。对于零售商而言,还与期初及期末的存货相关。一些企业根据预期销售额来准备下月库存,以下是韦特曼预期的采购及库存要求。

为确定采购情况,韦特曼首先对近5年的销售情况进行分析,认为毛利率约为20%,这样产品的成本即为销售额的80%。此外,韦特曼希望保持1周的库存,那么期末存货应是下月预测销售量的25%。计算结果如表11—6所示。

表11—6　　　　　　　　北央科技公司2015年采购预算　　　　　　　　单位:美元

月份	1月	2月	3月	4月	5月	6月	7月	8月	9月	10月	11月	12月
销售收入	315	368	420	394	525	473	499	504	462	515	536	578
销货成本												
期初存货	63	74	84	79	105	95	100	101	92	103	107	116
采购量	263	305	331	341	410	383	400	395	380	416	437	413
货物成本	326	379	415	420	515	478	500	496	472	519	544	529
期末存货	74	85	79	105	95	100	101	92	102	107	116	66
销货成本	252	294	336	315	420	378	399	403	370	412	428	462
总利润	63	74	84	79	105	95	100	101	92	103	108	116

销货成本=当月销售额×80%
期末存货=下月销售额×80%×25%
货物成本=销货成本+期末存货
期初存货=上个月期末存货或者当月销售额×80%×25%
采购量=货物成本-期初存货
总利润=销售额-销货成本

制造企业应对生产进行预算,原材料的采购以及人工预算则基于生产预算的结果。生产预算是管理者为实现预期销售而对产量的一种估量,可根据销售的货物成本逆向推导出来。本期销量已确定,加上预计的期末存货,即为本期货物总额。这样便可通过上月结存确定本月计划产量。计算时用当期所需存货减去期初存货,例如:

汤姆·B·古德(Tom B. Good)是动态制造公司(Dynamic Manufacturing)的创始人兼总裁,希望通过预算规划企业的发展。根据销售经理对销售预测的结果,再加上上一年产品开发的实际情况,决定将下月销售的10%用于应对需求所产生的变化,他的产品经理也提交了年末存货情况,预计将达12 000件,这将作为下个预算周期的期末存货量,如表11—7所示。

表 11—7　　　　　　　　　　动态制造公司 2015 年生产预算

月份	1月	2月	3月	4月	5月	6月	7月	8月	9月	10月	11月	12月
预期销售量（件）	125	136	123	143	154	234	212	267	236	345	367	498
期望期末存货量	14	12	14	15	23	21	27	24	35	37	50	26
可销售数量	139	148	137	158	177	255	239	291	271	382	417	524
减：期初存货	12	14	12	14	15	23	21	27	24	35	37	50
所需生产总量	127	134	125	144	162	232	218	264	247	347	380	474

产量预算确定后，原材料预算可根据产量以及所需原材料清单计算出来。此外，根据单位产品所需劳动量可结合预算计算出所需总劳动量。

经营预算的最后工作是对运营费用进行估算，涉及三个关键概念：固定成本、变动成本、混合成本。**固定成本**（fixed cost）是在一定时期不受业务量增减变动影响而保持不变的成本，如房屋租金、折旧、基本工资等。**变动成本**（variable cost）是随着业务量的变动而呈线性变动的成本。如直接人工、直接材料、销售佣金等，在一定期间内它们的发生总额随着业务量的增减而成正比例变动。**混合成本**（mixed cost）兼具固定成本和变动成本两种不同性质，如共用设施费用，其中一部分随业务量而变化，但同时包括固定的支出部分，在整个预算期内保持相对稳定。混合成本有时很难计算其变动部分，因此为管理增加了难度。

销售预算、成本预算、费用预算共同形成了企业的经营预算。表 11—8 为北央科技公司当期的费用及经营预算表，涉及每月预算、收入及费用情况。

表 11—8　　　　　　　北央科技公司的费用及经营预算　　　　　　　　单位：美元

为明确不同的费用科目，约翰·韦特曼对过去 5 年的利润表进行了分析，以下是他的研究结果：
- 房屋租金是不变的，且下一年也将继续保持。
- 薪金水平是随销售情况而变的，销售额越高，则需要雇用越多的员工满足顾客的需求。
- 公共设施费用在整个预算期内是相对稳定的。
- 税款受销售及薪金的影响，属于变动成本。
- 日常用品随销售有规律的变动，因为大多数消耗品是与销售相关的。
- 维修费属于混合成本，韦特曼为公司设备均签订了维修协议，在预算期内成本不会大幅上升。

北央科技公司 2015 年费用预算表

月份	1月	2月	3月	4月	5月	6月	7月	8月	9月	10月	11月	12月
经营支出预算												
房屋租金	2	2	2	2	2	2	2	2	2	2	2	2
薪金	32	37	42	39	53	47	50	50	46	51	54	58
公共设施费用	5	5	5	5	5	5	5	5	5	5	5	5
税款	3	4	4	4	5	5	5	5	5	5	5	6
日常用品	16	18	21	20	26	24	25	25	23	26	27	29
维修费	2	2	2	2	2	2	2	2	2	2	2	2
总支出	60	68	76	72	93	85	89	89	83	91	95	102
销售收入	315	368	420	394	525	473	499	504	462	515	536	578
销货成本												

续前表

月份	1月	2月	3月	4月	5月	6月	7月	8月	9月	10月	11月	12月
期初存货	63	74	84	79	105	95	100	101	92	103	107	116
采购量	263	305	331	341	410	383	400	395	380	416	437	413
货物成本	326	379	415	420	515	478	500	496	472	519	544	529
期末存货	74	85	79	105	95	100	101	92	102	107	116	66
销货成本	252	294	336	315	420	378	399	403	370	412	428	462
总利润	63	74	84	79	105	95	100	101	92	103	108	116
经营支出												
房屋租金	2	2	2	2	2	2	2	2	2	2	2	2
薪金	32	37	42	39	53	47	50	50	46	51	54	58
公共设施费用	5	5	5	5	5	5	5	5	5	5	5	5
税款	3	4	4	4	5	5	5	5	5	5	5	6
日常用品	16	18	21	20	26	24	25	25	23	26	27	29
维修费	2	2	2	2	2	2	2	2	2	2	2	2
总支出	60	68	76	72	93	85	89	89	83	91	95	102
净利润	3	6	8	7	12	10	11	12	9	12	12	14

现金流量预算

经营预算完成后，创业者可进行**现金流量预算**（cash-flow budget），可由会计师辅助，提供预算期内现金流入与流出的总体情况。由于预先了解了现金方面可能面临的问题，管理工作将更有针对性。[8]

现金流量预算工作的第一步应确定现金流入的来源与时间。通常对于一般企业来说其来源主要为三方面：(1) 销售所得；(2) 现金收取账款；(3) 贷款所得。并非所有销售收入均为现金形式，为提高销售额，企业大多允许客户赊账，这样应收账款在后面的会计期间以现金形式到账，形成现金流入。贷款所得现金则与销售无直接关系，企业贷款有多种原因，例如扩大规模（购置房产与新设备）或者现金周转出现问题时临时性贷款。

企业一般通过现金流量预算发现最小现金余额，然后进行必要的融资。表11—9告诉我们北央科技公司是如何准备现金流量预算的。

表11—9　　　　　　　　北央科技公司的现金流量预算　　　　　　　　单位：美元

约翰·韦特曼在完成经营预算之后，开始着手现金流量预算。通过分析销售及现金收入状况，韦特曼发现其80%销售收入均为现金，剩下的20%中，15%可在下月收回，5%可在以后的月份收回（见下面现金收入预算表）。韦特曼的采购款通常在实际购买的下周支付，其中大约1/4可在之后的月份支付。房租提前一个月支付，由于租金在预算期内不会上涨，因此每月保持不变。其他费用均在发生当月支付（见现金支出预算表）。最后的现金流量预算表是将期初现金加上当月现金流入，再减去现金流出所得。

北央科技公司2015年现金收入预算表

	1月	2月	3月	4月	5月	6月	7月	8月	9月	10月	11月	12月
销售收入	315	388	420	394	525	473	499	504	462	515	536	578
当月	252	294	336	315	420	378	399	403	370	412	428	462
上月	82	47	55	63	59	79	71	75	76	69	77	80
前两月	26	28	16	18	21	19	26	24	24	25	24	26
现金流入	360	369	407	396	500	476	496	502	470	506	529	568

北央科技公司2015年现金支出预算表

	1月	2月	3月	4月	5月	6月	7月	8月	9月	10月	11月	12月
采购	263	305	331	341	410	383	400	395	380	416	437	413
当月	197	228	248	256	307	287	300	296	285	312	328	309
上月	98	66	76	83	85	102	96	100	99	95	104	109
采购支出	295	294	324	339	392	396	396	396	384	407	432	419
经营支出	60	68	76	72	93	85	89	89	83	91	95	102
现金流出	355	362	400	412	485	481	485	485	467	498	527	521

北央科技公司2015年现金流量预算表

	1月	2月	3月	4月	5月	6月	7月	8月	9月	10月	11月	12月
期初现金	122	127	134	141	127	141	143	154	170	173	181	184
加：流入	360	369	407	396	500	476	496	502	470	506	529	568
可用现金	482	496	541	537	627	617	639	656	640	679	710	752
减：流出	355	362	400	411	485	481	485	485	467	498	527	521
期末现金	127	134	141	126	142	136	154	171	173	181	183	231

创业历程

财务报表的可信度

尽管商业计划书的每个组成部分都发挥着各自的作用，但财务内容最受关注。这是因为财务报表：(1) 是管理团队谨慎判断后作出的；(2) 是投资者在审视商业计划书时最感兴趣的部分，通过它可考察战略的可行性。以下列出财务报表应具有的特征：

● 详尽。利润表仅能体现企业财务的一个方面，资产负债表与现金流量表能提供具体的细节信息。投资者最希望看到的是企业财务方面的良性发展，因此不要删去有关联的信息，如所需现金数额及时间。

● 明确。尽管投资者会仔细分析所提供的财务报表，但还是要帮助他们准确定位重要的信息，这样才能确保耐心阅读整份计划。可通过突出主要产品的销售及成本情况来辅助阅读。此外，可通过画线的方法有效传达信息。例如，成本是为所销售商品支付的款项，薪金或房租等费用是与销售无关的日常开销。

● 真实。通常当创业者采取必要调整以实现预期收入目标时，很难对有争议的信息进行合理解释。应根据所在市场切实可行地分析成本及销售情况。此外，在做长期预测时应以年度或季度为单位。

● 简洁。应注明行业明显波动情况，如季节性影响；计划中大段解释性文字可能会给读者造成困惑。应简洁陈述或者附加盈亏平衡分析等报告。

● 准确。虽然投资者知道在实际创建与经营中，计划将会不断修改，但是忽视细节如利息计算，将造成不好的印象。财务报表完成后，应对细节加以检查，如利率、税率等方面，有助于将计划付诸实施。

资料来源：Adapted from Tim Berry, "The Facts About Financial Projections," *Entrepreneur*(May 2007). Retrieved June 21, 2008, from https：//www.entrepreneur.com/startingabusiness/businessplans/businessplancoachtimberry/article178210.html; Jim Casparie, "Realistic Projections That Attract Investors," *Entrepreneur*(April 2006). Retrieved June 21, 2008, from http：//www.entrepreneur.com/money/financing/raisingmoneycoachjimcasparie/article159516.html; and "5 Tips for Coming Up with Financial Projections for Your Business Plan," *National Federation of Independent Business*, http：//www.nfib.com/business-resources/business-resources-item? cmsid=55331; accessed May 29, 2012.

预计财务报表

财务预算的最后是编制**预计财务报表**（pro forma statements），它是对未来财务状况进行预测的工具，可反映某一时期（预计利润表）或某一时点（预计资产负债表）的财务状况。正常会计周期内，通常先生成利润表，然后是资产负债表。同样在预计财务报表中，预计资产负债表也紧随利润表之后。

企业进行经营预算时，便已形成每月预计利润表，体现了预算期内每月的预计收入与费用情况。年度报表是每月预计利润的总和。

预计资产负债表则相对复杂些，在经营预算表以及现金流量预算表的基础上进行。由资产负债表期初余额开始，通过预计的变化形成新的预计资产负债表。

之后，创业者应通过会计恒等式验证各项数据是否准确。

资产＝负债＋所有者权益

如果等式不平，则应重新进行检查。表11—10列出了北央科技公司的预计财务报表。

表 11—10　　　　　北央科技公司的预计财务报表　　　　　　　　　　单位：美元

在进行预算的过程中，约翰·韦特曼为编制预计财务报表准备了较为完整的信息。第一张表是预计利润表，该信息根据经营预算表得出（可根据下面的预计利润表与经营预算表进行对比）。第二张表是预计资产负债表，为编制该表，韦特曼用到了经营预算表以及现金流量表中的以下信息：

现金：现金流量表每月的期末现金余额。
应收账款：当月销售收入×20%＋上月销售收入×5%。
存货：预计利润表中的当月期末存货。
预付租金：在整个预算期内，每月2 000美元，提前一个月支付。
建筑及设备：由于无新增建筑及设备，此项保持不变。
累计折旧：由于无新增建筑及设备，此项保持不变，所有建筑及设备完全进行折旧。
应付账款：为当期采购额的25%。
资本：上月资本结余＋当月净收入。

北央科技公司预计利润表

月份	1月	2月	3月	4月	5月	6月	7月	8月	9月	10月	11月	12月
销售收入	315	388	420	394	525	473	499	504	462	515	536	578
销货成本												

续前表

月份	1月	2月	3月	4月	5月	6月	7月	8月	9月	10月	11月	12月
期初存货		63	74	84	79	105	95	100	101	92	103	107	116
采购量		263	305	331	341	410	383	400	395	380	416	437	413
货物成本		326	379	415	420	515	478	500	496	472	519	544	529
期末存货		74	85	79	105	95	100	101	92	102	107	116	66
销货成本		252	294	336	315	420	378	399	403	370	412	428	462
总利润		63	74	84	79	105	95	100	101	92	103	108	116
经营支出													
房屋租金		2	2	2	2	2	2	2	2	2	2	2	2
薪金		32	37	42	39	53	47	50	50	46	51	54	58
公共设施费用		5	5	5	5	5	5	5	5	5	5	5	5
税款		3	4	4	4	5	5	5	5	5	5	5	6
日常用品		16	18	21	20	26	24	25	25	23	26	27	29
维修费		2	2	2	2	2	2	2	2	2	2	2	2
总支出		60	68	76	72	93	85	89	89	83	91	95	102
净利润		3	6	8	7	12	10	11	12	9	12	12	14

北央科技公司 2015 年预计资产负债表

月份	1月	2月	3月	4月	5月	6月	7月	8月	9月	10月	11月	12月
资产												
现金	127	134	141	126	142	136	154	171	173	181	183	231
应收账款	91	89	102	100	125	121	123	126	117	126	133	142
存货	74	84	79	105	95	100	101	92	103	107	116	66
预付租金	2	2	2	2	2	2	2	2	2	2	2	2
建筑及设备	350	350	350	350	350	350	350	350	350	350	350	350
减：累计折旧	−350	−350	−350	−350	−350	−350	−350	−350	−350	−350	−350	−350
资产合计	294	309	324	333	364	359	380	391	395	416	434	441
负债												
应付账款	66	76	83	85	102	96	100	99	95	104	109	103
资本	228	234	242	249	261	270	280	292	300	312	326	339
负债及所有者权益合计	294	310	325	334	363	366	380	391	395	416	435	442

资本预算

在实际运营过程中，创业者需要进行投资决策，这将影响企业未来的发展。除业务投资，企业也可能面临资本投资或资本性支出，**资本预算**（capital budgeting）可帮助创业者进行合理规划。[9]

资本预算的首要任务是确认现金流量及其时间。现金流入或回报，等于偿还资金以前且扣除税款后的净营业收入额，再加上折旧费用，公式如下：

$$期望收益 = X(1-T) + 折旧$$

式中，X 为净营业收入；T 为相应税率。以下是具体案例。

约翰·韦特曼正面临两个项目的选择难题,每个项目都需要 1 000 美元,他仅能投资其中一个,在与会计师讨论后,他了解到应首先计算出每个项目的资金回报率。他通过研究店铺运营数据得出表 11—11。

表 11—11　　　　　　　　　　北央科技公司预期收益表　　　　　　　　　　单位:美元

方案 A

年度	X	(1−T)(T=0.40)	X(1+T)	折旧	X(1−T)+折旧
1	500	0.60	300	200	500
2	333	0.60	200	200	400
3	167	0.60	100	200	300
4	−300	0.60	−180	200	20
5	−317	0.60	−190	200	10

方案 B

年度	X	(1−T)(T=0.40)	X(1−T)	折旧	X(1−T)+折旧
1	−167	0.60	−100	200	100
2	0	0.60	100	200	200
3	167	0.60	100	200	300
4	333	0.60	200	200	400
5	500	0.60	300	200	500

X=净收入的预期变化值
T=当前税率(0.4)
折旧= 折旧金额(按直线法所得)=成本/使用年限=1 000/5

表 11—11 的结果可帮助韦特曼作出投资决策,但每年的现金流入未能体现出其时间价值。现金流出量通常是指期初必要的现金支出,在估算整个项目周期的现金流量信息时,项目所带来的各项费用应进行准确分析。

进行资本预算是为了实现企业价值最大化,应考虑以下两个问题:

1. 互斥项目有哪些?(这些项目是相互排斥的,即选择一种时则相应放弃其他方案。)
2. 一共有多少项目可供选择?[10]

资本预算中常用到三种方法:偿还期法、净现值法以及内部收益率法。每种方法各有其优点与不足,下面我们分别介绍。

□ 偿还期法

偿还期法(payback method)是最容易理解的资本预算方法。在这一方法中,时间是偿还原始投资的决定性因素,创业者将确定最长的偿还期限。超出此期限的任何项目将被排除,期限内的则予以考虑。以下是北央科技公司的具体情况。

约翰·韦特曼决定为商店添置一台收银机,不知如何选择下列哪种方案,机器的成本为 1 000 美元,预期收益如下:

单位:美元

年度	方案 A	方案 B
1	500	100
2	400	200

续前表

年度	方案 A	方案 B
3	300	300
4	20	400
5	11	500

仔细考虑后，韦特曼决定采用偿还期法，考虑 3 年内收回投资的情况。这样，方案 A 可在 28 个月内收回，前两年收回 900 美元，第 3 年收回 100 美元。而方案 B 则需要 4 年才能收回全部投资。最终韦特曼决定选择方案 A。

偿还期法的问题在于忽略了期限以外的现金流量，因此可能会产生错误的决策。很多初创企业选择这种方法的原因在于：（1）使用简便；（2）在短期收益方面更具优势；（3）企业缺乏资金时，可使资金尽快回笼。

□ 净现值法

净现值法（net present value（NPV）method）通过分析期限以外的现金流量，极大克服了偿还期法的不足之处。基于这种考虑，就价值而言今天的 1 美元是最值钱的，它的价值大于未来 1 美元的价值。价值增量则取决于企业的实际运作。通过资本的成本，我们可以确定未来现金流量的现值，这一过程实际上是对未来现金流量进行折现，最后根据现值进行比较。

使用这一方法时，创业者应先确定预期投资现金流量，然后根据相应的资金成本进行折算，最后再减去其初始成本。所得结果便是该项目的净现值。许多会计以及财务教材中都有现值表，利用相应折现率乘以未来现金流量，从而得到其现值。此外，在已知资金成本、未来现金流量以及年限的条件下，可通过财务软件辅助计算。也可通过电子表格软件程序进行计算。创业者可根据计算出的现值进行比较做出投资决策。以下是北央科技公司的数据。

约翰·韦特曼并不满意之前通过偿还期法得到的结果，想要将两个投资项目的净现值加以比较。在与会计师沟通后，韦特曼了解到企业资金的成本是 10%，计算后得到以下数据：

单位：美元

	方案 A		
年度	现金流量	折现率	现值
1	500	0.909 1	454.55
2	400	0.826 4	330.56
3	300	0.751 3	225.39
4	20	0.683 0	13.66
5	11	0.620 9	6.21
			1 030.37

减：初始支付　　　　　　　　　　　　　　　　　　　　　−1 000.00
净现值　　　　　　　　　　　　　　　　　　　　　　　　　　30.37

	方案 B		
年度	现金流量	折现率	现值
1	100	0.909 1	90.91
2	200	0.826 4	165.28
3	300	0.751 3	225.39
4	400	0.683 0	273.20
5	500	0.620 9	311.45
			1 065.23

减：初始支付　　　　　　　　　　　　　　　　　　　　　　－1 000.00
净现值　　　　　　　　　　　　　　　　　　　　　　　　　　　65.23

由于方案 B 的净现值高于方案 A，韦特曼决定选择方案 B 进行投资。

□ 内部收益率法

内部收益率法（internal rate of return (IRR) method）与净现值法相似，需要计算未来现金流量的现值。内部收益率是资金流入现值总额与资金流出现值总额相等、净现值等于零时的折现率，反映该项目的内部回报率。通常最高内部回报率的项目会被选中进行投资。一般来说，NPV 法选定的方案在 IRR 法下也会被选中。

IRR 法的主要不足在于计算难度较大。当确定相应折现率后便可通过 NPV 法计算出净现值，然而 IRR 法要求创业者从净现值为零开始倒推现值表。实际上要求创业者对若干个折现率进行试算，直至找到净现值等于零或接近于零的那个折现率。对于稳定的现金流量来说（在整个项目周期变动较小），这种方法并不很难，但对于那些并不连续的现金流量（波动幅度较大）则难度很大。遗憾的是，现实情况通常都是不太稳定的现金流量。当然，电子表格以及计算机程序可辅助计算 IRR，这是一个好消息，前提是确定未来现金流量、初始投资额以及投资期限，以下是北央科技公司使用 IRR 法的例子。

由于偿还期法与净现值法得出了不同的结论，韦特曼对投资决策仍有疑虑，为此他将继续使用 IRR 法进行方案的评估，IRR 高的项目将确定进行投资（三局两胜的结果）。以下是他的计算结果：

单位：美元

	方案 A (11.83% IRR)		
年度	现金流量	折现因子	现值
1	500	0.894 2	447.11
2	400	0.799 6	319.84
3	300	0.715 1	214.53
4	20	0.639 4	12.80
5	11	0.571 8	5.73
			1 000.00

减：初始支付　　　　　　　　　　　　　　　　　　　　　　－1 000.00
净现值　　　　　　　　　　　　　　　　　　　　　　　　　　　0.00

方案 B (12.01% IRR)			
年度	现金流量	折现因子	现值
1	100	0.892 8	89.27
2	200	0.797 1	159.42
3	300	0.711 7	213.51
4	400	0.635 4	254.15
5	500	0.567 3	283.65
			1 000.00
减：初始支付			−1 000.00
净现值			0.00

方案 B 的 IRR 值较高，因此被选中。这一结论也同样支持 IRR 法与 NPV 法结果相同的论断。

通过北央科技公司的案例，我们可以更好地理解资本预算的三种方法。尽管方案 A 在偿还期法中被选中，但方案 B 通过 NPV 法以及 IRR 法证明收益更大，说明它是更好的选择。理解这三种方法并能够判断根据何种要求进行有效选择是很重要的。如果韦特曼只考虑偿还期法，那么方案 A 是最好的选择；当考虑超出偿还期限的未来现金流量时，NPV 法和 IRR 法则更能确定最优的方案。

目前为止，我们讨论了财务预算中最有效的计划工具，那么创业者如何在预算期内监控其进度？如何应用运营信息规划未来发展？这些信息是否有助于价格策略的制定？第三个问题的答案是肯定的，其他问题我们将在后面进行解答。

盈亏平衡分析

在竞争激烈的市场环境下，创业者需要获得相关、及时、准确的信息，帮助他们制定有竞争力的价格，赚取可观的利润。**盈亏平衡分析**（break-even analysis）便可提供所需的信息。

□盈亏平衡点计算

盈亏平衡分析常用来评估预期产品的利润，帮助创业者确定在特定价格条件下达到多少销售量可实现盈亏平衡。

边际贡献法

盈亏平衡分析常用到**边际贡献法**（contribution margin approach），边际贡献是单价减去单位变动成本后的差额，用以补偿固定成本。[11] 由于在盈亏平衡点上收支相等，边际贡献的公式为：

$$0 = (SP - VC)S - FC$$

或者

$$FC = (SP - VC)S$$

式中，SP 为单价；VC 为单位变动成本；S 为销售量；FC 为固定成本。

若在固定成本中考虑预期利润，此模型还可对利润进行规划。

图解法

图解法是另一种盈亏平衡分析法，创业者需要在图中画出两条线：总收入与总成本。它们的交点（总收入等于总成本）即为企业的盈亏平衡点。变动成本与固定成本也可在图中体现，使创业者对企业成本结构有直观的了解。

问题成本的处理

当企业成本结构仅包含固定成本与变动成本两大类时，可应用前两种分析方法。但一些企业费用是难以归类的，例如维修保养费如何划分？能否利用盈亏平衡分析来规划利润？答案是肯定的。专门有为创业企业设计的新方法，可在固定或变动成本的基础上计算盈亏平衡点，分析产品利润是否受成本因素影响。方法如下：如果预期销售超过较高的盈亏平衡点，那么企业均可获利；如果预期销售未能达到较低的盈亏平衡点，则企业亏损。当预期销售处于这两点之间时需要进一步考察造成问题成本的原因。[12]

这种方法先将该无法归类的问题成本（QC）设定为固定成本，然后再将其设定为变动成本加以分析。其公式分别在两种设定下确定盈亏平衡状况。当设定为固定成本时，可采用以下方程：

$$0 = (SP-VC)S - FC - QC$$

如果假设问题成本为变动成本，其方程为：

$$0 = (SP - VC - (QC/U))S - FC$$

U 是单位数量，在此数量下问题成本是合理的。创业者所考虑的是当问题成本为变动成本时，均摊后的问题成本是否可取。以下是创业者采用此方法的例子：

汤姆·古德曼是一家小型部件制造公司——动态制造公司的总裁，他决定使用盈亏平衡分析对企业利润进行规划，相信通过此项分析将使企业在市场中更具竞争力。通过经营成本分析，古德曼确定单位变动成本为 9 美元，每月固定成本为 1 200 美元。预期售价为每件商品 15 美元。一项 200 美元的维修保养费无法确定属于固定成本还是变动成本。假设它是 400 件商品所产生的费用，如果设定为变动成本，则每件商品 0.5 美元（=200/400）。本预算期内销售量为 400 件。

第一步，先假设 200 美元维修保养费视为固定成本，计算如下：

$$\begin{aligned}0 &= (SP-VC)S - FC - QC\\ &= (15-9)S - 1\,200 - 200\\ &= 6S - 1\,400\end{aligned}$$

$$1\,400 = 6S$$
$$234 = S$$

图 11—2 以图解法显示了同样的结果。所得结果近似为整数形式，因为企业销售量应以整数体现。

下一步是将其设定为变动成本，计算如下：

$$\begin{aligned}0 &= ((SP-VC-(QC/U))S - FC\\ &= (15-9-(200/400))S - 1200\\ &= (6-0.5)S - 1200\end{aligned}$$

$$1\,200 = 5.5S$$
$$219 = S$$

具体如图 11—3 所示。

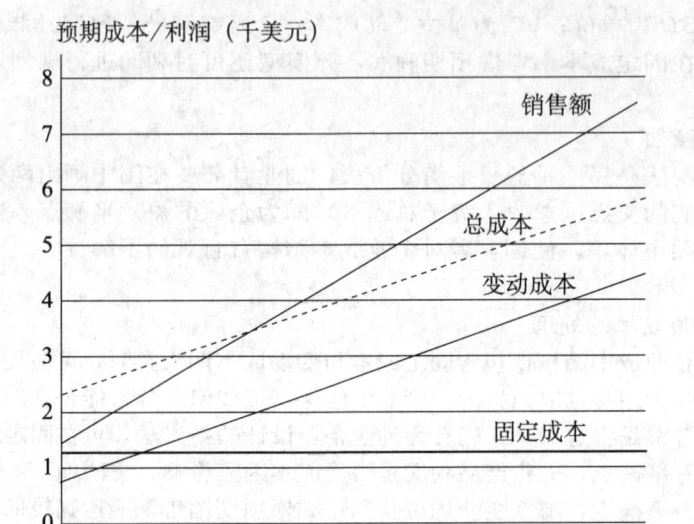

图11—2 动态制造公司：固定成本假设

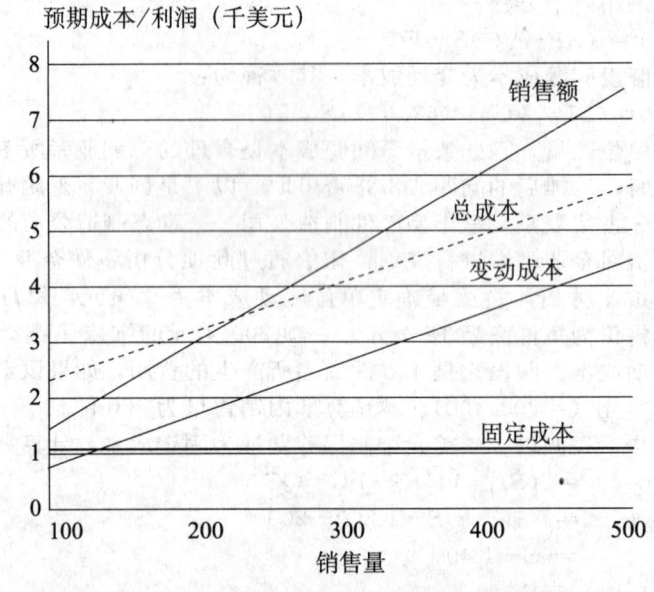

图11—3 动态制造公司：变动成本假设

通过两种设定得出的盈亏平衡点，古德曼可对其进行对比分析。由于销量400高于234这一较高盈亏平衡点，因此无论此项维修保养费属于固定成本还是变动成本，企业均可获得利润。

比率分析

财务报表既是对某一时刻企业状况的体现，也可反映出过去某一阶段的运营状况。然而，其真正价值则体现在预测企业收入及红利方面。从投资者角度对未来进行规划是财务报告的意义所在；而对于创业者来说，财务报告不仅有助于预测未来企业发展状况，更重要的是，能够在企业发展时期对未来做出有深远影响的决策。

比率分析是财务分析的关键部分。比率（ratios）可以反映出各项会计科目之间的关系。例如，A公司负债625万美元，需支付利息52万美元，B公司负债6 280万美元，需支付利息584万美元。那么哪个公司更强？真正的债务以及偿还能力可通过以下途径分析：（1）比较其资产负债比；（2）可用来偿债的收入中利息占比。这些都属于比率分析。[13]

表11—12列出了一些常用的比率，它们有助于创业者理解财务报表中会计科目之间的关系，同时给出了计算公式以及通过纯经济的方法对其在决策中的作用做出了解释。这些比率对于所有者、管理者、投资者的作用是不同的。如表中所介绍的那样，创业者应根据这些比率做出合理决策。例如当借款理由充足且有短期偿债能力时，可利用资产负债表中相关比率（如流动比率、速动比率或现金比率等）以及稳定性比率（如资产负债比等）进行分析，或者利用利润表中的利润率进行测算。效率方面的比率包括资产收益率、投资收益率、存货周转率以及应收账款周转率等。通过这些比率分析可以有效监测企业绩效，请将计算结果与同行企业进行比较，以便获得更多信息。

表11—12 财务比率

比率名称	计算公式	经济解释
资产负债表比率		
流动比率	流动资产/流动负债	衡量企业偿债能力：每1美元流动负债有多少流动资产作为偿还保障。例如：流动比率1.76，意味着每1美元流动负债，企业拥有1.76美元流动资产用于偿还该笔负债。
速动比率	（现金＋应收账款）/流动负债	衡量资金变现能力：每1美元流动负债有多少现金及应收账款作为偿还保障。例如：速动比率1.14，意味着每1美元流动负债，企业拥有1.14美元现金及应收账款用于偿还该笔负债。
现金比率	现金/流动负债	更直接地衡量资金流动能力：每1美元流动负债有多少现金作为偿还保障。例如：现金比率0.17，意味着每1美元流动负债，企业拥有0.17美元现金用于偿还该笔负债。
资产负债比	总负债/资本净值	衡量财务风险：每1美元资本净值对应的负债。例如：资产负债比1.05，意味着所有者投资的每1美元资本净值，负债为1.05美元。
利润表比率		
总利润率	总利润/销售收入	根据总利润状况考量企业盈利能力：每实现1美元销售收入可产生的利润。例如：总利润率34.4%，意味着每1美元销售收入产生0.344美元利润。
净利润率	税前净利润/销售收入	根据净利润状况考量盈利能力：每实现1美元销售收入可产生的净利润。例如：净利润率2.9%，意味着每1美元销售收入产生2.9美分净利润。
综合效率比率		

续前表

比率名称	计算公式	经济解释
销售收入比率	销售额/总资产	衡量总资产在实现销售方面发挥的作用：总资产中每投资 1 美元所产生的销售收入。 例如：销售收入比 2.35，意味着总资产中每投资 1 美元可产生 2.35 美元销售额。
资产收益率	税前净利润/总资产	衡量总资产在实现净利润方面的能力：总资产中每投资 1 美元所产生的净利润。 例如：资产收益率 7.1%，意味着总资产中每投资 1 美元可产生税前净利润 7.1 美分。
投资回报率	税前净利润/资本净值	衡量资本净值实现净利润的能力：每投资 1 美元所产生的净利润。 例如：投资回报率 16.1%，意味着资本净值中每投资 1 美元可产生税前净利润 16.1 美分。
特定效率比率		
存货周转率	销货成本/存货	衡量存货的年周转速度。 例如：存货周转率 9.81，意味着平均存货余额一年利用了近 10 次。
存货周转天数	360/存货周转率	将存货周转率指标转换为平均库存天数。 例如：存货周转天数 37，意味着企业从取得存货开始，至消耗、销售为止所经历的天数全年平均为 37 天。
应收账款周转率	销售额/应收账款	反映一年内公司应收账款的收回情况。 例如：应收账款周转率 8.00，意味着一年内公司应收账款转为现金的平均次数为 8 次。
平均收款期	360/应收账款周转率	将应收账款周转率指标转换为平均等候天数。 例如：平均收款期 45，意味着应收账款需要 45 天才可收回。
应付账款周转率	销货成本/应付账款	反映应付账款每年支付情况。 例如：应付账款周转率 12.04，意味着应付账款资金量一年中平均支付 12 次。
平均付款期	360/应付账款周转率	将应付账款周转率指标转换为平均支付天数。 例如：平均付款期 30，意味着一般 30 天支付所需款项。

比率分析可从两方面着手。**纵向分析**（vertical analysis）是将比率分析应用于一组财务报表中，帮助识别优势与劣势。**横向分析**（horizontal analysis）是对连续几个年度的会计报表数据及比率进行比较，从中看出财务发展趋势：数量增加还是减少？财务状况改善还是恶化？[14]

小结

创业者应了解资产负债表、利润表、现金流量表这三种重要的财务报表。财务预算有助于财务报表的编制。经营预算、现金流量预算以及资本预算是财务预算的核心，创业者应仔细加以考虑。经营预算首先从销售预测开始，之后是对经营的费用进行估算。现金流量预算是对一定时期内现金的收入及支出进行测算。预计财务报表是对未来财务状况进行预测的工具，可反映某一时期（预计利润表）或某一时点（预计资产负债表）。经营预算与现金流量预算是预计财务报表编制的基础。资本预算有助于创业者做出合理的投资决策。三种常用的资本预算方法是偿还期法、净现值法和内部收益率法。

另一个经常用到的决策工具是盈亏平衡分析，帮助创业者确定在特定价格条件下达到多少销售量可实现盈亏平衡。即使在固定成本及变动成本不能准确估算时，也可应用这一方法。本章最后我们介绍了比率分析，它同样也对创业者分析企业财务状况非常有帮助。各种财务比率体现了财务报表各类科目之间的关系。

回顾与问题讨论

1. 对于创业者来说，财务信息的重要性何在？请简要描述其关键内容。
2. 预算的好处包括哪些方面？
3. 如何使用简单线性回归进行销售预测？
4. 描述经营预算的编制过程。
5. 描述现金流量预算的过程。
6. 什么是预计财务报表？如何编制？请完整描述。
7. 说明资本预算的过程。
8. 偿还期法是最常用的资本预算方法，如何使用它？请举例。
9. 描述净现值法，创业者何时可采用这一方法？理由是什么？
10. 描述内部收益率法，创业者何时应用这一方法？理由是什么？
11. 创业者一般会在什么时候进行盈亏平衡分析？
12. 当进行盈亏平衡分析时，如果创业者不知道某项费用属于固定成本还是变动成本，能否继续采用盈亏平衡分析这一方法？请说出理由。
13. 什么是比率分析？横向分析与纵向分析的差异体现在哪里？

体验式练习

项目提案

比尔·瑟金特（Bill Sergent）刚刚接到一家大型计算机公司的询价请求，这家公司正在为国防部研制新型计算机设备，到处寻求高科技元件供货商。比尔的公司刚刚成立8个月，但却汇集了一批精通技术与高科技的科学家和工程师，因此他正在考虑如何回应此次询价。首先他需要进行盈亏平衡分析考察未来企业利润情况。以下是分析所用到的信息：

- 计算机公司需要12种不同元件，每种采购价11 000美元。
- 第一种元件的制造成本是20 000美元。
- 后面每种元件的制造成本分别为8 000，6 000，5 000，4 000，5 000，6 000，8 000，11 000，28 000，40 000以及40 000美元。

- 比尔的公司不会接受任何销售利润低于11%的订单。

基于这些信息,作出盈亏分析图,并回答两个问题。

收入(千美元)

```
150 _____
140 _____
130 _____
120 _____
110 _____
100 _____
 90 _____
 80 _____
 70 _____
 60 _____
 50 _____
 40 _____
 30 _____
 20 _____
 10 _____
    1  2  3  4  5  6  7  8  9  10 11 12
                   单位
```

1. 比尔是否会参与竞价投标?理由是什么?
2. 如果比尔与计算机公司谈判,你有何建议?为什么?

开始创建商业计划书

编制财务报表

编制三份关键的财务报表——资产负债表、利润表、现金流量表——通过一年的相关信息体现企业实际财务状况,同时便于分析企业实际运营绩效。应明确所有的假设与预测数据信息,并合理进行分析。

根据老师的要求,可单独提供或者作为商业计划书的一部分。可通过商业计划书工具,如 LivePlan,说明你的决策及理由。

注释

1. See Richard G. P. McMahon and Leslie G. Davies, "Financial Reporting and Analysis Practices in Small Enterprises: Their Association with Growth Rate and Financial Performance," *Journal of Small Business Management* 32, no. 1 (January 1994): 9–17; and Jan Brinckmann, Soeren Salomo, and Hans Georg

Gemuenden, "Financial Management Competence of Founding Teams and Growth of New Technology-Based Firms," *Entrepreneurship Theory and Practice* 35, no. 2 (2011): 217–43.

2. Kenneth M. Macur and Lyal Gustafson, "Financial Statements as a Management Tool," *Small Business Forum* (Fall 1992): 23–34; see also Robert Dove, "Financial Statements," *Accountancy* (January 2000): 7; and James M. Whalen, Stephen P. Baginski, and Mark Bradshaw, *Financial Reporting, Financial Statement Analysis and Valuation: A Strategic Perspective*, 7th ed. (Mason, OH: South-Western/Cengage, 2011).

3. See Carl S. Warren, James M. Reeve, and Jonathan Duchac, *Accounting*, 24th ed. (Mason, OH: South-Western/Cengage, 2013).

4. See Jacqueline Emigh, "Balance Sheet," *ComputerWorld*, November 15, 1999, 86.

5. See John Capel, "Balancing the Books," *Supply Management*, November 1999, 94; and Eugene F. Brigham and Joel F. Houston, *Fundamentals of Financial Management*, 13th ed. (Mason, OH: South-Western/Cengage, 2013).

6. Neil C. Churchill, "Budget Choice: Planning vs. Control," *Harvard Business Review* (July/August 1984): 151; and James M. Whalen, Jefferson P. Jones, and Donald P. Pagach, *Intermediate Accounting: Reporting and Analysis*, (Mason, OH: South-Western/Cengage, 2013).

7. Whalen, *Financial Reporting*.

8. Fred Waedt, "Understanding Cash Flow Statements, or What You Need to Know Before You Ask for a Loan," *Small Business Forum* (Spring 1995): 42–51; see also Ram Mudambi and Monica Zimmerman Treichel, "Cash Crisis in Newly Public Internet-Based Firms: An Empirical Analysis," *Journal of Business Venturing* 20, no. 4 (July 2005): 543–71.

9. See J. Chris Leach and Ronald W. Melicher, *Entrepreneurial Finance*, 4th ed. (Mason, OH: South-Western/Cengage, 2012); and Brigham and Houston, *Fundamentals of Financial Management*.

10. Ibid.

11. Carl S. Warren, James M. Reeve, and Jonathan Duchac, *Accounting*, 24th ed. (Mason, OH: South-Western/Cengage, 2013).

12. Kenneth P. Sinclair and James A. Talbott, Jr., "Using Break-Even Analysis When Cost Behavior Is Unknown," *Management Accounting* (July 1986): 53; see also Whalen, *Financial Reporting*.

13. See Eugene F. Brigham and Joel F. Houston, *Fundamentals of Financial Management*, 13th ed. (Mason, OH: South-Western/Cengage, 2013).

14. Macur and Lyal, "Financial Statements as a Management Tool"; see also Robert Hitchings, "Ratio Analysis as a Tool in Credit Assessment," *Commercial Lending Review* (Summer 1999): 45–49. For an interesting discussion, see Patricia Lee Huff, "Should You Consider Company Size When Making Ratio Comparisons?" *National Public Accountant* (February/March 2000): 8–12; see also Whalen, *Financial Reporting*.

第 12 章

准备商业计划书

创业思维

没有商业计划书便无法获得融资……商业计划书是一门艺术，可以个性化地传达企业信息。每份计划书如同雪花一般，千差万别。但每一份都是独立的艺术品，体现创业者的鲜明个性。就像浪漫不可复制一样，每个创业者都应力求标新立异。

——约瑟夫·R·曼库索（Joseph R. Mancuso），《如何撰写制胜的商业计划书》

本章重点

1. 介绍商业计划书的概念与价值
2. 介绍撰写商业计划书时可能会遇到的问题
3. 介绍商业计划书的好处
4. 介绍商业计划书读者的见解
5. 分析商业计划书各组成部分相互协调的重要性
6. 揭示投资专家对于商业计划书的重要提示
7. 介绍商业计划书的完整结构
8. 给出撰写高效商业计划书时有用的建议
9. 了解撰写商业计划书应谨记的要点

什么是商业计划书

商业计划书（business plan）是详细介绍即将创建企业的书面材料，对当前形势、预期需求以及新企业可能实现的结果进行描述。其中涉及企业的业务介绍、营销、研发、管理、重大风险、预期财务状况以及重大事件或时间表等各个方面。所有内容应清晰地展示出企业的情况、即将开展的业务、发展目标以及实现方式。商业计划书是创业者成功创建企业的指导手册。[1]

在某些专业领域，商业计划书是指企业的发展计划、贷款方案或者投资计划。不论名称如何，它都是获得融资的基础性文件。创业者通过商业计划书可有机会获得投资。在企业创建后一般将它作为工作辅助文件使用，但仍可作为企业发展战略的综合资料供投资者阅读和了解。

商业计划书向投资者提供的所有事件都可能对企业产生影响。企业未来发展计划应详细展示，并标明其收益与成本。应注明关键的假设条件，例如企业创建时期市场份额增加还是降低、经济低迷还是高涨。

商业计划书的重点应突出其可行性，即不仅应合理，更重要的是按照计划执行后可使企业实现既定目标，获得商业成功。[2]

一份完整的商业计划书为企业提出了发展方向，是经营决策的重要工具，也是日常管理的参考材料。其好处之一是帮助企业避免陷入困境，将之前的努力付之东流。下面我们介绍商业计划书可能出现的几种问题。

商业计划书应避免的问题

在撰写商业计划书的过程中，创业者应尽量避免出现疏漏。在这里我们介绍较为常见的五个问题。为使人们更好地识别这些问题，我们给出了相应的介绍以及解决办法。

☐ 问题1：目标脱离实际

这一问题很容易理解，应注意这些方面：缺乏可行性目标、没有明确的时间安排、没有划分优先次序以及缺乏具体实施步骤。

避免此问题的方法是：针对某一具体时期，对具体实施步骤设定明确的时间表。

☐ 问题2：没有意识到可能遇到的障碍

当创业者沉浸于自己的创意而忽略目标时，企业可能陷入困境。也就是说，他们没有意识到可能出现的问题。具体表现为：对未来可能发生的问题无法识别、没有重视计划中的欠缺与不足、无持续性或无备选方案。

避免这一问题的最好方法是：（1）列出可能遇到的障碍；（2）列出为克服障碍所制定的必要的备选计划。

☐ 问题3：缺乏坚毅信念

很多创业者对企业缺乏真正的投入，具体表现为：对新鲜事物短暂痴迷、对研究不感兴趣、不愿投入个人资本以及希望快速获利。需要指出的是，即使创业源于个人爱好或是以兼职起步，创业者也必须认真对待。

避免这一问题最简便的方法是快速行动，保证有条不紊地执行，同时应在财务方面做出相应承诺。

☐ 问题4：缺乏经验（商业或技术方面）

很多投资者非常看重创业者的实践经验，因此经历与背景尤为重要。很多创业者努力涉足不了解的专业领域，不过由于不具备相关专业知识，因此注定会失败。具体表现为：缺乏商业经验，无专业经验，不了解所处行业发展状况、业务范围、运营模式以及目标客户不明确。

为避免出现此类问题，创业者需提供个人经历与背景资料。如果缺乏专业知识与技能，应选择相关专业人士辅助，组建对企业有帮助的团队。

☐ 问题5：无利基市场（市场细分）

创业者构思的新想法有时并没有相应的目标顾客，他们只因自己的喜好来研究产品或服务，而不考虑客户的需求。很多发明专利是未被开发的，因为没有对应的目标客户来购买，也就是说该发明没有建立起自己的目标市场。这一问题具体表现为：不确定哪些客户会来购买、无法证实产品或服务可满足市场需求、假想的客户只是创业者毫无根据的推断。

避免这一问题的最好方法是通过市场细分确定目标市场，说明产品或服务满足需求的原因及途径（详见第10章市场调研部分）。

以上五个最常见的问题概括出了导致融资失败的商业计划书的共同缺陷，也就是说，在制定商业计划书前就应仔细考虑这些方面。尽量避免出现以上问题，同时加上精心设计，商业计划书将得到更充分的评估。这些准备工作为创业者制定行之有效的计划书打下了坚实的基础。

商业计划书的好处

通过对业务进行规划可以促使创业者对企业进行通盘分析，准备行之有效的战略以应对突发事件的出现。商业计划书帮助企业勾画事业蓝图，避免走向衰败。正如一位学者所言，"如果企业正处于不利地位，商业计划书可为你呈现出原因，并帮助避免失败带来的损失，通过花费几个小时学习此项技能所带来的收获要比开始一项注定要失败的事业更为划算。"[3]

对于创业者来说，筹备商业计划书的工作尤为重要。如果已形成创业团队，那么每位核心成员都应参与其中。对于核心创始人来说，最重要的是使成员对此达成共识。如果需要咨询顾问辅助编写，创业者也应对此计划书积极进行推动。寻求专业人士建议以及外部协助是一种明智之举，但创业者应对计划书的各个方面充分理解，因为他们才是融资的主体。实际上，商业计划书体现了创业者自己的见解以及企业今后的发展方向，创业者应对商业计划书的内容负责。[4]

此外，商业计划书的价值还体现在帮助创业者和投资者分析与评估企业。商业计划书为创业者带来的好处包括：

- 制定一份商业计划书需要投入时间、精力、调研以及了解相关规定，促使创业者批判性地、客观地分析企业。
- 所涉及的竞争分析、经济分析以及财务分析等都促使创业者反复考量对企业的设想。
- 由于商业计划书涵盖了企业的方方面面，创业者能够在此基础上制定并检验运营战略以及发展目标，将它们提供给外部评估者。
- 商业计划书对目标进行量化，为预期与实际结果的比较提供标准。
- 详尽的商业计划书是创业者与投资者的沟通工具，也是指引企业走向成功的管理工具。[5]

浏览商业计划书同样也可使投资者受益，主要体现在：
- 商业计划书为他们提供详细的市场分析以及市场开拓计划。
- 通过预计财务报表，商业计划书可反映出企业的偿债及权益回报能力。
- 通过考虑重大风险与关键事件，提升企业成功的机会。
- 根据整体经营状况的介绍，投资者得以掌握清晰、简明、周详的财务评估资料。
- 即使投资者不具备创业者的专业学识，也可凭借商业计划书对创业者的计划及管理能力进行较为客观的评定。[6]

精心设计商业计划书

很多投资者都认为经过精心设计且具有良好发展前景的商业计划书能够获得足够的认同，并最终获得投资。对即将开展业务的描述应使人向往，同时提供准确的信息。

商业计划书的读者

商业计划书为谁而写？了解这一点对于创业者来说是非常重要的。风险投资家、银行家、天使投资者、潜在大客户、律师、咨询顾问、供应商等都有可能进行浏览，创业者在筹备商业计划书时，应明确体现出三种主要观点。[7]

第一种是创业者观点，因为企业由他们创建，他们最了解其中所包含的技术或创新的专业知识。这是最普遍的观点，当然也是最重要的。然而有很多计划书单一凸显这方面的内容，而忽略了潜在客户与投资者的角度。

比技术或创造天赋更为重要的是市场把控力。这种类型的企业属于市场驱动型，会向人们展示其强大的市场空间。市场方面的观点应作为第二关键点体现在商业计划书内。尽管信息的实际价值往往被高估，但很多创业者并不将深层市场信息作为计划书的重点。[8]选择切实的目标市场（确定购买产品或服务的客户），提出预期市场占有率将成为评估计划书的依据。

第三种观点同上述营销侧重点相关，是以投资者的立场针对财务状况进行预测。在投资者评估其价值时，合理的财务计划是必不可少的。当然，这并不意味着计划书以表格形式代替。现实中，很多投资公司通过测算"项目折现因子"发现，成功的创业企业仅实现了预期财务目标的50%。[9]而一份三年期或五年期的财务计划非常有助于投资者判断企业未来的发展。

在精心制定的商业计划书中，以上三种观点的重要性是递减的，如果创业者能够合理安排，将有机会获得风险投资家的**五分钟阅读**（five-minute reading）。以下是投资者浏览商业计划书的六个步骤（每个步骤不超过一分钟）。

第1步：判断企业特征与所在行业。
第2步：确定计划书的财务框架（负债或需要的股权投资额）。
第3步：浏览最新的资产负债表（判断流动性、净值以及负债股权比率）。
第4步：分析创业者的才能（最重要的一步）。
第5步：确定企业的特色（寻找差异）。
第6步：快速浏览整份计划书（简要查看图表、例证等）。[10]

以上是阅读商业计划书的大体流程，对于创业者的努力投入仅用五分钟时间阅读未免显得不公平，但对于风险投资家来说事实基本如此，他们会对感兴趣的部分仔细查阅。而其他的财务或专业人士可能会投入更多的时间分析整个方案。请记住：风险投资家每天都会收到并阅读大量计划书，他们知道通过怎样的阅读能够发现真正有价值的计划书。以下说法表述了创业者与投资者的关系："管人的管管事的，管钱的管管人的。"[11]

商业计划书的包装

向投资者提交商业计划书时，创业者需要意识到整合的重要性。下面列出了需要注意的关键问题，有助于计划书的顺利审阅。商业计划书会使投资者对企业及创始人留下初步印象。

投资者希望商业计划书体面，但不能夸张；篇幅适中；清晰、简明地阐述企业的各个方面；不可出现语法、印刷或拼写错误。

投资者希望看到创业者对他们自己的财产谨慎，他们也会同样谨慎地对待投资。也就是说，形式与内容同等重要，好的内容会以好的形式呈现出来，反之亦然。

在格式问题上，我们认为以下是最为重要的：

● 外观——装订印刷不能草率行事，但也不可过于夸张。将影印页进行装订则显得不够专业，封面采用单色印刷，整体采用塑料螺旋夹装订，这样既整洁又耐用，经得起多次翻阅。

● 篇幅——应掌握在20～25页。初稿篇幅可增加，经过修改调整到20页则最为理想。这样可使得创业者将最具吸引力的构想与目标凸显出来。

背景介绍可作为附录材料，当投资者对计划感兴趣想要进一步调查时可向他们提供。

● 封面与扉页——封面应注明企业名称、地址、联系电话以及计划书制定的日期。令人感到惊奇的是，很多提交给投资者的计划书竟然没有留下地址及联系方式。其实如果投资者对方案感兴趣的话，他们会与创业者取得联系，以获得更多信息，同时传达对企业或计划书某一部分的想法。

封面内应有精心设计的扉页，重复封面的信息，并在合适位置标出"副本数量"。为便于创业者了解商业计划书的去向，将副本数量控制在10本以内，可使投资者产生心理优势。毕竟投资者不希望接受被同行淘汰的计划书。

● 执行摘要——在扉页后的2～3页简明介绍企业状况、产品或服务、客户收益、财务预测、未来3～7年的发展目标、所需投资额以及投资收益等内容。

容纳如此丰富的内容且把篇幅控制在两页内确实具有一定难度，其目的在于，吸引投资者继续阅读。

● 目录——执行摘要之后是目录，要体现商业计划书的各项内容及对应的页码。

引人注目的外观、合理的篇幅、执行摘要、目录、恰当的语法、正确的拼写以及封面，所有这些都是包装的重要因素，能够使商业计划书脱颖而出。

□ 应遵循的主要原则

下列内容是专家对创业企业发展的几点建议，可视为商业计划书取得成功的技巧。[12]创业者需遵循这些原则，理解各组成部分的重要作用。

篇幅恰到好处

对于那些阅读商业计划书的专业人士来说，时间是非常宝贵的。创业者应清晰简洁地介绍企业状况。（理想情况下，篇幅应控制在20～25页，不包含附录。）

安排且装订得当

目录、执行摘要、附录、实例、图表、语法、内容安排以及排版等因素，都是有效展示商业计划书的关键。

未来导向

通过商业计划书营造激动人心的氛围，对发展趋势的预测体现出企业对未来的打算，以及产品或服务所面临的商机。

避免夸张

应避免对未来销售情况、预期收益、企业增长潜力等不切实际地夸大。计划书中应体现最好、最坏及可能出现的情况。参考资料与市场调研对计划书的可信度至关重要（见表12—1）。

表12—1　　　　　　　商业计划书常见词语：陈述与实情

陈述	实情
我们保守地预计……	一本书中写道：5年内必须发展成为5 000万美元的企业，我们通过逆向工程方法来实现它
我们在最佳预测结果的基础上除以2	乘以0.5
预计利润率为10%	在网上下载的计划书模板中没有修改任何假设条件
项目完成98%	要完成剩下的2%，其开销是前面98%的2倍
我们的商业模式经过证实……	……如果能在一周内找出50个最佳商业模式，且将其推广的话
我们领先竞争对手6个月	我们并没有试着寻找可使企业拥有6个月领先期的人
我们只需要10%的市场份额	其他50位想要获得融资的市场新进入者也是这样认为的
客户迫切需要我们的产品	我们还未要求付款，并且现在的客户都是熟人

续前表

陈述	实情
产品成本低	我们还未投产，只是有信心能够做到
我们没有竞争对手	只有IBM、微软、网景、Sun公司公开宣称开展此项业务
我们的管理团队拥有丰富的经验……	……使用产品或服务的经验
很多投资者正在考虑这一计划	我们将计划发送给了 Pratt's Guide 上的所有人
我们寻找增值型投资者	我们正在寻找顺从且默许的投资者
如果投资给我们，将获得68%的IRR	只有所有事情都很顺利，你才能收回投资

资料来源：Reprinted by permission of *Harvard Business Review*. Adapted from William A. Sahlman, "How to Write a Great Business Plan" (July/August 1997): 106. Copyright © 1997 by the Harvard Business School Publishing Corporation; all rights reserved.

标注重大风险

通过商业计划书中的重大风险分析部分，可对创业者分析潜在问题的能力以及应对能力进行考察。

证明创业团队的有效性

商业计划书的管理层部分突出团队成员的技能，说明他们何以形成团队并有效管理企业。

避免过度多样化

计划书应围绕一个机会展开，创业企业在发展壮大至具备核心竞争力之前不宜涉足多个市场或从事多样化生产。

识别目标市场

企业应通过识别特定目标市场，增强产品及服务的竞争力。商业计划书的这一部分是最为关键的，调研时必须对市场进行细分。

以第三人称进行描述

相对而言，频繁使用"我"、"我们"、"我们的"等措辞，不如使用"他"、"他们"、"他们的"更加妥当。也就是说，应使计划书保持客观性。

引人入胜

在投资者收到的大量商业计划书中，能够获得融资的仅占很小比例。突出企业的独特性可吸引投资者产生兴趣，扉页及执行摘要是吸引注意的重要工具，能使投资者产生深入阅读的欲望。

□ 应回答的主要问题

一份好的商业计划书就像一件艺术品：赏心悦目，无声却又让人惊叹。根据学者的建议，在撰写时应考虑以下问题：

● 是否合理安排，可让读者抓住关键部分？这一点非常重要。计划书代表了你，不要指望一份缺乏条理、让人没法接受的计划书成为筹集资金的工具。
- 产品/服务以及企业的目标是否简明？目标中应简单介绍为顾客带来的价值，长度不应超过一段。
- 方向是否正确？确定企业所处阶段、准确定位、合理利用资源。
- 目标客户是谁？是否介绍了理想客户以及如何满足他们的需求？预期所要达到的市场份额是否明确、合理、可行？
- 客户购买的理由是什么？产品或服务有多好？明确客户对产品的需求并予以证明。尽量详细地解释购买产品所带来的好处。
- 是否拥有竞争优势？保持差异化与独特性。特有的工艺/技术以及专利都有利于展示企业的竞争优势。
- 成本控制是否有效？利润率非常重要。盈亏平衡分析是否考虑到价格波动以及变动成本？可能的话，规模效应将成为企业的优势。
- 管理团队能否共同创建企业？仔细再看一下管理团队是否具备相关行业经验或创业经验。
- 需要多少资金？财务报表，包括损益表、现金流量表和资产负债表，第一年应以月为单位，之后的2～3年应以季度为单位。
- 如何收回投资？计划书应明确阐述投资者的退出方式。[13]

通过这些问题，可帮助创业者更好地制定他们的商业计划书。下面我们将分别就商业计划书的10项内容进行介绍。

商业计划书的内容

一份完整的商业计划书一般包含6～10项内容（取决于商业构想、行业以及技术要求）。理想的篇幅是25页，根据内容需要，可以是20～30页（含附录）。[14] 表12—2给出了一份标准商业计划书的大纲，并对每一项内容进行了介绍。

表12—2　　　　　　　　　一份商业计划书的完整大纲

第一部分：执行摘要
第二部分：公司概述
　　　　A. 公司概述
　　　　B. 行业背景
　　　　C. 企业发展目标及潜力，里程碑事件（如果有的话）
　　　　D. 产品或服务的独特性
第三部分：营销
　　　　A. 调研与分析
　　　　　　1. 目标市场（目标客户）
　　　　　　2. 市场规模及发展趋势
　　　　　　3. 竞争态势
　　　　　　4. 估计的市场份额
　　　　B. 营销计划
　　　　　　1. 市场策略——销售、分销
　　　　　　2. 定价
　　　　　　3. 广告与促销

第四部分：运营
    A. 选址：优势
    B. 特殊工艺或流程
    C. 人员安排
    D. 供应商管理

第五部分：管理
    A. 管理团队——关键成员
    B. 法律方面——股权协议、雇佣协议、所有权
    C. 董事会、顾问、专业咨询人士

第六部分：财务
    A. 财务预测
        1. 利润与损耗
        2. 现金流量
        3. 盈亏平衡分析
        4. 成本控制
        5. 预算计划

第七部分：重大风险
    A. 潜在问题
    B. 障碍与风险
    C. 备选方案

第八部分：收获战略
    A. 股权方面（公开发行股票或转让）
    B. 战略的可持续性
    C. 明确传承者

第九部分：里程碑进度表
    A. 时间表及目标
    B. 最后期限与里程碑事件
    C. 事件之间的联系

第十部分：附录或参考文献

资料来源：Donald F. Kuratko, *The Complete Entrepreneurial Planning Guide*（Bloomington：Kelley School of Business, Indiana University, 2013）.

□ 执行摘要

    很多人（如银行家、风险投资家、普通投资者）在阅读商业计划书时都期望看到能够体现计划书最重要内容的精华部分。摘要是对后面信息的简短概括，一般为2~3页，是在商业计划书全部完成后编写的。这样可以使摘要与后面的内容保持一致。由于执行摘要是人们首先阅读的——往往也是唯一被查阅的部分——因此必须体现出整份计划书的品质，是商业计划书的精彩剪影。

    摘要的内容应简要介绍企业自身、市场机会、资金需求、发展目标以及相关的技术，目的在于吸引评估者或投资者继续浏览后面的内容。如果摘要不能做到简洁、有吸引力，那么读者会将商业计划书搁置，或者干脆简单地断定无投资可能。

□ 公司概述

    第一，介绍企业名称及其特征含义（例如姓氏、技术名称）。第二，介绍行业背景，包括发展现状及未来趋势，最好注明影响此计划的行业特殊发展状况。如果企业

已成立或者已获得特许经营权,则应在此进行介绍。第三,详细介绍新创企业及其发展潜力。所有关键术语应加注释,且易于理解。可采用图片、照片等方式对产品功能加以说明。第四,详细阐述新创企业所具备的竞争优势,包括专利、版权、商标、专有技术或市场优势。

□ 营销

通过**营销**部分(marketing segment)的介绍,创业者向投资者证实市场真正存在,预期销售目标是可实现的,创业者能在竞争中取胜。

虽然这部分内容准备起来有一定难度,但确实是最关键的部分之一,因为几乎后面的所有内容都将以这里的销售预测为基础。基于市场调研与分析所得的预期销量直接决定了生产规模、营销计划以及所需资金等。

大多数创业者很难通过市场调研与分析向投资者证实其销售预测是既准确又可行的。以下内容是计划书中应涉及的相关内容。

利基市场与市场份额

利基市场(market niche)是指很小的细分市场,其客户有着相同的产品或服务需求。介绍时应包含影响购买决策的价格、质量、服务、人际关系等因素,或者综合性因素。

接下来,给出对产品或服务感兴趣的潜在顾客列表,并做出相应解释。如果企业已创建,应介绍现有顾客的情况及销售趋势。市场的整体发展潜力也属于重点介绍范畴。应阐述未来三年的销售目标以及市场发展的主要影响因素(行业趋势、社会经济趋势、政策、人口变化)。此外,还需回顾之前的市场发展状况,解释其与未来年增长率的差异,注明数据来源及所使用的分析方法。对于那些已有购买意向的客户可在这里提出,并予以说明。根据产品或服务的优势、市场规模与趋势、客户情况、销售趋势等,对未来三年的预期市场份额、销量、销售额等信息进行年度预测。销售增长、预期市场份额应与行业增长以及客户基础相关。

竞争分析

创业者首先对竞争产品或服务的优势、劣势进行评估,可引用相关评估资料。在这个部分,可比较竞争产品或服务的价格、性能、服务、担保等相关因素,简要分析各自的优点与不足,分析未能满足需求的理由,分析竞争对手为获得竞争优势可能对产品进行的开发或改进。

最后是对竞争的综合分析,包括每个竞争者的市场份额、销售情况、分销情况、生产能力等。重点是它们的利润率与发展趋势。哪家公司是价格引领者?哪家公司的质量最好?哪些企业在盈利?哪些企业在亏损?这些年该市场是否有进入者或退出者?

营销战略

营销战略(marketing strategy)涉及企业的营销理念以及采取的策略,是在市场调研及数据分析的基础上制定的,重点分析:(1)初始销售的目标客户;(2)进一步开展销售的目标群体;(3)划分的方法以及联系方式;(4)影响销售的产品或服务特征(质量、价格、配送、保证等);(5)获得客户认可的创新或非同寻常的营销理念(如以租代售)。

同时应指出其推广范围为全国性还是地区性。反季销售等季节因素也应考虑在内。

定价策略

价格必须准确设定，应考虑市场地位及利润方面。通过对几种价格策略的分析，最终确定一种最具说服力的策略，并同竞争者进行比较。计算扣除生产及销售成本后的总利润，考察其能否弥补分销、保证、服务等费用，能否分摊开发以及设备的投入，是否存在剩余利润。此外，分析在产品更新、质量、保证、服务等竞争因素方面提高价格的策略。

广告计划

介绍内容包括产品的介绍及宣传手册、展销会参加计划、期刊广告、直邮以及广告代理等。通常对于产品或服务的广告宣传还包括预先向经销商进行的产品推介和促销。创业者应对宣传和广告的时间表及成本进行合理规划，当广告费占企业费用很高比例时，需详细介绍其投放的方式与时间。

创业历程

制定商业计划时常出现的失误

创业者承受着大量的不确定因素，从雇用合适人选到寻找可信赖的供应商，他们每天都要应对巨大的压力。企业之间几乎无可比性，因此一份商业计划书可辅助创业者进行有效管理。虽然计划书非常重要，但比起实际经营，创业者还是认为将想法形成文字是件比较困难的事情。为实现创业目标，他们保持乐观，规划未来，以避免遭遇不可逾越障碍时的恐惧。不管处于启动阶段的企业还是已创建的企业，一份优秀的商业计划书都可保证所有利益相关者的目标实现。下面我们介绍创业者制定商业计划书时常出现的错误。

整体性错误

● 没有清晰的目标；

● 对于缩略语或专业术语没有进行相应解释；

● 缺乏战略实施的具体方案；

● 对于创业成功最重要的目标与任务未能有效传达；

● 缺乏战略制定的依据；

● 计划书没有根据投资者的建议进行改进。

执行摘要

● 资金需求不精确；

● 语言不够简练。

管理

● 忘记介绍之前成功或失败的经验；

● 忽视有经验的管理团队的重要性。

营销

● 偏重依赖二手资料，没有调研潜在客户的需求；

● 制定的市场目标缺乏调研支持。

财务

● 忽视或低估了所需现金流量；

● 为实现理想的利润率而夸大利润。

资料来源：Adapted from Mark Henricks, "Build a Better Business Plan," *Entrepreneur* (February 2007). Retrieved June 21, 2008 from https://www.entrepreneur.com/startingabusiness/businessplans/article174002.html; Andrew J. Sherman, *Grow Fast, Grow Right: 12 Strategies to Achieve Breakthrough Business Growth* (Chicago: Kaplan Publishing, 2007), pp. 20 - 26; and Jay Snider, "Don't Make These 5 Business Plan Mistakes," *Up and Running Blog*, http://upandrunning.bplans.com/2012/04/20/dont-make-these-5-business-plan-mistakes/, accessed May 29, 2012.

☐ 研究、设计与开发

在这一部分中应涉及研究、设计以及开发的成本、时间、测试等内容。投资者需要从设计原型、测试、进度等方面了解项目状况。为使内容完整，创业者可利用辅助性分析，如蓝图、速写、绘图或模型等。

此外，需要表明哪些困难可能导致推迟、变更必要的设计或开发，同时提供一份人员、物资、研究、设计等方面费用的预算。

☐ 运营

通常先介绍新创企业的地理位置。选址应考虑劳动力、工资水平、靠近供应商和客户以及社区支持等方面。同时还涉及当地税负、需求、银行对新企业的支持等方面。

新企业的设施（工厂、仓库、办公场所）、设备（专用工具、机械、电脑、车辆）方面的特殊需要也应考虑到。

此外，供应商（数量、距离）、物流费用、员工、工资、所需技术等也应包含在内。

最后是运营相关的成本信息，这里用到的财务信息也将应用于后面的财务计划中。

☐ 管理

确定关键员工以及他们的岗位职责与经验。应列出创业团队成员的个人简历。同时清晰阐述创业者在企业中的作用，并介绍所有顾问及董事会成员。

介绍出资比例及所有权结构（股份协议、咨询费用等）。应使投资者了解：(1) 组织结构；(2) 管理团队与关键员工；(3) 成员的经验与技能；(4) 所有权结构与补偿方案；(5) 董事会及外部顾问。

☐ 财务

这一部分需向投资者说明企业的生存能力，包含三份财务报表：预计资产负债表、利润表、现金流量表。

预计资产负债表

预计资产负债表反映的是为了某一特定时间的企业财务状况，分别在启动阶段、第一年的每半年、前三年的每一年年末进行。预计资产负债表列出了支持未来经营的各项资产及其筹措方式（负债与所有者权益）。通过查阅此表，投资者可判断负债权益比率、营运资金、流动比率、存货周转率等指标是否符合未来财务计划。

利润表

利润表可体现经营结果是盈利还是亏损，根据市场细分所形成的销售预测对于利润表是非常重要的,如果销售预测准确,生产成本便可根据预期利润进行预测,如原材料、人工、服务、生产费用(维修、变动成本),费用方面包括配送、仓储、广告、折扣、管理费用(工资、律师及会计咨询费、房租、共用设施、电话费)等。

现金流量表

现金流量表是企业创建过程中最重要的报表,体现期望的现金流入流出的时间与数量。这一部分应仔细考量。

通过分析特定时期销售收入及费用支出状况,现金流量表可体现出需要额外进行融资的时间以及营运资金的最高需求。创业者应确定资金获取方式、期限及偿还方式等。在此基础上对现金流量进行预测。预测得当的话,详细的现金流量表可在危机来临前提醒创业者留心运营中的问题。

在这个部分,应注意所有的假设条件,尽量客观以缩小与实际的差距,同样,其他财务报表及管理方面也是如此。

最后应进行盈亏平衡分析,体现收回成本时的销售(或生产)状况,并且对变动成本(生产人员工资、原材料、销售费用)与固定成本(房屋租金、利息、管理费用)予以区分。

重大风险

此处应注明潜在风险:行业中不利趋势的影响、设计或制造成本超出预期、零部件或原材料交付期拖延、新竞争对手涌现等。

除此之外,进行假设分析是非常明智的。例如,如果出现价格战、行业不景气、市场计划错误、预期销售未能实现、专利申请未获审批、管理团队解散等情况该怎么办?

最后,有针对性地提出备选方案。当然,计划延误、不准确、行业不景气等情况都可能发生,但从商业计划书中可看出创业者的危机意识以及所做的准备。

收获战略

商业计划书都会提到对未来的收获战略。对创业者来说,如果企业发展壮大,则应作好有序衔接的准备,如管理的可持续性以及收回投资。此外,变革管理将涉及:所有权变更时的资产有序转移;过渡期企业战略的连续性;现有管理团队调整时关键员工的安排。创业者应继续保持创业热忱,确保投资安全,提高企业核心竞争力。从这个意义上说,收获战略是非常必要的。

创业实践

偏离你的商业计划书?

一份非常出色的商业计划书对于创业者来说是非常重要的工具。但是,最稳妥的战略也无法解决从构思创意到企业最终迎来收获所面临的难题,例如遭遇经济衰退。那么当经济开始止步不前,主导性消费者收紧腰包时,企业应采取何种适当策略呢?

答案并不是找到一种应对疲软经济的解决方案。尽管企业需要商业计划书，但是创业者常会发现严格按计划行事与完全偏离计划都是充满风险的举动，问题的关键在于知道偏离计划的准确时机。当计划无法应对环境变化时请尝试进行以下做法。

企业间合作。通过企业间合作提供免费赠品进行捆绑销售可有效提高市场占有率，既可减少广告开销，又可刺激顾客首次购买。了解顾客购买决策的常见做法是与顾客的其他商家保持紧密联系，假如你是咖啡店老板，你的顾客经常光顾附近的甜品店，那么应好好把握顾客的这一行为，而不是去改变它。

与顾客交流。危机来临时，现有顾客便成为企业的命脉，因此使顾客满意日益显得举足轻重。如果市场预算限制了广告规模，请将重点转移到现有顾客上。你会发现顾客愿意同企业分享他们的观点，这是既简便又低成本的实现顾客忠诚的改进方式。通过与顾客保持积极沟通，将加深对他们的了解。例如，提供报价后，留意那些无购买意向的顾客，通过沟通你将了解他们选择其他产品的理由，然后再努力使他们重新考虑与你合作。

保持灵活性。经济发展缓慢时，顾客购买趋于保守状态，更加倾向于按照预算进行采购。经济衰退时的降价将给顾客带来不良印象，导致经济恢复后顾客仍等待价格继续降低。避免降价的一种方式是增量促销。例如不管是延长营业时间以适应顾客，还是与服务相关的业务提供免费家庭试用，都有助于企业在竞争中标新立异。

构建关系网。作为创业者来说，维护良好的社交关系是非常重要的技能，特别是在业务刚刚出现下滑的阶段。创业企业的重要交流平台是当地商业协会。通过与当地企业接触，不仅可以获得最新经济趋势信息，而且有机会接触潜在顾客。此外，与其他企业进行协作有助于获得当地资源，如本地人才及资金，同时可与创业伙伴一起交流，获得支持。

以上所列并不完全，创业者可在实践中充分发挥自己的优势。战略的制定对于企业的管理是至关重要的，一般来讲这有利于企业的持久发展，但创业者在实际运营中过于依赖商业计划书的话可能会迅速被不断变化的环境淘汰。计划虽然重要，但更重要的是知道何时调整它。

资料来源：Adapted from Rich Sloan, "Bad Economy? Time to Get Aggressive," *Fortune Small Business*, March 3, 2008, http: //money. cnn. com/2008/03/03/smbusiness/startup_nation. fsb/index. htm (accessed May 12, 2012).

☐ 里程碑进度表

里程碑进度表（milestone schedule segment）向投资者展示将要实现的各种活动的时间进度。阐明计划的时间框架以及相关时间点是非常必要的，应对重大事件的过程详细加以说明，且标注准确的时间范围，如每季、每月或是每周。在时间上合理安排产品设计与开发、销售计划、管理团队的组建、生产与运营、营销计划等事件，包括：

- 企业的设立；
- 设计与开发的完成；
- 完成原型设计；
- 聘用销售人员；
- 交易会的产品展示；
- 与经销商、批发商签约；
- 订购原材料；

- 接到第一笔订单；
- 首次销售及首次交付（可接受的最长期限，这关系到企业的信用及所需资金）；
- 第一笔应收账款的支付。

以上这些是里程碑进度表的典型事件，计划越详细，越有可能说服投资者进行投资，对企业未来充满信心。

☐ 附录或参考文献

最后的这一部分可根据实际情况选择，对计划书主要部分的补充说明可在这里进行，如图表、财务数据、管理人员简历、其他参考信息等资料。内容可由创业者自行决定，是与前面内容相关的支持性信息。

表12—3是以上内容的提炼，便于创业者随时进行查阅，对制定商业计划书的过程获得整体性的把握。表12—4有助于创业者按照各项关键要素对其内容、清晰性、完整性进行评估。

表12—3　　　　　　　　　　制定商业计划书的有用提示

Ⅰ. 执行摘要
- 不超过三页，吸引读者的最关键部分
- 简要阐述企业概况、运作模式、成功理由、地点等信息
- 整份计划书完成后再编写此部分

Ⅱ. 公司概述
- 公司名称
- 行业背景与企业历史（如果有的话）
- 清晰阐述企业发展潜力
- 清晰阐述企业的独特性或创新点

Ⅲ. 营销
- 使投资者相信企业具有竞争力，可实现既定销售目标
- 引用或披露市场调研结果
- 指出目标市场、市场定位以及市场份额
- 对整体竞争进行评估，明确指出所具有的竞争优势
- 明确所需市场资源与帮助
- 介绍价格策略。价格必须具有渗透力，保证市场份额的同时拥有足够的利润空间，因此最低价并非最佳方案
- 必要的广告方案及预算

Ⅳ. 运营
- 介绍选址的优势（地区政策、税收、工资水平），列出生产所需的设施（厂房、仓库、办公场所）与设备（机器、电脑、办公用品）
- 介绍企业的经营状况
- 与供应商的距离
- 运营所需的人员要求与安排
- 估算运营成本——注意：太多创业者都低估了成本

Ⅴ. 管理
- 管理团队成员的简历
- 详细介绍组织形式（独资企业、合伙企业、有限公司）
- 提供相关辅助与支持的顾问、咨询、董事等专业人士（如果有的话）
- 介绍每位成员获得报酬的方式与金额

Ⅵ. 财务
- 给出预计财务报表

- 提出资金需求以及用途
- 预算情况
- 为融资设定阶段性目标，便于投资者评估

Ⅶ．重大风险
- 预先分析潜在风险，例如：
  ◆ 价格战
  ◆ 行业潜在的不利趋势
  ◆ 设计或生产成本超出预期
  ◆ 未达到销售目标
  ◆ 未能实现产品开发进度
  ◆ 采购零部件或原材料时遇到困难或延期交付
  ◆ 为保持竞争力投入较大成本进行创新与开发
  ◆ 给出相应备选解决方案

Ⅷ．收获战略
- 股权计划——IPO 或股权转让
- 领导层交接安排
- 为企业实现可持续发展所应做的必要准备（保险、信托等）

Ⅸ．里程碑进度表
- 用时间表或图片体现企业发展所经历的重要阶段，重大事件之间的关系以及实现的期限

Ⅹ．附录或参考文献

资料来源：Donald F. Kuratko, *The Complete Entrepreneurial Planning Guide*（Bloomington：Kelley School of Business，Indiana University，2013）。

表 12—4		商业计划书评估：一个完整的评估工具		

组成部分

以下是商业计划书的十项内容，编写时应对每一项进行评估。为完善计划及增加成功机会，评估应力求真实、客观。例如，如果想要获得外部投资，则会被要求提交一份完整的商业计划书。它会帮助投资者较为充分地评价你的商业构想。

评估过程

要求：每项内容的简要提纲有助于计划书的撰写，完成后，可使用以下评分标准进行评价。

5	4	3	2	1
卓越	优	良	中	差
详尽且完整	包含绝大多数要点，但细节上需再改进	包含较多要点，细节上有遗漏	涉及较少，缺乏细节描述	未涉及

商业计划书的十项内容

1. 执行摘要。它是使读者相信企业成功的重要部分。在不超过三页的篇幅内，应对计划书其他部分的精华进行概括，应包含后面九项内容中最关键的信息。

执行摘要的结构应合理安排，不是简单地介绍后面的内容，而是有条理地对目标客户、企业独特性、发展计划等进行阐述。因为执行摘要是对整份商业计划书的概括，应在全部完成后再编写此部分。

评价这一部分：　　　5_____　4_____　3_____　2_____　1_____

2. 公司概述。这一部分包括行业背景信息、企业历史、产品或服务介绍以及企业使命。产品或服务部分应突出独特性能以及实现的顾客价值。对企业的短期与长期目标应予以区分，同时清晰阐述想要实现的销售收入、市场份额、利润目标。

关键点	计划中是否涉及这一点？	解答是否清晰？（是/否）	答案是否完整？（是/否）
a. 属于何种类型的企业？			
b. 出售何种产品或服务？			
c. 为什么能够成功？			
d. 发展潜力是什么？			
e. 独特性如何？			

评价这一部分：　　5 _____ 4 _____ 3 _____ 2 _____ 1 _____

3. 营销。营销主要介绍两部分内容：第一部分是调研分析，包括解释谁会购买该产品或服务，即目标市场。通过推测市场规模与发展趋势，设定期望市场份额。同时确保以上信息对销售计划的支持。比如，如果你的数据源于公开发行的市场研究数据，应注明资料来源。尽最大努力使计划切实可信。详细介绍竞争对手时分析各自的优势与劣势。最后，给出强于对手的解释。

第二部分是营销计划，包括营销战略、销售与分销、价格策略、广告、促销、公关。阐述如何通过定价策略获取利润。介绍广告计划及预算。

关键点	计划中是否涉及这一点？	解答是否清晰？（是/否）	答案是否完整？（是/否）
a. 谁将成为你的客户？（目标市场）			
b. 市场有多大？（客户数量）			
c. 竞争对手有哪些？			
d. 他们是否成功？			
e. 如何提升销量？			
f. 预期达到多大市场份额？			
g. 是否制定了价格策略？			
h. 如何进行广告及促销策略？			

评价这一部分：　　5 _____ 4 _____ 3 _____ 2 _____ 1 _____

4. 运营。这一部分介绍实际运营情况及其有利之处，包含运营流程、与供应商的联系、员工需求及安排等。

关键点	计划中是否涉及这一点？	解答是否清晰？（是/否）	答案是否完整？（是/否）
a. 是否介绍企业所处位置？			
b. 该地区的优势如何？			
c. 是否涉及运营流程？			
d. 员工的需要有哪些？			
e. 与供应商的关系是否融洽？			

评价这一部分：　　5 _____ 4 _____ 3 _____ 2 _____ 1 _____

5. 管理。这一部分从介绍管理团队开始，包括他们的特长、所获得的报酬（包括工资、工作协议、股份购买计划、所有权等）。然后介绍组织结构，注明汇报关系。此外应分析董事会、咨询顾问的贡献。最后，详细阐述公司的组织形式（独资、合伙或是有限公司）。

关键点	计划中是否涉及这一点？	解答是否清晰？（是/否）	答案是否完整？（是/否）
a. 谁是管理者？			
b. 他具备哪些才能？			
c. 员工数量是多少？			
d. 他们的职责是什么？			
e. 薪金与福利情况如何？			
f. 聘请了哪些专家顾问？			
g. 组织形式是什么？			
h. 哪些规定会影响企业？			

评价这一部分：　　5＿＿＿＿　4＿＿＿＿　3＿＿＿＿　2＿＿＿＿　1＿＿＿＿

6. 财务。需包含三份关键报表：资产负债表、利润表、现金流量表，它们应以一年为结算周期。应对所有假设前提以及预测予以说明。

确定各发展阶段所需的外部融资情况以及期望的资金来源（债权和股权）。要鲜明体现这些资金的投资回报情况。最后进行盈亏平衡分析，体现保本时的销售水平。

这一部分如果做得出色的话，实际情况将与计划基本一致。财务报表提供了考核企业经营业绩的标准，有助于进行管理和控制。

关键点	计划中是否涉及这一点？	解答是否清晰？（是/否）	答案是否完整？（是/否）
a. 预计第一年的收入如何？之后两年每季度的收入如何？			
b. 预计第一年可实现的每月现金流量是多少？			
c. 是否支付给自己薪酬？			
d. 三年中，销售量达到多少时能盈利？			
e. 盈亏平衡点是多少？			
f. 期望的资产、负债、净利润是多少？			
g. 总共需要多少投资？			
h. 资金来源情况是怎样的？			

评价这一部分：　　5＿＿＿＿　4＿＿＿＿　3＿＿＿＿　2＿＿＿＿　1＿＿＿＿

7. 重大风险。应在风险发生前对其进行判断。包含竞争对手降价、行业发展的不利趋势、设计或制造成本超出预期、未达到销售目标等。目的在于风险识别及准备应对方案。重点是为了体现创业者预测及合理控制风险的能力。

关键点	计划中是否涉及这一点？	解答是否清晰？（是/否）	答案是否完整？（是/否）
a. 潜在问题有哪些？			
b. 是否对风险进行了估算？			
c. 备选方案有哪些？			

评价这一部分：　　5＿＿＿＿　4＿＿＿＿　3＿＿＿＿　2＿＿＿＿　1＿＿＿＿

8. 收获战略。对未来的企业制定退出策略是有难度的，创业者应逐渐形成对这一问题的看法，即预先做出管理传承及收获战略。对于有远见的人来说，拥有梦想同时应力求保证企业的安全，如制定IPO或转让等股权计划。因此，一份包含传承方案的计划书必不可少。

关键点	计划中是否涉及这一点？	解答是否清晰？（是/否）	答案是否完整？（是/否）
a. IPO 或股权转让时，对于资本流出是否明确做出安排？			
b. 风险资本进行转移时，企业是否准备了可持续发展战略？			

评价这一部分： 5＿＿＿ 4＿＿＿ 3＿＿＿ 2＿＿＿ 1＿＿＿

9. 里程碑进度表。因为此部分内容需判断完成何种任务才能实现既定目标，所以是商业计划书的重要组成部分。包括里程碑事件及完成期限。每项重大事件都应与其他事件相关联，综合后便可体现出一步步实现目标的轨迹。

关键点	计划中是否涉及这一点？	解答是否清晰？（是/否）	答案是否完整？（是/否）
a. 如何设定目标？			
b. 是否为各阶段设定完成期限？			

评价这一部分： 5＿＿＿ 4＿＿＿ 3＿＿＿ 2＿＿＿ 1＿＿＿

10. 附录。这一部分包含的重要背景信息是其他项未涉及的。包括管理团队成员的个人简历、参考文献、顾问列表、图片、证明、许可证、协议以及其他支持资料。当然也可将所用到的数据信息来源在这里列出。

关键点	计划中是否涉及这一点？	解答是否清晰？（是/否）	答案是否完整？（是/否）
a. 是否包含对计划起支持作用的文档、图表、协议或其他材料？			
b. 是否列出所涉及的参考文献、咨询顾问以及技术支持？			
c. 是否还有其他支持性材料？			

评价这一部分： 5＿＿＿ 4＿＿＿ 3＿＿＿ 2＿＿＿ 1＿＿＿

结论：你的计划
要求：将之前评估的结果填入打分表，并计算出总分。

内容	分数				
1. 执行摘要	5	4	3	2	1
2. 公司概述	5	4	3	2	1
3. 营销	5	4	3	2	1
4. 运营	5	4	3	2	1
5. 管理	5	4	3	2	1
6. 财务	5	4	3	2	1
7. 重大风险	5	4	3	2	1
8. 收获战略	5	4	3	2	1
9. 里程碑进度表	5	4	3	2	1
10. 附录	5	4	3	2	1
总分：					

分数：50分——完美的商业计划书！
45～49分——优。
40～44分——良。计划书完整，只有几处需要稍作修改。
35～39分——中上。一些部分做得不错，但提交前仍需整体改进。
30～34分——中。一些内容较为充实，其他还存在缺陷。
20～29分——中下。大体上需要全面补充与改进。
低于20分——差。计划书需做进一步调研与佐证。

资料来源：Donald F. Kuratko, *The Complete Entrepreneurial Planning Guide* (Bloomington：Kelley School of Business, Indiana University, 2013).

商业计划书的更新

商业计划书常作为一种计划工具辅助企业的创建。在企业成功创建后，对企业发展、盈利所起的作用更为重要。对它进行更新的原因主要有以下几个方面：

- 财务调整。根据财务需要，调整最新年度的财务预算与计划。
- 增加融资。如果需要继续进行筹资，应对原来商业计划书的现有资金部分以及其他变化加以调整。
- 市场变化。顾客或竞争发生变化，调整既定战略。
- 推出新产品或服务。通过调整计划书有助于评估新产品或服务的可行性。
- 新的管理团队。新成员加入、现有人员的调整都会对企业发展造成影响。
- 环境变化。之前的商业计划书是基于某些预测数据或假设条件的，企业一旦创建，相应环境会发生变化。因此应根据真实情况对其进行更新。[15]

商业计划书的展示

商业计划书完成后，接下来的挑战是要将它展示给投资者或者投资团队。一般通过口头陈述的方式将计划书呈现给潜在投资者，这一步骤非常关键。[16]口头陈述也就是人们常说的**电梯演讲**（elevator pitch），指创业者在两分钟之内，向投资者介绍自己公司的情况。时间如此之短，短到仿佛只是双方共同乘坐了一段电梯。

口头陈述应当是经过精心设计与准备、风趣且灵活的。创业者需准备一份纲要，列出所有投资者感兴趣的重点信息。纲要内容是固定的，但创业者可在陈述中根据情况自由调整——死记硬背地陈述内容会缺少激情与活力，使人感觉有些乏味。

准备口头陈述时可遵循以下步骤：

- 全面了解大纲内容；
- 纲要中可使用关键词、举例、形象化或细节描述；
- 反复排练，把握时间；
- 熟悉展示时所用工具，如笔记本电脑；
- 在展示的前一天完整演练，掌握每一细节。

口头陈述的建议

创业者陈述时感觉紧张是难免的。风险投资家既希望商业计划书有深度与专业性,同时也希望创业者简明扼要地阐述。要求内容既简短又突出重点,既概括了关键信息又抛出了其独特之处吸引投资者的兴趣,PPT 一般为 12～15 页。以下是相关建议:

- 突出攻克的**难题**(pain)。投资者希望清楚了解你的公司解决了何种难题,应准确指出企业所设定的目标。
- 分析**可获得的市场份额**(reachable market)。与其刻画动态的潜在市场,不如直接指出可迅速满足的市场需求。
- **商业模式**(business model)。投资者希望了解企业是如何盈利的。对于企业进入市场、实现销售的方式,应思路清晰地阐述,这是创业企业成功的开端。
- 宣传你的**管理团队**(management team)。任何投资者都希望了解创业团队的技能与背景。陈述时要突出经验丰富的团队成员以及董事会中的技术顾问。
- 解释所用**指标**(metrics)。与其引用类似"1%规则"的假设,不如介绍在计算预期利润时所使用的指标。(当人们提出将占领 1%的市场时,往往并没有进行对市场进行考察。)
- 刺激读者。陈述的目的就是为了使投资者开始下一步:进一步讨论商业计划书的细节。因此,你的热情尤为重要,一定要让他们相信这是个激动人心的项目。
- 为什么向你投资以及为什么必须现在就投资?最后必须回答投资者的这些挑战性的问题:为什么选择你进行投资?为什么现在就要着手启动此计划?对自己及团队要充满自信。应对未来占据市场的时间安排予以说明。[17]

所期待的结果

创业者应认识到阅读计划书、听他们表述商业构想的投资者往往是比较苛刻甚至是怀有对立情绪的。风险投资家甚至会打压他们,从而验证其能力与勇气。因此,创业者应做好相应的准备。在进行口头表述或提交商业计划书时,风险投资家会在倾听的同时对计划简单翻阅,然后给出他们的评论。不管你对自己的商业计划书有多自信,投资者是不会在仔细查看之前就进行判断的:"这是我见过的最伟大的商业计划书!"不要对投资者将迫切地接受或礼貌地赞扬抱有期望。你将最有可能得到批评或类似的评价。不过请不要惊慌,就算出现很多反对意见或是批评,请记住:一些最好的风险投资项目都曾面临过与此相同的批驳。不要期望在 20 分钟内得到结果,任何阐述都是学习的经历,都能为下一次的展示增添自信。

创业者必须做好准备应对各种问题,并从批评中不断学习。他们不应因此产生失败感,应积极调整、改进商业计划书,并为下一次的展示做好准备。表 12—5 是当计划被拒时创业者可提问的问题。应根据投资者所给出的回答对商业计划书进行补充、修改与完善,在心理上做好跑马拉松的准备,不可能第一次递交就获得融资。[18]

表 12—5　　被风险投资家拒绝时做什么：十个问题

1. 核实结论："那意味着您不参与此项投资？"
2. 询问未来："您会参与第二轮融资吗？"
3. 找出被拒原因："为什么不参与我们的项目？"（时机、匹配度还是其他原因？）
4. 征求意见："换做是您，这件事该怎么做？"
5. 其他建议："能否介绍合适的资金来源？"
6. 询问姓名："到那里应该找谁洽谈？"
7. 推荐理由："为什么推荐这家公司？为什么这个人是最佳人选？"
8. 寻找介绍人："谁来向他介绍我最适合？"
9. 合理的解释："我能告诉他，您拒绝我是因为_____？"
10. 获得别人对你的介绍："当他联系您时，您会怎么说？"

资料来源：Joseph R. Mancuso, *How to Write a Winning Business Plan* (Englewood Cliffs, NJ: Prentice Hall, 1985), 37. Reprinted with the permission of Simon & Schuster Adult Publishing Group. Copyright © 1985 by Prentice Hall, Inc.

小结

本章我们介绍了商业计划书的概念，并使读者对商业计划书的内容有了全面的了解。本章分析了计划书所包含的重要因素，同时指出了应避免出现的问题，对这些问题给出了相应的介绍以及解决办法。

之后我们分析了商业计划书的价值，以及它对创业者以及投资者的有利之处。应从读者的角度规划计划书的内容。通过介绍投资者浏览商业计划书的六个步骤，使创业者更好地进行设计。此外，创业者可遵循投资专家对新企业发展提出的十点建议制定商业计划书。

接下来的一部分介绍了商业计划书应予以解答的投资者问题、其框架以及各项主要内容，准备时可根据书中的各项内容提示进行。提交投资者之前可利用评估表考察其内容是否清晰且完整。

最后介绍了如何将商业计划书进行展示，以及应陈述的关键内容，同时告诉读者风险投资家可能作出的评论。

回顾与问题讨论

1. 什么是商业计划书？
2. 说出创业者在制定商业计划书时会遇到的五个问题。
3. 仔细分析上面五个问题并给出你的建议。
4. 说出商业计划书为创业者以及投资者带来的好处。
5. 制定商业计划书时应考虑哪三种主要观点？
6. 描述风险投资家浏览商业计划书的六个步骤。
7. 包装商业计划书时应考虑哪些因素？
8. 指出筹备商业计划书应遵循十项原则中的五项。

9. 简要描述商业计划书中的各项内容。
10. 为什么执行摘要应在整个商业计划书完成后进行？为什么不先起草这部分内容？
11. 营销部分应包含的五项内容有哪些？
12. 重大风险一词的含义是什么？
13. 说出商业计划书财务部分应提供的三张财务报表。
14. 为什么商业计划书应不断更新？
15. 电梯演讲时应注意哪些关键点？

体验式练习

组织一份商业计划书

对于左边列出的十项内容，请按照它们在商业计划书中出现的顺序进行排序。将序号填在横线上。

将右边各项的描述与左边相匹配，例如，如果某项出现在商业计划书的执行摘要部分，请在字母前的横线上填"1"。每部分对应两项。

答案在题后。

_____ 1. 财务
_____ 2. 营销
_____ 3. 管理
_____ 4. 执行摘要
_____ 5. 运营
_____ 6. 公司概述
_____ 7. 重大风险
_____ 8. 附录
_____ 9. 收获策略
_____ 10. 里程碑进度表

_____ a. 介绍企业发展潜力
_____ b. 分析选址优势
_____ c. 讨论价格战
_____ d. 首次公开发行策略
_____ e. 计划书最重要的部分
_____ f. 介绍开发的原型
_____ g. 分析未达到销售目标时的情况
_____ h. 需完成的事件及其期限
_____ i. 所有关键成员的个人简历
_____ j. 包含支持性材料，如蓝图、图表等
_____ k. 分析价格策略
_____ l. 应在整个商业计划书完成后编写
_____ m. 提供一份预算
_____ n. 说明与供应商的关系
_____ o. 企业主要发展阶段的时间表
_____ p. 介绍行业背景
_____ q. 测试所涉及的成本
_____ r. 指出目标市场
_____ s. 介绍公司的法律结构
_____ t. 提供资产负债表与利润表

答案： 1.6；2.3；3.5；4.1；5.4；6.2；7.7；8.10；9.8；10.9；a.2；b.4；c.7；d.8；e.1；f.2；g.7；h.9；i.5；j.10；k.3；l.1；m.6；n.4；o.9；p.2；q.4；r.3；s.5；t.6。

开始创建商业计划书

确定最终的商业计划书

是时候回顾一下以前的为筹备商业计划书所做的所有工作了，应确保其体现了企业的最新需求与目标。计划书的最终版应清晰描述企业特征、发展目标以及实现方法。商业计划书体现企业及创业者的整体情况，因此需要明确阐述企业战略性目标，这样外部投资者可通过阅读来了解。

根据老师的要求，根据表12—4评估工具对计划书进行评估。根据评估结果，重新查阅计划书中的执行摘要、营销、财务、里程碑时间表等内容，修改并完善它们。

实际运作后，通过LivePlan等商业计划书工具，有助于信息更新以及根据目标考察所完成的业绩。不管采取什么格式或工具制定商业计划书，应仔细保存好最终版本，它将指导企业的后续运营。

注释

1. See Jeffrey A. Timmons, Andrew Zacharakis, and Stephen Spinelli, *Business Plans That Work* (New York: McGraw-Hill, 2004); Jan Brinckmann, Dietmar Grichnik, and Diana Kapsa, "Should Entrepreneurs Plan or Just Storm the Castle? A Meta-Analysis on Contextual Factors Impacting the Business Planning–Performance Relationship in Small Firms," *Journal of Business Venturing* 25, no. 1 (2010): 24–40; and Anne Chwolka, and Matthias G. Raith, "The Value of Business Planning Before Start-up—A Decision-Theoretical Perspective," *Journal of Business Venturing* 27, no. 3 (2012): 385–99.

2. James W. Henderson, *Obtaining Venture Financing* (Lexington, MA: Lexington Books, 1988), 13–14; see also Stephen C. Perry, "The Relationship Between Written Business Plans and the Failure of Small Businesses in the U.S.," *Journal of Small Business Management* 39, no. 3 (2001): 201–8; Gavin Cassar, "Are Individuals Entering Self-Employment Overly Optimistic? An Empirical Test of Plans and Projections on Nascent Entrepreneur Expectations," *Strategic Management Journal* 31, no. 8 (2010): 822–40; and Gerard George and Adam J. Bock, "The Business Model in Practice and its Implications for Entrepreneurship Research," *Entrepreneurship Theory & Practice*, 35, no. 1 (2011): 83–111.

3. Joseph R. Mancuso, *How to Write a Winning Business Plan* (Englewood Cliffs, NJ: Prentice Hall, 1985), 44.

4. See Donald F. Kuratko, "Demystifying the Business Plan Process: An Introductory Guide," *Small Business Forum* (Winter 1990/1991): 33–40.

5. Adapted from Henderson, *Obtaining Venture Financing*, 14–15; and Mancuso, *How to Write*, 43.

6. Henderson, *Obtaining Venture Financing*, 15.

7. Stanley R. Rich and David E. Gumpert, "How to Write a Winning Business Plan," *Harvard Business Review* (May/June 1985): 156–66; see also Colin Mason and Matthew Stark, "What Do Investors Look for in a Business Plan?" *International Small Business Journal* 22, no. 3 (2004): 227–48.

8. Gerald E. Hills, "Market Analysis in the Business Plan: Venture Capitalists' Perceptions," *Journal of Small Business Management* (January 1985): 38–46; see also Gerald E. Hills, Claes M. Hultman, and Morgan P. Miles, "The Evolution and Development of Entrepreneurial Marketing," *Journal of Small Business Management* 46, no. 1 (2008): 99–112.

9. Rich and Gumpert, "How to Write," 159.

10. Mancuso, *How to Write*, 52; see also Bruce R. Barringer, *Preparing Effective Business Plans: An Entrepreneurial Approach* (Upper Saddle River, NJ: Pearson/Prentice Hall, 2009).

11. Mancuso, *How to Write*, 65.

12. These guidelines are adapted from Jeffrey A. Timmons, "A Business Plan Is More Than a Financing Device," *Harvard Business Review* (March/April 1980): 25–35; W. Keith Schilit, "How to Write a Winning Business Plan," *Business Horizons* (September/October 1987): 13–22; William A. Sahlman, "How to Write a Great Business Plan," *Harvard Business Review* (July/August 1997): 98–108; and Donald F. Kuratko, *The Complete Entrepreneurial Planning Guide* (Bloomington: Kelley School of Business, Indiana University, 2013).

13. Donald F. Kuratko and Jeffrey S. Hornsby, *New Venture Management: The Entrepreneur's Roadmap* (Upper Saddle River, NJ: Pearson/Prentice Hall, 2009).

14. See Donald F. Kuratko, "Cutting Through the Business Plan Jungle," *Executive Female* (July/August 1993): 17–27; Andrew Burke, Stuart Fraser, and Francis J. Greene, "The Multiple Effects of Business Planning on New Venture Performance," *Journal of Management Studies* 47, no. 3 (2010): 391–415; and Kuratko, *Complete Entrepreneurial Planning Guide*.

15. Kuratko and Hornsby, *New Venture Management*.

16. For example, the Massachusetts Institute of Technology sponsors a business plan forum in Boston, and Plug and Play Tech Center in Silicon Valley provides numerous forums where new ideas are "pitched."

17. For more on venture "pitch" presentations, see Barringer, *Preparing Effective Business Plans*; and Andrew J. Sherman, *Start Fast and Start Right* (New York: Kaplan Publishing, 2007).

18. For excellent resources on business plan preparation and presentations, see Garage Technology Ventures at http://www.garage.com/resources.

第 IV 篇
创业的战略视角

- 创业企业的战略性成长
- 创业企业的价值评估挑战
- 创业企业的最终收获

第 13 章

创业企业的战略性成长

创业思维

如果不能持续成长与进步，那么诸如改善、成就、成功这些字眼是毫无意义的。
——本杰明·富兰克林，美国开国元勋

成长是没有限制的，因为人们的智慧、想象力、好奇心是无穷的。
——罗纳德·W·里根，美国第 40 任总统

本章重点

1. 介绍战略规划对创业企业的重要性
2. 介绍战略规划的本质
3. 介绍创业企业成长的挑战
4. 分析企业生命周期的五个阶段：开发、启动、成长、成熟、创新或衰退
5. 分析创业方法到管理方法的转变过程
6. 分析企业成长阶段的关键影响因素
7. 探讨管理悖论和矛盾的复杂性
8. 介绍突破成长壁垒的措施
9. 分析打造一家创业企业的要素
10. 识别企业成长中的独特管理问题

战略规划与创业企业

尽管创业者会为企业制定各种计划，但大多不太正规且缺乏系统性。[1] 对这种周密计划的需求又随着企业性质、规模及结构的不同而变化。也就是说，仅有两人的小公司采用非正式计划取得成功的原因在于其简单的运营模式，而对于员工数量、市场影响力迅速扩张的新企业来说则非常需要认真地规划企业的未来，因为它将面临复杂多变的环境。

创业者做出这种计划调整的原因还包括：一是企业发展的不确定性。这种不确定性程度越高，他们就越需要一份正规的、经过深思熟虑的计划帮助他们应对企业所面临的挑战。二是竞争强度（竞争对手的数量与能力）更加彰显系统性计划的重要性，以便能够更严密地监控企业运营及发展方向。[2]三是创业者的经验影响着计划的水平，缺乏技术或商业方面的经验可能将限制创业者对一些问题的认识，正式的企业规划将帮助他们做出合理的决策。只有这样，创业企业才能不断发展壮大。

战略规划的本质

战略规划（strategic planning）是根据企业所具备的优势与劣势，为了有效管理所面临的机会与威胁而制定的长远计划，内容包括使命、目标、策略以及指导方针。战略管理过程（见图13—1）是设定目标、制定决策、采取行动的过程，最终使企业掌握核心竞争力，获取超额回报。应通过对企业所处的内外部环境进行分析，制定战略并予以实施。将战略转化为实际行动是取得竞争优势及利润的先决条件。因此，战略管理应与不断变化的市场及企业所处竞争环境相适应，包括资源、能力及核心竞争力。应按照整合后的战略规划进行有效实施，实现所设定的战略目标。[3]战略规划是确定企业发展方向的首要任务，最佳战略会受多种因素影响，如创业者素质、业务的复杂程度、行业特性等。不管怎样，战略规划需遵循以下步骤。

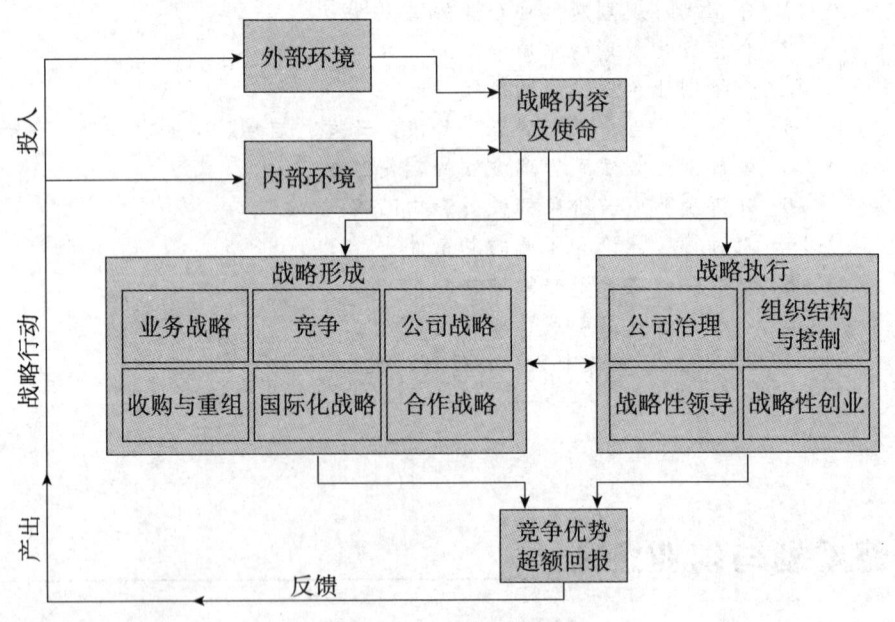

图13—1　战略管理过程

资料来源：Michael A. Hitt, R. Duane Ireland, and Robert E. Hoskisson, *Strategic Management*, 8th ed., © 2009 Cengage Learning.

1. 分析企业所处内外部环境（优势、劣势、机会、威胁）。
2. 制定长期战略与短期战略（使命、目标、策略、方针）。
3. 执行战略规划（计划、预算、步骤）。

4. 评估结果。
5. 通过不断得到的反馈采取行动。

第一步分析环境对于创业企业来说至关重要，通过了解外部及内部环境有助于企业制定战略内容及使命，它们影响着战略的确定与执行。影响企业的内外部因素有很多，环境分析时需全面考虑，通常可采用 **SWOT 分析法**（SWOT analysis）。SWOT 分析法是对企业内部因素（优势（strengths）与劣势（weaknesses））以及外部因素（机会（opportunities）与威胁（threats））进行分析，从而将战略与内部资源、外部环境有机地结合起来。根据分析结果，企业可通过战略的制定、执行、评估与反馈不断发展壮大。[4]

战略管理中最有价值的是"战略思维"，它成就了无数商业领袖。虽然并不总被人们提起，但却整合了创业者对未来的洞察力以及创新能力。[5]

缺乏战略规划的原因

创业企业对于经济的重要性体现在创新、就业、刺激消费等方面，有效的规划能帮助新企业获得生存与发展。然而，研究学者发现一些新企业明显缺乏战略规划，原因在于：

1. **缺乏时间**（time scarcity）。创业者的时间有限，很难安排时间为日常运营制定计划。
2. **缺乏知识**（lack of knowledge）。创业者对规划程序知之甚少，不了解应进行哪些工作，以及如何安排次序。此外，无法获取制定规划所需的信息，而且不知道如何进行应用。
3. **缺乏技能**（lack of expertise/skills）。创业者虽是典型的多面手，但没有掌握战略规划的专业知识。
4. **缺乏信任和公开**（lack of trust and openness）。创业者通常比较敏感，对决策小心谨慎，对需要员工及外部顾问参与的战略规划犹豫不决。
5. **高成本感知**（perception of high cost）。由于感知到规划可能导致较高成本，很多创业者规避或忽略战略规划。[6]

除此之外，人们还发现了其他原因。例如，不管业绩如何，企业都存在缺乏长期规划的问题，时间与费用是主要障碍。另外，一些效益不佳的企业还抱怨难以形成良好氛围、缺乏经验丰富的管理人员、整体经济不景气等。显然，战略规划对于创业者企业来说绝非易事，然而合理进行规划的企业却能从中获得很多收益。

战略规划的价值

战略规划真的有效吗？研究表明，答案是肯定的。[7]人们就规划对创业企业所发挥的作用进行了大量研究，其结果都显示出战略规划在企业中的价值。其中很多结果暗示我们：规划可影响企业的生存。一项对 70 000 家失败企业的研究结果表明，缺乏规划是导致失败的重要原因。[8]其他调查也显示，进行战略规划的企业所获结果胜于那些没有进行战略规划的企业。[9]一项对 220 家小企业的调查结果进一步证实了选择合适的战略（利基战略）对于企业创建明显的可持续性竞争优势的重要性。[10]另一项研究考察了软件行业战略调整对企业绩效的影响，发现聚焦或差异化战略形成后，企业的业绩有所提升。[11]最后，还有一项对253家小规模企业的调查，试图找出业绩与规划复杂性之间的联系，它将这些公司分为以下几类：

类型Ⅰ：没有规划（101家企业，占39.9%）。

类型Ⅱ：规划的复杂程度为中等，形成了书面的发展战略，或对目标进行了量化，有一些具体的规划及预算。对外部环境的一些因素进行了分析，设定了对规划与实际绩效的差异进行监测的流程（89家企业，占35.2%）。

类型Ⅲ：复杂的规划，包括一份书面发展规划、量化目标、具体规划及预算方案，识别了外部环境因素，定期对规划与实际绩效的差别进行监测（63家企业，占24.9%）。

研究结果显示，在类型Ⅱ或类型Ⅲ企业中约有88%达到或超过行业平均发展水平，而在类型Ⅰ的企业中只有40%达到或超过行业平均发展水平。[12]

因此，以上所有研究结果都表明，制定了战略规划的创业企业是更有效的。最重要的是，企业进行战略规划的过程才是成功的关键，而非形成规划这一结果。[13]

战略规划中的致命愿景

战略的执行与战略本身同等重要，创业者在具体实施战略时总会无意识地出现一些失误，应根据实际竞争态势的变化进行调整。

著名学者迈克尔·波特提出了实施战略时常见的五种重大错误。[14]

● 致命愿景1：对行业吸引力缺乏正确理解。有太多创业者认为行业吸引力存在于那些增长最快、最有吸引力或高新科技的领域。这种理解是错误的，行业吸引力也意味着较高的进入壁垒以及较少的替代产品。企业技术含量越高、越引人注目，就越会吸引新竞争者加入，夺走利润。

● 致命愿景2：没有建立起真正的竞争优势。一些创业者照搬或模仿其他竞争对手的战略，这看似容易且风险较少，但却意味着企业不具备竞争优势。创业企业要想在市场中取胜，就必须采取独特的方法进行竞争。

● 致命愿景3：追求无法实现的战略地位。充满野心的创业者试图统治快速增长的产业，然而在忙于启动及寻找目标客户的同时却忘记成功后应该做的事情。例如，成功的软件会被快速复制；其优势很快将消失殆尽。真正的优势在于为用户提供服务与支持、定期更新、与客户在线沟通，使客户对企业产生依赖，形成进入壁垒。小公司的问题通常在于没能保持自己的优势。

● 致命愿景4：为了实现增长而牺牲战略。要想创业成功，人们必须权衡增长策略与竞争策略。如果创业者牺牲其独特性战略追求快速增长，那么企业可能将面临出局的危险。尽管在一些行业获得快速增长是非常有吸引力的目标，但保持并增强竞争优势也同等重要。

● 致命愿景5：未能向员工清晰传达企业战略。让所有员工都了解企业战略是非常关键的，不要以为员工已经了解，应使他们明确获悉。

正如波特所言，"战略最基本的好处在于它能使活动统一或一致，各部门都朝着一个方向努力。如果人们不知道目标是什么，如何要求他们工作呢？比如，当终极目标是实现低成本时，人们对此不了解，那么他们每天的工作便不是为此目标而努力。在企业中，工作人员每时每刻都在决策，只有清楚地获悉战略，才能做出正确的决策。"[15]

创业与战略行动

创业与战略管理都是影响企业绩效的动态过程。战略管理是在特定环境中使企业建立竞争优势,创业管理则是利用竞争优势进行产品、流程以及市场方面的创新。创建新企业就是要通过创新在市场中拥有一席之地。

一些学者认为创业活动以及战略活动的目的都是通过发现新的市场或竞争区域为企业创造财富。企业试图找到运营中的全新方法,改变行业现有竞争规则,以新的商业模式引领新领域的竞争。创业企业的创新、冒险以及超前行动的程度都与战略管理的维度相匹配。创业及战略管理都涉及创新、关系、国际化、学习型组织、高层管理团队与公司治理以及企业成长(见图 13—2),理解这些领域的相互作用可使创业者积累知识,领导企业进行更为有效的创业活动及战略活动。[16]

创业行动 (创新 / 关系 / 国际化 / 学习型组织 / 高层管理团队与公司治理 / 成长) 战略行动

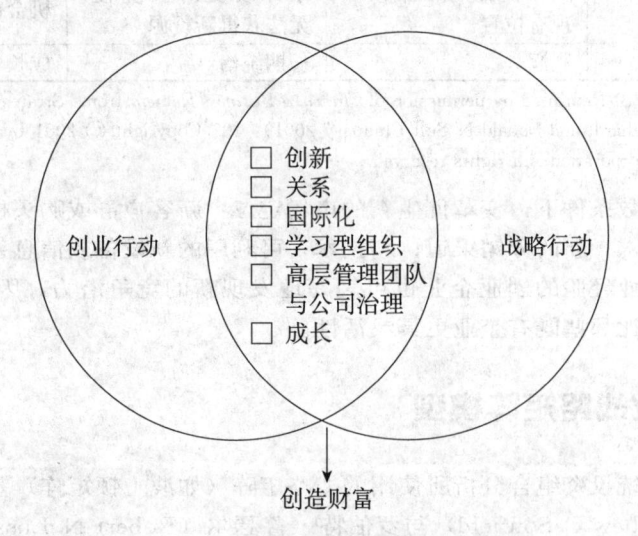

→ 创造财富

图 13—2 创业行动与战略行动的融合

资料来源:R. Duane Ireland, Michael A. Hitt, S. Michael Camp, and Donald L. Sexton, "Integrating Entrepreneurship and Strategic Management Actions to Create Firm Wealth," *Academy of Management Executive* 15, no. 1 (February 2001): 51.

战略定位:创业者的利刃

战略竞争可被视为争夺现有客户或者吸引新客户进入市场从而改变企业市场地位的过程。一般来讲,企业都面临着寻找新的战略地位的问题,而创业者更具优势。

战略定位(strategic positioning)需要人们的创造力与洞察力,创业者常能发现独特且可行但却被现有企业忽略的市场位置。此外,创业企业可通过占有市场有利地位取得成功,而这个位置曾被竞争对手占据多年。

战略定位包括创建并维持有利地位、协调资源以控制市场以及寻求新市场机会(见表 13—1)。创业者需意识到寻求机会是在变革中取胜的最佳途径。

表 13—1　　　　　　　　　战略方法：位置、杠杆、机会

战略思维	位置	杠杆	机会
	创建地位	协调资源	挖掘机会
步骤	识别具有吸引力的市场，找到其中可防御的位置；巩固与防御	树立愿景，筹措资源	迅速对问题深入研究，推动变革，把握机会
战略性问题	我们应该在哪？	我们应该做什么？	如何继续下去？
优势资源	独特性，与行动体系紧密结合的有利地位	独特、稀缺、不可模仿的资源	关键步骤以及独特且简单的规则
最适合	缓慢变化且结构良好的市场	中等变化且结构良好的市场	快速变革且不确定的市场
优势的延续	持久	持久	不可预知
风险	条件变化时很难改变现有位置	条件改变时反应慢，无法获得新资源	机会出现时过于谨慎行事
业绩目标	利润	长期统治	成长

资料来源：Reprinted by permission of *Harvard Business Review* from "Strategy as Simple Rules," by Kathleen M. Eisenhardt and Donald N. Sull (January 2001): 109. Copyright © 2001 by the Harvard Business School Publishing Corporation; all rights reserved.

大多数条件下，变革催生新的市场定位；新客户群或购买机会增加；社会变革产生的新需求；新的分销渠道；新技术；可利用的新设备或信息系统等。这样，并未积累多年行业经验的创业企业也可轻易地发现新的竞争潜力，因为不受现有经营的约束，所以比那些既有企业更具灵活性。[17]

□ 创业战略矩阵模型

在传统投资组合分析所使用的战略矩阵（如波士顿矩阵）基础上，麦修·萨菲尔德（Matthew C. Sonfield）与罗伯特·鲁瑟尔（Robert N. Lussier）开发了**创业战略矩阵**（entrepreneurial strategy matrix），用以测量风险与创新。[18] 这里，**创新**（innovation）是指创造新的、与众不同的事物。企业产品或服务的创新程度越高，测量值也就越高。

风险是指造成重大财务损失的可能性。创业企业失败的可能性多大？财务损失有多严重？在利用多种方法进行创新、降低财务风险的同时，还应考虑创业者的主观因素。

毫无经验的创业者也可以通过这一模型分析所处环境并制定合理的战略。模型的纵轴代表创新，横轴代表风险，如图13—3所示。

创业战略矩阵模型为不同的企业提供了与之相匹配的战略。当创业者经过考虑后确定自己所属方格时，相对有效的战略可供他们参考（见图13—4）。

从图中很容易看出哪些方格更有优势。人们更希望企业属于高创新/低风险，而不是低创新/高风险。每个方格都会有企业与之对应，即使低创新/高风险也不例外。商界中的风险比创新更普遍。

矩阵中的战略有两层含义：一是创业者通过对比优势，采取相应措施，向更优的方格转化。二是当转化不可行时，可在所处方格领域进行调整，如降低风险及加强创新。

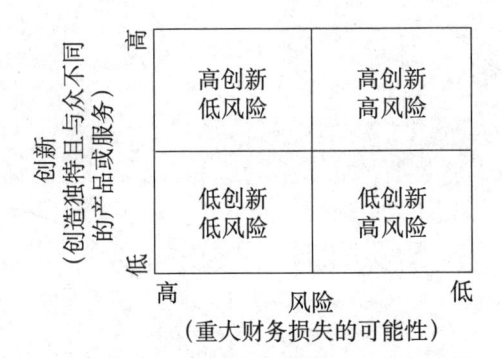

	高创新 低风险	高创新 高风险
	低创新 低风险	低创新 高风险

纵轴：创新（创造独特且与众不同的产品或服务），低→高
横轴：风险（重大财务损失的可能性），高→低

图 13—3　创业战略模型：独立变量

资料来源：Matthew C. Sonfield and Robert N. Lussier, "The Entrepreneurial Strategic Matrix: A Model for New and Ongoing Ventures." Reprinted with permission from *Business Horizons*, May/June 1997, by the trustees at Indiana University, Kelley School of Business.

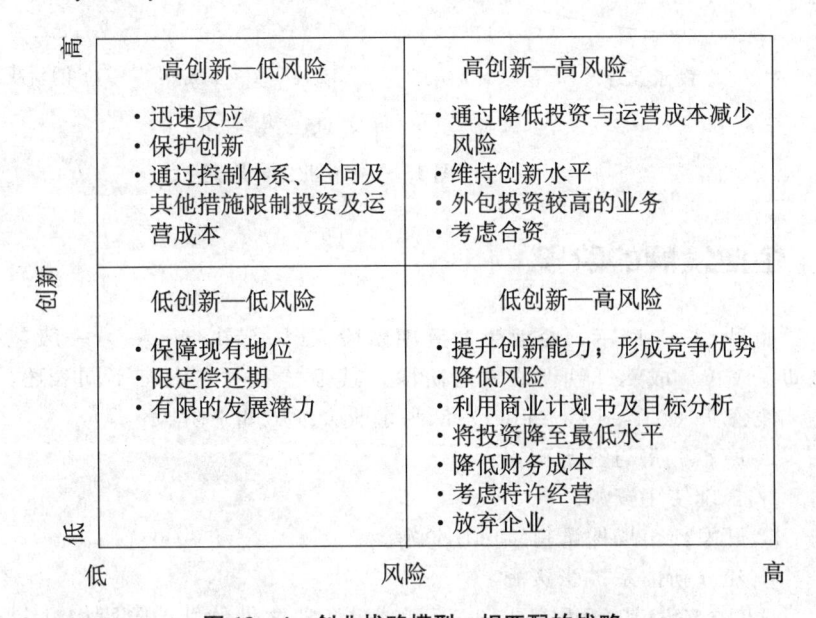

高创新—低风险	高创新—高风险
· 迅速反应 · 保护创新 · 通过控制体系、合同及其他措施限制投资及运营成本	· 通过降低投资与运营成本减少风险 · 维持创新水平 · 外包投资较高的业务 · 考虑合资
低创新—低风险	**低创新—高风险**
· 保障现有地位 · 限定偿还期 · 有限的发展潜力	· 提升创新能力；形成竞争优势 · 降低风险 · 利用商业计划书及目标分析 · 将投资降至最低水平 · 降低财务成本 · 考虑特许经营 · 放弃企业

图 13—4　创业战略模型：相匹配的战略

资料来源：Matthew C. Sonfield and Robert N. Lussier, "The Entrepreneurial Strategic Matrix: A Model for New and Ongoing Ventures." Reprinted with permission from *Business Horizons*, May/June 1997, by the trustees at Indiana University, Kelley School of Business.

管理创业企业的成长

管理创业企业的成长是取得未来成功的重要环节。新企业启动后，创业者需向管理者转变，这是个很大的挑战，是一门对各项多变因素不断平衡的艺术。[19]

正因为如此，创业企业的生存与成长需要创业者同时具备战略与策略的技能，这是由企业所处发展阶段决定的。图 13—5 介绍了企业的生命周期。成长阶段的管理对于任何一家企业能够顺利发展都是至关重要的。

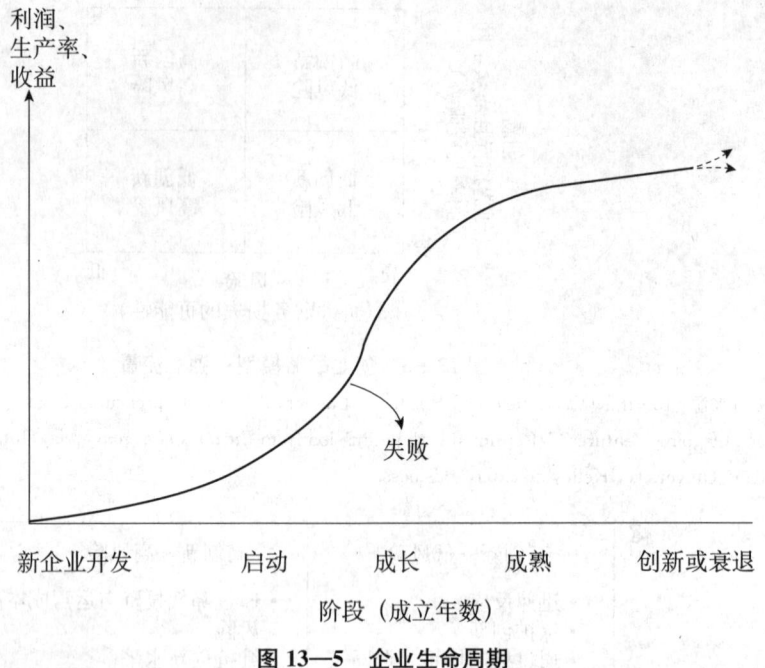

图 13—5 企业生命周期

企业发展的阶段

如图 13—5 所示，**企业生命周期阶段**（life-cycle stages）一般包括新企业开发、启动、成长、成熟、创新或衰退阶段。其他学者对它们有不同表述，例如阿尔弗雷德·钱德勒（Alfred Chandler）认为企业会经历如下阶段：

1. 原始扩张与资源积累。
2. 合理使用资源。
3. 开发新市场保证持续利用资源。
4. 建立新体系扩张资源。[20]

这四个阶段其实可与图 13—5 除成熟阶段之外的其他阶段相对应。也就是说，他还是赞同企业生命周期这一说法的。下面我们分别介绍这五个阶段。

新企业开发阶段

第一个阶段称为**新企业开发阶段**（new-venture development），是为创建企业所做的准备活动，是创业过程的基础，需要创造力与评判能力。除资源积累与扩张，这还是一个为制定初始创业战略而创新、评估、建立网络的阶段。企业的价值观、使命、业务范围、方向都是在这一阶段确定的。

启动阶段

启动阶段（start-up activities）的活动包括制定正式的商业计划书、融资、开展营销活动、组建高效创业团队。这些活动需要强大的战略作为指引，以及创业者的大量努力。这一阶段与钱德勒所描述的合理使用资源阶段相对应。通过规划战略及运营来识别企业竞争优势，获得融资。在此阶段应主要关注营销和财务方面。[21]

成长阶段

成长阶段（growth stage）需要对创业战略做出重大调整。竞争及其他市场压力迫使企业重新规划战略。例如，一些企业无法有效适应环境而被市场淘汰。富有创造力的企业家不能或者不愿接受成长阶段的管理挑战，因此离开企业或转向其他业务。

相比启动阶段来说，创业者在这一阶段面临更新、更实际的问题，促使其在保持组织的"创业者观点"的同时建立一系列的新技能。[22] 成长阶段是从创业者个人领导向管理团队领导过渡的阶段。[23]

成熟阶段

成熟阶段（stabilization stage）是市场条件和创业者努力的共同结果。这一时期的变化较多，包括竞争加剧、产品或服务的吸引力降低、大量相似产品充斥市场、销售量日趋稳定，创业者必须思考今后3~5年的发展方向。这是一个动荡的阶段，未来可能会获得更高的利润，也可能走向衰败。创新对未来成功是至关重要的。

创新或衰退阶段

无创新的企业将走向衰败，效益较好的企业试图通过收购创新企业实现增长。也有企业致力于开发新产品或服务，以期突破现有格局。

企业生命周期的每一个阶段都是重要的战略转折点，需要采取不同的战略。本章主要介绍创业者常忽视的成长阶段，忽视的原因并不是他们不称职，而是成长阶段的成功所导致的催眠效应。下面我们探讨影响这一阶段管理能力的关键因素。

☐ 从创业者到管理者的转变

企业各发展阶段之间的转变，依赖创业者调整其风格的能力。成长阶段的重大转变就是创业者向管理者过渡。这是一个艰难的过程，正如查理·霍弗（Charles W. Hofer）和瑞姆·查瑞安（Ram Charan）所说，"在各种可能发生的转型中，最难实现、企业发展最为关键的是，从创业者的个人管理模式向组织功能完备的专业团队管理模式的转变。"[24]

转型中可能出现大量问题，特别是当企业具有如下特征时：(1) 高度集中的决策体系；(2) 过度依赖一两个关键人物；(3) 缺乏管理技能及培训；(4) 家长式氛围。[25] 尽管这些特征在企业处于启动阶段是有效的，但在成长阶段则构成一定的威胁，通常会限制企业家的管理能力，抑制企业的发展。

平衡焦点：创业与管理

在成长阶段进行管理时，创业者应谨记两个关键点：第一，适应型的企业应保留某些创业时的特征，促进创新与创造；第二，在激发员工的创新与创造力的同时，创业者应向管理者角色转变。[26] 平衡创业者与管理者的角色是很困难的，每家企业都希望能够像苹果、谷歌、Facebook那样做到创新、灵活、具有创造力，但大量新餐馆、网络公司、零售商店、高科技公司试图通过创新实现增长时都失败了。

为了使企业取得较好的成长，企业家在保持创业特征的同时应向管理方面转变，这一点是非常关键的。表13—2从战略方向、机会把握、资源利用、资源控制以及管理结构这五个方面对比了创业者和管理者的特征及面对的压力。这五个方面对于创业式管理的权衡都是很重要的。一项研究通过问题的方式将创业者视角与管理者视角进行了表述：

创业者视角
- 机会在哪里？
- 我应如何把握它？
- 我需要哪些资源？
- 如何支配这些资源？
- 最佳的结构是什么？

管理者视角
- 我掌控何种资源？
- 怎样的结构决定了企业与市场的关系？
- 如何将外界对我的影响降至最低程度？
- 何种机会是适宜的？[27]

表 13—2　　　　　　　　　　创业文化与管理文化

	创业者的焦点		管理者的焦点	
	特征	压力	特征	压力
战略方向	受机会感知驱动	机会减少；技术、消费、社会价值、政策等迅速变化	受可控资源驱动	契约；业绩指标；规划体系与周期
机会把握	短期的，革命性的	行动导向；选择余地受限；接受的合理风险；较少的决策支持	长期的，演化性的	多方决策支持的协调；战略过程的谈判；风险降低；协调现有资源
资源利用	多阶段，每个阶段程度较低	缺乏可预测的资源需求；缺乏环境控制；合理配置资源的社会需求；国外竞争；有效利用资源的需求	一个阶段，对决策负全部责任	降低风险的需求；刺激性补偿；管理人员调整；财务预算系统；正式的规划体系
资源控制	间断性使用或租赁所需资源	高度的资源专业化；资源大于需求；过时的风险；识别机会的风险；永久资源的不灵活性	拥有或支配所需资源	权利、地位和收益；活动的协调；效度测量；变革的惯性及成本；产业结构
管理结构	扁平化，多个非正式群体	协调关键但非可控资源；挑战层级制度；员工独立的需求	层级制度	需明确界定权利与义务；企业文化；奖励体系；管理理论

资料来源：Reprinted by permission of the *Harvard Business Review*. An exhibit from "The Heart of Entrepreneurship," by Howard H. Stevenson and David E. Gumpert, March/April 1985, 89. Copyright © 1985 by the President and Fellows of Harvard College; all rights reserved.

这些问题背后的逻辑可通过多种方式体现。例如，资源利用在创业者思维框架中反映了变化的环境需求，而在管理者视角下则注重的是降低风险。在资源控制方面，创业者应尽量避免拥有资源，因为存在资源的老化问题以及灵活性需求，管理者则将所有权视为实现效率与稳定的手段。在结构方面，创业者视角强调的是灵活性与独立，管理者视角则强调复杂任务的一致性以及秩序、奖励体系方面。

这些差异有助于确立两种视角下的重要议题。企业应平衡创业者视角及管理者视角的不同决策，实现有效增长。

创业实践

科技四雄的创新成长

苹果、Facebook、谷歌、亚马逊常被归为一类，已成为21世纪增长最快的四家科技企业。在现代社会中，很少有企业像它们那样持续进行创新，其创业根基已发展成为一种创新的企业文化。因此，它们在为企业带来成功的同时也推动了科技的进步。让我们一起回顾它们是如何启动创业、如何引领全球科技创新以及如何保持创新企业快速增长的。

苹果公司

苹果公司由史蒂夫·乔布斯、史蒂夫·沃兹尼亚克在1976年创立，研发并销售个人电脑Apple I，这是第一台自主设计的产品。在当时大多数电脑没有显示器的情况下，25岁的沃兹尼亚克与21岁的乔布斯将电视机作为Apple I的显示器。此外，他们还设计了用于装载和存储程序的卡式磁带。虽然苹果公司在1976年过早地进入个人电脑行业，但在同时期仍获得了成功。乔布斯与沃兹尼亚克的个人魅力创造了苹果历史上的众多感人故事，这种创新的企业文化也是他们性格的完美呈现。30多年后，苹果公司仍不断进行创新，已成为世界最大的科技公司，在2011年1080亿美元的销售中，利润达到250多亿美元。

苹果公司的创新包括：
- 汇集多种革命性技术的iPhone 4S手机以及"智能语音助手"。
- iPhone 4S选用的高端摄像头在几年前的价格是500美元。
- 虽然进入时间较晚，但iPad产品几乎占据了整个平板电脑市场。

Facebook

2003年，19岁的马克·扎克伯格入侵了哈佛大学的一个数据库，将学生的照片拿来用在自己设计的网站FaceMash上，供同班同学评估彼此的吸引力。扎克伯格很快便意识到该网页的巨大潜力，和两位室友一起用了一星期时间编写网站程序，建立了为哈佛同学提供互相联系平台的网站Facebook，引领数字社交媒体领域。不到10年，Facebook已发展为全球社交网络服务业的领导者，拥有10亿活跃用户。Facebook通过创新不断增长，到2012年1月市值高达835亿美元，成为全球最具价值的社交媒体公司。

Facebook的创新包括：
- 在用户主界面以"时间轴"方式呈现注册用户的历史活动。
- 添加音乐及新闻共享功能，增强Facebook的竞争力。
- 在2011年的30亿美元收入中实现10亿美元利润。
- 通过新型广告获取更高收益。

谷歌公司

谷歌公司由两名斯坦福大学的博士生拉里·佩奇和谢尔盖·布林在1996年建立。在从事由斯坦福数字图书馆技术项目支持的研究项目的过程中，为了更好地分析网页之间数据的联系，他们开发出新的算法，并将其应用于搜索引擎（google.stanford.edu），希望能够整合全球信息，使人人皆可访问并从中受益。谷歌公司于1998年9月7日在美国加利福尼亚州山景城以私有股份公司形式创立，设计并管理互联网搜索引擎。同苹果公司一样，谷歌公司的历史也是两位年轻的创新者改变了世界。13年后，谷歌在全球创新企业中位居第二，其公司名称已成为人们经常使用的一个动词，当要告诉其他人通过网络查找信息时，他们会说"Google"一下。在美国，Google.com是访问量最大的网站。

谷歌的创新包括：
- YouTube频道功能全新改版。
- Android系统，全球出货量总和将达到25亿台，手机广告销售收入约40亿美元。
- Chrome超过Firefox，成为第二种最受欢迎的网页浏览器。
- Google+深度整合到所有Google产品中。

亚马逊公司

杰夫·贝佐斯于1994年创立亚马逊在线书店。和其他创业者一样，具有远见的贝佐斯看到了网络的潜力和特色。当大型实体书店提供20万本图书时，网络书店能够给读者提供比20万本图书更多的选择。网络泡沫时期，那些快速成长的网络公司纷纷关门歇业，只有亚马逊还在盈利。现在这个平台售卖的产品种类很多，竞争对手包括沃尔玛以及塔吉特超市。亚马逊已成为全球重要的电子商务公司，2011年收入达480亿美元。

亚马逊的创新包括：
- 电子书Kindle Fire位列平板电脑市场第二。
- 短篇电子书Kindle "Single"。
- 拓展至Quidsi纸尿裤及药品。
- 拓展流媒体服务，与CBS，FOX等内容商合作。

资料来源：adapted from "50 Most Innovative Companies," *Fast Company* (March 2012); Mark W. Johnson. "Amazon's Smart Innovation Strategy," *Bloomberg/Business Week* (April 12, 2012), http://www.businessweek.com/innovate/content/apr2010/id 20100412_520351.htm (accessed May 15, 2012); History of Apple, *Wikipedia*, http://en.wikipedia.org/wiki/History_of_Apple_Inc.; History of Facebook, *Wikipedia*, http://en.wikipedia.org/wiki/History_of_Facebook; History of Google, *Wikipedia*, http://en.wikipedia.org/wiki/History_of_Google; Amazon, *Wikipedia*, http://en.wikipedia.org/wiki/Amazon (all accessed May 16, 2012).

▢ 理解成长阶段

成长阶段标志着个人创业向集体运作模式的转变。创业型领导模式让位于灵活的团队协作方式。

成长阶段的关键因素

创业者必须了解企业成长阶段管理的四个关键因素：控制、责任、容忍失败和变革。

控制

企业成长会伴随各种管理和控制方面问题的出现，处理时需回答下面三个重要问题：(1) 控制系统影响信任感吗？(2) 资源配置系统影响信任感吗？(3) 事先征得同意比事后请求原谅更容易吗？这些问题暴露出企业的控制问题。如果回答是肯定的，那么企业正朝着控制与合作不断优化的方向发展；如果答案是否定的，应仔细考察相关原因。

责任

随着企业不断成长，权力与责任的分化越来越明显。权力能被授予，但赋予责任感更为重要。这有助于建立灵活、创新、相互支持的环境。责任感一旦形成，人们将不只限于分内工作，全体员工的创新协作、责任分担将有助于企业更好地发展。

容忍失败

即便企业经受住启动阶段的考验进入了成长阶段，保持对失败的容忍仍非常重要。创业者所经历的失败、吸取的教训在成长阶段同样会遇到。失败是所有公司都不愿遭遇的，若想获得持续创新与发展，应做好容忍一定程度失败的准备，而不是进行惩罚。

失败体现在以下三个层面：

- **道德失败**（moral failure）。这是对信任的一种侵犯。企业建立在相互期望与信任的基础上，这种侵犯将带来严重后果。
- **个人失败**（personal failure）。这种失败是由于缺乏技能或实践导致的，通常应由企业与个人双方共同承担，因此要用对双方都有利的方式来解决。
- **不可控的失败**（uncontrollable failure）。这种失败是由外界因素导致的，很难预防和应对。资源的限制、战略方向、市场变化都是超出员工能力范围的因素，高层管理者需仔细分析失败产生的环境，避免再次发生。

变革

计划、运营、实施都将在企业在成长阶段及后续阶段持续发生变化，要想在成长过程中保持机会主义的心态需要具有变革和标新立异的精神。创业者应认识到，资源、人员、结构等方面的变革将具有不同含义，因此企业在成长阶段保持灵活性是很重要的，这样才能够对环境快速做出准确的反应。

管理悖论与矛盾

当企业在成长阶段遭遇波动时，大量结构性因素开始引发诸多问题，如企业文化、人员调配与开发、考核与奖励等。对这些因素进行管理时，创业者不停地在严格的官僚形式与灵活且有机的设计间权衡。

研究发现，处于成长阶段的新创企业管理者，特别是在新兴产业，更宜选择灵活且有机的组织结构，而严格的官僚结构最适合成熟及发展稳定的企业。[28]因此文化因素在灵活的组织中应遵循自治、风险承担以及创业精神。这种文化是创业者创建企业原始动力的体现。尽管其重心已向管理模式转变，但创新的企业文化应得到不断传承。

在设计灵活的组织结构以实现较高增长时，创业者必须意识到一些其他结构中的矛盾力量也在产生影响。请考虑以下方面。

官僚化与分权

员工队伍的增加导致官僚主义的产生：人员倍增时，参与及自主性降低，内部劳动力市场扩大。成长阶段需要产品呈现多样化，需要较少依赖复杂的决策程序、进行更多的分权、认识到现有人力资源缺乏业务拓展所需的技能。

环境与战略

环境的剧烈变化以及竞争形势都需要勇于承担风险、高度自治以及员工参与决策的企业文化。而面对竞争时，那些严格实施所制定战略的企业拒绝承担风险，且抑制自治权的实现。

战略重点：质量、成本还是创新

快速成长的企业希望能够在控制成本的同时，提高产品质量，增加产品供应。而降低成本、制定竞争性价格的方法只有在传统决策与评估体系中才能发挥作用。虽然这种战略与自治是矛盾的，但却鼓励产品质量与创新方面的提升。[29]

这些因素强调了管理悖论和矛盾的重要性。企业成长的多重挑战体现在：（1）控制成本的同时，提高质量与创新，以应对竞争压力；（2）集权的同时合理授权，鼓励自治的、自我管理的专业人才对完善不成熟的企业文化作出贡献。快速成长的企业需要在规划管理体系时平衡多种因素。

创业历程

创业者向管理者的转变

对于很多创业者来说，完成由富于创造力的多任务型创业者向商务技能型管理者的成功转变是一项非常艰巨的任务。一些高层管理者成功地实现了转变，也有一些人在转变过程中历经磨难。多数情况下，成败总是取决于创业者创建并提高员工团队的能力。在面临提升管理职能、促进企业发展的挑战时，创业者应采取重要的管理举措。

随着企业发展壮大，企业应提高人力资源的有效管理。在很多企业，创业者自行处理所有人员问题，延误了对其他事务的管理。出现这种状况是非常危险的，因为这些小型企业的创业者没有意识到人力资源可能产生重大问题。

两位学者指出，人力资源管理是21世纪的创业者面临的最大挑战。多项研究都表明这些问题是不断出现的，不管企业成长速度有多快，招聘或雇用称职的员工、工作场所的技术、员工激励以及道德规范管理等，都是管理成长阶段企业的创业者最需要考虑的问题。

为使员工效率不断提高，可从两方面着手：绩效奖金挂钩以及组建团队。

绩效奖金挂钩：管理不当将导致士气下降。工作最优秀的员工其待遇是否最高？很多成长型企业中，薪水是保密的，只有领导及员工本人了解自己的具体收入。随着时间的推移，每名员工的薪金都会有不同程度的变化；一些人的收入会高于其他人。当出现不公平或收入与绩效无关时，士气会受到严重影响。可能会出现两种情况：第一，有能力得到更多收入的人另寻其他企业；第二，剩下的人消极怠工，理由是"我们没有得到应得的东西，因此不会像之前那样拼命付出。"因此，绩效管理是至关重要的。同时也应注意：并非每项工作都是可以量化的。通过考察客户数量很容易评估销售人员的业绩，但对于软件开发人员来说，则需要进行主观评估。这体现了评估系统的价值所在。此外，创业者及管理者需对当地竞争性薪金保持警惕，当企业无法为员工提供与之相匹配的收入时，可能陷入核心员工离职的窘境。综上，少数员工辞职的原因通常在于对收入不满，在多数情况下，这只是原因之一，对环境的不满、无法融入团队也会使其做出离开的决定。

组建团队：尽管创业者常认为自己是在

鼓励团队协作，但实际上只是在提高企业的内部竞争。例如，当管理者表扬并奖励最佳销售员工后，却发现这样做的结果是使其孤立于其他销售团队成员，造成员工内部恶性竞争。最好的方式是创建真正的团队，奖励团队中的每位成员，最重要的是，惩罚或解雇拒绝进行团队合作的员工。

请记住，在当前环境下，年轻员工所处的工作氛围是最重要的，他们希望在工作中获得成就感。研究显示，重要感、有机会从事有意义的工作、承认员工对企业所作贡献等，这些心理层面的感知比薪金及工作环境更为重要。当以上感觉被满足时，士气会得到提升，同时为企业创造较好业绩。

卡曼·盖洛（Carmine Gallo）在他的著作《史蒂夫·乔布斯的创新启示》一书中阐述了苹果公司创始人史蒂夫·乔布斯的一些创新法则，下面摘录的内容有助于创业者更好地激励员工。

● 帮助人们找到热爱的工作。如果人们所从事的工作是自己所热爱的，那么激励和绩效都将不是问题。

● 为世界留下印记。激励员工追求有意义的目标，同时与企业未来目标相一致。帮助每一个人建立自己的目标。

● 兜售梦想，而非产品。每个人都想在这个世界成就一番事业，帮助他们实现梦想。

● 学会说"不"。专注于自己能力范围之内的事，避免诱惑不断"增加"，使每个人在自己的领域做到极致。

● 掌握信息。经常与员工进行沟通，通过故事与举例的方式使他们理解你所传达的准确信息。

如果坚持以上做法，你将看到它们与成长阶段企业员工经历的创建过程之间的关系，这种经历是独特且具有重要意义的。一旦创业者理解并有效实施了人力资源的管理，将完成由创业者向管理者的成功转变。

资料来源：© Cengage Learning.

对抗成长壁垒

很多企业面临**成长壁垒**（growth wall）的考验。由于难以克服，人们纷纷寻找解决方法。

学者们在研究快速成长企业规模快速扩张、强烈自信、内部混乱、特殊资源需求等方面时，总结出成功实现增长的企业所表现出的共同特征：

● 创业者能够预料到企业成长后的情形。
● 未来的管理团队应现在就着手组建。
● 企业正朝着最初设定的核心目标迈进。
● 逐步引进大型公司的正规化流程，补充而不是替代现有方法。
● 层级制度的影响不断弱化。
● 员工拥有企业股份。[30]

请牢记，这些方面对提升管理能力是非常有帮助的。

一位学者发现，缺乏成长所需资金、管理幅度、创业热情的消失等内部限制更多存在于成长阶段的企业中，而不是那些已成功实现高速增长的企业。此外，企业应对环境变化及趋势的方式也存在较大差异。[31]因此可考虑实施以下措施：建立成长阶段的专门工作小组，用以收集分析环境数据、识别优势与劣势、创新性地利用企业优势、提出未来发展的关键设想；制定成长计划，以解决增长停滞问题、预测未来发展结果、识别必要资源；保持有利于增长的企业文化，鼓励并奖励增长导向的态度；建立外部咨询委员会，帮助企业决策、规划、实施合理的组织结构，促进企业成长。[32]

在21世纪打造创业企业

在21世纪的第二个10年中,变革的速度与程度持续提升;创业企业的发展及转变能否适应这一趋势显得尤为重要。

成长阶段的企业要想适应这种变化,必须培养区别于新竞争对手的应变能力,迎接新的挑战,包括内部(充分利用创造力与知识)与外部[33](寻求外部竞争力弥补企业现有能力的欠缺)这两个方面。[34] 全球化趋势、新技术涌现以及信息的快速传播等迫使企业重新审视企业文化、结构、体系,增强灵活性与适应性。创新与创业思想是成长阶段企业战略中最重要的因素。

创业者应:(1)感知机会;(2)把握机会;(3)对成功怀有坚定的信念。[35] 这种信念源于创意的独特性、产品的优势或者创业者所具备的专业知识与技能,它们将在企业增长过程中转移到企业中。

☐ 创业思维

管理者保持创业心态是非常重要的,图13—6向我们展示了创业者转变为扼杀创新的管理者或官僚主义者所带来的危险。表13—3分别通过决策设想、价值观、信念、解决问题的方法对管理及创业思维进行了比较。

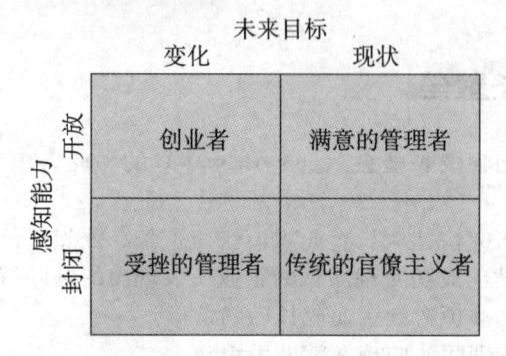

	未来目标	
	变化	现状
感知能力 开放	创业者	满意的管理者
感知能力 封闭	受挫的管理者	传统的官僚主义者

图13—6 创业思维

表13—3 管理思维与创业思维的比较

	管理思维	创业思维
决策设想	历史数据能够最好地预测未来。大多数决策均可量化。	独特经历造就的创意或洞察力对未来趋势做出最准确的判断。
价值观	基于量化分析作出最佳决策。重大决策时采取精密分析是最有价值的。	新的见解或真实经历比历史数据更有价值。
信念	大数定律:通过系统分析正确的数据可消除不确定性。	小数定律:单独事件或几个独立事件便可成为未来决策的关键。
解决问题的方法	问题是威胁财务预测的小概率事件。需通过实证分析解决。	将问题视为发现新变化的商机。

资料来源:Mike Wright, Robert E. Hoskisson, and Lowell W. Busenitz, "Firm Rebirth: Buyouts as Facilitators of Strategic Growth and Entrepreneurship," *Academy of Management Executive* 15, no. 1 (2001): 114.

某些情况下，成功也会影响创业者变革与创新的意愿。企业发展良好且创业者对当前状况感到满意时，他们是不愿继续进行改变的。这样，他们将使环境变得日趋制度化，指令上传下达，不能容忍哪怕细节方面的调整。[36]结果，企业中没有人愿意也不被鼓励进行创新，因为会遭到创业者的否定。

一项研究通过调查企业利润目标、生产或市场目标、人力资源目标以及组织灵活性发现，创业者直接影响企业的发展。[37]如果创业者希望营造有助于企业领先的创新氛围，那么必须采取相应的步骤与方法。

□ 创业企业的关键要素

进入成长阶段的企业仍保持其灵活性，这对创业者来说是非常重要的。**创业企业**（entrepreneurial firm）为员工创造机会、启动变革、持续创新。创业者可通过多种方式构建这种企业。[38]适当考虑以下方法，有助于成长阶段的企业保持适应性与创新性。

分享愿景

创业者需将愿景在企业中广泛清晰地传达，这样所有员工便可朝着相同的奋斗目标努力。创业者可通过会议、谈话等方式将愿景直接传达给公司员工，也可通过聚会等标志性事件或活动与大家进行分享。不管何种形式，分享愿景可使整个企业拥有共同的梦想，成为创造未来不可或缺的一部分。[39]

增加机会认知

这一点可通过细致的岗位设计实现，使员工清楚自己的工作任务与职责。不论职位高低，所有人都应明确自己在最终产品或服务中所起的作用，即"与顾客近距离接触"。另一种增加机会认知的方法是通过部门整合，使跨部门的员工通过协作增进创新。

将组织变革设为企业发展目标

这需要企业积极推动创新与变革，不满足于维持现状。如果感知到潜在的发展机会，企业应予以鼓励且为其设定相应目标。资源充足、部门壁垒降低时，企业会产生对机会的渴望。

注入创新欲望

企业需培养员工寻找机会的欲望，空喊口号是无法营造创新氛围的。[40]具体措施如下：

奖励机制

对于创新的员工应给予明确的奖励或表彰，如红利、奖品、加薪、升职等，应与员工在创新方面的尝试相联系。

容忍失败

企业应减少员工对失败的担忧，对成功前的多次尝试予以支持。当然，这并不意味着鼓励失败。企业应鼓励员工从失败中吸取教训，使他们愿意接受变革与创新的挑战。

灵活运作

灵活性决定了创新的可能性，同时会产生积极的效果。当企业坚持既定战略，无法对技术、顾客、环境的变化做出回应时，创新便无从谈起，因为企业无法适应。

团队开发

为营造创新氛围，企业应建立相应团队、制定合理目标。它们不仅仅是工作小组，更是具有远见且忠诚的团队，它们拥有确立新发展方向、设定新标准、挑战现状的权利。[41]

成长阶段企业的独特管理问题

创业企业发展壮大的方式存在很大差别，其中涉及一些较为独特的管理问题，虽然它们在大型企业的运营中微不足道，但对于创业企业来说需谨慎对待。

□ 企业规模的差异

创业企业的小型规模为它们带来了诸多不利因素，例如小企业的局限性在市场方面较为突出，其规模限制了企业进行地域扩张，它们应意识到这一点并在可实现的领域提供服务。另一个不利之处在于较高的采购成本抑制了小企业的利润空间。由于无法实现大量库存采购，需支付较高的采购成本。规模带来的不利之处还体现在，员工无法实现专业化操作，同管理者一样，需要从事多种工作。

当然，创业者可充分发挥小企业的规模优势，首先它具有灵活性。小企业的决策制定与执行是非常具有时效性的，无须经过多级管理层的传达，更能根据市场变化及时调整以提高竞争优势。第二个优势在于与社区的实时沟通。[42]因此可以有效地对产品、促销等策略进行及时更新，以适应环境的需求。

□ 一人经营综合征

大多数创业者都是单身打拼，或与家庭成员、亲戚朋友一起创业，因此企业与创业者是无法分开的。[43]然而，随着企业的成长，创业者无法进行授权时，企业将面临很大风险。**一人经营综合征**（one-person-band syndrome）是指创业者不对员工进行合理授权，独自进行所有决策的制定。一项研究表明，创业企业中大多数计划及运营活动均由所有者自行制定与支配。[44]造成这一问题的原因在于前期所形成的独立性。然而单一决策是不利于企业成长的，它受创业者能力的限制。当创业者全身心投入于企业日常运营时，如何为企业的未来制定合理的计划？因此，创业者需懂得授权的重要性。如果能够脱离当前琐碎的管理事务，企业将从更多员工的技能中受益。

□ 时间管理

对创业者来说，有效进行时间管理并不是一件无法企及的事情。有限的规模及劳动力迫使他们更加勤奋地面对这一挑战。人们总是找不到合适的时间处理所有事务，必须学会为自己争取时间。也就是说,创业者应把时间视为一种可利用的资源,而不能任由自己被时间主宰。[45]为了使每天的运营更有效率,所有者/管理者应采取以下四个关键措施:

1. 评估。企业所有者应分析每天的事务,按重要性排序。(推荐采用事件列表方式。)
2. 设置优先级。将这些事务分类,根据个人情况安排相应的时间,避免拖延。
3. 设定程序。重复性的事务相对比较简单,应设计节省时间的事务处理方案。
4. 授权。对各种工作安排妥当后,可进行适当授权。这是创业者需要掌握的重要技能。

□ 社区压力

对于小型企业来说,其规模有利于与社区创建较好的关系。与拥有公关部门的大公司相比,创业者可更直接参与社区活动。社区压力主要体现在三个方面:参与、领导、捐赠。

社区的这三种期望需要创业者仔细进行规划及预算。社区成员通常都认为创业者拥有充足的时间,因为企业是他们自己的,同时也认为他们的领导才能可为社区活动服务。后者可能是正确的,但他们的时间非常有限。创业者需要仔细安排参加有利于企业的社区活动时间,主要考虑企业可获得的宣传与认可,以使社区与企业同时受益。

财务捐赠方面也应进行分析并预算,慈善捐赠应在企业资金宽裕的情况下进行,不可能对每一项活动都予以支持。创业者应记住时间与资金是极其宝贵的资源,应在合理的预算下进行,同时考量其成本与收益。

□ 持续学习

日常事务仅为创业者留下极少的时间用于提升管理知识与创业所需的技能。今天,环境的剧烈变化影响着流程、工艺、程序、价值观以及产品等方方面面。古希腊哲学家爱比克泰德(Epictetus)说过:"人们不可能去学习他认为自己已知的事情。"创业者需要投入时间学习新技术与新原理,可通过贸易协会、研讨会、洽谈会、出版物、大学资源等机会获得新知识。了解行业前沿发展态势有助于创建竞争优势。[46]

在新千年实现创业领导力

创业领导力是高速增长企业的管理中最重要的因素。"有远见的"、"战略型的"等词语常用来形容不同类型的创业者。表13—4对战略型领导、远见型领导以及管理型领导进行了概括。研究显示,战略型领导在企业成长阶段最有成效。[47]两位学者指出了战略型领导的几个重要概念[48],也可将它归为**创业型领导**(entrepreneurial leadership),后者在管理迅速成长型企业时经常使用。[49]

表 13—4　　　　　　　　战略型领导、远见型领导以及管理型领导

战略型领导
√ 管理型领导与远见型领导的有机结合
√ 强调道德行为和价值导向的决策
√ 监督日常经营及长期战略责任
√ 制定并执行兼顾短期与长期绩效的战略，提高企业生存、成长、持续发展的能力
√ 对上级、同级、下级和自己有非常积极的预期
√ 战略控制与财务控制兼顾，重点是战略控制
√ 在个人及组织层面使用并交换隐性及显性知识
√ 同时采用线性及非线性思维模式
√ 坚持战略性决策，根据组织和环境做出不同决策

远见型领导	管理型领导
√ 积极构思新创意，改变现有思维模式	√ 应激性的，对目标采取消极态度；迫不得已才制定目标，无预期及梦想；根据过去数据形成目标
√ 开发新方法解决长期问题；高风险偏好	
√ 关注创意；依靠直觉处理人际关系	
√ 不受环境限制；服务但不隶属于企业；对自己的认知不局限于工作方面	√ 将工作视为人和理念相互作用下形成战略的过程
√ 对企业其他人在态度及选择方面产生影响	√ 与人交往方面受决策制定过程中身份的限制
√ 致力于保证企业未来发展，特别是通过人员开发和管理手段	√ 将自己视为旧秩序的守护者；对自己的认知取决于在组织中的角色
√ 乐于处理复杂、不确定事务以及海量信息；乐于从事多任务或整合任务	√ 只对一起共事的人产生行为和决策影响
	√ 参与日常活动
√ 在专业知识方面不如专家	√ 在职责范围内考虑问题，感觉自如
√ 通过价值观判断及决策	√ 是所在职能领域的专家
√ 更愿意投资于创新、人力资本、创建并维持具有影响的企业文化，保证企业长期发展	√ 不太可能通过价值观判断及决策
√ 重点使用隐性知识，将战略作为隐性知识促进目标实现	√ 致力于短期、低成本行为，提高财务指标
	√ 关注显性知识的变化与结合，应用于标准的运营流程中
√ 运用非线性思维模式	√ 运用线性思维模式
√ 坚持战略性决策，根据组织和环境做出不同决策	√ 相信决定论，即内外部环境决定了所作决策

资料来源：W. Glenn Rowe, "Creating Wealth in Organizations: The Role of Strategic Leadership," *Academy of Management Executive* 15, no. 1 (2001): 82.

　　创业型领导可定义为创业者预测、展望、保持灵活性、战略性思考、合作推动变革从而推动企业持续发展的能力。如果这些能力使竞争对手难以理解或模仿，企业将获得竞争优势。

　　今天高速发展的经济产生了新的竞争格局，其变化更加频繁且难以预料。这些变化在本质上是颠覆性的，迅速呈现且频率极高，对企业的所有部门均造成了影响。其结果的不确定性对企业及战略规划能力提出了挑战，迫使企业加速决策及战略的制定与执行。[50]

　　成长型企业需采取新的竞争理念，应高度重视灵活性、迅速反应、创新及战略领导力。在这种理念的指导下，企业识别并充分挖掘竞争环境带来的新商机，机会的出现是由持续变化特别是技术变化所形成的不均衡导致的。也就是说，虽然不确定性以及失衡会带来表面上的不利以及竞争加剧，但这种环境同时提供了明显的产

品增长机会。通过有效的创业型领导，成长阶段的企业能够做出及时调整并把握这些机会。[51]

小结

众多战略规划方法的共同之处在于创业者愿景的延伸——将理念转化为实际行动。企业家不进行战略规划的原因在于时间、知识、技能、信任的欠缺以及高成本感知。

战略规划的好处很多，研究显示拥有规划的小型企业要比没有计划的企业财务收益显著。另一好处在于通过资源的有效配置，提升竞争地位，实现较高的员工认同程度，快速制定决策。

成长阶段的企业面临诸多管理挑战。典型的企业生命周期阶段包括新企业开发、启动、成长、成熟、创新或衰退阶段。本章关注如何在保持创业思维的同时做出成长阶段的必要调整，讨论了创业者与管理者的角色平衡问题，其中需考虑五个因素：战略方向、机会把握、资源利用、资源控制以及管理结构。区分这些因素对于判断企业所需管理方式是非常重要的。

本章还分析了企业成长阶段的重要性。控制、责任、容忍失败以及变革是企业历经转变的四个要素。之后本章对管理悖论与矛盾进行了介绍。

创业企业的建立包含多种关键要素，创业者应主要考虑：（1）增加机会认知；（2）将组织变革设为企业发展目标；（3）注入创新欲望。本章指出了创业者在成长阶段需谨慎对待的独特管理问题。

最后，我们介绍了创业型领导的概念，通过预测、展望、保持灵活性、战略性思考、合作推动变革的能力，推动企业持续发展。

回顾与问题讨论

1. 创业者的愿景如何影响企业战略？
2. 工程师或科学家的战略规划与制造业的创业者有何不同？
3. 请举出创业者不愿制定战略规划的三个原因。
4. 创业企业真的能从战略规划中受益吗？
5. 描述创业战略矩阵并解释其为何有效。
6. 论述企业的各个发展阶段。
7. "不创新则意味着衰败"，这句话对创业企业意味着什么？
8. 如何建立创业企业？请详细描述。
9. 如何理解"成功企业在创业模式与管理模式中权衡"？
10. 比较创业观点与管理观点，指出应通过哪五个方面进行区分。
11. 指出并描述成长阶段企业应考虑的四个关键因素。
12. 如何理解管理悖论与矛盾？

13. 指出企业成长阶段需谨慎考虑的五个独特管理问题。
14. 解释一人经营综合征的概念。
15. 解释创业型领导的概念。

体验式练习

企业生命周期

下面列出了企业生命周期的五个基本阶段（A～E），请将它们以数字 1～5 进行排序。仔细观察以下活动（a～j），判断它们所属的阶段，如果属于新企业开发阶段，则在前面的横线填写数字 1。以此类推。答案见题后。

A. _____ 成长阶段
B. _____ 创新或衰退阶段
C. _____ 启动阶段
D. _____ 成熟阶段
E. _____ 新企业开发阶段
a. _____ 由个人领导向团队管理转型
b. _____ 开发新产品
c. _____ 寻找资金
d. _____ 竞争加剧
e. _____ 企业评估
f. _____ 收购其他企业
g. _____ 消费者对产品或服务的兴趣下降
h. _____ 积累资源
i. _____ 创业战略的重大变革
j. _____ 创建高效的创业团队

答案：A. 3；B. 5；C. 2；D. 4；E. 1；a. 3；b. 5；c. 2；d. 4；e. 1；f. 5；g. 4；h. 1；i. 3；j. 2。

注释

1. Amar Bhide, "How Entrepreneurs Craft Strategies That Work," *Harvard Business Review* (March/April 1994): 150–61; and Marc Gruber, "Uncovering the Value of Planning in New Venture Creation: A Process and Contingency Perspective," *Journal of Business Venturing* 22, no. 6 (2007): 782–807.

2. Scott Shane and Frédéric Delmar, "Planning for the Market: Business Planning before Marketing and the Continuation of Organizing Efforts," *Journal of Business Venturing* 19, no. 6 (November 2004): 767–85.

3. Michael A. Hitt, R. Duane Ireland, and Robert E. Hoskisson, *Strategic Management: Competitiveness and Globalization*, 10th ed. (Mason, OH: Cengage Learning, 2013).

4. See James R. Lang, Roger J. Calantone, and Donald Gudmundson, "Small Firm Information Seeking as a Response to Environmental Threats and Opportunities," *Journal of Small Business Management* 35, no. 1, (1997): 11–23; and Reginald M. Beal, "Competing Effectively: Environmental Scanning, Competitive Strategy, and Organizational Performance in Small Manufacturing Firms," *Journal of Small Business Management* 38, no. 1 (2000): 27–47.

5. Henry Mintzberg, "The Fall and Rise of Strategic Planning," *Harvard Business Review* (January/February 1994): 107–14.

6. Charles H. Matthews and Susanne G. Scott, "Uncertainty and Planning in Small and Entrepreneurial Firms: An Empirical Assessment," *Journal of Small Business Management* 33, no. 4 (1995): 34–52; and Sigal Haber and Arie Reichel, "The Cumulative Nature of the Entrepreneurial Process: The Contribution of Human Capital, Planning, and Environmental Resources to Small Venture Performance," *Journal of Business Venturing* 22, no. 1 (2007): 119–45.

7. John W. Mullins and David Forlani, "Missing the Boat or Sinking the Boat: A Study of New Venture Decision Making," *Journal of Business Venturing* 20, no. 1 (January 2005): 47–69; and Michael D. Ensley, Craig L. Pearce, and Keith M. Hmieleski, "The Moderating Effect of Environmental Dynamism on the Relationship between Entrepreneur Leadership Behavior and New Venture Performance," *Journal of Business Venturing* 21, no. 2 (2006): 243–63.

8. "The Business Failure Record," *Dun & Bradstreet*, 1995.

9. Richard B. Robinson, "The Importance of Outsiders in Small Firm Strategic Planning," *Academy of Management Journal* 25, no. 2 (March 1982): 80–93.

10. A. Bakr Ibrahim, "Strategy Types and Small Firm's Performance: An Empirical Investigation," *Journal of Small Business Strategy* (Spring 1993): 13–22.

11. Elaine Mosakowski, "A Resource-Based Perspective on the Dynamic Strategy—Performance Relationship: An Empirical Examination of the Focus and Differentiation Strategies in Entrepreneurial Firms," *Journal of Management* 19, no. 4 (1993): 819–39.

12. Leslie W. Rue and Nabil A. Ibrahim, "The Relationship Between Planning Sophistication and Performance in Small Business," *Journal of Small Business Management* 36, no. 4, (1998): 24–32.

13. Charles R. Schwenk and Charles B. Shrader, "Effects of Formal Strategic Planning on Financial Performance in Small Firms: A Meta Analysis," *Entrepreneurship Theory and Practice* 17, no. 3 (Spring 1993): 53–64; see also Philip D. Olson and Donald W. Bokor, "Strategy Process—Content Interaction: Effects on Growth Performance in Small, Startup Firms," *Journal of Small Business Management* 33, no. 1 (1995): 34–44.

14. Michael E. Porter, "Knowing Your Place—How to Assess the Attractiveness of Your Industry and Your Company's Position in It," *Inc.* (September 1991): 90–94.

15. Ibid., 93.

16. R. Duane Ireland, Michael A. Hitt, S. Michael Camp, and Donald L. Sexton, "Integrating Entrepreneurship and Strategic Management Actions to Create Firm Wealth," *Academy of Management Executive* 15, no. 1 (February 2001): 49–63.

17. Michael E. Porter, "What Is Strategy?" *Harvard Business Review* (November/December 1996): 61–78.

18. Matthew C. Sonfield and Robert N. Lussier, "The Entrepreneurial Strategy Matrix: A Model for New and Ongoing Ventures," *Business Horizons* (May/June 1997): 73–77.

19. Jeanie Daniel Duck, "Managing Change: The Art of Balancing," *Harvard Business Review* (November/December 1993): 109–18; 426–40; and Hyung Rok Yim, "Quality Shock vs. Market Shock: Lessons from Recently Established Rapidly Growing U.S. Startups," *Journal of Business Venturing* 23, no. 2 (2008): 141–64; and Alexander McKelvie and Johan Wiklund, "Advancing Firm Growth Research: A Focus on Growth Mode Instead of Growth Rate," *Entrepreneurship Theory and Practice* 34, no. 2 (2010): 261–88.

20. Alfred Chandler, *Strategy and Structure* (Cambridge: MIT Press, 1962); see also Enno Masurel and Kees van Montfort, "Life Cycle Characteristics of Small Professional Service Firms," *Journal of Small Business Management* 44, no. 3 (2006): 461–73.

21. Jeffrey G. Covin, Dennis P. Slevin, and Michael B. Heeley, "Pioneers and Followers: Competitive Tactics, Environment, and Firm Growth," *Journal of Business Venturing* 15, no. 2 (2000): 175–210; and Brandon A. Mueller, Varkey K. Titus, Jr., Jeffrey G. Covin, and Dennis P. Slevin, "Pioneering Orientation and Firm Growth: Knowing When and to What Degree Pioneering Makes Sense," *Journal of Management* (in press) 38, no. 5 (2012): 1517–49.

22. David E. Terpstra and Philip D. Olson, "Entrepreneurial Start-up and Growth: A Classification of Problems," *Entrepreneurship Theory and Practice* 17, no. 3, (Spring 1993): 5–20; and Bret Golan, "Achieving Growth and Responsiveness: Process Management and Market Orientation in Small Firms," *Journal of Small Business Management* 44, no. 3 (2006): 369–85.

23. See Jacqueline N. Hood and John E. Young,

"Entrepreneurship's Requisite Areas of Development: A Survey of Top Executives in Successful Entrepreneurial Firms," *Journal of Business Venturing* 8, no. 2, (March 1993): 115–35; and Michael H. Morris, Nola N. Miyasaki, Craig R. Watters, and Susan M. Coombes, "The Dilemma of Growth: Understanding Venture Size Choices of Women Entrepreneurs," *Journal of Small Business Management* 44, no. 2 (2006): 221–44.

24. Morten T. Hansen, Nitin Nohria, and Thomas Tierney, "What's Your Strategy for Managing Knowledge?" *Harvard Business Review* 77, no. 2 (1999): 106–16.

25. Shaker A. Zahra, "The Changing Rules of Global Competitiveness in the 21st Century," *Academy of Management Executive* 13, no. 1 (1999): 36–42.

26. Howard H. Stevenson and Jose Carlos Jarillo-Mossi, "Preserving Entrepreneurship as Companies Grow," *Journal of Business Strategy* (Summer 1986): 10; and Steven W. Bradley, Johan Wiklund, and Dean A. Shepherd, "Swinging a Double-edged Sword: The Effect of Slack on Entrepreneurial Management and Growth," *Journal of Business Venturing* 26, no. 6 (2011): 537–54.

27. Jill Kickul and Lisa K. Gundry, "Prospecting for Strategic Advantage: The Proactive Entrepreneurial Personality and Small Firm Innovation," *Journal of Small Business Management* 40, no. 2 (2002): 85–97.

28. Vesa Routamaa and Jukka Vesalainen, "Types of Entrepreneurs and Strategic Level Goal Setting," *International Small Business Journal* (Spring 1987): 19–29; see also Lanny Herron and Richard B. Robinson, Jr., "A Structural Model of the Effects of Entrepreneurial Characteristics on Venture Performance," *Journal of Business Venturing* 8, no. 3 (May 1993): 281–94.

29. Donald F. Kuratko, Jeffrey S. Hornsby, and Laura M. Corso, "Building an Adaptive Firm," *Small Business Forum* (Spring 1996): 41–48; and Jonathan T. Eckhardt and Scott A. Shane, "Industry Changes in Technology and Complementary Assets and the Creation of High-Growth Firms," *Journal of Business Venturing* 26, no. 4 (2011): 412–30.

30. Steven H. Hanks and L. R. McCarrey, "Beyond Survival: Reshaping Entrepreneurial Vision in Successful Growing Ventures," *Journal of Small Business Strategy* (Spring 1993): 1–12.

31. See Sanjay Prasad Thakur, "Size of Investment, Opportunity Choice and Human Resources in New Venture Growth: Some Typologies," *Journal of Business Venturing* 14, no. 3 (May 1999): 283–309; and Massimo G. Colombo and Luca Grilli, "On Growth Drivers of High-Tech Start-ups: Exploring the Role of Founders' Human Capital and Venture Capital," *Journal of Business Venturing* 25, no. 6 (2010): 610–26.

32. Jon R. Katzenbach and Douglas K. Smith, "The Discipline of Teams," *Harvard Business Review* (March/April 1993): 111–20; Alexander L. M. Dingee, Brian Haslett, and Leonard E. Smollen, "Characteristics of a Successful Entrepreneurial Management Team," in *Annual Editions 00/01* (Guilford, CT: Dushkin/McGraw-Hill, 2000/2001), 71–75; and G. Page West III, "Collective Cognitions: When Entrepreneurial Teams, Not Individuals, Make Decisions," *Entrepreneurship Theory and Practice* 31, no. 1 (2007): 77–102.

33. Charles W. Hofer and Ram Charan, "The Transition to Professional Management: Mission Impossible?" *American Journal of Small Business* (Summer 1984): 3; see also William Lowell, "An Entrepreneur's Journey to the Next Level," *Small Business Forum* (Spring 1996): 68–74.

34. Hofer and Charan, 4.

35. John B. Miner, "Entrepreneurs, High Growth Entrepreneurs, and Managers: Contrasting and Overlapping Motivational Patterns," *Journal of Business Venturing* (July 1990): 221–34; and Michael J. Roberts, "Managing Growth," in *New Business Ventures and the Entrepreneur* (New York: Irwin/McGraw-Hill, 1999), 460–64.

36. Howard H. Stevenson and David E. Gumpert, "The Heart of Entrepreneurship," *Harvard Business Review* (March/April 1985): 86–87.

37. Jeffrey G. Covin and Dennis P. Slevin, "New Venture Strategic Posture, Structure, and Performance: An Industry Life Cycle Analysis," *Journal of Business Venturing* 5, no. 4, (March 1990): 123–33; see also Jeffrey G. Covin, Kimberly M. Green, and Dennis P. Slevin, "Strategic Process Effects on the Entrepreneurial Orientation-Sales Growth Rate Relationships," *Entrepreneurship Theory and Practice* 30, no. 1 (2006): 57–82.

38. Charles J. Fombrun and Stefan Wally, "Structuring Small Firms for Rapid Growth," *Journal of Business Venturing* 4, no. 2 (March 1989): 107–22; Donna J. Kelley and Mark P. Rice, "Advantage Beyond Founding: The Strategic Use of Technologies," *Journal of Business Venturing* 17, no. 1 (2002): 41–58; see also Andrew J. Sherman, *Grow Fast Grow Right* (Chicago: Kaplan, 2007).

39. Donald C. Hambrick and Lynn M. Crozier, "Stumblers and Stars in the Management of Rapid Growth," *Journal of Business Venturing* 1, no. 1 (January 1985): 31–45.

40. Richard L. Osborne, "Second Phase Entrepreneurship: Breaking Through the Growth Wall," *Business Horizons* (January/February 1994): 80–86.

41. Ibid., 82–85.

42. See Jerry R. Cornwell, "The Entrepreneur as a Building Block for Community," *Journal of Developmental Entrepreneurship* (Fall/Winter 1998): 141–48.

43. David E. Gumpert and David P. Boyd, "The Loneliness of the Small Business Owner," *Harvard Business Review* (November/December 1984): 19–24.

44. Douglas W. Naffziger and Donald F. Kuratko, "An Investigation into the Prevalence of Planning in Small Business," *Journal of Business and Entrepreneurship* 3, no. 2 (October 1991): 99–110.

45. Charles R. Hobbs, "Time Power," *Small Business Reports* (January 1990): 46–55; and Jack Falvey, "New and Improved Time Management," *Small Business Reports* (July 1990): 14–17.

46. Terry L. Besser, "Community Involvement and the Perception of Success Among Small Business Operators in Small Towns," *Journal of Small Business Management* 37, no. 4, (October 1999): 16–29; and Rhonda Walker Mack, "Event Sponsorship: An Exploratory Study of Small Business Objectives, Practices, and Perceptions," *Journal of Small Business Management* 37, no. 3 (July 1999): 25–30.

47. W. Glenn Rowe, "Creating Wealth in Organizations: The Role of Strategic Leadership," *Academy of Management Executive* 15, no. 1 (2001): 81–94.

48. R. Duane Ireland and Michael A. Hitt, "Achieving and Maintaining Strategic Competitiveness in the 21st Century: The Role of Strategic Leadership," *Academy of Management Executive* 13, no. 1 (1999): 43–57.

49. Michael A. Hitt, R. Duane Ireland, S. Michael Camp, and Donald L. Sexton, "Strategic Entrepreneurship: Entrepreneurial Strategies for Wealth Creation," *Strategic Management Journal* 22, no. 6 (2001): 479–92; see also John L. Thompson, "A Strategic Perspective of Entrepreneurship," *International Journal of Entrepreneurial Behavior & Research* 5, no. 6 (1999): 279–96; and Sharon A. Alvarez, R. Duane Ireland, and Jeffrey J. Reuer, "Entrepreneurship and Strategic Alliances," *Journal of Business Venturing* 21, no. 4 (2006): 401–4.

50. E. H. Kessler and A. K. Chakrabarti, "Innovation Speed: A Conceptual Model of Context, Antecedents, and Outcomes," *Academy of Management Review* 21 (1996): 1143–91.

51. Donald F. Kuratko, R. Duane Ireland, and Jeffrey S. Hornsby, "Improving Firm Performance Through Entrepreneurial Actions: Acordia's Corporate Entrepreneurship Strategy," *Academy of Management Executive* 15, no. 4 (2001): 60–71.

第 14 章

创业企业的价值评估挑战

创业思维

非上市公司的资产交易是无法看到的,因此,应公平地对其价值进行评估。公平市价的评估取决于时间、地点、先例以及每个人所采取的评估方法。价值的确定也取决于评估时对可获信息的主观解读。

——维基百科公平市价的定义

本章重点

1. 分析企业价值评估的重要性
2. 介绍尽职调查的基本要素
3. 分析收购的潜在问题
4. 介绍分析企业时所涉及的不同方面
5. 列举确定企业价值时应考虑的因素
6. 了解企业价值评估的方法
7. 介绍企业价值评估的三种主要方法
8. 了解影响评估的附加因素

企业价值评估的重要性

创业者都应具有评估自己以及竞争对手企业价值的能力。**企业价值评估**(business valuation)可用于以下方面:

- 买入或卖出企业、部门或主要资产;
- 制定员工持股计划或利润分配计划;
- 通过发行认股权证或可转债募集资金;
- 确定遗产税(潜在不动产税);
- 向家庭成员赠送股票;

- 与股东签订买卖协议；
- 收购合伙人股份；
- 上市或私募。

与此同时，创业者也非常渴望了解企业真正价值。价值评估可作为定期评判企业价值的有利工具。[1]

企业收购

我们在第 6 章介绍过，收购企业也可作为启动创业的一种途径。企业进行价值评估的主要原因是为了转让，但在收购时，还应考虑其他一些潜在问题：(1) 买卖双方不同的目标取向；(2) 卖方的个人情感偏见；(3) 收购理由。

☐ 买卖双方的目标

评估企业时了解双方的出发点是很重要的。交易双方不管是买方还是卖方，目标不同导致对企业的价值判断不同。卖方希望获得较高估值，因此往往忽略了市场、环境以及宏观经济的实际情况。对他们来说，企业也许代表了一生的投资，或者投入了大量心血。而对买方而言，则希望支付价格达到最低，因为需要考虑投资的盈利能力。在价值评估阶段相互理解是非常必要的。

☐ 情感偏见

价值评估的第二个潜在问题是卖方的**情感偏见**（emotional bias）。当人们经历了企业创业、早期培育、盈利、壮大时，理所当然地相信企业的价值要高于外部评估的结果。因此，创业者需尽量客观地评判企业的价值（合理的价格也可以通过谈判达成）。

☐ 收购理由

企业价值评估的第三个问题是收购企业的理由，以下是最常见的原因：
- 收购行业中已开发出新产品的企业，从而开发更有增长潜力的产品；
- 收购企业的同时获得其原有客户，增加企业顾客总量；
- 获得所收购企业的客户服务等机制，开发或提升自身服务水平；
- 收购经营杠杆较低且能够消化固定成本的企业以降低经营杠杆、增加消化固定成本的能力；
- 通过收购充分利用企业闲置或多余的生产设施；
- 通过收购供应商或分销商，实现纵向一体化；
- 降低库存水平，调整库存以满足被收购企业的订单；
- 收购能消除重复的运营成本（如库存、分销）以降低间接成本；
- 消除重复的固定成本（如企业或智能部门等）。[2]

总之，创业者及其他参与收购的人员必须客观地审视企业的运营及发展潜力，考虑以下几方面是非常有帮助的：
- 在合理的时间段内实现收支平衡的能力；
- 在过渡阶段新业主面临的困难；
- 交易的安全性或风险性，利率波动；
- 重大变化对企业价值的影响；
- 潜在收购者的数量；
- 目前的经理人继续留在企业的意向；
- 收购或转让相关的税额。[3]

创业实践

"连环收购"能否渗入你所处的行业？

基本概念

连环收购已成为热门的投资发展战略，是指投资者（通常是私募股权公司）在同一市场上并购多家小型企业，使参与的每家企业得以避免成长时期的困难，实现"有机成长"。连环收购的主要目的是通过规模经济控制成本，使企业价值得到提升，同时在激烈竞争且零散分布、很少有企业能够找到成功机会的市场上产生协同效应。在经济衰退或新市场开始成熟时期，连环收购促成了企业间的联合。很多时候，它实际上是一种退出战略而非成长战略。合并后的企业将在投资、购并、公开发行股票中更具实力。

负面效应

当行业中开始出现连环并购时，创业者变得无法集中精力管理运营，不知道谁在收购谁、是现在转让还是再过段时间，担心能否与新组建的大公司抗衡。随着一些企业参与连环收购，关键员工的离开会影响企业正常的运营，增加运营成本。

即使是仅考虑财务收益的企业，连环收购也不能保证它们今后的成功及获利。当经验丰富的领导者/创业者离开企业时，风险便显现出来。员工与管理者不喜欢与他们之前没有合作过的人一起共事，因此人员变动在所难免。

有效对策

当连环收购出现时，保持清晰的目标与战略是最好的方法。清楚企业未来的打算（增长、退出还是投资），将能够判断如何实现最好的结果。

要积极对待而不是消极应付。不要坐等连环收购的出现，应把握时间从竞争者那里吸取经验，实施自己的尽职调查。如果只是从获利角度考虑并购，则可能导致严重的后果。如果时间允许可谨慎挑选即将进行组合的企业，积极配合以增大成功的机会。

而对于权力驱动型的并购则很难进行管理，因为兼并远比收购难度更大。人们需要了解谁在主导，谁又是被领导者。多家企业领导者之间的共同决策会相当耗时。如果选择采取权力分担的并购方式，请做好相应的心理准备，不要让企业停滞不前，错失良机。

资料来源：Aldonna R. Ambler, The Growth Strategist, http://ambler.com/newwordpress/article-library/what-to-do-when-roll-ups-dominate-your-industry/ (accessed August 15, 2012); Wikipedia, http://en.wikipedia.org/wiki/Rollup (accessed August 15, 2012); and Charles Weaver, "'M&A' Fundamentals: Why Roll Ups Don't Work for MSPs," MSPAlliance; December 21st, 2011 http://www.mspalliance.com/2011/12/ma-fundamentals-why-roll-ups-dont-work-for-msps/ (accessed August 15, 2012).

尽职调查

考虑进行收购时,创业者应进行细致的**尽职调查**(due diligence),即完整地对企业做出各个方面的审核。表14—1列出了尽职调查的重点内容,便于客观评价一份商业计划书的可行性。注意每一部分内容都应用其对应的具体问题进行分析。

表 14—1　　　　　　　　　　　　　　尽职调查表

对于任何考虑收购的创业者来说,理解尽职调查评估所需的关键问题是非常重要的环节,包括:
Ⅰ. 行业分析
　　A. 一般性行业问题。
　　　　1. 行业主要特征(经济、技术、政治、社会、变革)。
　　　　2. 计划中是否涉及这些特征,它们对企业有何影响?
　　　　3. 根据行业平均盈利水平,该行业的吸引力如何?
　　　　4. 过去五年的行业增长率是多少?对今后五年的预期是多少?请给出理由或证明。
　　　　5. 近期行业是否出现公开发行股票、杠杆收购、私募、并购等?简要介绍并分别解释财务情况。
　　B. 竞争环境方面的问题。
　　　　1. 行业竞争因素(进入壁垒、替代品、购买力、供应商状况——下面将提到)有哪些?程度如何?
　　　　2. 是否对竞争环境进行了分析?企业如何适应该环境?市场饱和程度如何?
　　　　3. 计算可实现的市场份额(美元)。
　　C. 基本竞争分析。
　　　　1. 比较注意竞争对手的核心竞争因素,包括:
　　　　　　产品/服务　　　　　先行者
　　　　　　定价　　　　　　　 市场份额
　　　　　　分销　　　　　　　 技术
　　　　　　营销　　　　　　　 资金支持
　　　　　　战略伙伴　　　　　 财务业绩
　　　　2. 计算未被竞争者占领的市场份额(美元、客户量)。该份额是否可实现预期财务目标?
　　　　3. 哪些企业处于最强/最弱竞争地位?
　　　　4. 哪家企业可在下次竞争中取胜?
　　　　5. 决定竞争成败的关键因素是什么?
Ⅱ. 目标市场分析
　　A. 描述目标市场:规模、范围、成长、发展潜力、需求驱动力、价格敏感度、销售周期。
　　B. 能够满足企业的需求或欲望是什么?
　　C. 阻止竞争者模仿的壁垒是什么?市场无效体现在什么方面?
　　D. 目标市场中的竞争强度(对抗、替代品)如何?
　　E. 目标市场过去五年的增长率是多少?今后五年将会是多少?请给出理由或证明。
Ⅲ. 企业分析
　　A. 价值定位。
　　　　1. 公司的业务是什么?为顾客及投资者提供怎样的价值?
　　B. 管理团队。
　　　　1. 现有团队能否使企业成功?
　　　　2. 成功是否依赖于某个关键人物?如果是的话,能否在计划中予以识别并应对(传承、关键人员替代等)?
　　　　3. 是否存在员工缺口?如何解决?

C. 商业模式。
　　　1. 企业如何运作？
　　　2. 获利方式与获利时间是什么？
　　　3. 是否符合既有成功模式？例如分析规模（营业额/员工数量）、运营、收入模式或商业模式相似的企业，这些企业将可能成为竞争对手或不在同一市场但类型相似。
　　D. 战略。
　　　1. 凭借这种商业模式取得成功的具体计划是什么？
　　　2. 此种情况下是否存在其他更好的战略？
　　E. 营销计划。
　　　1. 如何将企业愿景传达给顾客？
　　　2. 谁来决定顾客的购买决策？决策的时间及方式是什么？顾客进行决策时有哪些关键因素？计划中是否明确涉及这一点？
　　　3. 企业当前是否具有一定的客户基础？
　　F. 运营。
　　　1. 支持战略及商业模式的运营计划如何？
Ⅳ. 企业形势分析
　　A. 分析企业的优势、劣势、机会与威胁。
　　B. 查看竞争者的分析。成本上是否有竞争力？差异化方面如何？请具体分析。
　　C. 企业的竞争地位多强？是否存在保护企业的进入壁垒？确保这一地位的关键战略性要素有哪些？哪些项阻碍了成功？
　　D. 企业面临的战略问题有哪些？
Ⅴ. 财务分析
　　A. 比率分析：流动比率、偿付能力、盈利能力、生存能力。
　　B. 将预期增长率与行业增长率历史数据进行对比，解释预期的增长率高于行业水平的原因。如果预期过于乐观，会出现何种状况？
　　C. 价值评估。
　　　1. 计算交易前估值。如何支持这一估值（股数×股价，最新审计的资产负债表/认可的利润乘数等）？
　　　2. 三角验证这一估值：(1) 比较相似企业的市盈率或利润乘数；(2) 将企业预期现金流量折现。
　　D. 其他财务方面的考虑。
　　　1. 启动的开销或需求。
　　　2. 当前的资金消耗率。
　　　3. 前五年的资金需求。
　　　4. 五年的收入情况。
　　　5. 五年的利润情况。
　　　6. 盈亏平衡：
　　　　a. 盈利。
　　　　b. 时间表。
　　E. 附加考虑。
　　　1. 精确度。
　　　2. 异常状况。是否超出预算？计算是否正确？
　　　3. 所需的假设条件。
Ⅵ. 其他
　　A. 计划书写得如何？重点是否突出？
　　B. "外行"能否读懂？
　　C. 想法是否可行？
　　D. 是否适合投资？能否获得较高增长？风险与回报的关系如何？
　　E. 其他方面。
附录
　　A. 可供核对的资料或目录。
　　B. 其他详细的证明材料。

创业者也可采用其他方法评估收购的可行性；重点应放在企业未来的发展趋势上，这需要了解行业发展状况以及企业的适应方式。此外还需对财务状况进行评测，确定收购所需资金量；这需要确定最终的收购价格，以及维修、新增存货、开业费用以及营运资金等额外支出。图14—1介绍了收购企业所需资金的计算方法。[4]

日常开销	从最后一笔收入到接管日	
	搬迁费用	
	接管后的三个月	
收购价格	总额（订金加三个月的分期付款）	
销货税	购买家具或设备	
专业服务	委托付款、会计、法律	
保证金、预付款、许可证	最后一个月租金（第一月租金在经营费用下）	
	公用事业保证金	
	销货税保证金	
	商业许可证	
	保险费	
公开变更信息	报纸广告	
	邮件告知	
	外观装饰改变	
	标识更换	
新增库存		
新增设备与器材		
装修与装饰		
三个月的营业费用	含偿还贷款	
保留用户账单		
现金	小额现金、零钱等	
	总计：	

注意：三个月的日常开销以及企业费用应储蓄在银行中，不得用作其他用途。这对于启动阶段是应急的缓冲准备。如果资金可供维持较长时间，则有助于买方产生安全感，能够专注于业务的经营。

图14—1　收购企业所需资金总量

分析企业

在对那些不公开进行募股的小型企业进行分析时，不应将其与大型企业作比较。企业类型不同将导致多方面的差异，对大型企业不会产生任何影响的因素也许却对小型企业非常关键，例如，许多封闭型企业存在以下缺陷：

● **缺乏管理深度。** 技能、多功能性以及竞争力是受限的。

● **资本化程度不足**（undercapitalization）。股权投资额较少（通常意味着负债较多）。

● **控制力度不够。** 由于缺乏有效管理和充足资金，监督与控制方面受限。

● **目标分歧**（divergent goals）。创业者、投资者、股东等目标不统一，引发企业内部冲突。

这些不足表明了对小企业进行周密分析的必要性。

表14—2所示的核对表是根据有效的商业计划书（详见第12章）信息制定的，这种简单的方式有助于比较企业间的差异因素。

表14—2　　　　　　　　　　　　　　分析企业所采用的检查表

企业历史
企业名称及手续变动
成立日期
所有分支机构的名称；各自创建的日期及业务
企业注册地
被授权作为外资企业经营的所在地
企业章程及备忘录
最初业务类型以及后续变化

市场与竞争
主营业务及市场
主要项目介绍
产品的销售资料
主要市场的潜在增长情况
主要竞争对手的名称、规模、市场地位
差异化产品情况
利基市场
商标、贸易、产品名称相关信息
产品的销售模式——季节性还是周期性
列举市场统计信息——如贸易商会、政府报告、证券市场公告
竞争性产品的定价
产品系列的毛利润（分析近三年的销售增长及利润情况）
政府项目情况
研发费用——历史及预期数据

销售与分销
销售模式——自销还是通过厂商代理
销售人员的薪酬
具体的广告方式与费用
销售分支机构的具体情况（如果设立的话）
标准销售条款、折扣、退货以及补贴政策的具体情况
是否存在委托销售方式？
是否具备仓储功能？
如果实行分销，货款支付方式如何？分销商的责任有哪些？（例如，如何保证服务？）
分销是在全国范围还是特定地区？
主要客户的名称与地址
近几年对各产品线主要客户的销售量
购买频率
主要客户的信用等级
曾出现过的坏账情况
自有品牌的业务详情（如果有的话）
销售条款是否包含维修协议？
销售条款是否表明或暗示提供质保？

是否出现产品责任问题？
采取出租还是出售的方式？
国际业务的比例多大？如何进行销售、资金回笼及配送？
是否出现新产品使企业自身产品被淘汰或竞争力削弱？
是否存在大客户流失的情况？如果有的话，原因何在？
市场规模与性质——是否被少数几家大公司控制？

生产
所有生产设备列表
设备属于自有还是租赁？
生产还是组装？
生产所需原材料的种类和供应情况
生产周期
属于标准化生产还是定制化生产，或两者皆有？
如何进行质量控制？
生产过程中，会计系统所起的作用是什么？
生产是否需要获得许可？
现有生产设备可提供多少产品供销售？
是否具有独特的生产工艺？
生产的安全记录情况如何？
是否存在违反相关安全、卫生、环保等条例的问题？
与供应商关系的稳定性

员工
员工总数
是否有工会？如果没有，成立的可能性有多大？如果存在的话，它与企业的关系如何？
是否存在罢工、停工的情况？
当地劳动力市场的详细信息
工资及人事政策的具体信息
员工数量固定，还是根据业务量变化？
人员变动情况，特别是关键管理人员
工作环境分析
员工整体士气分析
企业是否违反过政策，如《职业健康与安全法》、《劳动法》等？
福利、假期、病假等情况

设备
企业所有的设备列表，注明所在地、面积、成本
哪些是自有，哪些是租赁的？
所有设备当前状况如何，包括设施与设备？
如果属于租赁，那么有效期、费用、续租等情况如何？
现有设备能否满足当前及预期的需求？
如需扩大生产，将会遇到哪些问题？
是否有充足的保险？
是否有足够的设施如消防装置、防盗装置等以防意外火灾等损失？
设备的先进程度如何？
是否配备空调？是否需要充足的电、热、气、水和保洁服务？
是否容易运输？
建筑及设备的成本、净账面价值、重置价值情况如何？

所有权
列出企业所有优先股、普通股的持有者，如果可行的话请予以分类
列出认股权证所有个人及其所持股份的股价及到期日
按持股数量及比例分析所有权情况：实际的和预计的（假定行使认股权证和股票期权）
普通股是否拥有优先清算权、优先分红权？
是否有信函股票？
是否存在股票转让或担保方面的限制？
是否存在买卖合约？
是否存在员工持股计划或股票分红计划？
股票是否全额支付？
是否有未决的持股人协定？
是否有以低于票面价值或法定价格出售的股票？
是否存在累积投票制？
对于主要股东，是否有赠送或进行信托的股份？
主要股东直接拥有和受益的股份有多少（包括家族拥有的）？
如果所有认股权和股票期权被执行，主要股东是否仍能持有51%的股份？
如果企业被收购，流通股份需达到多大比例？

财务
三年的财务报表
● 流动比率与速动比率
● 净营运资本与速动资产
● 权益负债率
● 资金表的来源及应用
企业基本流动比率和周转率分析
● 现金流动负债比率
● 应收账款与存货周转率
● 应付账款的账龄
● 净营运资本销售比
如果企业有分支机构，需提供合并后的损益表
核实现金余额以及全年的最大和最小额度
如果拥有有价证券，其流动性（可售）及当前市值是多少？
所有应收账款和应收票据的账龄、顾客集中度和坏账准备金
记录存货成本及准备金，存货期与销售成本（周转）的关系
所有固定资产详细情况，包括购买日期、原价、累计折旧及重置价值
对所有固定资产、房地产、机械设备的市场价值进行评估
预付费用或递延费用根据其性质、摊销等进行分析；比较实际价值与账面价值；财务报表分析
主要股东的个人财务报表
如果企业拥有商誉或专利、商标等无形资产，其真正价值（可能）是多少？是否忽略了某些无形资产（如邮寄产品目录）？
分析当前所有负债情况，包括应付账款账龄、所有银行贷款的最高限额、利率、条款和抵押，贷款协议
长期负债情况，包括可能会影响未来经营的贷款协议
是否有其他或有负债和预算超支，如与长期供货商的协议？
特许经营、租赁、版权限定等具体信息
至少三年的利润表，分析重要比率指标，如销售成本比率
企业纳税申报是否与财务报表不符？何年进行审计？
在合理预测未来销售及利润的基础上，提供未来三年的损益表及现金流量表，以期获得所需资金
养老金、利润分配、股利分配计划等

管理
所有管理者及董事会成员的具体信息——服务年限、年龄、商业背景、薪酬及额外福利
所有权状况——股份数额、股票期权、认股权证
关键管理层的其他相关信息
组织结构图
关键管理人员的额外福利：奖金、退休股金、企业支付的保险、递延薪酬
行业中管理层的声誉如何？
管理层在其他企业中是否涉及个人利益？是否有其他利益冲突？
关键管理人员是否全身心投入企业工作？
聘用协议：工资、期限及其他条款
关键管理人员是否签署竞业禁止协议

确定企业价值

通过表14—2进行核对后，创业者应开始着手采用不同的方法对企业价值进行评估。实际价值的确定与其说是一门科学，不如说是一门艺术。估算、假设、预测都是这个过程所涉及的环节。量化数据是在隐藏价值与成本的基础上计算出来的，如商誉、个人开销、家庭成员、预计损失等。[5]

这里介绍几种传统的评估方法，每一种都采用不同的方式计算那些隐性价值及成本。应用这些方法有利于了解如何对企业进行财务分析，同时要记住的是，这些方法可同时使用，而最终的价格是由交易双方共同商议达成的。

□ 价值评估方法

表14—3列出了企业价值评估所采用的不同方法及其内容要点。这些常用的方法是：（1）调整后的账面价值法；（2）市盈率法；（3）收入现值法。

表14—3　　　　　　　　　　企业价值评估方法

方法	描述/解释	注解/要点
固定价格	两个或以上所有者设定初始价格； 基于所有者对企业价值的主观判断； 使用一种或多种方法组合得出数据； 对普通买卖协议都很适用	基于个人估算产生的不准确性； 应定期更新
账面价值 1. 有形资产 2. 调整后的有形资产	1. 有形资产账面价值： 根据资产负债表制定； 反映企业净值； 总资产减去总负债（无形资产调整） 2. 调整后的有形资产账面价值： 使用账面价值方法； 反映特定资产的公允市场价值； 对工厂设备、库存和坏账准备进行调整	有些资产会升值或贬值，因此并不准确 调整了资产评估中的不精确之处，反映各资产的公允市场价值

续前表

方法	描述/解释	注解/要点
收益倍数	用市盈率使净收入资本化（净收入乘以市盈率）； 通常使用15%的资本化率（相当于市盈率的6.7倍，即1除以0.15）； 高增长企业使用较低资本化率（比如5%，即1除以20）； 稳定的企业使用较高资本化率（如10%，1除以10）； 结果除以流通股数得到每股价值	资本化率随企业增长而变动；因此应根据相似的上市公司获得估值或市盈率
市盈率	与投资回报率方法相似； 由普通股价格除以税后收益得到； 封闭型控股公司要在净收益基础上乘以一个倍数，这个倍数通常来自类似的上市公司； 对市场条件（股价）敏感	上市公司经常使用； 市场条件（股价）会影响这一比率
未来收益折现（现金流量现值）	用现值考察未来收益能力； 预计未来收益（五年），然后通过折现率计算现值； 基于未来收入的"时间"	基于现金流量这一重要的因素； 有效条件：(1)被评估企业需要有较高的投资回报率；(2)只有现金收入可用于投资再增长
投资回报率（ROI）	净利润除以投资额； 提供一个收益率； 需计算未来收益的可能性； 回报率、现值表、加权概率的综合	不能确定企业价值； 不提供预期收益
重置价值	每项资产被重置时的价值； 企业价值以重新开始的价格计算； 提高账面价值时考虑通货膨胀与资产年度折旧； 没有反映盈利能力及无形资产的情况	有利于转让企业开始新业务； 没有考虑到潜在收益； 不包括无形资产（商誉、专利等）
清算价值	假设企业停止运营； 变卖资产以偿还债务； 还债后的部分分给股东； 反映企业的最低价值； 反映出可通过担保获得的资金量； 由于所有资产折为现金，因此对出售方有利	假设每笔资产分别拍卖售出； 很快得出底价，若低于它，企业宁可进行清算
超额收益	由美国财政部制定的衡量无形资产价值的方法（为税收目的）； 当没有更好的方法时才启用； 美国国内收入署将其作为最后的方法； 不包括具有使用年限的无形资产（如专利、版权）	最后启用的方法（当其他方法不适用时）； 不常使用
市场价值	需要了解类似企业的出售价格； 很难找到近期可参考的企业； 出售方法可能会不同——分期付款与现金支付； 仅作为参考	仅具备参考价值； 很难找到近期出售的类似企业

调整后的账面价值法

企业价值评估的常用方法是计算净值，即总资产与总负债的差额。由于通货膨胀与折旧等因素会影响一些资产的价值，因此对它们做出调整有利于获得实际的经济价值。

计算**调整后的账面价值**（adjusted tangible book value）时，商誉、专利、递延财务费用、其他无形资产等应在资产中适当调整，这种调整反映了每项资产与资产负债表中数值的差额。下面举例说明（单位：美元）：

	账面价值	公允价值
存货	100 000	125 000
厂房及设备	400 000	600 000
其他无形资产	—	(50 000)
	500 000	675 000

差额＝175 000

请记住，将调整后的账面价值进行行业对比时，只涉及实际运营的有关资产。

其他重要的资产负债表及利润表的调整包括：(1) 坏账准备；(2) 长期低息债券；(3) 关联企业的投资；(4) 对管理人员、员工或其他企业的贷款及预付款。此外，收入也应进行调整。只有从企业运营中获得的实际收益才纳入考虑范围。一次性项目（如公司部门或资产的出售）应排除在外。同时，企业将净亏损结转时，应考虑税前收入的纳税问题。

对利润表及资产负债表做向上（或向下）调整是为了削减大笔坏账及存货价值，可采取加速折旧法与直线折旧法。

市盈率（收益倍数）法

市盈率（price/earnings ratio, P/E）是用于评估上市公司价值的常用方法，由普通股市值除以每股收益确定。如果一家企业拥有 100 000 股普通股，净收入为 100 000 美元，则每股收益为 1 美元。如果股价升至 5 美元，市盈率为 5 倍（5÷1），企业市值为 500 000 美元（＝100 000×5）。

市盈率法的优点是简单，但仅限于上市公司使用。封闭型控股公司由于没有股票价格，因此需要参考相似上市公司。这种方法主要有四个缺点[6]：

1. 私有公司股票并不公开交易，由于股票不流通，因此无法自由交易。估算的收益倍数受主观影响通常低于上市公司。

2. 私有公司注明的净收入往往与实际收益能力存在差异，为逃税或延迟纳税，大多数企业主倾向于降低税前收入。此外，封闭型控股公司可能会为了所有者利益在福利、津贴方面过度支出。

3. 公开交易的普通股仅占全部股份的很小比例。大额交易（封闭型控股企业）需要额外的费用。

4. 在相同行业领域很难找到具有可比性的上市公司。不同企业在增长率、竞争、分红、利润等方面存在较大差异。

考虑封闭型控股企业时，可采用以下收益倍数的方法：

普通股数量＝100 000
2015年净收入＝100 000（美元）
假设资本化率为15%＝6.7倍市盈率（1除以15乘以100得到）
每股价格＝6.70（美元）
公司价值＝100 000×6.70＝670 000（美元）

创业实践

Facebook的价值评估：真实还是虚幻??

2012年5月，全球瞩目的社交网站Facebook估值达1 000亿美元。开盘当日成交价为45美元，市值很快超过1 330亿美元。与亚马逊相当，超过惠普与戴尔的总和。业内人士认为其估值太高，这相当于2011年37亿美元收益中利润达10亿美元。

评估专家根据盈利能力认为，其市值应在500亿美元，每股20美元。而事实是，Facebook拥有很多广告用户，为实现快速增长打下了良好基础。

通过IPO，Facebook募集到160亿美元资金。即使股价维持较高水平，很多投资者相信其仍有上升空间，因为Facebook是社交网络行业的领导者，拥有10亿名用户（占全球人口的1/7）。

纳斯达克OMX集团软件出现程式错误导致Facebook的IPO时间推迟了30分钟。纳斯达克的员工在两个多小时内都无法看到经纪人的交易情况，导致了该交易所停止确认经纪人的交易。一些投资者认为其股价被高估。

Facebook股价曾一度跌至28.65美元，这对于38美元的发行价格（甚至有45美元的成交记录）、成立仅8年的企业来说，市值减少近250亿美元。股价下跌是人们对社交网络的未来展望以及IPO时的价格过高等原因导致的。

一些分析预测智能手机及平板电脑的普及将削弱Facebook的广告基础，这是其收益的主要来源。未来Facebook将如何证明其盈利性及成长空间？让我们拭目以待。

资料来源：Adapted from Larry Magid, "Facebook's Real Value Has Nothing to Do with Its Stock Price," 5/30/2012 *Forbes*（May 30，2012），http：//www.forbes.com/sites/larrymagid/2012/05/30/facebooks-real-value-has-nothing-to-do-with-its-stock-price（accessed May 31，2012）；Alistair Barr and Edwin Chan, "Facebook Shares Plumb New Depths, Valuation Questioned," *Reuters*（May 29，2012），http：//www.reuters.com/article/2012/05/30/us-facebook-shares-idUSBRE84S0VR20120530（accessed May 31，2012）.

收入现值法

大多数分析家认为，企业的真正价值在于其潜在的盈利能力。**收入现值法**（discounted earnings method）比其他方法更能体现企业的真正价值。图14—2为使用盈利能力及调整账面价值进行估价的示例。

对现金流量进行折现基于这样一种观点：未来（预期的）的收入不如现在的收入更有价值，因此，预期实现收入的时间点以及现金流量便成为关键的因素。

这一方法通常采取以下四个步骤：

1. 估计未来现金流量。对于创立时间较长的企业来说，历史数据可提供有效参考，必要时需进行相应调整。

> 以下为评估企业价值的传统定价步骤：
> 第1步：确定调整后的账面价值（所有资产的市场价值减去负债）。
> 第2步：估算买方以等量的有形净资产投资其他项目的年收益。
> 第3步：加入所有者兼管理者的工资。得到的结果为买方以同等投资及精力可能得到的收益。
> 第4步：确定企业过去几年的平均年净收益（减去所有者工资前净利润）。
> 此数据为税前值，便于与其他来源或不同税率下个人收益做比较。
> 收益变化的趋势为关键因素，是稳定增长、持续下跌、持平还是大幅震荡？收益应根据趋势进行相应调整。
> 第5步：从平均净收益（第4步）中减去年收益（第2步）及合理薪酬（第3步），得到企业盈余。
> 第6步：根据企业盈余估计无形资产的价值，即盈余收益乘以盈利年限。
> 盈利年限为关键因素，应考虑：无形资产的独特性如何？建立类似企业并发展到现有水平需要多久？涉及多少费用及风险？相似企业的商誉价值是多少？卖方是否可签署非竞争协议？
> 如果企业发展较好，可使用5年或以上数据，特别是当企业拥有价值品牌、专利或独特地理位置时。
> 对于具有中等经验的企业来说，乘以3比较合理。而对于年轻的盈利企业，可能只有一年盈利期。
> 第7步：最终的价格等于调整后的有形资产净值加上无形资产价值（企业盈余乘以盈利年限）。
>
> | 例子 | 企业 X（美元） | 企业 Y（美元） |
> |---|---|---|
> | 1. 调整后的有形资产净值（资产减去负债） | 2 000 000 | 2 000 000 |
> | 2. 如投资风险水平相当的企业，调整后资产净值的盈利能力为8%[a] | 160 000 | 160 000 |
> | 3. 所有者兼经营者的合理工资 | 50 000 | 50 000 |
> | 4. 企业近几年的净收益（扣除所有者工资前的净利润） | 255 000 | 209 000 |
> | 5. 企业盈余（第4项减第2项和第3项） | 45 000 | (1 000) |
> | 6. 无形资产价值——中等水平企业使用3年盈利年限（第5项乘以3） | 135 000 | 0 |
> | 7. 最终得到的企业价值（第1项加上第6项） | 2 135 000 | 2 000 000（或更低） |
>
> 说明：企业 X，卖家获得商誉价值，因为前期企业发展良好，可使买家在相同精力及风险下，获利更多。
> 企业 Y，商誉价值为零，因为即使企业成立较长时间，仍无法保证买家在相同精力及风险下的盈利水平。实际上，买家会觉得按照最终企业估值 2 000 000 美元进行投资的话，无法获得足够的回报。

图 14—2　定价方案

[a]. 这是用于举例的假设数字，合理数值应根据企业的稳定性、相关风险程度以及总体投资规划确定。投资回报率应与同等风险的类似收益相当。

2. 确定合理的折现率。需考虑买方立场。交易双方通常在这一问题上很难达成一致，因为各自要求的回报率不同，对风险的看法也不同。卖方常忽略的是买方还有其他投资选择。因此应根据多种因素确定合适的折现率。

3. 合理的发展预期。所有企业都遵循生命周期的规律，由单一产品/单一市场或是多产品/多市场等因素决定。

4. 确定企业价值。在生命周期内将预期的现金流量按照折现率计算出企业的价值。[7]

创业历程

交易前估值与交易后估值

任何企业的最后评估价值都是双方均认可的最后交易价格，风险投资的世界里充满着各种评估的专业术语及流程，使人们产生混淆。在这里，我们介绍一下当前风险投资市场最常用的评估企业的两种方法。

交易前估值与交易后估值这两个术语都是指投资者投入的资金，都是对企业的评估，只是时间上存在差异。交易前评估是指外部融资额加入资产负债表前的价值，而交易后评估则是指获得外部资金后企业的价值。弄清它们的概念在评估中是非常重要的。

简单来说，评估价值可根据投资前后的价值进行判断。例如对于 1 000 万美元估值进行 250 万美元投资，一些创业者可能认为投资者将拥有 25% 的股份。然而此时需考虑 1 000 万美元估值属于交易前还是交易后。如果交易前估值为 750 万美元，投资者投入 250 万美元，则拥有 25% 股份。企业相当于拥有现在估值的 33%。

因此，交易前估值加上投资额等于交易后估值。或者，交易后估值减去投资额等于交易前估值。虽然这看起来比较简单，但对企业价值进行谈判时需特别留意。以下是交易前估值与交易后估值的计算公式：

1. 交易前估值 = 交易后估值 − 风险资本投资额
2. 交易后估值 = 风险资本投资额 / 风险投资所占所有权比例（VCFOP）

利用这些公式，我们再来看一个例子。如果风险投资公司对交易前估值为 600 万美元的企业投资 400 万美元，那么创业者将放弃多少企业所有权以得到这些资金？

根据 600 = 交易后估值 − 400，得到交易后估值为 1 000 万美元。然后通过公式 2 求出风险投资所占所有权比例：1 000 = 400/VCFOP，解得 VCFOP = 40%。

与风险投资家谈判时应弄清与估值相关的专业术语。

企业价值评估的条款清单

当投资者考虑是否向企业注入资金时，便需要考虑该企业的价值。投资时常会涉及一份**条款清单**（term sheet），是投资公司与创业企业就未来的投资交易所达成的原则性约定。投资条款清单中除约定投资者对被投资企业的估值和计划投资金额，还包括被投资企业应承担的主要义务和投资者要求得到的主要权利，以及投资交易达成的前提条件等内容。

条款清单与**合作意向书**（letters of intent，LOI）类似，是当事人双方或多方之间在对某项事物正式签订条约、达成协议之前，表达初步设想的意向性文书。意向书为进一步正式签订协议奠定了基础。而很多意向书的条款具有法律约束力，如保密协定、诚意谈判的契约或承诺未来谈判专权的冻结条款。

意向书的目的在于：

- 为参与各方实现便利，对于复杂交易的关键方面进行说明。

- 宣告进行正式谈判的参与者。
- 提供必要保护，防止谈判中断或失败。

条款清单与意向书差异较少，意向书以信函形式来表明合作意向，条款清单则是清晰列出各项条款的要点部分。以下常用语有助于理解价值评估所涉及的条款清单的内容。

价格/评估价值（price/valuation）。即进行投资的企业价值。企业价值是通过尽职调查以及对管理团队优势、市场潜力、产品优势、资金回报等分析得出的，还可看做决定企业成功的必要资金投入。最终的企业价值是意向双方能够达成一致的价格。

全面摊薄。所有权及评价应按照**全面摊薄**（fully diluted）法计算。这意味着将所有导致普通股股数增加的有价证券（包括优先股、期权、权证）计算在内，确定流通股总额。

投资证券种类。风险投资基金一般采用可转换优先股的形式作为投资的金融工具。当企业被收购或清算财产分配时，可转换优先股比普通股具有优先权。可转换的意思是可兑换为一定数量的普通股。

清算优先权。当企业被收购或清算时，优先股股东具有优先于其他普通股股东获得分配的权利，即**清算优先权**（liquidation preference）。参与分配权的股份在获得清算优先权的回报之后，还要跟普通股按比例分配剩余清算资金。

分红优先权（dividend preference）。它是指红利首先向优先股派发，其次是普通股。红利可以累积，每年不断递增，当然也可以不累积。

回购（redemption）。优先股是可赎回的，任意赎回是指股东享有是否要求股份公司赎回的选择权。若股东在规定的期限内不愿继续持有该股票，股份公司不得拒绝按赎回条款购回。强制赎回一般来说要高出原始购买价格，这是由于企业希望投资伙伴长期参与企业管理。

转换权。优先股可以一定的价格转换为普通股，一般由普通股发起。由于特定情况的发生，转换有时可自动进行，如企业上市。

反稀释条款。优先股在一定条件下可以按照约定的价格转换成普通股，为防止其股份贬值，投资人一般会在投资协议中加入反稀释条款及**反稀释保护**（antidilution protection）。根据保护程度的不同，优先股的转换价格保护可采用多种方式。一种为棘轮保护，是指将所有股票转换价格调低至新股发行价格。另一种是广泛使用的加权平均法，即为优先股重新确定转换价格时不仅要考虑低价发行的股份价格，还要考虑其权重（发行的股份数量）。

投票权。优先股股份将拥有相当于其可转换的普通股股份的投票权。通常拥有特殊的投票权，包括选举董事、支持某项股东决议等。

优先拒绝权。优先股持有人具有购买增发股票的权利，数量应不超过其目前的持股比例。

合售权。企业创始人通常会与所有股东达成售股协议，当创始人将自己股份转让给第三方时，售股协议可使股东获得相应权利，从而保护他们的利益。

登记权。股东运用这一权利登记自己的股票，从而获得流动性，包括附属登记权（piggyback rights）与要求登记权（demand rights）。

创始人股票归属。当股价下跌、创始人意欲离开时，公司可以原始价格购入其一定份额的股票，这样做是为了防止他们获得资金后离开公司，从而对投资者进行保护。[8]

企业价值评估应考虑的其他因素

回顾上述价值评估方法后,创业者还需考虑评估所涉及的其他因素,以下三个因素可能会影响企业最终的价值评估结果。

□ 避免启动成本

一些买方愿以高于实际评估的价格进行收购,这是因为买方想避免创业启动相关的费用,只要最终达成的价格低于实际创业所需成本,便可避免诸如积累客户等投入。因此知名品牌往往价格会高一些。

□ 预测的准确度

通常企业的预期销售与盈利水平是根据历史相关数据得到的,成立时间短暂、市场波动、环境的不确定性都促使买方更为理性地进行评估。考察与预期销售(采取高定价还是吸引更多顾客)、市场潜力(乐观还是现实)、盈利模式(实际成本/收益/市场数据)相关的趋势、波动或模式是很关键的,因为在判断预测的准确度时都存在需要理解或量化的特定因素。

□ 控制因素

所有者对企业拥有的合法控制程度,或**控制因素**(control factor)会影响企业的价值评估。如果所有者想拥有100%的企业所有权,那么收购价格为企业价值,否则将减少。例如,拥有49%股份是无法对掌握51%的股东进行有效控制的,而同样两名拥有49%股份的股东则是平等的,直到持有2%股份的股东做出决策。显然,缺乏流动性的优先股也应打折扣,因为私人控股企业的股份难以出售交易。在购买企业股份时,控制因素也会产生较为重要的影响。

小结

创业者需了解企业收购或转让所进行的价值评估。很多人都想要知道企业的价值,有时是为了收集信息,有时是为了出售企业,无论是哪种出发点,都有很多企业价值评估的方法。

第一步是分析企业整体运营状况,全面了解企业的优势及劣势。可参考表14—2所列出的需核对的项目。第二步是为企业确定价值。表14—3介绍了十种评估方法,其中三种最常见的方法是:(1)调整后的账面价值法;(2)市盈率法;(3)收入现值法。

调整后的账面价值法通过重新估算资产价值再减去负债计算出企业价值,这是一种简单且直接的方法。

市盈率法是将普通股的股价除以每股收益，然后乘以发行股票数量。例如市盈率为10，股票数量为100 000的企业市值为100万美元。

收入现值法是根据预期的现金流量按照一定折现率计算出现值的方法。其他需考虑的因素包括启动成本、预测的准确度以及控制因素等。

回顾与问题讨论

1. 指出并讨论企业价值评估中的三个潜在问题。
2. 解释尽职调查的含义。如何将其应用到对既有企业的收购中？
3. 分析一家企业。对于企业的历史、市场与竞争、销售与分销、管理、财务等方面应考虑哪些问题？
4. 最常使用的企业价值评估方法是调整后的账面价值法，描述其评估的步骤。
5. 市盈率法是如何进行评估的？请举例说明。
6. 收入现值法的步骤是什么？举例说明。
7. 请解释以下企业估价方法：固定价格法、收益倍数法、投资回报率法、重置价值法、清算价值法、超额收益法、市场价值法。
8. 企业价值评估时还需考虑启动成本、预测准确度以及控制因素等方面的原因有哪些？

体验式练习

你的建议是？

珍妮·温菲尔德（Jane Winfield）想要收购泰德·盖纳（Ted Garner）的公司，为此她进行了如下分析：

1. 存货的账面价值：250 000美元
2. 未来收入的折现率：24%
3. 厂房及设备的账面价值：150 000美元
4. 存货的公允价值：400 000美元
5. 其他无形资产的公允价值：60 000美元
6. 普通股数量：100 000
7. 厂房及设备的公允价值：400 000美元
8. 市盈率：9
9. 其他无形资产的账面市场价值：30 000美元
10. 未来五年的预期收入情况：
   第1年 200 000美元
   第2年 300 000美元
   第3年 400 000美元
   第4年 500 000美元

第 5 年 600 000 美元

根据以上信息，珍妮分别采用调整后的账面价值法、市盈率法、收入现值法对企业进行价值评估的结果如何？根据你所学到的知识，向她推荐应用的方法，并计算出企业的价值。请写出你的理由。

(a) 调整后的账面价值法：_____
(b) 市盈率法：_____
(c) 收入现值法：_____
(d) 最终的价格：_____

注释

1. See, for example, W. G. Sanders and S. Bovie, "Sorting Things Out: Valuation of New Firms in Uncertain Markets," *Strategic Management Journal* 25, no. 2 (February 2004): 167–86; and Saikat Chaudhuri and Behnam Tabrizi, "Capturing the Real Value in High-Tech Acquisitions," *Harvard Business Review* (September/October 1999): 123–30.

2. "Acquisition Strategies—Part 1," *Small Business Reports* (January 1987): 34, reprinted with permission from *Small Business Reports*; see also Laurence Capron, "The Long-Term Performance of Horizontal Acquisitions," *Strategic Management Journal* (November 1999): 987–1018.

3. "Valuing a Closely Held Business," *Small Business Report* (November 1986): 30–31; see also Hal B. Heaton, "Valuing Small Businesses: The Cost of Capital," *Appraisal Journal* (January 1998): 11–16; and Alan Mitchell, "How Much Is Your Company Really Worth?" *Management Today* (January 1999): 68–70.

4. For additional insights, see Ted S. Front, "How to Be a Smart Buyer," *D & B Reports* (March/April 1990): 56–58; and Alfred Rappaport and Mark L. Sirower, "Stock or Cash? The Trade-Offs for Buyers and Sellers in Mergers and Acquisitions," *Harvard Business Review* (November/December 1999): 147–58.

5. Gary R. Trugman, *Understanding Business Valuation: A Practical Guide to Valuing Small to Medium-Sized Businesses* (New York: American Institute of Certified Public Accountants, 1998); and Robert W. Pricer and Alec C. Johnson, "The Accuracy of Valuation Methods in Predicting the Selling Price of Small Firms," *Journal of Small Business Management* 35, no. 4 (October 1997): 24–35; see also Wayne Lonergan, *The Valuation of Businesses, Shares and Other Equity* (Australia: Allen & Unwin, 2003).

6. Adapted from Albert N. Link and Michael B. Boger, *The Art and Science of Business Valuation* (Westport, CT: Quorum Books, 1999).

7. "Valuing a Closely Held Business," 34.

8. Justin J. Camp, *Venture Capital Due Diligence* (New York: Wiley & Sons, 2002); see also John B. Vinturella and Suzanne M. Erickson, *Raising Entrepreneurial Capital* (Burlington, MA: Elsevier, 2004).

第 15 章

创业企业的最终收获

创业思维

在农耕思维中,理想的方式是将收获的产品全部卖出。太早则产品不成熟,无人问津;太晚则会腐烂变质,造成浪费。当今的创业企业为什么不采取相同的举措呢?
——安德鲁·J·舍曼(Andrew J. Sherman),《收获无形资产》

本章重点

1. 介绍"收获"这一概念,以对未来进行规划
2. 分析管理传承的关键因素
3. 指出传承最重要的来源
4. 探讨当前立法对私人持股公司传承的潜在影响
5. 分析制定传承战略的方法
6. 分析 IPO 作为潜在收获战略的具体情况
7. 介绍以"完全出售"作为最后选择时的收获战略

收获企业:着眼于未来

人们必须意识到,要想最终获得创业成功,需要在未来的运营及管理方面做出正确的决策。收获战略是对企业主或投资者收回投资的方式与时机进行规划。请注意,这里的"收获"并不是创业者之前所面临的挑战与责任,而是作出一项富有挑战性的决策。对于那些私人持股公司(privately held firms)来说,可以是管控方面的新举措,保证公司实现可持续性运营[1];也可以是通过套现事件使投资者获得大量资金,企业发展到一定阶段公开上市,或者是把握最好时机将其完全出售。不管采取哪种方式收获企业创造的财富,创业者都会面临大量选择与机会。要想用有限的篇幅将这些问题——解答是不太现实的,因为每家企业所处环境各不相同,因此本章将选取最具代表性的方面进行介绍,包括管理传承战略以及两种最广泛的收获战略:IPO 与企业

出售。

管理传承战略

调查显示,很多私人持股公司在10年后便不复存在了,30%能够传到下一代,而只有16%可以传到第三代。[2]它们的平均寿命仅为24年,这一数字也是创业者任期的平均值。[3]大多数企业面临的主要问题是缺乏将管控权移交给下一代的准备。从生物学角度讲,下一代传承是必然的。然而残酷的事实是:大多数企业从未制定过传承计划。

管理传承(management succession)是企业内部管理决策权的转移,是私人持股公司中业主及创业者所面临的最大挑战之一。初看起来,这似乎不会成为重大问题,业主所要做的只是在子孙中挑选一个来传承企业的经营,或者一种更好的做法是,亲自培养一个(或多个)接管企业。遗憾的是,知易行难——其中将出现多种问题:一个主要的问题在于所有者本人,在很大程度上,他代表了企业,他的性格、能力造就了企业今天的运作模式,如果他离开,企业将无法正常运营。此外,他们也是不愿离开的。即使体力不支无法有效进行管理,他们仍有可能继续留在原有管理岗位上。此外,他们还会认为那些劝他退休的人想要侵吞自己的财产,将在夺取管理权后满足私利。更有甚者,提及死亡时,创业者以及他们的家属会产生极大的焦虑,联想到许多负面影响。

传承的其他障碍性因素包括兄弟姐妹间的相互敌对、家庭成员对失去地位的忧虑以及由于害怕失去或被遗弃而反感死亡这一话题。[4]表15—1列出了传承中存在的障碍,它们有的来自创业者,有的来自其家庭成员。

表15—1 私人持股公司传承中的障碍因素

创始人/所有者	家庭成员
对死亡的焦虑 企业作为一种象征 ● 身份的丧失 ● 遗产的考虑 进退两难的选择 ● 如何实现公平 ● 两代人之间的嫉妒 ● 权力的丧失	禁止谈论死亡话题 ● 讨论死亡会产生敌意 ● 害怕失去或被遗弃 担心手足间的竞争 配偶地位的变化

资料来源:Manfred F. R. Kets de Vries, "The Dynamics of Family-Controlled Firms: The Good News and the Bad News," *Organizational Dynamics* (Winter 1993): 68.

对于私人持股公司的一条基本原则是:企业所有者应制定明确的传承计划。既然很多人都希望企业由家族传承,那么确定传承者就是一项非常关键的决策。从内心角度来说,选择传承者与购买墓地相似,都是创业者为自己的后事做出安排。然而,那些不愿面对传承问题的业主往往给下一代留下了一些不必要的负担。传承问题并不是无法解决的,应首先确定影响传承问题的关键因素。

影响传承的主要因素

私人持股公司中的"平稳交接"其实是个充满矛盾的说法。因为传承涉及很多感情问题,不仅需要调整企业结构,企业文化也会相应发生变化。[5]传承企业的同时,道德规范、价值观以及传统等因素将在企业交接的过程中发生变化。要想做到平稳交接,就必须处理好"企业"与"家族"的关系。[6]

影响传承的因素有很多[7],可通过如下方面考察这些因素:(1)企业内外部的传承压力与利益;(2)突发事件;(3)传承者。最后我们还将讨论影响传承的法律方面的约束。

□ 企业内部的传承压力与利益

私人持股公司内部会产生两种压力影响企业的顺利传承(见图15—1)。一种来自家族成员,另一种来自非家族成员的企业员工。[8]

	家族内部	家族外部
企业内部	**家族管理者** 不肯交接企业控制权 挑选家族成员作为管理者 家族投资及关系的延续 建立统治集团 家族成员间的竞争与敌对	**员工** 忠诚所获得的回报 成为股东,伴随企业一起发展与成功 精湛的技艺 为家族传承提供过渡 拥有企业股份
企业外部	**亲戚** 收益与传承权 家族冲突与利益联盟 参与程度	**外部人员** 竞争 市场、产品、供应、技术等影响 税法 监管机构

图15—1 家族企业的传承压力与利益

资料来源:Adapted and reprinted by permission of the *Harvard Business Review*. An exhibit from "Transferring Power in the Family Business," by Louis B. Barnes and Simon A. Hershon (July/August 1976):106. Copyright © 1976 by the President and Fellows of Harvard College; all rights reserved.

家族成员

家族成员同时也在企业任职时,会产生大量与传承有关的问题。其一,家族成员会努力使企业得以生存，这样他以及他的家人才能一直拥有企业的管理权。这种情况往往导致家族成员都想得到或扩大对企业的控制权。其二，企业所有者在挑选传承人时存在很大的压力。其三，可能产生家族内部的敌对。例如，所有者的下一代都希望由自己掌管企业，而毕竟只有一人能够获得这个位置，因此必然导致内部敌对与竞争，最终造成企业被出售或倒闭。[9]

非家族成员的企业员工

无血缘关系的工作人员有时也会因为个人利益而向业主施加压力。例如企业元老希望有机会购买企业股票成为股东，或者希望自己出现在业主的遗嘱中，获得企业一部分股份。这种期望在业主知道后，会影响他们制定传承计划，他们无法忽视这些期望，因为一些非家族成员的员工对企业发展是十分关键的，企业要想生存与稳定，就必须适当考虑他们的要求。

企业外部的传承压力与利益

同样，在企业外部，家族成员与非家族因素也将对企业传承施加压力，并争取自己的利益。

家族成员

即使家族成员在企业实际运作中不承担重要角色，仍会对传承造成一定压力。他们会关心能否传承企业的一部分，然后为了这一目的对企业所有者或经理人施加压力，希望涉足经营，提高在企业中的位置。业主通常以现有职位已满或提出相应专业需求（销售或技术等）来对他们加以拒绝。

非家族因素

外部环境因素是压力产生的另一主要来源。首先竞争者在不停调整战略，迫使业主或经理人做出相关回应，适应新的市场需求。此外，消费者、技术、产品等也在不断发生变化，创业者应适时调整企业的相关举措。税法、监管机构等也是需要顾及的因素。[10] 以上这些压力来源均有可能为企业的顺利交接设置障碍。

图15—2的模型体现了家族及企业所面临问题的差异，家族与企业交叉区域的因素都会干扰企业的正常事务处理模式，这种干扰可能来自家族和企业的内部或外部。外部干扰包括公共政策的变化、经济变革或技术创新。内部则指家族成员的婚姻、生育、死亡或婚变等。不管这些情况将导致何种结果，家族与企业都将做出反应。

不同家族与企业的交叉程度不尽相同。当企业将两者分开对待时，则几乎没有交叉；相反，家族与企业在很大程度上相互干涉时，模型中的重叠面积会很大。

企业的可持续发展依赖于家族和睦、企业成功以及对各种干扰情况的正确处理，同时，还要求企业与家族在面对冲突时通力合作，从而既不影响家族和睦，又能使企业取得良好发展。[11]

突发事件

突发事件（forcing events）是指导致企业更换领导的意外事件。在这种情况下，

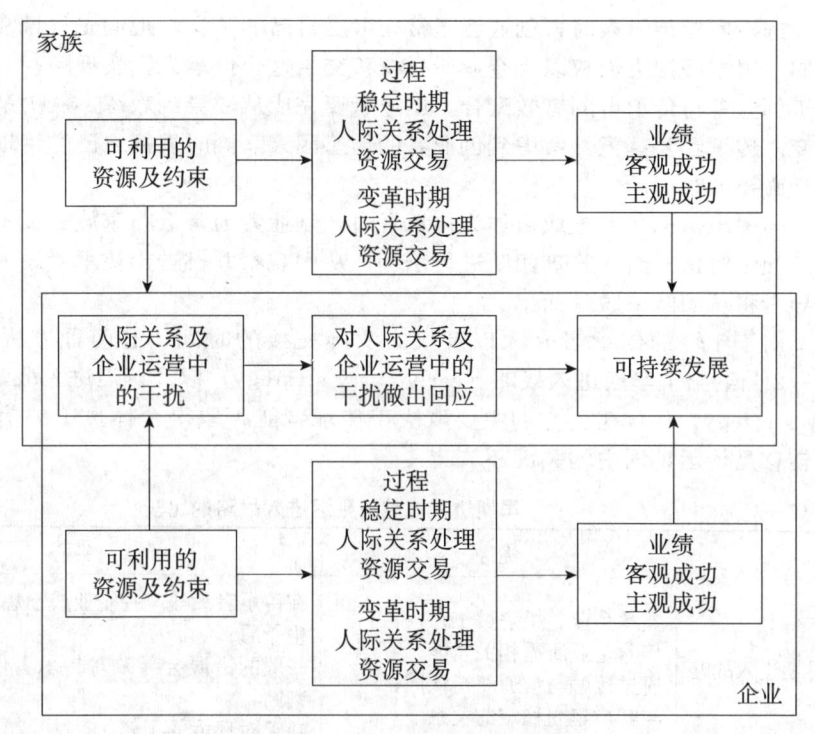

图 15—2　私人持股公司模型

资料来源：Kathryn Stafford, Karen A. Duncan, Sharon Dane, and Mary Winter, "A Research Model of Sustainable Family Business," *Family Business Review* (September 1999)：197-208.

所有者需让位给其他人管理企业。典型的突发事件包括：
- 死亡，需马上找到企业的传承者负责管理。
- 因疾病或其他身体原因无法正常监管企业。
- 精神或心理出现严重问题。
- 突然离职。如创业者毫无征兆地提出退休。
- 触犯法律。如创业者因违法行为被拘留（如果时间长达几个星期，则必须考虑传承问题，哪怕只是口头上的任命）。
- 业务出现重大亏损。
- 财务状况堪忧，投资者提出只有更换领导者才提供企业所需资金。

以上事件是无法预期的，家族中很少有相关的应急预案，因此会给企业造成极为严重的影响。

这些需要考虑的因素会影响传承者未来的经营环境，如果无法与环境相适应，那么他们的管理就无法收到显著的效果。

传承者

创业型传承者（entrepreneurial successor）应具有较高的天赋、创造力和领导力，为新产品开发及企业未来发展提供关键思路。**管理型传承者**（managerial successor）需注重效率、内控，具备充分利用各种资源的能力，为确保企业平稳运行进行必要的日常管理。

选择家族传承人时，创业者通常先考虑自己的子女。他们先将日常运营管理交给他们，再慢慢把决策权以及企业所有权移交给这个传承人。实现顺利交接的重要因素在于创业者与传承者的有效配合。创业者要完成从领导到教练、从决策到建议的角色转变。传承者要尊重并考虑到创业者的情感因素，同时发挥自己的管理才能，对企业进行必要的改革。[12]

当考虑挑选非家族成员作为传承者时，创业者通常会将家族成员及其他员工组织在一起，对这一新的管理团队进行培训，从中观察并挑选出传承者。他们相信，天才领导者将从团队中脱颖而出。[13]

对于年轻的传承者介入以及权力实际交接的时间，有两种方法可供选择，表15—2归纳出了**早期进入战略**（early entry strategy）以及**延迟进入战略**（delayed entry strategy）的优劣。它们主要取决于传承者能否取得全体员工的信任，权力真正的转移是传承计划中的关键环节。[14]

表15—2　　　　　　　　　　早期进入战略与延迟进入战略的比较

	优势	劣势
早期进入战略	熟悉企业、了解员工；培养企业所需相关技能；通过接触与沟通获得认同；与客户建立稳定的关系	在传承者无法掌控企业或不想退位时会与其产生矛盾；一般的错误会导致对传承者做出无法胜任的判断；缺乏对环境的了解
延迟进入战略	更为客观地判断传承者的能力；外部取得的成功树立了威信，是传承的基础；扩大对企业环境的认知	可能缺乏所需专业技能以及企业文化等影响企业成功的因素；在企业外部形成的固定行为模式可能与企业内部既有模式相冲突；传承者的职位超过企业元老时将招致不满

资料来源：Jeffrey A. Barach, Joseph Ganitsky, James A. Carson, and Benjamin A. Doochin, "Entry of the Next Generation: Strategic Challenge for Family Firms," *Journal of Small Business Management*（April 1988）：53. Reproduced with permission of John Wiley & Sons Ltd.

如果创业者想从企业外部的家庭成员中选择传承者，通常会让他们先到别的企业工作，这样在真正接管之前，他们便会对自己的能力有更清晰的认识。

有时创业者挑选非家族成员作为企业的传承者只是权宜之计。如果无法找到马上接手的合适人选，他们往往先聘用一位专业的管理者，直到真正的传承者发展成熟再来接管企业。

非家族成员传承者还可能是一位经验丰富的财务专家，帮助解决企业的财务危机。通常先将企业交给这位专家进行管理，企业转入正轨后，再转交给另一位领导者。

此外，当创业者没有后代或者家族成员中无法挑选出合适人选时，他们将选择真正有能力的人，让他从助手做起，最终接管企业。

创业历程

在线上收获企业

企业出售，也就是常说的收获企业，是一件耗时且充满压力的事情。从开始进行的尽职调查到承受的各种经营压力都是他们转让企业的原因,转让过程涉及汽车或房产的出售。同时应考虑员工的因素,并对各种财务报表进行分析与汇总,此外创业者还必须对今后做出规划与安排。

收购企业也是一个复杂的过程,很难将其程序进行简化;然而,越来越多的企业正寻求收购或转让的简便方式。现有在线服务可将创业者与潜在收购方联系起来,向创业者提供更广泛的平台以消除焦虑,帮助他们找到意向收购方,这是企业出售环节中最有难度的。

企业代理人付出了多年的努力后,现在可以通过网站上的企业列表发布出售信息,而不像以前那样需要寻找多家房产经纪人来。企业代理人可对此列表按地区进行筛选,网站还提供国际列表为创业者扩大范围,吸引买家经常浏览该网站。此外,它们还提供如 Craigslist 与 Google 等搜索功能。

BizTrader.com 便是一家这样的公司,为收购、转让、评估小型企业提供全方位服务。网站聘用一名首席运营官负责在线不动产服务,众多经纪人公司都对这一做法表示肯定。BizTrader.com 的现有经纪人公司业务与出售不动产有很多相似之处,业绩表明其非常成功。

另一个类似的网站 BizBuySell.com,创建于 1996 年。它宣称拥有 30 000 家企业客户。该网站发起人希望 BizBuySell.com 成为行业的引领者。尽管它其并不提供 BizTrader.com 的国际列表功能,但 BizBuySell.com 的规模将为进一步创造客户价值打下良好基础。

BizTrader.com 与 BizBuySell.com 都将为创业者提供有价值的功能,费用也随服务不同而变化。例如,在 BizBuySell.com,经纪人需每月支付 49.95 美元,评估报告的费用为 19.95~59.95 美元;发布转让广告的费用从 69.95 美元到 99.95 美元不等。此外对于基本的企业列表服务,两家网站均提供辅助功能,包括帮助创业者寻找融资机会、协助进行企业价值评估等。随着在线广告的作用日益显著,报纸分类广告也有很多受众群体。互联网模式能获得成功是因为为创业者提供了一个促进交易的平台,使他们在提升效率的同时降低成本。

一些专家强烈建议以网络发布为主,然而创业者还是喜欢对所有可行的渠道多方面考察。他们相信出售企业时方法应越多越好,不管 BizTrader.com 还是 BizBuySell.com,都是创业者处理事务的可利用资源。

资料来源:Adapted from Konstantin Shishkin, "Selling Your Business? Click Here," *Fortune Small Business*, April 14, 2008, http://money.cnn.com/2008/04/14/smbusiness/biztrader.fsb/index.htm (accessed April 17, 2008); and the company websites http://www.biztrader.com and http://www.bizbuysell.com (accessed June 1, 2012).

☐ 法律约束

私人持股公司的传承往往首先在家族成员内部或企业员工中考虑挑选适合的候选人,而这一传统的传承方法已受到 **Oakland Scavenger 公司案件**(Oakland Scavenger Company)的严重影响。

这一诉讼是由 Oakland Scavenger 公司(废品回收公司)的黑人及西班牙裔工人发起的,原因是受到种族雇佣歧视。北加利福尼亚法院以该诉讼与种族歧视法案无关为由予以驳回,而美国第九上诉巡回法院重审了这个判决,指出"重用亲属的考虑不能侵犯国家赋予所有人的平等机会。"[15]

根据 Oakland Scavenger 公司案件，问题主要集中在 1964 年《民权法案第七条修正案》：如果歧视超越了国家对人身、自由和财产的强制性保护，将剥夺财产及企业的传承权。这样便对私人持股公司的管理传承计划产生了巨大的影响。

当最高法院受理但还没做出最后裁决时，Oakland Scavenger 公司已被 Waste Management 公司收购，并达成 800 万美元的庭外和解。根据这 16 位黑人及西班牙裔工人的入职时间给予他们不低于 5 万美元的赔偿，同样对于那些 1972 年 1 月 10 日后入职的约 400 名黑人及西班牙裔工人支付相应的赔偿金。[16]

正如全美家族企业委员会代表彼得·斯特兰德（K. Peter Stalland）所说："这一案件的影响对小企业来说是巨大的，它令人信服地表明，几乎所有小型企业中与业主不同种族的员工都能以其所受到的不平等待遇为由提起诉讼，这是我们应引以为戒的。"[17] 因此企业应高度重视**任人唯亲**（nepotism）可能产生的法律后果。

Oakland Scavenger 公司案件的发生导致更多对家族成员雇佣方面的监督与约束，私人持股公司不得不传承规划中考虑这一因素。

创业实践

任人唯亲带来的法律影响

在某些情况下，如果企业雇用太多的家族成员将可能引发法律问题。法律认为亲属任职的做法是中立性的——其本身并不带有歧视性，因而是合法的，除非严重侵犯女性及少数族裔的利益（如 Oakland Scavenger 公司案件）。此外，最高法院加重了对侵权案件的惩罚，同时简化了雇主对此类诉讼的辩护程序。据推测，国会将出台民权法案，对于所造成的种族或性别不平等需要雇主提供足够充分的理由。

在任人唯亲方面，少数族裔往往比女性更为敏感。美国上诉法院在 Platner v. Cash & Thomas 案件中这样陈述："任人唯亲很少对性别产生歧视，因为血缘关系一般同属一个种族，家族内的男性与女性享有平等的权利。"

小型企业——员工人数不超过 15 人——不适用 1964 年《民权法案》有关雇佣歧视的规定，然而很多州的类似法规则具有法律效力。以下举措可帮助创业企业避免雇佣歧视方面的诉讼：

- 尽可能找出行业中各企业的种族及性别构成比例，调整自己的比例与之相匹配。
- 采用行业关系或口头推荐来解释所造成的任人唯亲，是不足以为自己辩护的，因为那样将固化内部群体。
- 避免在工作分配及沟通中产生对女性及少数族裔的刻板印象，玩笑与绰号都将作为他们感觉受到歧视的法庭证据。
- 聘用或晋升家族成员时，要用相关制度条例进行合理解释。落选者询问失败的原因时应从工作所需条件、技能、知识等方面予以说明，消除误解。
- 不能以"客户不喜欢黑人向他们推销"作为不予聘用或晋升的理由。顾客偏好无法为歧视诉讼案件提供辩护。

资料来源：Howard Muson, "Dangerous Liaisons," *Family Business* (January/February 1991)：22 - 27. Used by permission of the publisher, Family Business Publishing Company, www.familybusinessmagazine.com.

传承战略的制定

传承战略的制定需采取以下几个步骤：（1）全面考察整体环境；（2）鉴别传承者的特质；（3）制定书面计划。[18]

☐ 全面考察整体环境

以下是有效传承需考虑的五个关键因素。

时间

创业者越早开始对传承进行规划，则越能找到合适的人选。对于他们来说，出现突发事件的最大问题在于没有足够的时间寻找最佳替代者。

企业类型

有时企业的交接非常顺利，有时传承者则很难做到完整替代，这在很大程度上取决于企业所属的类型。在高科技领域，智囊型创业者很难被取代，同样当创业者在行业中具有广泛的人际关系时，也很难被取代。当企业运作不需要太多专业知识或技能时，其传承相对顺利些。

管理者的能力

传承者的技术、愿望和能力决定着企业未来的发展潜力与方向。随着行业日渐成熟，对传承者的要求也会变化。对于高科技企业来说，营销将变得越来越重要，如果有两个技术型传承者，一个懂得营销或有能力开发新市场，另一个对营销一窍不通，那么前者对企业更具价值。

创业眼光

大多数创业者对企业有着长远预期及目标，同时他们希望这些想法得以传承下去。除了带领企业走出困境，还需要进行新的展望与规划。这方面的例子很多，生命科学企业、高科技企业以及新技术的产生都激发创业者更好地展望企业的未来，但却缺乏相应的先进管理经验。人们越来越期望具有成功实践经验的外部人才对企业进行日常管理，替代那些具有高度概括能力以及擅长逻辑分析的企业创始人。

环境因素

通常，随着所处环境发生变化，企业高层领导也应相应调整，传承者便应运而生。例如宝丽来公司的埃德温·兰德（Edwin Land），尽管凭借其技术创新为企业带来了成功，但他最终还是把位置让给了一位营销专家。有些时候会让深谙财务的人才管理企业，因为短期发展来看，内部效率比有效营销更为重要。

鉴别传承者的特质

传承者一般具有多种技能与品质，根据所处环境不同，一些技能与品质要比其他显得更为重要。在大多数情况下，每种品质都有其重要之处。传承者通常应具备的基本能力包括：对企业有足够的了解，或处于能够较好了解企业的位置（特别是对营销或财务方面），以便在较短时间内熟悉业务；具备基本的诚信与能力；身体健康；精力充沛、敏感、有洞察力；对企业充满热情；个人性格与企业相匹配；坚持不懈；成熟稳重；积极进取；考虑周全且关注细节；具有解决问题的能力；足智多谋；规划及组织能力强；能激发他人的潜能；做事有始有终；与企业所有者经营理念相符。[19]

制定书面计划

创业者应考虑制定管理传承计划所涉及的所有影响因素及问题。最终的计划可通过以下方式形成：

1. 所有者完全控制管理传承，这种情况较为常见，但需要进行法律咨询。
2. 所有者与一些家族成员商定，制定传承计划时法律顾问可帮助家族与创业者之间建立联系。
3. 所有者寻求专业顾问的建议，它是一个由不同职业背景及行业的顾问组成的团体（"类似董事会"）。[20]
4. 所有者与参与的家族成员进行协商。允许核心家族成员（直系亲属及配偶）广泛参与，共同制定传承计划。

如果所有者身体健康且企业经营状况良好，可考虑以下方案：

5. 所有者制定**收购/出售协议**（buy/sell agreements），以应对今后可能出现的重大变化。同时应为一些关键人员制定适当的保护措施，为他们赎回股份提供资金。
6. 考虑**员工持股计划**（employee stock ownership plans，ESOP），如果当前没有传承的最佳人选，同时考虑到员工对企业的忠诚与其具备的能力，那么ESOP将会是传承企业的最佳选择。在所有者去世后，员工可对管理进行合理决策。
7. 当所有者对现有企业失去激情但仍维持经营时，可考虑将企业转让或清算，从而获得启动新企业的资金。不管采取何种计划，创业者需在完全失去兴趣而使企业倒闭前将其出售。
8. 当发现自己患有不治之症，但有时间安排管理权及所有权的交接时，所有者可将企业转让或清算。[21]

对于所有这些策略，进行相应的法律咨询是非常有帮助的。应寻找那些对传承问题经验丰富且能提出有效建议的顾问。

私人持股公司的创始人通常回避传承这一想法，但无法避免的事情并不是人们主观忽略或否定就能改变的。因此创业者需要认真规划企业未来的发展，传承计划将使兴旺的私人持股公司避免走向衰落。

寻求外界的帮助

内部晋升可提高企业整体的士气，运用不当则会产生消极后果。如果高层人员不力，那么提升其下级便可完全解决问题吗？后者可能重蹈覆辙。当私人持股公司发展壮大、超出创业者的管理能力时，真的有哪个家族成员能够更加胜任吗？此时需考虑两个问题：企业如何有效运营以及谁能使企业有效运营？答案往往是从企业外部寻求解决方案。私人持股公司同样面临那些永远存在的因素：业主或管理者会不会明智地让位？是否具有足够的勇气让其他人制定战略决策？当控制企业的欲望足够强烈时，是否会冒险独自管理企业？在冷静的观察者看来，教训是显而易见的。遗憾的是，很多创业者不得不费一番苦功才吸取教训。[22]

退出战略：套现事件

相比考虑退出计划，创业者更愿将精力投入在企业的开发与成长方面。然而，退出战略对于企业外部的投资者而言是很重要的。投资者都希望投入的资本能够带来合理的回报。创业者需要意识到企业的退出战略往往也意味着自己的退出。

退出战略（exit strategy）是商业计划书的一部分，它对投资者收回投资进行清晰的阐述。退出战略应涉及退出的收益、时间以及方式。通常投资者希望其投资具有更高的流动性（称为**套现事件**（liquidity event）），即根据企业现有情况，使所有者及投资者能够获得变现资产。"事件"常指 IPO 或企业整体转让。另外，创业者必须寻求专业人士的建议及法律咨询，因为这将涉及重要的法律法规条文。下面我们对套现事件进行分析。

创业实践

收购/转让协议

很多创业者将企业的持续成功归功于两位或多位企业所有者的综合技能。而在创业初期为获得可持续发展会考虑股东的下一代作为传承者人选，还是股东的配偶、股东的债权人？几乎都没有可能。但是明智的创业者会事先计划，以应对无法预测到的突发事件：伤残、去世、解除关系、债务纠纷。也就是说，当一位大股东出现伤残、去世、离婚或资产被债权人把控时，他所拥有的权益将面临转移的风险。幸运的是，可预先通过有效措施既保障企业未来发展，又保障其余股东的权益及其家庭财产安全。收购/转让协议便可提供这种保障，在非上市企业的交接中同时保证多方利益，这种协议将满足：

1. 其余股东具有保留所有者权益的优先权。
2. 离开股东的权益应获得公平的市场价格。
3. 避免可能威胁企业生存的诉讼与分歧。
4. 购买所有者权益的资金是可保证的。

进行法律咨询通常可确保此协议涵盖企业利益的相关方面。

协议分两种基本类型：一是股东购买所有权退出者的股份；二是补偿协议，企业必须购买所有权退出者的股份。每种类型均有其优劣之处，产生不同的税额。一些协议中还包含综合性选项及义务，因此应向律师及会计师进行咨询。

资料来源：Thomas Owens, "Buy-Sell Agreements," *Small Business Reports* (January 1991): 57–61; and Mark E. Need, Elmore Entrepreneurship Law Clinic Director, Indiana University-Bloomington, 2012.

□ 首次公开发行

我们在第 8 章提到，许多创业者通过在公开市场上发行股票来筹措资金。**首次公开发行**（initial public offering，IPO）用于企业第一次公开发行股票。之前解释过，股票市场常有很大的波动，创业者在上市时应该意识到这一点。许多创业者已经认识到上市所需满足的复杂要求。[23] 表 15—3 提供了与首次公开发行相关的完整步骤。

表 15—3　　　　　　　　　　　　　　　IPO 流程

> 整个 IPO 的过程是快速进行和严格管理的，它由联邦政府和州政府相关法律法规及自律监管机构来规范。IPO 团队的每个成员都有其特定的责任，公司需要能为它们效力的团队。
> 下列 IPO 流程对于美国和非美国公司都适用。
> 向董事会提出申请。IPO 首先要向公司董事会提出申请，制定商业计划书及财务预算。董事会应该认真考虑这个提议。
> 重新审核财务报表并且重新定位公司（仅用于不符合美国公认会计准则（GAAP）的公司）。如果董事会批准公开发行股票的申请，公司应重新核对过去两年或三年的账本和记录。财务报表需要重新审核且通过 GAAP 认可。所有公司内部交易、账务弥补等对于上市公司来说不被允许的项目必须消除，而且要合理地体现。公司也应考虑可能引起市场质疑的外部隶属关系（与公司主营业务没有太大关联的业务）。
> 寻找一家承销商签订"意向书"。如果之前没有确定的话，发行企业应首先寻找一家承销商，对费用、股价范围、发行数量及其他信息通过"意向书"方式予以明确。
> 起草募股说明书。意向书生效后，IPO 代理人开始起草募股说明书。
> 尽职调查。下一步是投资银行和会计师详细分析企业（尽职调查过程）。承销商将对企业管理、运营、财务状况、业绩、竞争地位以及商业计划书进行审核。其他细节还包括员工、供货商、客户、债权人以及其他对公司上市有影响的对象，涉及章程中对企业信息合理、真实、完整的披露。财务方面除对企业财务信息进行审查，还包括合同、账单、收据等相关资料，以保证财务报表的准确与完整。
> 印刷成品。应挑选金融领域经验丰富的印刷商，它们对 SEC 对募股说明书的格式要求非常熟悉，并且有能力在有限时间内完成精美制作。
> 联合辛迪加。在初步募股说明书确定合理的发行量且提交 SEC 后，承销商将组织一些"辛迪加"企业，由其他投资银行家组成以达到预期发行量，同时还将有投资意向的机构或经纪人进行汇集，从而保证 IPO 的顺利进行，且有助于最终股票的发行与分配。
> 路演。下一步，企业及投资银行应策划并进行路演，通过推介会向全国甚至海外的潜在投资者就公司的业绩、产品、发展方向等作详细介绍，充分阐述上市公司的投资价值。路演发挥着越来越重要的作用，不仅可以与投资者沟通关键信息，还是对管理才能以及企业专长的展示。
> 起草、修改、打印募股说明书。根据 SEC 及全国证券交易商协会条例（National Association of Securities Dealers Regulations，NASDR）的意见应对初步募股说明书进行修改。修改稿完成后，企业将获得 NASDR 发信表明对于承销补偿、条款、协议没有异议，同时 SEC 宣布上市注册报表有效。初步募股说明书应在有效日期前对潜在投资者发布，之后最终版定稿印刷。
> 确定发行价。在承销协议签署前、募股说明书宣布有效以及上市的前一天，企业应确定发行的股票价格。投资银行根据企业财务业绩及竞争能力、相关企业股价、整体市场状况、路演效果以及利益保障等方面为企业提供参考价格。尽管企业都希望股价越高越好，无法出售或者折价发行的股票将不能帮投资者充分获利，甚至可能导致股价立即下跌。实际上，投资者寻求的是适中的股价增长，来验证其投资决策。
> 确定发行规模。投资银行与管理者共同商榷股票发行规模，考量应筹资金总额、企业控制的幅度、投资需求等。通常发行数量越多，资本流动性越大，机构收益越多。

资料来源：Adapted from *Going Public* (New York：The NASDAQ Stock Market, Inc., 2005), 5-9.

美国证券交易委员会（SEC）规定上市企业需提供包括完整公司计划书在内的申请上市注册报表。SEC 将对其进行审核，确保在上市之前进行信息的充分披露。（表 15—4 展示了这一过程。）

表 15—4　　　　　　　　　　　　　　注册程序

事件	参与者	日程安排	时间表
初步会谈	总裁、财务副总裁、独立会计师、承销商、顾问	分析融资需求；介绍满足需求的可选类型	7月1日（开始）
形式的选择	管理层、顾问	在注册登记表上确定合适的形式	7月3日（3天）
工作组首次会议	总裁、财务副总裁、独立会计师、承销商、承销商顾问、企业顾问	确定工作小组成员职责；分析承销商相关问题；讨论财务方面的问题	7月8日（8天）
工作组二次会议	与首次会议相同	修订工作职责；准备向董事会提议	7月22日（22天）
董事会会议	董事会成员、工作小组成员	通过提议；授权开始进行材料的准备	7月26日（26天）
企业顾问与承销商会议	企业顾问、承销商顾问、承销商	讨论承销协议条款等相关内容	7月30日（30天）
工作组会议	工作组成员	分析所收集的资料及差异	8月6日（37天）
与 SEC 工作人员的预提交会议	工作组成员；SEC 工作人员；其他所需专家	分析注册及法律、财务、运营等相关问题	7月9日（40天）
工作组附加会议	工作组成员	筹备注册申请表及募股说明书	8月12—30日（61天）
董事会会议	董事会、工作组成员	通过注册申请表及募股说明书；分析相关问题	9月6日（68天）
工作组会议	工作组成员	注册申请表定稿	9月10日（72天）
向 SEC 提交注册申请表	企业顾问或代表以及 SEC 工作人员	提交注册申请表并付费	9月12日（74天）
发布"红鲱鱼"募股说明书	承销商	公开发行	9月16日（78天）
收取意见	工作组成员	补充注册申请表欠缺的内容	10月15日（107天）
工作组会议	工作组成员	修改并提交修改稿	10月21日（113天）
尽职调查会议	管理层代表、独立会计师、企业顾问、承销商顾问、承销商、其他所需专业人士	确定最终信息并讨论与承销、发行有关的问题	10月24日（116天）

续前表

事件	参与者	日程安排	时间表
价格调整	管理层、承销商	在注册申请表的修改稿中明确实际价格、承销商折扣或佣金、企业净收益	10月25日（117天）
批准通知书	SEC工作人员	SEC工作人员批准价格修改后的注册申请表	10月28日（120天）
申请表有效			10月30日（122天）

资料来源：From K. Fred Skousen, *An Introduction to the SEC*, 5th ed., © 1991 Cengage Learning.

募股说明书必须对企业所有相关信息进行披露，真实地反映出企业的真实发展前景。不利信息也应清晰呈现并予以解释。募股说明书应详细地体现以下信息：

- 企业历史及性质；
- 资本结构；
- 重要合同的说明；
- 注册资本的说明；
- 主要工作人员和管理者的工资、持有股票份额以及买入价格；
- 承销协议；
- 估算净收益及其用途；
- 审计财务报表；
- 关于竞争信息和公司生存机会的估算。

年度报告需要披露的内容包括：

- 审计财务报表，包括过去两年的资产负债表和过去三年的利润表和现金流量表；
- 五年相关财务数据；
- 管理者对财务状况的分析及运营结果；
- 简要介绍企业；
- 过去三年的业务经营数据；
- 董事会成员及高层管理者名单，他们的职务及所管辖员工；
- 指出企业股票交易的主要市场；
- 近两年各季度的市价及红利变化范围；
- 向持股者提供书面的10—K年度报告副本，除非此报告已在10—K表格中予以披露。[24]

SEC要求提交以下表格：

- S—1表格（募股说明书及其他财务数据所包含的信息）；
- 10—Q表格（季度财务报表及重大事件汇总）；
- 8—K表格（可能对投资者决策造成影响的计划外事件或公司变革方面的报告，应在事件发生后15天内向SEC递交）；
- 代理报表（投票代理权相关信息）。[25]

想要通过公开上市募集资金的创业者需准备上述所需报告、披露资料、外部股东的控股及所有权结构。

公司的完全出售

在对本章之前所介绍的各种企业传承方法进行考虑后，许多私人持股公司的所有者选择实施**收获战略**（harvest strategy），也就是将企业全盘售出。如果认定这一决策为最佳选择（请记住，如果没有对企业感兴趣的家族成员或合适的员工作为传承者，这可能是最好的做法），所有者需考虑一些重要问题。实际上应该以积极的眼光来看待完全出售，它是所有者投资的收获。

创业者出售企业的理由有很多，一项对 1 000 名业主的调查显示，其动机主要集中在：(1) 厌烦与倦怠；(2) 缺乏运营及发展资金；(3) 无子孙后代可传承；(4) 希望立即获得资金；(5) 年龄及健康问题；(6) 有新想法等待去实施。[26]

无论是因为事业变动、健康问题、重新创业还是退休，创业者在职业生涯中总会面临出售企业的选择。为了获得理想的经济回报，创业者需要对收获战略进行仔细筹备。[27]

☐ 出售企业的步骤

对于企业出售来说，从筹备、计划到最后的实施应采取以下八个步骤。[28]

步骤 1：财务分析
财务分析是为了做好前期准备工作并对企业未来几年的发展做出合理预测。应考虑以下几个问题：
- 经理人及其他员工会提出何种要求？该如何予以支付？
- 如果市场发展潜力有限、无法实现既定目标，是否应收购其他企业或开发新产品？
- 企业只有通过外部融资才能发展吗？融资规模及时机是什么？

步骤 2：分割资产
会计师及律师会提供以下建议降低税款：
- 将不动产分散在个人或家庭成员所有的其他公司中。
- 开设一家租赁公司，使其拥有机器设备的所有权，再转租给现有企业。
- 当股票市值降低时，可将部分或全部股票转给传承者，仅保留投票权。这样可在出售企业时，避免产生双重税额。
- 将管理者薪酬及福利控制在合理水平上，使利润最大化。

步骤 3：企业价值评估
可根据第 14 章介绍的多种方法进行企业价值的评估。显然，企业价值的确定是整个出售过程中最重要的环节。

步骤4：找准时机

把握企业出售的最佳时机是非常关键的，时机意味着一切。对此我们的建议是：

- 当企业利润处于上升趋势时进行出售。
- 当管理团队阵容齐备且经验丰富时进行出售。
- 当企业处于上升发展阶段时进行出售，潜在买方具有强烈收购意愿且拥有充足资金。
- 当确信企业前途一片光明时进行出售。

步骤5：公布出售计划

应对企业进行简要介绍，为意向投资者提供充足的信息。创业者应采取适当的渠道进行发布，如银行家、会计师、律师、咨询顾问以及经纪人等。

步骤6：评估意向收购者

创业者应对潜在收购者进行调查，通过性格及其企业信誉等信息进行判断，从而挑选出最理想的人选。

步骤7：参与交接

与最终收购者的会谈有助于消除误解，以及对重大事件进行有效协商。此外，律师、会计师等专业人士的参与往往将对可能出现的问题做出预先提示。

步骤8：出售后的交流

妥善解决新业主与原有管理团队之间的各种问题，才能实现企业的平稳过渡。出售方与收购方、收购方与现有管理团队之间的沟通是非常关键的。

除以上介绍的八个步骤，创业者还应考虑企业出售所带来的税收问题，向精通企业估值及出售的税法会计师进行咨询以获得专业化的建议。

这些步骤以及第14章所介绍的企业价值评估方法，都将帮助创业者收获他们的企业。八个步骤为他们提供了清晰的框架，便于通过规划及有效协商达成满意结果。如果对企业价值评估是为了出售企业，那么创业者应提前做好规划，有条不紊地实施。

小结

本章我们主要介绍了企业的收获战略。私人持股公司的传承是创业者面临的最大挑战之一，影响传承的因素有很多，家族成员与非家族成员，不管在企业内部还是外部，都会对创业者产生压力。有些人想要接管企业，有些人只是想拥有企业股份。

传承者分为两种类型：创业型传承者通常对新产品开发提出各种创意，管理型传承者则保证企业日常稳定运营。创业者可在家族内部或外部、企业内部或外部寻找传承的合适人选。权力的交接时机是非常关键的，且应从战略的角度思考传承者接任的时间。

Oakland Scavenger公司案例使人们关注仅向家族成员传承所产生的法律后果，任人唯亲因产生歧视而可能遭遇诉讼的风险。

制定传承计划需多方面对环境进行考量：时间、企业类型、管理者的能力、创业眼光以及其他环境因素。此外不管是否做好充分准备，突发事件的发生都可能要求企业立即实施传承计划。这也体现了鉴别传承者能力与实施传承计划的重要性。

本章结尾我们还分析了企业完全出售这一决策，它通常被视为收获投资的一种举措，创业者可遵循书中所列出的八个步骤，将企业顺利售出。

回顾与问题讨论

1. 企业发展到成熟稳定阶段，创业者将面临哪些选择？
2. 私人持股公司传承中存在很多问题，根据表15—1，指出其主要的障碍。
3. 来自家族内部的压力有哪些？（请结合图15—1回答。）
4. 来自家族外部的压力有哪些？（请结合图15—1回答。）
5. 在传承者选择这一问题上，创业者应如何选择。根据表15—2逐条进行分析。
6. Oakland Scavenger公司案件是如何影响小型企业的传承决策的？
7. 列出有效传承计划应考虑的三个方面。
8. 突发事件如何引发所有者/管理者的更替？请举出三个例子。
9. 列出传承者应具备的五种能力或特质。
10. 为什么创业者盼望着企业上市的那一天？
11. 收获企业应遵循的八个步骤是什么？分别进行阐述。

体验式练习

传承企业

管理传承与企业的延续是大多数创业者关心的两个重要问题。在图书馆或通过网络查阅以下期刊：《商业周刊》，《美国新闻与世界报道》，Inc.，《财富小企业》，《创业家》和《快公司》。找到关于管理传承与企业延续发展的文章，从中挑选你最感兴趣的两家企业，回答下列问题：

企业1

1. 从事何种业务？ _____

2. 制定传承战略时面临哪些困难？ _____
_____
_____

3. 创业者最终做出什么决策来解决传承问题？ _____
_____
_____

4. 从这位创业者的经历中能学到什么？ _____
_____
_____

企业2

1. 从事何种业务？_____

2. 制定传承战略时面临哪些困难？_____
_____

3. 创业者最终做出什么决策来解决传承问题？_____
_____

4. 从这位创业者的经历中能学到什么？_____
_____

通过这两个案例所吸取到的经验，你对于正在制定传承计划的创业者有何建议？希望你的建议能够对他们有很大启发。
_____
_____
_____

注释

1. Tammi S. Feltham, Glenn Feltham, and James J. Barnett, "The Dependence of Family Businesses on a Single Decision-Maker," *Journal of Small Business Management* 43, no. 1 (January 2005): 1–15; see also Timothy Bates, "Analysis of Young, Small Firms that Have Closed: Delineating Successful from Unsuccessful Closures," *Journal of Business Venturing* 20, no. 3 (May 2005): 343–58.

2. John L. Ward, *Keeping the Family Business Healthy* (San Francisco: Jossey-Bass, 1987), 1–2.

3. Richard Beckhard and W. Gibb Dyer, Jr., "Managing Continuity in the Family-Owned Business," *Organizational Dynamics* (Summer 1983): 7–8.

4. Manfred F. R. Kets de Vries, "The Dynamics of Family-Controlled Firms: The Good News and the Bad News," *Organizational Dynamics* (Winter 1993): 59–71; and Richard A. Cosier and Michael Harvey, "The Hidden Strengths in Family Business: Functional Conflict," *Family Business Review* (March 1998): 75–79.

5. Peter Davis, "Realizing the Potential of the Family Business," *Organizational Dynamics* (Summer 1983): 53–54; and Thomas Hubler, "Ten Most Prevalent Obstacles to Family Business Succession Planning," *Family Business Review* (June 1999): 117–22.

6. Michael D. Ensley and Allison W. Pearson, "An Exploratory Comparison of the Behavioral Dynamics of Top Management Teams in Family and Non-Family New Ventures: Cohesion, Conflict, Potency, and Consensus," *Entrepreneurship Theory and Practice* 29, no. 3 (May 2005): 267–84; Paul Westhead and Carole Howorth, "Ownership and Management Issues Associated with Family Firm Performance and Company Objectives," *Family Business Review* 19 (2006): 301–16; and Michael H. Morris, Jeffrey A. Allen, Donald F. Kuratko and David Brannon, "Experiencing Family Business Creation: Differences Between Founders, Nonfamily Managers, and Founders of Nonfamily Firms," *Entrepreneurship Theory and Practice* 34, no. 6 (2010): 1057–84.

7. See Donald F. Kuratko, "Understanding the Succession Challenge in Family Business," *Entrepreneurship, Innovation, and Change* (September 1995): 185–91; see also Heather A. Haveman and Mukti V. Khaire, "Survival Beyond Succession? The Contingent Impact of Founder Succession on Organizational Failure," *Journal of Business Venturing* 19, no. 3 (May 2004): 437–63.

8. See Neil C. Churchill and Kenneth J. Hatten, "Non-Market-Based Transfers of Wealth and Power: A Research Framework for Family Business," *American Journal of Small Business* (Fall 1987): 53–66; and Timothy P. Blumentritt, Andrew D. Keyt, and Joseph H. Astrachan, "Creating an Environment for Successful Nonfamily CEOs: An Exploratory Study of Good Principals," *Family Business Review* 20 (2007): 321–36.

9. Peter S. Davis and Paula D. Harveston, "The Influence of Family on the Family Business Succession Process: A Multi-Generational Perspective," *Entrepreneurship Theory and Practice* 22, no. 3 (Spring 1998): 31–54; Eleni T. Stavrou, "Succession in Family Business: Exploring the Effects of Demographic Factors on Offspring Intentions to Join and Take Over the Business," *Journal of Small Business Management* 37, no. 3 (1999): 43–61; and Sue Birley, "Attitudes of Owner-Managers' Children Toward Family and Business Issues," *Entrepreneurship Theory and Practice* 26, no. 3 (2002): 5–19.

10. See Donald F. Kuratko, Helga B. Foss, and Lucinda L. Van Alst, "IRS Estate Freeze Rules: Implications for Family Business Succession Planning," *Family Business Review* (Spring 1994): 61–72; and Joseph H. Astrachan and Roger Tutterow, "The Effect of Estate Taxes on Family Business: Survey Results," *Family Business Review* (Fall 1996): 303–14.

11. Shaker A. Zahra, James C. Hayton, and Carlo Salvato, "Entrepreneurship in Family vs. Non-Family Firms: A Resource-Based Analysis of the Effect of Organizational Culture," *Entrepreneurship Theory and Practice* 28, no. 4 (Summer 2004): 363–82; and Matthew W. Rutherford, Lori A. Muse, and Sharon L. Oswald, "A New Perspective on the Developmental Model for Family Business," *Family Business Review* 19 (2007): 317–33.

12. For an interesting perspective, see Kathryn Stafford, Karen A. Duncan, Sharon Dane, and Mary Winter, "A Research Model of Sustainable Family Business," *Family Business Review* (September 1999): 197–208; see also Lucia Naldi, Mattias Nordqvist, Karin Sjöberg, and Johan Wiklund, "Entrepreneurial Orientation, Risk Taking, and Performance in Family Firms," *Family Business Review* 20 (2007): 33–48; and Shaker A. Zahra, "Harvesting Family Firms' Organizational Social Capital: A Relational Perspective," *Journal of Management Studies* 47, no. 2 (2010): 345–66.

13. See Kevin C. Seymour, "Intergenerational Relationships in the Family Firm: The Effect on Leadership Succession," *Family Business Review* (Fall 1993): 263–82; Eleni T. Stavrou and Paul Michael Swiercz, "Securing the Future of Family Enterprise: A Model of Offspring Intentions to Join the Business," *Entrepreneurship Theory and Practice* 22, no. 2, (Winter 1998): 19–40; and James P. Marshall, Ritch Sorenson, Keith Brigham, Elizabeth Wieling, Alan Reifman, and Richard S. Wampler, "The Paradox for the Family Firm CEO: Owner Age Relationship to Succession-Related Processes and Plans," *Journal of Business Venturing* 21, no. 3 (2006): 348–68.

14. Jeffrey A. Barach, Joseph Ganitsky, James A. Carson, and Benjamin A. Doochin, "Entry of the Next Generation: Strategic Challenge for Family Firms," *Journal of Small Business Management* 26, no. 2 (1988): 49–56; see also Matthew W. Rutherford, Donald F. Kuratko, and Daniel T. Holt, "Examining the Link between Familiness and Performance: Can the F-PEC Untangle the Family Business Theory Jungle?" *Entrepreneurship Theory and Practice* 32, no. 6: 1089–1109; and Daniel T. Holt, Matthew W. Rutherford, and Donald F. Kuratko, "Advancing the Field of Family Business Research: Further Testing the Measurement Properties of the F-PEC," *Family Business Review* 23, no. 1 (2010): 76–88.

15. "Nepotism on Trial," *Inc.*, July 1984, 29.

16. David Graulich, "You Can't Always Pay What You Want," *Family Business* (February 1990): 16–19.

17. "Feuding Families," *Inc.*, January 1985, 38.

18. Donald F. Kuratko and Richard M. Hodgetts, "Succession Strategies for Family Businesses," *Management Advisor* (Spring 1989): 22–30; see also Mark Fischetti, *The Family Business Succession Handbook* (Philadelphia: Family Business, 1997).

19. James J. Chrisman, Jess H. Chua, and Pramodita Sharma, "Important Attributes of Successors in Family Business: An Exploratory Study," *Family Business Review* (March 1998): 19–34; and Franz W. Kellermanns, Kimberly A. Eddleston, Tim Barnett, and Allison Pearson, "An Exploratory Study of Family Member Characteristics and Involvement: Effects on Entrepreneurial Behavior in the Family Firm," *Family Business Review* 21 (2008): 1–14.

20. Adapted from Harold W. Fox, "Quasi-Boards: Useful Small Business Confidants," *Harvard Business Review* (January/February 1982): 64–72.

21. Glenn R. Ayres, "Rough Family Justice: Equity in Family Business Succession Planning," *Family Business Review* (Spring 1990): 3–22; Ronald E. Berenbeim, "How Business Families Manage the Transition from Owner to Professional Management," *Family Business Review* (Spring 1990): 69–110; and Michael H. Morris, Roy O. Williams, Jeffrey A. Allen, and Ramon A. Avila, "Correlates of Success in Family Business Transitions," *Journal of Business Venturing* 12, no. 5 (1997): 385–402.

22. Johannes H. M. Welsch, "The Impact of Family

Ownership and Involvement on the Process of Management Succession," *Family Business Review* (Spring 1993): 31–54; and Veroniek Collewaert, "Angel Investors' and Entrepreneurs' Intentions to Exit Their Ventures: A Conflict Perspective," *Entrepreneurship Theory and Practice* (in press) 36, no. 4 (2012): 753-79.

23. See *Going Public* (New York: The NASDAQ Stock Market, Inc., 2005), 5–9; see also Richard C. Dorf and Thomas H. Byers, *Technology Ventures: From Idea to Enterprise,* 2nd ed. (New York: McGraw-Hill, 2008); and Moren Lévesque, Nitin Joglekar, and Jane Davies, "A Comparison of Revenue Growth at Recent-IPO and Established Firms: The Influence of SG&A, R&D and COGS," *Journal of Business Venturing* 27, no. 1 (2012): 47–61.

24. K. Fred Skousen, *An Introduction to the SEC,* 5th ed. (Mason, OH: Thomson/South-Western), 157; see also Catherine M. Daily, S. Travis Certo, and Dan R. Dalton, "Investment Bankers and IPO Pricing: Does Prospectus Information Matter?" *Journal of Business Venturing* 20, no. 1 (January 2005): 93–11; and Ning Gao and Bharat A. Jain, "Founder Management and the Market for Corporate Control for IPO Firms: The Moderating Effect of the Power Structure of the Firm," *Journal of Business Venturing* 27, no. 1 (2012): 112–26.

25. For a complete listing, see Skousen, *An Introduction to the SEC,* 60; see also Andrew J. Sherman, *Raising Capital* (New York: AMACOM, 2005).

26. James Fox and Steven Elek, "Selling Your Company," *Small Business Reports* (May 1992): 49–58; see also John B. Vinturella and Suzanne M. Erickson, *Raising Entrepreneurial Capital* (Burlington, MA: Elsevier, 2004); and Andrew J. Sherman, *Harvesting Intangible Assets* (New York: AMACOM, 2012).

27. See Donald Reinardy and Catherine Stover, "I Want to Sell My Business. Where Do I Begin?" *Small Business Forum* (Fall 1991): 1–24; see also J. William Petty, "Harvesting Firm Value: Process and Results," *Entrepreneurship 2000* (Chicago: Upstart, 1997), 71–94; Dawn R. DeTienne, "Entrepreneurial Exit as a Critical Component of the Entrepreneurial Process: Theoretical Development," *Journal of Business Venturing* 25, no. 2 (2010): 203–15; and Karl Wennberg, Johan Wiklund, Dawn R. DeTienne, and Melissa S. Cardon, "Reconceptualizing Entrepreneurial Exit: Divergent Exit Routes and Their Drivers," *Journal of Business Venturing* 25, no. 4 (2010): 361–75.

28. From the *Harvard Business Review,* "Packaging Your Business for Sale," by Charles O'Conor, March/April 1985, 52–58. Copyright © 1985 by the President and Fellows of Harvard College; all rights reserved; see also Michael S. Long, *Valuing the Closely Held Firm* (Oxford: Oxford University Press, 2008); and James C. Brau, Ninon K. Sutton, and Nile W. Hatch, "Dual-Track versus Single-Track Sell-Outs: An Empirical Analysis of Competing Harvest Strategies," *Journal of Business Venturing* 25, no. 4 (2010): 389–402.

术语表

Abandonment **废弃商标**　连续两年不使用注册商标或放弃使用。

Accounts payable **应付账款**　由于赊购商品引发的债务。

Accounts receivable **应收账款**　企业在正常的经营过程中因销售商品、提供劳务等业务，应向购买单位收取的款项。

Accounts receivable financing **应收账款融资**　一种短期融资方式，通过将应收账款抵押获得贷款或将其出售（参见保理）。

Accredited purchaser **授权购买者**　D条例所规定的机构投资者、购买15万美元有价证券且净资产超过100万美元的个人、近两年年收入超过20万美元的个人、董事、合伙人、高层管理者以及资产超过500万美元的免税组织。

Adjusted tangible book value **调整后的账面价值**　评估企业的常见方法，即将总资产与总负债的差额作为净价值。

Administrative expenses **管理费用**　组织和管理企业生产经营活动中，不与买卖、借用产生直接关系的其他各种费用。

Angel capital **天使资本**　由商业天使等拥有财富的个人为新企业提供的投资。

Antidilution protection **反稀释保护**　在目标公司进行后续项目融资或者定向增发过程中，私募投资人避免自己的股份贬值及份额被过分稀释而对优先股的转换价进行的相应调整。

Appositional relationship **并列关系**　事物与人和其他的事物与人存在某种联系。

B corporation **B公司**　一种新型社会公益企业形式，在企业决策中兼顾社会利益与股东利益。

Balance sheet **资产负债表**　体现企业特定时点的资产、负债、所有者权益的财务报表。

Bankruptcy **破产**　企业资不抵债时所采取的法律流程。

Bankruptcy Act **《破产法》**　由美国国会制定的法律，为无力支付的债务人提供一系列处理程序。

Benefit corporation **受益公司**　与传统企业仅在目标、责任、透明度方面存在较少差异。

Better widget strategy **更优配件战略**　在新市场或现有市场中的创新方法。

Break-even analysis **盈亏平衡分析**　常用来评估预期产品的利润，帮助创业者确定在特定价格条件下达到多少销售量可实现盈亏平衡。

Budget **预算**　对企业未来特定阶段的收入及费用进行预测。

Business angel **商业天使**　（非正式风险投资家）寻找投资机会的富有人士。

Business model **商业模式**　即企业如何盈利、进入市场、实现销售的方式。

Business plan **商业计划书**　企业为了达到招商融资和其他发展目标，根据一定的格式和内容要求编辑整理的一份向受众全面展示公司和项目目前状况、未来发展潜力的书面材料。

Business valuation **企业价值评估**　通过评估企业价值，考量其发展趋势。

Buy/sell agreements **收购/出售协议** 为应对一个或多个创业者出售股份所达成的协议。
Cancellation proceedings **撤销商标诉讼** 在注册后的五年中，第三方可对商标的独特性提出异议。
Capital budgeting **资本预算** 即对投资决策进行合理的规划，主要针对现金流入进行评估。
Career risk **职业风险** 即创业失败后能否再找到新工作或者再回到原来的岗位。
Cash **现金** 现有货币、支票等，也包括支票账户及储蓄账户中的余额。
Cash-flow budget **现金流量预算** 考察预算期内现金流入与流出的总体情况。
Cash-flow statement **现金流量表** 主要反映经营、投资及筹资三类活动对现金流量的影响，体现实际或预期的现金收入和现金支出。
Champion **斗士** 在创业企业中，有远见并有能力和大家分享的创新领导者。
Claims **权利要求** 包含很多小段落，每一段落涉及一项特征或某几项特征的综合，都是想通过专利进行保护的内容，即专利的范围。
Cleaning-out procedure **清理商标** 在注册的六年内，持有者无法提供书面材料说明商标是正在使用的，或者无法为使用此商标提供证据。
Code of conduct **行为准则** 道德实践或规范的一种表述，是企业始终贯彻执行的原则。
Cognition **认知** 一系列心理过程，包括引起注意、形成记忆、语言表达、解决问题、做出决策。
Cognitive adaptability **认知适应性** 在充满变化且不确定的任务环境中，对认知灵活地进行自我调整的能力。
Collective entrepreneurship **集体创业** 将成员的个人技能整合在一起，凭借整合后的能力进行创新，其结果通常会超越个体的创新的总和。
Company profitability **企业盈利** 企业扣除费用后的净利润。
Comprehensive feasibility approach **全面可行性分析法** 一种系统地分析企业外部因素的评估方法。
Consumer-driven philosophy **消费者驱动营销理念** 力求在产品生产之前分析消费者偏好、欲望及需求，从而促使市场调研活动更好地把握市场信息，有针对性地制定营销战略（参见生产驱动营销理念与销售驱动营销理念）。
Contribution margin approach **边际贡献法** 一种常见的盈亏平衡分析方法，用单价减去单位变动成本后的差额，补偿固定成本。
Control factor **控制因素** 所有者对企业拥有的合法控制程度，会影响企业的价值评估。
Copyright **版权** 向创作人提供独有的权利用以保护他们的文学或艺术作品。
Corporate entrepreneurship **公司创业** 在大型组织内部进行的创业活动，由于将创业思维注入传统体制，引发了一场新的公司革命。
Corporate Entrepreneurship Assessment Instrument (CEAI) **公司创业评估工具** 用于对创业环境进行分析。
Corporate venturing **公司新业务开发** 这种方式使企业增加新业务（或投资新业务的比例），通常有三种模式：内部新事业开发、合作型新事业开发以及外部新事业开发。
Corporation **有限公司** 与所有者分离的一种法律实体。有限公司必须经所在州的法律批准成立，全体股东（所有者）投入各自财产以换取企业的相应股权（所有权）。
Corridor principle **走廊法则** 每一次创业都会孕育新的意想不到的机会。
Creative process **创造过程** 包含四个阶段：背景知识积累、构思过程、产生创意以及评估与实施。
  Creativity **创造力** 通过创意提升效率或效果。
  Critical factors **关键因素** 用于新创企业的重要评估,即独特性、投资规模、销售增长、产品可得性及客户可得性五个主要方面。
  Current liabilities **流动负债** 在未来 12 个月内到期的债务(也称短期负债)。
  Customer availability **客户可得性** 企业创建之前即存在相应客户。
  Dark side of entrepreneurship **创业中的阴暗面** 困扰成功创业者的负面因素。
  Debt financing **债权融资** 通过短期或长期借款获得运营资金,添置所需资源及设备。
  Debtor-in-possession **拥有控制权的债务人** 按照《破产法》第 11 章申请重组后,债务人以此身份继续运营企业,法庭将指派一位受托人对企业运营进行监督。
  Delayed entry strategy **延迟进入战略** 传承战略的一种,下一代传承者较晚进入企业,从而在家族企业外部获取更多经验。
  Diaspora networks **社交网络** 具有相同文化与习惯的群组。
  Direct public offerings (DPO) **直接公开发行** 这种方式简化了报告及陈述的要求,可直接向朋友、员工、客户、亲属、当地专业人士传送信息。
  Discounted earnings method **收入现值法** 通过包含未来盈利及调整账面价值的定价方案来确定企业真正价值的一种方法。
  Displacement school of thought **取代学说** 创业思想学说之一,研究群体现象中政治、文化、经济等环境因素。
  Divergent goals **目标分歧** 创业者、投资者、股东等目标不统一,引发企业内部冲突。
  Dividend preference **分红优先权** 红利首先向优先股派发,其次是普通股。红利可以累积,每年不断递增,当然也可以不累积。
  Due diligence **尽职调查** 完整地对企业做出全方位的审核。
  Duplication **借鉴** 创新类型之一,对现有产品、服务、流程的一种复制,不是简单的照搬,而是添加了创业者自己的创新想法,增强竞争力。
  Dynamic states **动态模型** 动态代表的是关系与系统的有机结合,它将机会转变为目标顾客的价值,通过产生出的新资源来维持这种动态。
  Early entry strategy **早期进入战略** 传承战略的一种,鼓励年轻传承者较早进入企业以获取经验。
  Ecopreneurship **生态创业** 为保护自然环境开展的创业活动,涉及地球、生态系统、生态多样性改善等方面。
  Ecovision **生态愿景** 提倡采用一种开放、灵活的组织结构,同时考虑员工、企业、环境的利益,努力满足其需求。
  Either/or thinking **不定思维** 人们在努力争取获得稳定的同时常陷入困境及大量不确定因素之中,具有创造力的人学着接受工作与生活中的合理的不确定性。
  Elevator pitch **电梯演讲** 创业者在两分钟之内,向投资者介绍自己公司的情况。时间如此之短,短到仿佛只是两人共同乘坐了一段电梯。
  Emotional bias **情感偏见** 相信企业的价值要高于外部评估的结果。
  Employee stock ownership plans (ESOP) **员工持股计划** 当没有传承的最佳人选时,同时考虑到员工对企业的忠诚与其具备的能力,员工持股计划是传承企业的最佳选择。
  Entrepreneur **创业者** 识别并把握机会的创新者或开拓者,他们把机会转化为可操作/可市场化的商业计划,通过时间、努力、金钱或技能来创造价值,同时承担实施所带来的竞争风险。

  Entrepreneurial behavior **创业行为**　创业者决定开创新企业的过程。

  Entrepreneurial cognition **创业认知**　人们对机会、创业与发展壮大进行评估、判断、决策的知识结构体系。

  Entrepreneurial economy **创业型经济**　这种20世纪八九十年代出现，到21世纪广泛流行的创业思维，使经济实现新增长。

  Entrepreneurial firm **创业企业**　那些为员工提供较多发展机会，引领变革，执著于不断创新的企业。

  Entrepreneurial leadership **创业型领导**　创业者预测、展望、保持灵活性、战略性思考、合作推动变革的能力，促进企业持续发展。

  Entrepreneurial management **创业管理**　包含创业学的主题或原则，不管创业者是大型企业还是白手起家的个体，创业原则都是普遍适用的。

  Entrepreneurial mind-set **创业思维**　在每个创业者身上所体现出的特征及包含的元素。

  Entrepreneurial motivation **创业动机**　采取创业行动并经营一家新企业的意愿。

  Entrepreneurial persistence **创业持久化**　创业者愿意不断利用机会来创业，不管会带来何种不好的结果，也不为其他诱惑所动。

  Entrepreneurial Revolution **创业革命**　过去20年创业企业及创业思维不断发展，其影响与20世纪的工业革命同样重要。

  Entrepreneurial strategy matrix **创业战略矩阵**　用以测量风险与创新。

  Entrepreneurial successor **创业成功者**　带领企业成功创业的足智多谋、富于创新、目标明确的个体。

  Entrepreneurial trait school of thought **创业者特质学说**　研究成功人士所表现出的相似特质。

  Entrepreneurship **创业**　憧憬、改变、创造的一个动态过程，需要投入精力及热情去创新并把新想法、新方案变为现实。主要包含愿意承担一定的时间、资金或职业风险；有能力组建高效的创业团队；能够创造性地整合资源；制定有效的商业计划书；能够从其他人认为是混乱、矛盾、模糊的地方发现商机。

  Environmental school of thought **环境学说**　研究影响潜在创业者生活方式的外部因素，这些因素对于塑造创业意愿起着积极或消极的作用。关注点是机构、价值观以及道德观念，它们共同构成了影响创业者成长的社会政治环境。

  Equity financing **股权融资**　通过出让部分所有权换回创业启动资金。

  Ethics **道德**　为大家呈现出一套行为标准，用以判别好坏对错。

  European Union (EU) **欧盟**　包含欧洲27个成员国在内的经济政治联盟。

  Exit strategy **退出战略**　商业计划书的一部分，对投资者收回投资进行清晰的阐述，使所有者及投资者能够获得变现资产。

  Expenses **费用**　即已耗成本，从事经营活动所发生的支出（或损失）等，如销售费用、存储费用以及月度费用等。

  Exporting **出口**　国内生产的商品运到国外销售。出口对于创业者是很重要的，这意味着扩大市场，可不受本国市场的限制，获得更大的销售领域。

  Extension **拓展**　创新的基本类型之一，对现有产品、服务、流程的扩展，实现不同的应用功能。

  External locus of control **外部控制点**　创业者无法控制的外部过程及因素。

External problems 外部问题　包括客户联系、市场知识、营销计划、选址、定价、产品设计、竞争对手、业务拓展。

Factoring 保理　将应收账款转出获得融资的方式。

Failure prediction model 失败预测模型　根据新创企业的财务数据指出初始负债过重以及收入过低方面可能导致的风险。

Fair use doctrine 合理使用原则　版权保护的一种例外情况，限制性地使用版权内容。

Family and social risk 家庭与社交风险　创业需要人们投入大量的精力和时间，已婚的特别是有小孩的创业者，他们的家庭成员将不能时常享受到完整的家庭生活，甚至可能带来无法弥补的情感挫伤。此外，因为经常在聚会时缺席，他们可能会失去所有的好朋友。

Feasibility criteria approach 可行性标准法　给出的标准列表，创业者可依此分析判断企业的生存能力。

Finance companies 金融公司　利用应收账款、存货、设备等资产融通资金。

Financial expense 财务费用　往往是指长期贷款筹资产生的利息费用。许多公司将短期债务的利息费用也看做财务费用的一部分。

Financial risk 财务风险　创业所导致的资金或资源风险。

Financial/capital school of thought 金融/资本学说　创业思想学说之一，致力于研究创业者寻求种子资本及发展所需资金的途径。

Five-minute reading 五分钟阅读　风险资本家浏览商业计划书所采取的六个步骤。

Fixed assets 固定资产　由土地、建筑、设备和其他公司打算长期持有的资产组成。

Fixed cost 固定成本　在一定时期不受业务量增减变动影响而保持不变的成本。

Forcing events 突发事件　导致企业更换领导的意外事件。

Franchise 特许经营　以合同约定的形式，允许加盟者有偿使用其名称、商标、专有技术、产品及运作管理经验等从事经营活动的商业经营模式。

Franchise fee 特许加盟费　购买特许经营权所需的费用。

Franchisee 受许者　购买特许经营权的人。

Franchisor 特许者　出售特许经营权的人或企业。

Fully diluted 全面摊薄　对所有导致普通股股数增加的有价证券（包括优先股、期权、权证）进行计算，以确定流通股总额。

Functional perspective 实用性视角　从如何满足需求、完成项目的角度看待事物或人。

Gazelle 瞪羚企业　在创建五年间，每年销售增长不低于20%，启动资金不低于10万美元的企业。

Generic meaning 类属意义　商标代表了某一类产品或服务。

Global entrepreneur 全球创业者　以国际化视角对资源、筹划、分配进行全面分析。

Goodwill 商誉　所有者创造的企业无形资产。

Great chef strategies 大厨战略　创业企业需要具有特殊技能与天赋的个体。

Grief recovery 悲痛恢复　包括审视自己所失去的东西并找出失去东西的理由。

Growth of sales 销售增长　新企业未来销售及利润方面的增长预测。

Growth stage 成长阶段　企业生命周期的第三阶段，竞争及其他市场压力迫使企业重新规划战略。

Growth wall 成长壁垒　一种阻碍变革的心理障碍，使创业者无法应对企业成长所出现的管理问题。

Harvest strategy 收获战略　对企业主或投资者收回投资的方式与时机进行规划。

High-growth venture 高增长企业　希望最大限度地扩大收入与利润，吸引风险投资以及公共或私人基金。

Horizontal analysis 横向分析　对连续几个年度会计报表数据及比率进行比较。

Importing 进口　购入及向国内运送国外产品。

Income statement 利润表　用以反映公司在一定期间经营成果及其分配情况变化（盈利或者亏损）的财务报表。

Incongruities 不可协调的矛盾　由于期望与现实不一致造成的矛盾。

Incremental innovation 渐进性创新　对一项产品或服务进行系统的更新，从而不断进行市场扩张。

Informal risk capitalist 非正式风险投资家　寻求商业机会的富人，也称商业天使。

Infringement budget 侵权预算　切合实际、用于专利侵权诉讼的预算。

Initial public offering（IPO）首次公开发行　企业在市场上第一次公开发行股票。

Innovation 创新　创业者将机会商业化的过程。

Innovation team（I-team）创新团队　在大公司中以小公司的模式运作，集中精力进行创新设计。

Intellectual property right 知识产权　对专利、商标、版权提供保护，免受侵犯。

Interactive learning 交互式学习　在创造性环境中与不同国家不同文化的人进行互动。

Internal problems 内部问题　包括资金数量、现金流量、设施/设备、库存控制、人力资源、领导力、组织结构以及会计系统等。

Internal rate of return（IRR）内部收益率法　资金流入现值总额与资金流出现值总额相等、净现值等于零时的折现率，反映该项目的内部回报率。

International alliances 国际联盟　创业者实施国际化的一项举措，包括三种战略联盟：非正式的国际合作联盟、正式的国际合作联盟、国际间合资企业。

Intracapital 内部资金　内部风险资金可灵活对项目进行预算，专门用于内部创业活动。

Intrapreneurship 内部创业　在现有企业中为实现创新与突破所进行的创业活动，是经过组织规划并提供资源支持的。

Invention 发明　创新的基本类型，包括新产品、新服务或新流程。

Inventory 存货　公司持有以备出售给顾客的商品。

L3C 低利润有限责任公司　具有明确的慈善目的，它将企业盈利放在次要位置。与慈善机构不同的是，它可以自由向业主及投资者分配税后利润。

Lack of expertise/skills 缺乏技能　创业者虽是典型的多面手，但却没有掌握战略规划的专业知识。

Lack of knowledge 缺乏知识　创业者对计划程序知之甚少，不了解应进行哪些工作，以及如何安排次序。此外，无法获取制定计划所需的信息，而且不知道如何进行应用。

Lack of trust and openness 缺乏信任和公开　创业者高度敏感，对决策小心谨慎，对需要员工及外部顾问参与的战略规划犹豫不决。

Learning curve concept 学习曲线概念　当产量越来越大时，企业在生产中效率不断提升，从而降低生产成本，企业因此获得更强的市场竞争力。

Left brain 左脑　帮助人们分析、描述、理性地解决问题。

Legal restraint of trade 贸易管制　为防止竞争，限制卖方在一定时间以及地域范围内不得从事相同业务经营的法律文件。

Letter of intent（LOI）合作意向书　当事人双方或多方之间，在对某项事物正式签订条约、达成协议之前，表达初步设想的意向性文书。为进一步正式签订协议奠定了基础。很多意向书的条款具有法律约束力，如保密协定、诚意谈判的契约或承诺未来谈判专权的冻结条款。

Liabilities 负债　企业的债务，可能是企业正常经营活动产生的，也可能是金融机构的贷款。

Licensing 许可证　产品的生产商（或公司对某种技术或商标拥有所有权）许可其他团体或个人生产此种产品的证明，从而获得特定的许可证使用费或其他费用等报酬。

Life-cycle stages 企业生命周期阶段　一般包括新企业开发、启动、成长、成熟、创新或衰退阶段。

Lifestyle venture 生活方式型企业　企业创业是为了实现独立、自治以及自主控制。

Limited liability company（LLC）有限责任公司　承担有限责任的同时享受合伙企业的税收优惠的一种组织形式。

Liquidation 清算　参见破产。

Liquidation preference 清算优先权　当企业被收购或清算时，优先股股东具有的优先于其他普通股股东获得分配的权利。

Liquidity event 套现事件　使投资者获得大量资金；企业发展到一定阶段公开上市；或者把握最好时机将其完全出售。

Loan payable 应付贷款　长期债务中应在一年内偿还的部分。

Long-term liabilities 长期负债　偿还期限超过一年或一个营业周期的债务。

Macro view of entrepreneurship 宏观视角的创业　考察众多与创业企业成功或失败相关的因素。

Management succession 管理传承　企业内部管理决策权的转移，是私人持股公司中业主及创业者所面临的最大挑战之一。

Management team 管理团队　新企业创始人组成的对企业实施管理的团队，包括顾问、专家以及董事会成员。

Managerial successor 管理型传承者　注重效率、内控、具备充分利用各种资源的能力，为确保企业平稳运行，进行必要的日常管理。

Market 市场　由具有购买力的消费者（或潜在消费者）构成，他们有未被满足的需求。

Market niche 利基市场　很小的细分市场，其客户有相同的产品或服务需求。

Market segmentation 市场细分　将整个市场中具有相同特征的顾客加以区分的过程。

Marketability 市场可行性　通过对新企业相关市场信息的评估与分析，判断其潜在成功的可能性。

Marketing research 市场调研　对特定市场的信息进行收集与分析。

Marketing segment 营销部分　商业计划书的重要组成部分，对目标市场、市场规模、发展趋势、竞争态势、预计市场份额、市场战略、定价策略、广告及促销等进行阐述。

Marketing strategy 营销战略　涉及企业的营销理念以及采取的策略，是在市场调研及数据分析的基础上制定的，重点分析：初始销售的目标客户；进一步开展销售的目标群体；划分的方法以及联系方式；影响销售的产品或服务特征（质量、价格、配送、保证等）；获得客户认可的创新或非同寻常的营销理念。

Market-rich countries 市场丰裕型国家　具备较强购买力的国家，是国际贸易体系的基础。

Metacognitive model 元认知模型　将创业动机所取得的结果与创业环境整合起来，以便在创业环境下将元认知策略应用于各种信息的处理过程。

Metrics 指标　用于项目的预测与分析的标准数据。

Micro view of entrepreneurship 微观视角的创业　考察影响创业的具体因素，属于内部控制点的一部分。

Milestone schedule segment 里程碑进度表　向投资者展示将要实现的各种活动的时间进度。包括完成原型设计、聘用销售人员、接到第一笔订单、首次销售及首次交付、第一笔应收账款的支付等。

Mixed costs 混合成本　兼具固定成本和变动成本两种不同性质的成本。

Mobile marketing 移动营销　指面向移动终端（手机或平板电脑）用户，在移动终端上直接向目标客户定向和精确地传递个性化即时信息，通过与消费者的信息互动达到市场营销目标的行为。

Moral failure 道德失败　对信任的一种侵犯。

Mountain gap strategies 山峡战略　着重区分出细分市场与中间市场。

Muddling mind-sets 僵化思维　创造性思维被阻止，难以发挥。

Nepotism 任人唯亲　更多地聘用家庭成员，而非按照资质及胜任程度在候选人中挑选。

Net income 净收入　在一段特定的时期内收入减去费用之后的盈余部分。

Net present value (NPV) method 净现值法　评价投资方案的一种方法，计算投资所产生的未来现金流量的折现值与项目投资成本之间的差值。

New-new approach 新—新模式　采取开发全新且独特的产品或服务的方式创建新企业。

New-old approach 新—旧模式　在现有产品或服务基础上进行改进，或是开辟新市场。

New-venture development 新企业开发阶段　企业生命周期的第一阶段，主要活动包括创新与风险评估。

Non-compete agreement 竞业禁止协议　限制之前业主不得在五年内以及指定区域内从事相同业务的协议。

Nonrole 角色分离　人们背离了其管理角色，做出对企业不利的行为。

North American Free Trade Agreement (NAFTA) 北美自由贸易协定　加拿大、墨西哥、美国之间的国际协定，旨在取消三国之间的贸易壁垒。

Notes payable 应付票据　作为供应商所有权有形确认的本票，明确债权债务关系的票据，例如银行承兑汇票。

Oakland Scavenger Company Oakland Scavenger 公司案件　加利福尼亚的一家废品回收公司，因任人唯亲遭到种族歧视诉讼。

One-person-band syndrome 一人经营综合征　创业者不对员工进行合理授权，独自承担所有决策的制定。

Operating budget 经营预算　对一定时期内的收入支出进行预测的报表。

Operating expenses 营业费用　除去销货成本之后，营业费用被列为主要的费用支出。它指的是除了存货购买，一段时期内为了获得收入所消耗的资源。

Opportunity identification 机会识别　在大量创意中把握最可行商机的能力。

Owners' equity 所有者权益　企业投资人对企业净资产的所有权，是企业资产扣除负债后由所有者享有的剩余权益。

Pain 难题　风险投资家希望清楚了解你的公司解决了何种难题。

Partnership 合伙企业　两人或两人以上作为企业共同所有者的形式。

Patent 专利　知识产权的一种，是唯一的，因此向持有者提供一定的保护，防止权利被侵犯。通常情况下专利的有效期是 20 年。

Patent and Trademark Office 美国专利商标局 专门负责专利与商标注册和管理的机构。

Payback method 偿还期法 一种资本预算方法，用于确定原始投资收回的期限。

Perception of high cost 高成本感知 由于感知到计划可能导致较高成本，很多创业者规避或忽略战略规划。

Personal failure 个人失败 由于缺乏技能或实践导致的失败。

Political risks 政治风险 包括动荡的政局、地域冲突导致的分裂、战争、地方主义、非法侵占、政治观念分歧等。

Prepaid expenses 预付账款 公司已支付货款但是该商品或服务还未投入使用。

Price/earnings ratio（P/E）市盈率 用于评估上市公司价值的常用方法，由普通股市值除以每股收益来确定。

Price/valuation 价格/评估价值 进行投资的企业价值，是意向双方能够达成一致的价格。

Primary data 原始资料 通过观察法及询问法收集到的新数据。

Private placement 私募 通过发行有价证券筹集资金的一种方式，通常用于小公司。

Pro forma statement 预计财务报表 对未来财务状况进行预测的工具，反映某一时期（预计利润表）或某一时点（预计资产负债表）的财务情况。

Probability thinking 概率思维 依靠概率的方法做决策，获得安全感。

Product availability 产品可得性 企业在开始运营初期可保证提供销售所需的产品或服务。

Production-driven philosophy 生产驱动营销理念 企业高效率地进行生产，工作重点在于生产，它决定销售的业绩。

Profit trend 利润走势 衡量企业未来阶段盈利的能力。

Psychic risk 心理风险 影响创业者幸福的较大风险因素。

Qualitative Research 定性研究 所需进行测试的样本数量较少，需要调研者与被访谈者一起深入探究问题的原因。

Quantitative Research 定量研究 采用数值测量分析方法对实验结果进行对比。研究者不参与调查以保证结果的客观。需要在大量调查数据的基础上才能分析得出准确的统计结果。

Radical innovation 突破性创新 即取得根本性突破，这些创新了经过试验与决策，虽不一定通过管理环节，但经历了识别与培养阶段。

Ratio 比率 反映出各项会计科目之间的关系。

Rationalizations 合理化 管理者对争议行为的辩护。

Reachable market 可获得的市场份额 新企业可通过满足其需求所获得的客户群。

Redemption 回购 优先股是可赎回的，任意赎回是指股东享有是否要求股份公司赎回的选择权，强制赎回一般来说要高出原始购买时的价格。

Regulation D D 条例 通过简化报告及陈述的要求，以私募方式筹集所需资金的条例。

Resource-rich countries 资源丰裕型国家 大量拥有其他国家所需的资源，是国际贸易体系的基础。

Retained earnings 未分配利润 公司累积的没有被分配的净收入。

Revenues 收益 公司在特定时期销售一定商品或提供服务取得的总收入。

Right brain 右脑　帮助人们进行类比、想象、综合信息的大脑右半球。

Risk 风险　导致不确定结果或事件。想要获得的收益越多，风险就越大。

Role assertion 角色武断　管理者或创业者通常以公司长远利益作为借口，做出不合乎道德的行为，甚至超出个人职责范围，却错误地相信他们正在帮助企业。

Role distortion 角色扭曲　个人认为他们的行为将给企业创造丰厚利益，实际上与其角色定位不符。

Role failure 角色失败　因为没能胜任自己的职位而对企业造成伤害，如夸大业绩以及对财务作假行为听之任之等。

Sales forecast 销售预测　在历史销售数据的基础上，应用统计方法对未来的销售情况做出合理规划的过程。

Sale-driven philosophy 销售驱动营销理念　通过推销或广告方式说服消费者购买产品。

Secondary data 二手资料　经过整理后的信息，如历史销售数据、期刊、行业年鉴以及政府公开出版物等。

Shared value 共享价值　商业思维对社会难题认知的一种转变，之前企业不考虑增加的外部成本，如能源浪费、大型事故、教育缺陷等，利用创新解决以上问题，同时提高效率扩大市场份额。

Short-term liabilities 短期负债　一年内应支付的债务（也称流动负债）。

Simple linear regression 简单线性回归　通过方程三个变量的关系进行销售预测的计算方法。

Skunk Works 臭鼬工厂　工作之余以小组形式开发创意，每项新业务启用不受传统管理束缚的团队模式。

Small profitable venture 小型营利性企业　这种类型的企业主要考虑财务问题，但同样看重自治和实现自主控制。创业者不追求企业收入最大化，以免会出让企业的部分所有权，或者削弱他们对现金流及利润的全部控制权。这样，便可长久运营下去。

Social cognition theory 社会认知理论　认知是指心理作用、心理过程以及人们正常的心理状态。社会认知理论将这一概念引入创业学，即在特定条件下人们的心理认知以不断提高效率的方式进行组织。

Social entrepreneurship 社会创业　创业的一种形式，非营利机构、政府、事业单位、私营企业联合等组织致力于通过创造、风险承担、大规模变革来解决社会问题。

Social lending or crowdfunding 社交借贷或众筹　21世纪出现的新方式，是当商业贷款不愿向未经证实的企业提供资金时，创业者所寻找的新贷款方式。

Social media marketing 社交媒体营销　通过 Twitter，博客，LinkedIn，Flickr 以及 YouTube 等社交网络进行营销。

Social value 社会价值　对社会特定群体，在财富及幸福方面所作出的贡献。

Sophisticated investors 经验丰富的投资者　那些拥有资金，经常对处于创业初期和后期的企业进行投资的个人。他们对技术和商业机会以及所投资的业务积累很多知识，知道需要了解哪些投资企业的信息，并且具有掌握分析这些数据的经验和能力。

Specification 专利说明书　通过文字或图表对专利加以介绍，使行内技术人士能够理解、借鉴并应用。

Stabilization stage 成熟阶段　企业生命周期的第四阶段，竞争加剧、产品或服务的吸引力降低、大量相似产品充斥市场，销售量日趋稳定，创业者必须思考今后3~5年的发展方向。

Start-up activities **启动阶段** 企业生命周期的第二阶段，包括制定正式的商业计划、融资、开展营销活动、组建高效创业团队。

Start-up problems **启动阶段的问题** 新企业在发展的第二阶段所遇到的问题，包括缺乏商业培训、很难获得较高信贷额度、在融资规划上缺乏经验等。

Stereotyping **墨守成规** 平均数与固有模式常被认为不切实际，但是具有讽刺意味的是，在现实中确实有数据支持人们依靠它们来做决定。

Strategic entrepreneurship **战略创业** 企业为获得竞争优势所采取的大规模的重要变革。战略创业有可能会带来新业务，也可能不会，分别在公司战略、产品方案、目标市场、内部组织（结构、流程、能力）以及商业模式五方面进行创新。

Strategic formulation school of thought **战略规划学说** 强调成功创业中商业规划的过程。

Strategic planning **战略规划** 确定企业发展方向的首要任务，"最佳"战略会受多种因素影响，如创业者素质、业务的复杂程度、行业特性等。

Strategic positioning **战略定位** 争夺现有客户或者吸引新客户进入市场以改变企业市场地位的过程。

Stress **压力** 个人期望与现有能力之间的差距，以及期望与个性间的差距。一个人如果没有做到他应该做的，便会产生压力。

Sustainable entrepreneurship **可持续创业** 包括生态创业（环保型创业），致力于自然环境的保护。这是一种有目标的商业行为——通过开展可持续性方面的革新，将这个世界性问题变成了商机，简言之，以可持续发展为目标的创业和创新。

SWOT analysis **SWOT 分析法** 对企业所处环境分别从优势、劣势、机会、威胁四个维度进行分析的战略分析方法。

Synthesis **整合** 汇总各种想法和因素进行创新的方法，对现有新事物融会贯通，提炼出新用途。

Taxes payable **应交税费** 对政府——联邦政府、州政府和地方政府——应付的债务。

Technical feasibility **技术可行性** 开发出令潜在顾客满意的产品或服务。

Term sheet **条款清单** 投资公司与创业企业就未来的投资交易所达成的原则性约定。投资条款清单中除约定投资者对被投资企业的估值和计划投资金额，还包括被投资企业应承担的主要义务和投资者要求得到的主要权利，以及投资交易达成的前提条件等内容。

Top management support **高层管理支持** 当企业的高层管理者为员工提供帮助时，会激发更多创新活动。

Trade credit **商业信用** 由销售商品的供货商以赊购方式提供的一种信用，它体现在资产负债表的应收账款项目中，一般要求 30～90 天付清。

Trade secrets **商业秘密** 顾客信息、计划、调查与开发、定价信息、营销技术、生产技术等，一般来说，只要是公司所特有的以及对竞争者有价值的都可以作为商业秘密。

Trademark **商标** 一个与众不同的与公司产品相联系的名称、标志、符号或格言。

Triple bottom line (TBL) **三重底线** 打破传统对企业盈利、投资回报、股东价值的评判标准，将环境效益与社会效益同时加以考虑。

Uncontrollable failure **不可控的失败** 这种失败由外界因素所导致，很难预防和应对。资源的限制、战略方向、市场变化都是超出员工能力之外的因素。

Undercapitalization **资本化程度不足** 股权投资额较少（通常意味着负债较多）。

Uniqueness **独特性** 产品设计能够吸引顾客，使性能或服务超过竞争对手。

Unscrupulous practices 不择手段的行为　缺少商业道德，一味追求个人利益。

Variable cost 变动成本　随着业务量的变动而呈线性变动的成本，如直接人工、直接材料、销售佣金等，在一定期间内它们的发生总额随着业务量的增减而成正比例变动。

Venture capitalists 风险投资家　为新兴企业以及成长中的企业提供多种融资服务，包括启动及扩张资金、市场调研、管理咨询、协助签订技术协议、帮助进行员工招募以及协议的制定等。

Venture opportunity school of thought 创业机会学说　主要研究创业者的原始设想、商业概念的形成以及抓住有利时机进行市场化。

Vertical analysis 纵向分析　将比率分析应用于一组财务报表中，帮助识别优势与劣势。

Water well strategies 水井战略　指的是长期积累或处理特殊资源（土地、劳动力、资金、原材料）的能力。

World Trade Organization（WTO）世界贸易组织　管理国际贸易的庞大组织，维护世界经济与贸易秩序，它并没有取代关贸总协定（GATT）。

Introduction to Entrepreneurship, 9e
Dr. Donald F. Kuratko
Copyright © 2014, 2009 by South-Western, a part of Cengage Learning.

Original edition published by Cengage Learning. All Rights reserved. 本书原版由圣智学习出版公司出版。版权所有，盗印必究。

China Renmin University Press is authorized by Cengage Learning to publish and distribute exclusively this simplified Chinese edition. This edition is authorized for sale in the People's Republic of China only (excluding Hong Kong, Macao SAR and Taiwan). Unauthorized export of this edition is a violation of the Copyright Act. No part of this publication may be reproduced or distributed by any means, or stored in a database or retrieval system, without the prior written permission of the publisher.

本书中文简体字翻译版由圣智学习出版公司授权中国人民大学出版社独家出版发行。此版本仅限在中华人民共和国境内（不包括中国香港、中国澳门特别行政区及中国台湾）销售。未经授权的本书出口将被视为违反版权法的行为。未经出版者预先书面许可，不得以任何方式复制或发行本书的任何部分。

Cengage Learning Asia Pte. Ltd.
151 Lorong Chuan, #02-08 New Tech Park, Singapore 556741

本书封面贴有 Cengage Learning 防伪标签，无标签者不得销售。

北京市版权局著作权合同登记号　图字：01-2014-7421

图书在版编目（CIP）数据

创业学：第9版/库拉特科著；薛红志等译.—北京：中国人民大学出版社，2014.9
（工商管理经典译丛.创业与创新管理系列）
ISBN 978-7-300-20022-4

Ⅰ.①创… Ⅱ.①库…②薛… Ⅲ.①企业管理 Ⅳ.①F270

中国版本图书馆CIP数据核字（2014）第217079号

工商管理经典译丛·创业与创新管理系列
创业学（第9版）
唐纳德·F·库拉特科 著
薛红志 李 静 译
Chuangyexue

出版发行	中国人民大学出版社		
社 址	北京中关村大街31号	邮政编码	100080
电 话	010-62511242（总编室）		010-62511770（质管部）
	010-82501766（邮购部）		010-62514148（门市部）
	010-62515195（发行公司）		010-62515275（盗版举报）
网 址	http://www.crup.com.cn		
	http://www.ttrnet.com（人大教研网）		
经 销	新华书店		
印 刷	涿州市星河印刷有限公司		
规 格	185 mm×260 mm 16开本	版 次	2014年10月第1版
印 张	24.5 插页2	印 次	2017年8月第2次印刷
字 数	590 000	定 价	52.00元

版权所有　　侵权必究　　印装差错　　负责调换

CENGAGE Learning™

Supplements Request Form（教辅材料申请表）

Lecturer's Details（教师信息）			
Name： （姓名）		Title： （职务）	
Department： （系科）		School/University： （学院/大学）	
Official E-mail： （学校邮箱）		Lecturer's Address / Post Code： （教师通讯地址/邮编）	
Tel： （电话）			
Mobile： （手机）			

Adoption Details（教材信息）　　原版☐　　　翻译版☐　　　影印版☐

Title：（英文书名） Edition：（版次） Author：（作者）	
Local Puber： （中国出版社）	

Enrolment： （学生人数）		Semester： （学期起止时间）	

Contact Person & Phone/E-Mail/Subject：
（系科/学院教学负责人电话/邮件/研究方向）
(我公司要求在此处标明系科/学院教学负责人电话/传真及电话和传真号码并在此加盖公章。)

教材购买由　　我☐　　我作为委员会的一部分☐　　其他人☐ [姓名：　　　　]决定。

Please fax or post the complete form to（请将此表格传真至）：

CENGAGE LEARNING BEIJING
ATTN：Higher Education Division
TEL：(86) 10—82862096/ 95 / 97
FAX：(86) 10—82862089
ADD：北京市海淀区科学院南路2号
　　　融科资讯中心 C 座南楼 12 层 1201 室　100080

Note：Thomson Learning has changed its name to CENGAGE Learning

VERIFICATION FORM / CENGAGE LEARNING

教师教学服务说明

中国人民大学出版社工商管理分社以出版经典、高品质的工商管理、财务会计、统计、市场营销、人力资源管理、运营管理、物流管理、旅游管理等领域的各层次教材为宗旨。

为了更好地为一线教师服务,近年来工商管理分社着力建设了一批数字化、立体化的网络教学资源。教师可以通过以下方式获得免费下载教学资源的权限:

在"人大经管图书在线"(www.rdjg.com.cn)注册,下载"教师服务登记表",或直接填写下面的"教师服务登记表",加盖院系公章,然后邮寄或传真给我们。我们收到表格后将在一个工作日内为您开通相关资源的下载权限。

如您需要帮助,请随时与我们联络:

中国人民大学出版社工商管理分社

联系电话:010-62515735,62515749,82501704

传真:010-62515732,62514775　　　　电子邮箱:rdcbsjg@crup.com.cn

通讯地址:北京市海淀区中关村大街甲59号文化大厦1501室(100872)

教师服务登记表

姓　名		□先生　□女士	职　　称	
座机/手机			电子邮箱	
通讯地址			邮　　编	
任教学校			所在院系	
所授课程	课程名称	现用教材名称	出版社	对象(本科生/研究生/MBA/其他)	学生人数
需要哪本教材的配套资源	
人大经管图书在线用户名	
	院/系领导(签字): 　　　　　　　院/系办公室盖章